D1721602

Entwicklungslinien der Grundschulpädagogik

Band 12

# Paradigmen und Paradigmenwechsel in der Grundschulpädagogik

## Entwicklungslinien und Forschungsbefunde

Herausgegeben von

Heike Hahn, Ilona Esslinger-Hinz

und Argyro Panagiotopoulou

Schneider Verlag Hohengehren GmbH

Entwicklungslinien der Grundschulpädagogik

**Herausgegeben von:**
Ursula Carle, Ilona Esslinger-Hinz, Heike Hahn, Argyro Panagiotopoulou

**Umschlaggestaltung:** Gabriele Majer, Aichwald

**Umschlagbild:** „Landschaft von oben" gemalt von Lara (10); entstanden im Rahmen des Projekts „Malen wie die Ureinwohner", bei dem die Farben von den Schülerinnen und Schülern selbst hergestellt wurden.

Gedruckt auf umweltfreundlichem Papier (chlor- und säurefrei hergestellt).

**Bibliografische Information der Deutschen Nationalbibliothek**

Die Deutsche Nationalbibliothek verzeichnet diese Publikation in der Deutschen Nationalbibliografie; detaillierte bibliografische Daten sind im Internet über ›http://dnb.d-nb.de‹ abrufbar.

ISBN: 978-3-8340-1678-2

Schneider Verlag Hohengehren, Wilhelmstr. 13,
D-73666 Baltmannsweiler
www.paedagogik.de

© Schneider Verlag Hohengehren, 73666 Baltmannsweiler 2016
Printed in Germany – Druck: WolfMediaPress, D-71404 Korb

Für

**Prof. Dr. Ursula Carle**

in herzlicher
Verbundenheit

# Inhaltsverzeichnis

## Exkurs: Paradigmenwechsel aus persönlicher Perspektive

*Ilona Esslinger-Hinz*

# Paradigmen und Paradigmenwechsel aus kulturkritischer Perspektive

## Zusammenfassung

Paradigmen bestehen aus Aussagen und Themenfeldern, die zu einer bestimmten Zeit, in einem bestimmten gesellschaftlichen Kontext als „richtig" oder „wahr" angenommen werden. Damit ist ein Paradigma immer mit einer Bewertung unterlegt: Aufgrund seiner angenommenen Gültigkeit erfährt ein Paradigma in einem bestimmten Zeitfenster Zustimmung, ohne dass der Nachweis für seine Güte kontinuierlich erbracht werden müsste. Aus wissenschaftlicher Perspektive eigentlich eine Unmöglichkeit, denn dieser Umstand müsste am Selbstverständnis von Forschung und Wissenschaft rütteln, deren genuine Aufgabe und Existenzberechtigung darin besteht, Erkenntnisse kontinuierlich zu prüfen und neue Erkenntnisse zu generieren. Damit stellt sich die Frage, wie es sein kann, dass Paradigmen in der Grundschulpädagogik – aber auch in der Schulpädagogik insgesamt – benannt, verteidigt und als Referenz herangezogen werden, worin ihre Funktion liegt, welche Paradigmen aktuell im Zentrum stehen, was sie entstehen ließ und worin die Ursachen für Paradigmenwechsel zu sehen sind. Der vorliegende Beitrag skizziert Antworten unter kulturtheoretischer sowie kulturkritischer Perspektive.

## 1 Paradigmen: ein Phänomen und seine Bedeutung

Von einem Paradigmenwechsel lässt sich erst dann sprechen, wenn ein Vergleich zum Vorausgehenden stattfindet und etwas Anderes und Neues identifiziert wird. Die Rede vom Paradigmatischen kommt somit einer Diagnose gleich: Der Gegenstand bzw. Inhalt des Paradigmas wird retrospektiv als solcher identifiziert. Dies kann nur geschehen, wenn eine Differenzwahrnehmung zum Vorangegangenen beschrieben werden kann. Diese wiederum setzt voraus, dass Vergleichspunkte klar, eindeutig, artikulier- und extrapolierbar sind. Die Differenz zum Vorangegangenen muss somit ein Maß erreicht haben, welches die Differenzwahrnehmung sowie die Differenzbeschreibung ermöglicht. Die Exploration selbst mittels des Vergleichs führt wiederum dazu, dass das Vergangene in Abhebung zum neuen Paradigma in verallgemeinerter Form und kontrastiv rekonstruiert wird; das Paradigma wird vorgestellt mittels Abhebung von einem verallgemeinerten „Alten", „Überholten", „Schlechteren" Paradigmengegensatz: „Evidenzbasierung" als Paradigma markiert, dass es eine Zeit „ohne Evidenzbasierung" gegeben habe; „Inklusion" steht gegen „Separierung", „Neue Lehr-Lernformen" gegen „lehrerzentrierte Formate", „Individualisierung" gegen „Kollektivorientierung". Diese kontrastive Abhebung generiert ein positives Konnotat bis hin zu einem Absolutheitsanspruch in Form einer erwünschten Denk- und Argumentationsgrundlage. Im Zeitfenster der „Hochphase" eines Paradigmas werden zu seiner Stabilisierung bzw. Implementation vielerlei Ressourcen bereitgestellt. Hierzu zählen Personalmittel, Drittmittel für paradigmennahe Anträge, Formen der Institutionalisierung in allen Phasen der Lehrerbildung, gesetzliche Verankerungen; zugleich werden alle paradigmenfernen Konzepte, Ideen, Anträge nachrangig oder überhaupt nicht behandelt. Ist diese

Implementation geschehen, erleben die Akteure den Zustand als Normalität. Insbesondere die nachwachsende Lehrergeneration, die erstmals ein Paradigma vermittelt bekommt, wird sozialisiert. Eine Entwicklungsaufgabe für Lehrpersonen besteht im Laufe der Berufsbiografie deshalb auch darin, die Paradigmenwechsel kritisch wahrzunehmen und jeweils einen eigenen Standpunkt zu entwickeln bzw. die geltenden Paradigmen in der Ausbildungsphase weiterzuentwickeln. Dies wäre eine wichtige bildungstheoretische Grundlage für die Lehrerbildung.

In der Hochphase des Paradigmas entsteht so etwas wie eine kollektive Wahrnehmung, die von der Richtigkeit des Paradigmas als Kulturelement (vgl. 2.) ausgeht. Mit dieser Identifikation ist jedoch bereits der Niedergang eines Paradigmas eingeläutet, denn der Mechanismus der Abhebung und Verabsolutierung im Kontrast zum „Alten" generiert Fehler, Unpraktikables, Fragwürdiges. Ein Beispiel hierzu: Aktuell zählen die von Andreas Helmke (2003) und im Nachgang von Hilbert Meyer (2003) beschriebenen Merkmale guten Unterrichts zu einem stark rezipierten Wissensbestand (vgl. Gruschka 2007). Die dort beschriebene „effektive Nutzung von Lernzeit" wird aktuell auf der Praxisebene dergestalt transformiert, dass im Rahmen von Hospitationen vermeintlich lernfreie Phasen mit der Stoppuhr gemessen werden. Hierzu ein Interviewausschnitt mit einer Grundschullehrperson, die auch als Mentorin tätig ist (vgl. Esslinger-Hinz 2015, S. 63).

> *Was eben auch verrückt ist in dieser Prüfungslehrprobe, ... man muss da in 45 Minuten eine top gestaltete Stunde zeigen, in der die Schüler die ganze Zeit Lernzuwachs haben. Da muss man selbst die Arbeitsblätter so richten, dass man die vielleicht schon in Gruppentischen portionsweise hat, dass nicht Zeit zum Arbeitsblatt austeilen verlorengeht und so weiter, was überhaupt kein Abbild von einer normalen Unterrichtsstunde ist. Das sind sicherlich ganz tolle Stunden, aber würde man nur so Unterricht machen, wäre das für die Schüler auch Stress, weil die ja auch die ganze Zeit auf Hochtouren laufen und irgendwie wird so getan, als sei das der optimale Unterricht. Aber man muss ja einfach auch mal etwas üben oder eine Unterrichtsstunde ist ja auch mal dafür da, dass man irgendwelche Regeln bespricht oder so. Und ich sehe ja ein, dass man so was können muss und dass man das den Schülern auch regelmäßig anbieten sollte, aber diese Messlatte liegt so verrückt hoch. Solche Stunden macht man einfach nur im Referendariat und nur bei Unterrichtsbesuchen. (21,L,G,62-66)*

Die Interviewsequenz zeigt, dass das Kriterium der effektiven Nutzung von Lernzeit aus Sicht dieser Lehrperson fragwürdig ist. Wird Schule als Lebens- und Kooperationsraum beschrieben, dann muss auch darüber nachgedacht werden, welche Bedeutung Pausen, Ruhephasen, Plauderphasen, Abschweifphasen haben: auch für den Lernprozess, ob auf der Ebene des miteinander Lernens oder auf der Ebene der fachlichen Entwicklung. Im Zyklus von Paradigmen und Paradigmenwechsel wird in einer ersten Kritik des Paradigmas versucht, das Paradigma mit den Schwach- und Leerstellen bzw. der Kritik zu vereinbaren. Beispielsweise wird und wurde die Idee des „Outputs" zunächst mit anderen neuen Paradigmen (z. B. „Inklusion") zu vereinbaren gesucht. Dies geschieht beispielsweisen mit Argumenten, dass Menschen mit Behinderung zur stärkeren Leistung einer Gesellschaft beitrügen oder dass alle Lernenden von der Inklusion „profitierten". Interessanterweise wurde der eigentliche Beweggrund für die gemeinsame Beschulung als Menschrecht bzw. die anthropologische Perspektive im Diskurs – selbst im sonderpädagogischen Diskurs – nicht zentral als Argumentationsgrundlage herangezogen (vgl. Esslinger-Hinz 2014). Hier wurde der Versuch unternommen, ein neues Paradigma mit einem vorhandenen in Anteilen zu verzahnen, auch wenn die Argumentationslinien des neuen Paradigmas („Inklusion") anderen normativen Grundlagen. Sinkt nun die Zahl der Akteure, verstanden als „Paradigmenträger", bröckelt die Implementation über Objektivationen (z. B. indem weniger Mittel bereitgestellt werden), sind die ersten Anzeichen für einen Paradigmenwechsel gegeben. In dieser Phase wird die Hoffnung auf einen Wechsel von einzelnen Akteuren auch offen kommuniziert. Somit taucht mit der Paradigmenkritik bereits dessen Ende am Horizont auf, wobei zur „Hochphase" eines Paradigmas die Mehrzahl der Akteure das Paradigma als „ewig während" annimmt. Zunächst formulieren wenige Personen, die mit ihren Äußerungen Sanktionen ausgesetzt sind, Schwächen des Paradigmas, identifiziert Grenzen oder kritisieren seinen dogmatischen Charakter (z.B. Renkel 2015). So wird der Weg für ein neues Paradigma bereitet, das die identifizierten Mängel des alten zu kompensieren scheint – konstruiert in Abhebung vom vorhandenen Paradigmatischen. Und so ist die Schulpädagogik in Theorie und Praxis durch Ideen, Konzepte, Ansätze geprägt, die Pendelbewegungen unterliegen (vgl. Esslinger-Hinz & Sliwka 2011, S. 164). Abbildung 1 skizziert die Ablaufstruktur von Paradigmengenese und -wechsel:

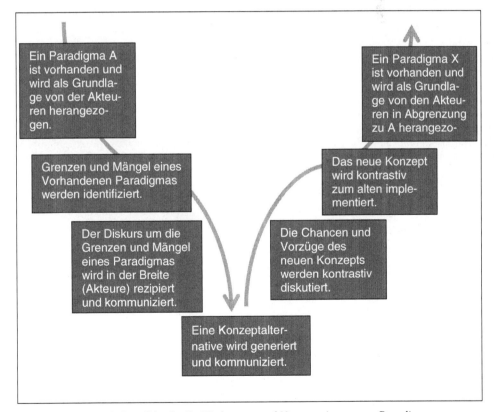

*Abbildung 1: Die Ablauflogik: Niedergang und Neugenerierung von Paradigmen*

## 2 Der Dominanzcharakter von Paradigmen: eine kulturtheoretische Perspektive

Ein spieltheoretischer Blick auf das Phänomen „Paradigmen" zeigt, dass auch hier – einem Spiel vergleichbar – Akteure und ihr Verhalten, Regeln bzw. Kognitionen, Emotionen und Objektivationen (materiale Grundlagen) eine Rolle spielen. Es lässt sich kein Paradigma denken, ohne eines dieser Strukturelemente. Sie bilden auch die Schnittmengen zwischen den vorliegenden kulturtheoretischen Konzepten. Sie gehen davon aus, dass Kulturen durch gemeinsam geteilte Kognitionen vermittelt sind. Sie bilden einen Kitt zwischen den Akteuren. Zwar divergieren die Begrifflichkeiten sowie die Einschätzung der Modellierungsmöglichkeiten dieser Kognitionen – von „Werten" (Neubauer 2003) über „Deutungsmuster (Oevermann 2001), „basic assumptions" (Schein 1995; 2003) „kollektive Auffassungen" bis hin zu „mentalen Programmen" (Hofstede & Hofstede 2015) oder „kollektiver Programmierung". Insgesamt lässt sich vergleichend bilanzieren, dass innerhalb von Kulturen gemeinsam geteilte Kognitionen beschreibbar sind (vgl. Esslinger-Hinz 2010), unabhängig von der Einschätzung ihres Wandlungspotenzials. Bezogen auf Paradigmen bedeutet dies, dass innerhalb einer wissenschaftlichen Community bestimmte Themen, wissenschaftstheoretische Ansätze sowie Forschungsergebnisse in einem bestimmten Zeitfenster Grundlagencharakter zugeschrieben wird, d. h. diese Themen werden zu einer bestimmten Zeit als zentral und bedeutsam bewertet (z. B. aktuell das Thema „Inklusion"), bestimmte wissenschaftstheoretische Ansätze werden mehrheitlich präferiert (z. B. aktuell das Lernen als konstruktiver bzw. ko-konstruktiver Prozess) und bestimmte Daten und ihre Interpretation werden häufig als Argumentationsgrundlage herangezogen (z. B. die Studie von Hattie). Dieses Wahlverhalten bezogen auf bestimmte Kognitionen mustert zugleich Ansätze, die völlig konträr „konstruiert" sind, aus.

Das Paradigma, verstanden als Normgrundlage, spiegelt sich im Verhalten der Akteure: Es wird als Grundlage wissenschaftlichen Arbeitens präferiert: Beiträge jeglichen Formats in Schrift- und Sprechsprache fußen auf den beschriebenen, kollektiv akzeptierten Konzepten innerhalb eines wissenschaftlichen Systems. Akteursverhalten, welches auf einem Paradigma fußt, wird positiv bewertet und gestützt; wert- bzw. paradigmenfremde Perspektiven werden über Abgrenzung oder Ignoranz ausgemustert.

Die Stimmung bzw. Atmosphäre, die auf der Ebene von Wissenschaftssystemen bzw. auf der Ebene von Institutionen durch Paradigmen generiert wird, ist gänzlich unerforscht. Paradigmen werden von den Akteuren als „richtig" und „unumstößlich" eingeordnet und generieren eine Form von Sicherheit, die den Blick für die Zukunft verstellt: Obwohl wir wissen, wenn wir beispielsweise die Geschichte der Schulpädagogik bzw. der Grundschulpädagogik betrachten, dass immer wieder Paradigmenwechsel stattfinden, man denke beispielsweise an die Paradigmen „Schulreife" und „Schulfähigkeit", folgen Akteure als Paradigmenträger der Vorstellung, dass das aktuell vertretene Paradigma „unsterblich" sei: Eine Idee, der alles Wissen über die Entwicklungslinien innerhalb der Disziplin widerspricht. Dennoch führt die Existenz von Schlüsselkonzepten bzw. Paradigmen dazu, dass die sie vertretenden Akteure ihr Engagement und ihre Ressourcen einsetzen, um deren Erhalt auf Dauer zu stellen. Ein Phänomen, das aus psychoanalytischer Perspektive Ängste reduziert (vgl. Lohmer & Heid 2012). So zeigt sich die Dimension „Stimmung" beispielsweise auf Tagungen, denn hier wird um geltende Schlüsselkonzepte gerungen.

Weiterhin werden Schlüsselkonzepte bzw. Paradigen im Wissenschaftsbereich über konkrete Objektivationen manifestiert, implementiert und somit auf Dauer gestellt. Hierzu zählen beispielsweise Publikationen, Denominationen, Mittelvergaben u.a.m.

Die beschriebenen Bereiche dürfen nun nicht separiert nebeneinander betrachtet werden, vielmehr stützen sie sich gegenseitig, indem sie die Präsenz des Paradigmas (Schlüsselkonzept) vertreten. Hierin liegt die Ursache für ihren Dominanzcharakter: die Dinge bzw. Objektivationen, das Verhalten der Akteure, die Strukturen sowie die Kognitionen greifen ineinander. Abbildung 2 modelliert diese Verzahnung.

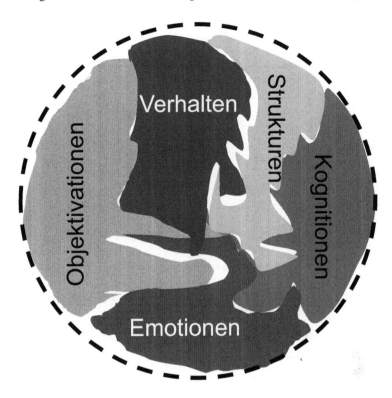

*Abbildung 2: Paradigmen als Schlüsselkonzepte im wissenschaftlichen Diskurs (Erweitertes Modell in Anlehnung an Esslinger-Hinz 2010 und 2015)*

Die beschriebenen Objektivationen von Paradigmen bzw. Schlüsselkonzepten werden zudem strukturell verankert. Das bedeutet, dass innerhalb des Systems Strukturen geschaffen werden, die das Paradigma repräsentieren und reproduzieren und somit Stützen bzw. das Zeitfenster, in dem es dominieren kann, vergrößern. Hierzu zählen im Rahmen des Systems „Schule" beispielsweise Systemänderungen (z.B. Schulsystemänderungen; derzeit beispielsweise die Einführung von Gemeinschaftsschulen). Zusammenfassend lässt sich festhalten, dass Schlüsselkonzepte im wissenschaftlichen Diskurs folgende Merkmale aufweisen:

- Sie werden von vielen Akteuren im System geteilt.
- Sie sind über Systemanpassungen, Objektivationen, Kognitionen, Emotionen und Verhalten verankert.
- Sie sind bereits in einem bestimmten Zeitfenster etabliert, haben also bereits „Geschichte".

10

Die folgende Abbildung (vgl. Abb. 3) modelliert Paradigmen dreidimensional als Punkte: Im Würfelmodell befinden sie sich oben, rechts hinten: Sie sind konsensualisiert, auf der Objektivationsebene implementiert und das seit einer bestimmten Zeit.

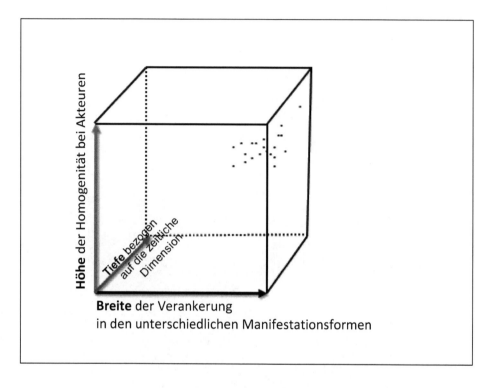

*Abbildung 3: Paradigmen unter kulturtheoretischer Perspektive: Paradigmen als Schlüsselkonzepte im wissenschaftlichen Diskurs*

## 3 Kontexte von Paradigmen bzw. Schlüsselkonzepten: Ein Mehrebenenmodell

Paradigmen bzw. Schlüsselkonzepte, verstanden als Kulturelemente in einer wissenschaftlichen Disziplin flottieren nicht frei, sondern sind eingebunden. Um zu verstehen, dass auch die Kontexte stabilisierend bzw. destabilisierend wirken können, ist es wichtig, diese Kontexte einzubeziehen. Sie lassen sich – ähnlich einer russischen Matrjoschka – als ineinandergeschachtelte Systeme denken. Paradigmen, die innerhalb der Schulpädagogik und hier innerhalb der Grundschulpädagogik generiert werden, sind innerhalb des Wissenschaftssystems verankert. Daneben sind aber auch gesellschaftliche Systeme wie das Schul-, Rechts-, Wirtschaftssystem, politische System als Kontexte einzubeziehen. Diese gesellschaftlichen Systeme sind wiederum innerhalb bestimmter Nationen zu finden. Systeme stabilisieren sich auch über diese Umwelten, indem die Schlüsselkonzepte kompatibel sind und sich zumindest nicht im offenen Kontrast befinden. Wenn dies der Fall wäre und Systeme innerhalb einer Gesellschaft mit den geltenden Paradigmen konfligieren, entstehen Auseinandersetzungen und Klärungsprozesse zur Dominanz. Setzen sich Paradigmen auf übergeordneten Systemebenen durch, wird zuweilen der Begriff „Revolution" verwendet. Einen Puffer bilden die Unterschiede im Verallgemeinerungsgrad zwischen den Ebenen: Übergeordnete Systeme (z.B. Nationen oder in Deutschland Regelungen der Länder) lassen Spielräume über ihren größeren Verallgemeinerungsgrad im Hinblick auf das Paradigma. Damit sind die kulturellen Verbindlichkeiten auf einer jeweils untergeordneten Ebene konkreter. Hierin liegt die Verträglichkeit zwischen den Ebenen: Die Systeme jeweils untergeordneter Ebenen lassen sich inkludieren. Auf der anderen Seite muss diese Verträglichkeit gegeben sein, damit sich auf einer jeweils untergeordneten Ebene (Wissenschaftssystem, Schulsystem), der Schule und den Mikroprozessen von Schule (z. B. Unterricht) Paradigmen durchsetzen und etablieren können. Die Verankerung eines Schlüsselkonzepts ist somit auch dann besonders stark, wenn es sich durch alle Ebenen „zieht" und im Mehrebenensystem repräsentiert ist. Abbildung 3 ist somit um eine vierte Dimension, die Einbindung in ein Mehrebenensystem, zu erweitern (Abbildung 4). Das hier gewählte Modell, ein vierdimensionaler Hyper-Würfel (Tesserakt), mit dem zwischen acht Volumina (Würfeln) changiert werden kann, symbolisiert die vier Verankerungsdimensionen von Schlüsselkonzepten bzw. Paradigmen im schulpädagogischen Diskurs:

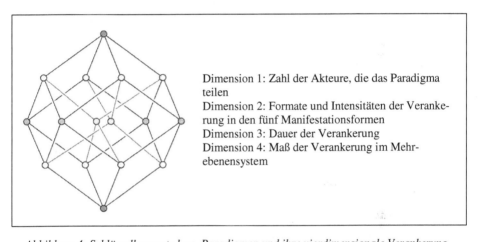

Dimension 1: Zahl der Akteure, die das Paradigma teilen
Dimension 2: Formate und Intensitäten der Verankerung in den fünf Manifestationsformen
Dimension 3: Dauer der Verankerung
Dimension 4: Maß der Verankerung im Mehrebenensystem

*Abbildung 4: Schlüsselkonzepte bzw. Paradigmen und ihre vierdimensionale Verankerung*

Handlungen auf der Mikroebene Unterricht sind somit immer in einen umfassenden Kontext eingebunden. Vorschläge zur Schulkulturanalyse, die die Kulturen über- und beigeordneten Kontexte in einem Mehrebenensystem berücksichtigen, tragen dazu bei, die Verzahnungen deutlich und damit auch diskutierbar zu machen. Zu fragen wäre beispielsweise, inwieweit eine Schule am Markt orientierte Paradigmen präferiert, wie sich die Paradigmen schulkulturell in den unterschiedlichen Manifestationsformen (Abb. 3) zeigen und ob diese paradigmatischen Grundlagen erwünscht und gewollt sind. Instrumente hierzu liegen bereits vor (z.B. Berkemeyer et al. 2015; Betül 2016; Müthing 2013).

#### 4   Die Auslöser von Paradigmenwechsel

Auf den konkreten Ebenen von Einzelschulen werden Kulturentwicklungsprozesse zuweilen als Ablaufprozesse modelliert oder auch in Bereiche und Felder eingeteilt. Nimmt man hier konkrete Schlüsselkonzepte an, dann sind die Entwicklungsmöglichkeiten eingeschränkt, aber auch beschreibbar. Auf der Ebene des Wissenschaftssystems bzw. auf der Ebene des Teilsystems „Erziehungswissenschaft" bzw. auf der Ebene der

Grundschulpädagogik sind die Möglichkeitsräume breiter; hat sich hier allerdings ein Paradigma etabliert, dann lässt es sich nicht von einzelnen Akteuren ändern: Hierzu bedarf es eines Prozesses, der mit der Kritik und den Leerstellen am Paradigma ansetzt, sich ausbreitet, die Objektivationen und ihre Bedeutung zurückdrängt. Dieser Prozess ist schwierig, weil auch die anderen Subsysteme einer übergeordneten gesellschaftlichen Logik folgen können (vgl. 4.; Dimension in Abb. 4). Hierzu ein Beispiel von Hofstede & Hofstede (2011). Die Autoren haben im Längsschnitt im Ausland arbeitende Mitarbeiter von IBM zu der Wahrnehmung der ihnen fremder Kulturen befragt. Auf dieser Grundlage leiteten sie Dimensionierungen ab und verorteten ganze Nationen hinsichtlich der gefundenen Attribute. Eine Dimension bildet beispielsweise das Attribut „kollekivistisch" versus „individualistisch".

> *„In kollektivistischen Gesellschaften bestehen aus dem Familienbereich stammende Unterscheidungen zwischen Mitgliedern der Wir-Gruppe und Angehörigen der Fremdgruppe in der Schule weiter, so dass Schüler mit verschiedener ethnischer oder familiärer Herkunft häufig Untergruppen in der Klasse bilden."*

Es liegt auf der Hand, dass gesellschaftliche Paradigmen sich auch im schulischen Kontext durchsetzen. Aus theoretischer Perspektive ist angesichts des Verankerungsmodells zu fragen, weshalb und wann Paradigmenwechsel überhaupt möglich sind und welche Rolle hierbei die Akteure noch spielen können (vgl. Reckwitz 2006), denn das Modell macht die Vielfalt und Dichte der Verankerungsweisen von Paradigmen deutlich. Wo liegen die Entwicklungs- und Änderungsmöglichkeiten?

Ein Grund für die Möglichkeit des Paradimgenwechsel im Mehrebenensystem liegt in dem Umstand, dass zwischen den Ebenen der Verallgemeinerungsgrad steigt. Das bedeutet, dass Ausdeutungen und Konkretisierungen von Paradigmen auf der jeweils darunter liegenden Ebene vielfältig sein können. Ein weiterer Grund liegt auf der Akteursebene: Jeder Akteur verfügt über ein individuelles Setting an Kultur- bzw. Paradigmenerfahrungen, sodass aus anderen Kontexten zumindest versuchsweise Kognitionen, Verhalten, Manifestationen, Emotionen „importiert" werden können. Das ist beispielsweise über Auslandserfahrungen (in der Schulpädagogik werden Elemente der Paradigmen bestimmter Länder, derzeit insbesondere die kanadischen einbezogen), über das Kennenlernen der Paradigmen anderer Systeme (z. B. Rechtssystem, Wirtschaftssystem) oder über das Erleben anderer schulischer Einheiten möglich. Individualität hinsichtlich der Erfahrungen und Aufnahme bestimmter Schlüsselkonzepte auf der Ebene der Einzelbiografie bildet somit eine weitere Grundlage für einen möglichen Transfer.

Neben die individuellen Paradigmenkombinationen aus der Sicht der Akteure und das strukturelle Merkmal des zunehmenden Verallgemeinerungsgrades im Mehrebenensystem bilden Kontextveränderungen für ein System einen möglichen Grund der Neuorganisation (vgl. Drees 2008 zum Zusammenhang von Wirtschaftsentwicklung und Lehr-Lernkultur), der auch mittels Paradigmenverschiebungen oder Änderungen geschehen kann. In dieser Sicht, in der mit Bezug auf N. Luhmann davon ausgegangen wird, dass autopoietische Systeme sich grundsätzlich nicht von außen steuern lassen, wird jedoch angenommen, dass Umweltveränderungen im System rezipiert werden müssen, um einen bestimmten Grad an Homöostase zu erlangen. U. Carle (2011) plädiert deshalb im Rahmen von Entwicklungsarbeit sowohl für langfristige Zielperspektiven als auch dafür, flexibel reagieren zu können.

Paradigmen, verstanden als auf bestimmte Zeit konsensualisierte Schlüsselkonzepte innerhalb der Erziehungswissenschaft – also innerhalb eines Wissenschaftssystems – bringen Vorteile mit sich. Sie sind zunächst ökonomisch und ressourcensparend: Die theoretischen Grundlagen brauchen nicht immer wieder aufs Neue rekonstruiert zu werden, sodass auf der Grundlage des Paradigmas Ausdifferenzierungen möglich sind. Die Ausbildung von Paradigmen ist somit ein Ziel und ein Effekt von Kommunikation im erziehungswissenschaftlichen Diskurs. Sie bilden einen „Selektions- und Interpretationsfilter" (vgl. Neubauer 2003, S. 66). Ein entstandener Konsens schafft darüber hinaus Zugehörigkeiten; existieren zwei Paradigmen parallel, wie beispielsweise hinsichtlich forschungsmethodischer Zugänge, etablieren sich Subkulturen, die ihr Schlüsselkonzept in Abgrenzung zu „konkurrierenden" Konzepten formulieren; zuweilen auch mittels Abwertungshandlungen; sie schaffen aber auch Indentifikationsmöglichkeiten.

## 5    Die Mikroebene „Unterricht" im Mehrebenensystem

Zuweilen kommen Paradigmen, die auf den Ebenen der Bildungspläne, der Institution Schule, der Gesellschaft verankert sind, nicht auf der Ebene des Unterrichts an, selbst wenn gezielt Implementationen durchgeführt wurden (vgl. Kolbe et al. 2008). Stadler-Altmann & Gördel (2015) kommen beispielsweise nach dreijähriger Projektarbeit an 12 Schulen, in der eine demokratische Schulkultur etabliert werden sollte, zu folgendem ernüchternden Befund hinsichtlich der Kognitionen der Lehrpersonen:

> *„Die Evaluationsergebnisse zum Schulprojekt KOMPASS zeigen, dass kein signifikanter Zusammenhang zwischen demokratischen Aspekten von Schulkultur (umgesetzt durch die Einzelprojekte) und subjektiven Theorien von Unterricht seitens der Lehrkräfte (operationalisiert durch didaktische Orientierungen) vorliegt. Dies würde entgegen der in der Einleitung aufgestellten Behauptung bedeuten, dass sich die subjektiven Unterrichtstheorien von Lehrerinnen und Lehrern unabhängig von äußeren organisatorischen Anregungen oder Irritationen entwickeln und durch schulspezifische Entwicklungsprojekte nicht beeinflusst werden". (Stadler-Altmann et al. 2015, S. 194 f.)*

Dass Lehrpersonen auf der Mikroebene des Unterrichts jenseits der Paradigmen (Schlüsselkonzepte) handeln, die innerhalb einer Schule als Ganzes gelten, wurde bereits in den 70er-Jahren mit den Stichwörtern „losely coupled system" oder „Verinselung" thematisiert. Die Ursachen wurden mit den strukturellen Separierungen von Klassen erklärt. Daneben muss aber auch gesehen werden, dass Lehrpersonen bezogen auf ihre Vorstellungen von „Unterrichtshandeln" und den basalen Wertvorstellungen über ein Jahrzehnt nahezu tagtäglich in ihrer eigenen Schulzeit sozialisiert wurden. Daneben tritt die Rezeption paradigmatischer Elemente im Rahmen der Lehrerbildung. Ob Studierende zu den Repräsentanten von Paradigmen zählen, wird in Theorie und Praxis geprüft. Aktuell wäre es beispielsweise nicht möglich, ohne eine Beschäftigung mit dem Thema „Heterogenität" ein Lehramtsstudium zu absolvieren. Tendenziell wäre eine paradigmenfremde Sicht für die berufliche Laufbahn problematisch, in etwa, wenn ein Lehramtsanwärter Heterogenität als Problem beschreiben und Wege zur Homogenisierung von Lerngruppen suchen würden.

Der kulturelle (Frei-)raum „Unterricht", die Lerngeschichte und Lernentwicklung von Lehrpersonen, das Bedürfnis nach Autonomie (z. B. im Rahmen von Motivationstheorien und innerhalb der Professionsforschung; vgl. Deci & Ryan 1993) begründen den Befund, dass die Ebene „Unterricht" in den Praxen von Schule und Unterricht sich in

Anteilen als resistent erweist gegenüber paradigmatischen Anforderungen der Paradigmenverankerung auf dieser Ebene. Dieser Umstand wird zumeist negativ bewertet, denn schließlich ist die Einrichtung von Schulen im Kern für die nachwachsende Generation bzw. die Reproduktion der Gesellschaft gedacht; der Unterricht bildet das Setting, in dem dies geschieht. Man kann die auch vorhandene Geschlossenheit und Paradigmenresistenz dahingehend positiv bewerten, dass hierin auch die Chance liegt, Schule „von unten" kritisch zu reflektieren und Reformprozesse anzustoßen. Paradigmenresistenz wäre dann als Paradigmenresilienz auszudeuten. Dass dies möglich ist, zeigen Schul- und Unterrichtskonzepte, die zu ihrer Zeit alternativ und gegen geltende Paradigmen entwickelt wurden und später als „Reform" eingeordnet wurden.

Allerdings muss auch gesehen werden, dass Paradigmen in ihrer Bedeutung und Reichweite hierarchisiert zu betrachten sind: die Rechte des Kindes, die Rechte von Frauen, die Rechte von Menschen mit Behinderungen und die freiheitlich-demokratische Grundordnung wären Paradigmata, die ein Staat immer wieder neu erringen und im schulischen Kontext durchzusetzen suchen muss. Sie bilden eine Art existenziellen Kern; sie zur Disposition zu stellen, gefährdete das gesellschaftliche Gesamtsystem. Alle erzieherischen sowie didaktisch-methodischen Konzepte, die unterhalb dieser Ebene liegen, wären verhandelbar, in dem Sinne, dass unterschiedliche „Gestaltungen" von Schule und Unterricht denkbar sind, die das hierarchisch übergeordnete Paradigma repräsentieren. Die aktuelle Zuwanderung einer Vielzahl von Akteuren mit Wertvorstellungen, die die oben genannten Paradigmen nicht kennen und auch nicht teilen (können), stellt eine Gesellschaft vor die Herausforderung, Paradigmen über die beschriebenen Verankerungen zu erhalten – auf allen Ebenen im Mehrebenensystem bis hin zur Interaktion im Unterricht. Aus sozialkonstruktivistischer Perspektive geht es somit um die Erschaffung von Weltinterpretaion bzw. einer sozial geteilten Weltwirklichkeit, die die Paradigmen von freiheitlich-demokratischen Grundrechten, Gleichberechtigung und Kinderrechten kontinuierlich etabliert. Dies geschieht immer diskursiv (vgl. Zielke 2004). Hierzu haben Schule und der Unterricht eine physikalische Umwelt und ein Lehr-Lernsetting zu schaffen, die dies ermöglicht.

## 6    Aktuelle paradigmatisch geführte Diskurse in der Grundschulpädagogik

Wie lassen sich Paradigmen innerhalb der Grundschulpädagogik identifizieren? Die folgenden Merkmale geben auf der Grundlage des vorgestellten kulturtheoretischen Blickwinkels Hinweise. Ein Themenfeld, Ansatz, eine Sichtweise, ein Zugang kann dann als paradigmatisch eingestuft werden, wenn …

- … er eine starke Verankerung auf den fünf beschriebenen Dimensionen aufweist (vgl. Abb. 2)
- … er von Akteuren so positiv bewertet wird, dass Begründungen nicht mehr eingefordert werden.
- … alternative oder konträre Ansätze abgelehnt, d. h. ignoriert, stigmatisiert oder sanktioniert werden (z. B. die kritischen Stimmen PISA; vgl. Hopmann, Brinek & Retzl 2007 oder Nicholsw & Berliner 2007 oder Renkl 2015).
- … Beiträge zur Festigung des Paradigmas belohnt werden (z.B. über Statuszuweisungen).
- … Akteure meinen, auf eine zeitlos gültige Konzeption gestoßen zu sein.
- … die Fantasie fehlt, dass das Paradigma Grenzen hat.

- ... der vorliegende Beitrag Unbehagen bzw. Ablehnung beim Gedanken an ein bestimmtes Paradigma hervorruft.

Unter diesen Perspektiven zählen Stichwörter wie „Evidenzbasierung", „Kompetenzorientierung", „Lernen als aktiver Konstruktionsprozess", „Individualisierung", „Neue Lehr-Lernkultur", „Inklusion", „Steuerung und Classroommanagement", „offene Schuleingangsstufe", „neue Konzepte zur Transition und Schulfähigkeit" zu den aktuell paradigmatisch geführten Diskursen im grundschulpädagogischen Feld. Sie sind daran zu erkennen, dass im wissenschaftlichen Diskurs das Aufzeigen von Grenzen, eine distanzierende oder völlig andere Positionierung zu Irritationen führt bzw. auf grundsätzliche Ablehnung stößt. Texte, die Phänomene der Erziehungspraxis hermeneutisch deutend beschreiben, die die Bedeutung der Lenkung durch die Lehrperson und die Bedeutung von Rezeption oder die Bedeutung kollektiven Lernens und die Chancen von Separierung darlegen, werden ausgemustert, ignoriert oder bestenfalls als Material verwendet, um das vorhandene Paradigma kontrastiv zu extrapolieren. Das ist beispielsweise bei der Publikation von Streitschriften der Fall. So kann ein aktuell geltendes Schlüsselkonzept (Paradigma) erhalten und stabilisiert werden, auch wenn das ein- oder andere Argument – bei näherer und differenzierter Betrachtung – tragfähig wäre: Die Annahme, dass alle Kinder individuell lernen, müsste beispielsweise auch beinhalten, dass es Kinder gibt, die mit fragend-entwickelnden oder rezeptiven Lehr-Lernformaten besonders gut zurechtkommen oder dass es Kinder gibt, die alleine mit der Sache rascher und effektiver lernen oder dass es Kinder gibt, die lieber in einer leistungshomogeneren Gruppe lernen. Individualität wird interessanterweise mit einem paradigmatischen, korrespondierenden Lernbegriff und einer korrespondierenden Didaktik versehen, die für die paradigmatischen Grenzen keinen Blick hat. Wäre es so, wären die Differenzen unschärfer, die Grenzen zwischen „zum Paradigma gehörend" und „außerhalb des Paradigmas liegend" durchlässiger, das Paradigma würde an Anspruch auf Allgemeingültigkeit einbüßen. Setzt dieser Prozess ein (vgl. Abb. 1), dann werden vorhandene Paradigmen offen und theoretisch neu fundiert zu Thema. Zur Zeit der Abfassung dieses Beitrags büßt das Paradigma von „Steuerung" und „Evaluation" an Repräsentanz in den unterschiedlichen Manifestationen ein; beispielsweise werden die Konzepte offen als falsch oder illusorisch benannt und entsprechend erweitert (vgl. Willke 2011, S. 2 u. 4; auch Zlatikin-Troitschanskaia 2006):

> *„Empirisch gesehen, ist unter den heute vorherrschenden und geradezu unvermeintlichen Bedingungen von hoher organisierter Komplexität und Intransparenz Misslingen der Normalfall und gelingende Steuerung die Ausnahme. Diese ziemlich harsche Einsicht ist nicht leicht auszuhalten [...]"... „Die Idee systemischer Steuerung beschreibt damit die Paradoxie einer nicht intendierbaren Intention..."*

Paradigmen im wissenschaftlichen Diskurs bilden Schlüsselkonzepte einer Wissenschaftskultur. Die Idee, dass Ergebnisse wertfrei innerhalb der Sozialwissenschaften generiert werden würden, zählt zu einem dieser Paradigmen. Unter kulturtheoretischer Perspektive ist jedoch darüber nachzudenken, ob – selbst bei international angelegten Studien – ein „versteckter Ethnozentrismus" (Hofstede & Hofstede 2015, S. 485) und paradigmatische Differenzen zwischen den Kulturen bereits die Lesart von Erhebungsinstrumenten beeinflussen. Wiewohl Paradigmen einen normativen Charakter haben und zuweilen Diskurse eintreten, die an die Grenzen wissenschaftlicher Argumentationslinien gehören, muss auch gesehen werden, dass nur die paradigmatische Verankerung derart intensive Diskurse erlaubt und letztlich in der Lage ist, die Grenzen eines Paradigmas aufzuzeigen und die Anteile in die Zukunft der Bildung mitzunehmen, die sich als tragfähig erwiesen haben. Damit ist die Aufgabe beschrieben, der sich die Beiträge im vorliegenden Band widmen: einer Auseinandersetzung mit den aktuellen Paradigmen, ihrer Fundierung und ihrer Bedeutung für die Grundschulpädagogik.

Fragt man, „Was bewegt die Schule?" (Carle 2000), dann ist es unter kulturkritischer Perspektive die Aufgabe aller Akteure auf den unterschiedlichen Ebenen bzw. die Erziehung und Bildung betreffenden Institutionen – von der frühen Bildung bis hin zur Berufsbildung – ihre Reflexion und ihr Handeln an einer kritischen schulkulturellen Perspektive auszurichten und Paradigmen immer wieder auf den Prüfstand zu stellen: ein mutiges Unterfangen, das Akteure erfordert, die immer wieder reflexiv und praktisch um Autonomie und Paradigmendistanz ringen.

Die Beiträge in diesem Band widmen sich paradigmatischen Veränderungen im grundschulpädagogischen Diskurs aus unterschiedlichen Perspektiven und mit unterschiedlichen, zum Teil auch kritischen Perspektiven.

*Literatur*

Balkar, B.: Defining an empowering school culture (ESC): Teacher perceptions. In: Issues in Educational Research. Vol. 25, No. 3, p. 205-224. (http://www.iier.org.au/iier25/ balkar.html; recherchiert am 26.7.2016)

Berkemeyer, N.; Junker, R.; Bos, W. & Müthing, K. (2015): Oranizational cultures in education: Theory-based use of an instrument for identify-ing school culture. In: Journal for Educational Research Online. Journal für Bildungsforschung online. Vol. 7, No.3, Münster: Waxmann, S. 86-102.

Carle, U. (2000): Was bewegt die Schule? Internationale Bilanz, praktische Erfahrungen, neue systemische Möglichkeiten für Schulreform, Lehrerbildung, Schulentwicklung und Qualitätssteigerung. Hohengehren

Carle, U. (2011): Schule als System. In: Boer, H. & Peters, S. (Hrsg.): Grundschule entwickeln – Gestaltungsspielräume nutzen. Frankfurt am Main: Grundschulverband, S. 17-28.

Deci, E.L. & Ryan, R. (1993): Die Selbstbestimmungstheorie der Motivation und ihre Bedeutung für die Pädagogik. In: Zeitschrift für Pädagogik, 39. Jg., H. 2, S. 223-238.

Drees, G. (2008): Erziehung und Bildung im Blick verschiedener Paradigma des Lernens. In: Esslinger-Hinz, I. & Fischer, J. (Hrsg.): Spannungsfelder der Erziehung und Bildung. Schneider: Hohengehren, S. 72-86.

Esslinger-Hinz, I. (2010): Schulkulturanalyse. Eine vergleichende empirische Untersuchung zu ausgewählten Dimensionen schulischer Kulturen. Bad Heilbrun.

Esslinger-Hinz, I. & Sliwka, A. (2011): Bachelor-Master Schulpädagogik. Weinheim: Beltz.

Esslinger-Hinz, I. (2014): Inklusion und Leistung. Pradigmata im Widerspruch? In: Inklusion: Eine Herausforderung für die Grundschulpädagogik. Reihe: Entwicklungslinien der Grundschulpädagogik, Bd. 11, Baltmannsweiler: Schneider Hohengehren. S. 142-154.

Esslinger-Hinz, I. (2016): Die Unterrichtsvorbereitung für einen transparenten Unterricht. In: Moegling, K. & Schude, S.: Transparenz im Unterricht und in der Schule. Teil 1. Immenhausen bei Kassel: Prolog, S. 81-100.

Esslinger-Hinz, I. (2016, i. Dr.): Schulkultur. In: Gläser-Zikuda, M.; Harring, M. & Rohlfs, C. (Hrsg.): Handbuch Schulpädagogik. Münster: Waxmann.

Gruschka, A. (2007): „Was ist guter Unterricht?". Über neue Allgemein-Modellierungen aus dem Geiste empirischer Unterrichtsforschung. In: Pädagogische Korrespondenz, 36. Jg., S. 10-43.

Helmke, A. (2003): Unterrichtsqualität erfassen, bewerten, verbessern. Seelze: Kallmeyersche Verlagsbuchhandlung.

Hofestede, G. & Hofsteede, G.J. (2011): Lokales Denken, globales Handeln. Interkulturelle Zusammenarbeit und globales Management. 5. durchges. Aufl., München: dtv

Hopmann, S.; Brinek, G. & Retzl, M. (Hrsg.) (2007): PISA zufolge PISA – PISA According to PISA. Wien: LIT. n: Klinkhardt.

Kiel, E.; Esslinger-Hinz, I. & Reusser, K. (2014): Einführung in den Thementeil "Allgemeine Didaktik für eine inklusive Schule". In: Jahrbuch für Allgemeine Didaktik. Thementeil: Allgemeine Didaktik für eine inklusive Schule. Schneider: Hohengehren. S. 9-15.

Kolbe, F.-U.; Reh, S.; Fritzsche, B.; Idel, T.-S. & Rabenstein, KI. (2008): Lernkultur: Überlegungen zu einer kulturwissenschaftlichen Grundlegung qualitativer Unterrichtsforschung. In: ZfE, 11. Jg., H.1, S. 125-143.

Kuhn, T. S. (1996): Die Struktur wissenschaftlicher Revolutionen. Übers. von H. Vetter. Frankfurt a.M.: Suhrkamp.

Lohmer, M. & Möller, H. (2012): Psychoanalyse in Organisationen. Einführung in die psychodynamische Organisationsforschung. Stuttgart: Kohlhammer.

Luchte, K. (2005): Implementierung pädagogischer Konzepte in sozialen Systemen. Ein systemtheoretischer Beratungsansatz. Weinheim und Basel: Beltz.

Meyer, H. (2003): Zehn Merkmale guten Unterrichts. Empirische Befunde und didaktische Ratschläge. In: Pädagogik, 10. Jg., H. 3, S. 36-43.

Müthing, K. (2013): Organisationskulturen im schulischen Kontext – theoriebasierter Einsatz eines Instrumentes zur Erfassung der Schulkultur. Dissertation.

Nichols, S.L. & Berliner, D.C. (2007): Collateral damage. How High-Stakes Testing Corrupts America's Schools. Cambridge, Mass.: Harvard Education Press.

Neubauer, W. (2003): Organisationskultur. Stuttgart: Kohlhammer.

Oevermann, U. (2001): Die Struktur sozialer Deutungsmuster. Versuch einer Aktualisierung. In: Sozialer Sinn, H. 1, S. 35–81.

Reckwitz, A. (2006): Die Transformation der Kulturtheorien. Zur Entwicklung eines Theorieprogramms. Göttingen: Velbrück Wissenschaft.

Renkel, A. (2015): Drei Dogmen guten Lernens und Lehrens: Warum sie falsch sind. In: Psychologische Rundschau, 66. Jg., H. 4, S. 211-220.

Schein, E. H. (2003): Organisationskultur. The Ed Schein Corporate Culture Survival Guide. Aus dem Amerikanischen von I. Hölscher. Bergisch Gladbach: Edition Humanistische Psychologie.

Schein, E. H. (1995): Unternehmenskultur. Ein Handbuch für Führungskräfte. Aus dem Englischen von Friedrich Mader. Frankfurt; New York: Campus.

Stadler-Altmann, U. & Gördel, B.-M. (2015): Schule bildet. Organisations- und Schulentwicklung zu demokratischen Aspekten von Schulkultur und Unterrichtstheorien von Lehrkräften. In: Pätzold, H.; Hoffman, N. & Schrapper, C. (Hrsg.): Organisation bildet. Organisationsforschung in pädagogischen Kontexten. Weinheim u.a.: Beltz Juventa, S. 178-203.

Willke, H. (2015): Kontextsteuerung. In: Zinnecker, S. & Tripp. W.: Verbandentwicklung. Schwabenverlag: Stuttgart.

Zlatkin-Troitschanskaia, O. (2006): Steuerbarkeit von Bildungssystemen mittels politischer Reformstrategien. Frankfurt: Peter Lang.

# Demokratie als Praxis:

# Vom Mitmachen zum Mitgestalten

*Bettina Blanck*

# Individualisierte, differenzierte Bildung erwägungsorientiert und deliberativ gestalten

## Entfaltung demokratischer Bildung durch umfassende Demokratisierung von Bildung

### Zusammenfassung

Unterschiedliche Bildungsverständnisse eint – in welchem Ausmaß und welchen konkreten Ausgestaltungen auch immer – eine Orientierung an den jeweiligen Individuen, denen Selbstbestimmungsräume eröffnet werden sollen (siehe z. B. die verschiedenen Beiträge und Positionen in EWE 25(2014)2). Differenzierte individualisierte Bildungsangebote können hierbei hilfreich sein. Dabei ist zu beachten, dass ein differenziertes individualisiertes Lernangebot nicht per se mit einer Förderung von Selbstbestimmungsmöglichkeiten und einer Eröffnung von Entscheidungsräumen für die Einzelnen einhergehen muss. Differenzierung kann auch im Dienste einer besseren Vermittlung von Vorgaben eingesetzt werden. Werden Selbstbestimmungsmöglichkeiten intendiert, so ist diese, auch wenn sie in engem Zusammenhang mit demokratischer Teilhabe und Mitbestimmungsmöglichkeiten gesehen werden kann, von dieser zu unterscheiden: Eine Orientierung an Selbstbestimmungsmöglichkeiten von Individuen kann sich auch auf eine begrenzte Gruppe in einer aristokratisch orientierten Gesellschaft beziehen. Selbstbestimmungsorientierte Bildung ist insofern nicht gleichzusetzen mit demokratischer Bildung. Schließlich ist zu beachten, dass eine Orientierung an den Individuen und ihre Befähigung zu Selbstbestimmung und demokratischer Teilhabe auch nicht gleichzusetzen ist mit umfassenden Selbst- und Mitbestimmungsmöglichkeiten und Demokratisierung der jeweiligen Bildungsprozesse durch die Lernenden selbst. In welchem Ausmaß Selbstbestimmung und demokratische Kompetenzen nicht nur Ziele eines Bildungsgangs sind, sondern im Bildungsgang selbstreferentiell beachtet werden, kann verschieden ausfallen. Zu fragen ist, wie umfassend eine »Demokratisierung der Bildung« gelingen kann. „Demokratie" wird im Folgenden verstanden als eine Lebenseinstellung gegenseitiger Abstimmung, wie sie sich insbesondere im politischen Raum in unterschiedlicher Weise ausprägt. Es wird dargelegt, inwiefern das Konzept einer erwägungsorientiert-deliberativen Pädagogik und Didaktik eine umfassende Demokratisierung von Bildung in diesem Sinne zu ermöglichen und zu fördern vermag. Der Beitrag schließt mit zwei Ausblicken auf Konsequenzen dieses Ansatzes, nämlich für Forschung und Ausbildung von Lehrerinnen und Lehrern.

## 1    Problementfaltung und Thesen des Beitrags

Konzepte für individuelles und zieldifferentes Lernen und Lehren[1] sind – in westlichen, demokratisch orientierten Gesellschaft – eingebettet zu sehen in eine lange, nicht abschließbare Entwicklung hin zu einer „andere[n] Bildung", welche nach Ursula Carle sowohl didaktisch und pädagogisch als auch gesellschaftlich erforderlich ist (s. 2013a, 5):

> *„Gefragt sind autonome Persönlichkeiten, die sich Wissen selbst beschaffen, die in Teams sowie in fachlich begründeten, projektbezogenen Positionen arbeiten und die in demokratischen Strukturen gesellschaftliche Verantwortung übernehmen. Das erfordert eine Schule, der es gelingt, die sozialen und persönlichen Potenziale der Kinder besser anzusprechen, um interkulturelle und prosoziale Kompetenz, Kooperationsfähigkeit und eigenständigen Wissenserwerb zu fördern" (Carle 2013a, 5).*

Bildungsprozesse in diesem Sinne, so die erste These dieses Beitrags, können nicht als Tradierung von deskriptiven und präskriptiven Konzepten in einem Vorgabemodus erfolgen, sondern sie müssen bei aller Notwendigkeit der Weitergabe bzw. der Übernahme von Vorgaben in einem iterativ-reflexiven Entscheidungsmodus gestaltet werden. Ausgehend von den jeweiligen Subjektivitäten der Lernenden (und Lehrenden) sind reflexiv individuelle wie gemeinsame Entscheidungs- und Abstimmungskompetenzen im Umgang mit zu übernehmenden und zu gestaltenden Konzepten zu fördern. Bildung in diesem Sinne ist – so die zweite These dieses Beitrags – durchgängig über alle Fächer hinweg eine demokratische Bildung, die ein erwägendes Denken in Möglichkeiten und einen reflexiv-kritischen Möglichkeitssinn von Anfang an fördert. Hieraus ergeben sich – so die dritte These dieses Beitrags – grundlegende Anforderungen an eine entsprechend erwägungsorientiert-deliberative Aufbereitung von Lern-/ Lehrinhalten und ihre jeweiligen Materialien, was weitreichende Konsequenzen für die jeweiligen Fachwissenschaften hat und letztlich mindestens zu ihrer Beteiligung an, wenn nicht sogar zu ihrer Aufhebung in einem transdisziplinären Forschungsverbund (Fraugen-/Probleme-Netz) führen müsste. Insofern sich die drei Thesen schwerpunktmäßig den verschiedenen Ecken der Figur des so genannten didaktischen Dreiecks zurechnen lassen, können die Darlegungen in dieser Zusammenschau zugespitzt werden und in eine vierte These münden: Demokratische individualisierte und differenzierte Bildung kann sich erst dann umfassend entfalten, wenn sie mit einer Demokratisierung der Bildung insgesamt einhergeht, die nicht vor allem auf die Lernenden, sondern auf alle Beteiligten sowie die Bildungsinhalte selbst bezogen ist.

## 2    Individualisierte, differenzierte Bildung im iterativ-reflexiven Entscheidungsmodus

Menschliche Kulturen zeichnen sich durch Geschichtsfähigkeit ihrer Mitglieder aus. Die Weitergabe/Tradierung von deskriptiven und präskriptiven Konzepten (etwa Wissen, moralische Werte) von einer Generation an die nächste ermöglicht Aufbau- und Entwicklungsprozesse, die ohne derartiges Anknüpfen an Leistungen vorangegangener Generationen nicht möglich wären. Zunehmende Komplexität von Gesellschaften hat

---

[1] Die ungewohnt erscheinen mögende Reihenfolge „Lernen und Lehren" statt „Lehren und Lernen" verwende ich bewusst, um zu verdeutlichen, dass sich von meinem Bildungsverständnis her, dass Lehren am Lernen orientieren und nicht das Lernen dem Lehren folgen sollte.

zu verschiedenen Institutionalisierungen wichtiger Tradierungsinhalte geführt. Insofern es gesellschaftlich nicht nur relevant ist, bisherige Konzepte zu übernehmen, sondern verantwortbar und weiter entwickelnd mit diesen umzugehen ist – wie in dem Eingangszitat von Carle skizziert –, stellt sich die Frage, wie es gelingen kann, etwa fachliches Wissen nicht bloß vorgabeorientiert zu vermitteln (Vorgabemodus).[2] Wer das, was er oder sie vertritt, auch verantworten können will (oder soll), muss um Gründe für die vertretene Position/Lösung usw. wissen. Sie oder er muss insbesondere angeben können, gegenüber welchen zu erwägenden problemadäquaten Alternativen eine bestimmte Lösung zu bevorzugen ist. Die Bedeutung erwogener Alternativen für die Begründungsgüte von Lösungen wurde immer wieder schon von ganz verschiedenen Autoren bzw. Autorinnen betont, ohne dass diese Überlegung methodisch-systematisch in Forschung, Lehre und Bildungspraxis dergestalt eingeflossen ist, dass dort entsprechende Traditionen eines erwägungsorientiert-deliberativen Umgehens mit deskriptiven und präskriptiven Konzepten entwickelt worden wären, wie es im Folgenden noch skizziert wird. So betonte z. B. John Stuart Mill:

> „Denn wenn jemand alles kennt, was gegen ihn geltend gemacht werden kann, wenn er seine Stellung gegen alle Gegner gefestigt hat, wenn er weiß, daß er Einwürfe und Schwierigkeiten gesucht und nicht gemieden hat und daß er kein Licht ausgeschlossen hat, das von irgendeiner Richtung aus auf den zu beurteilenden Gegenstand fällt – wenn er das alles erfahren hat –, dann hat er ein Recht, sein Urteil für begründeter zu halten als das irgendeiner Einzelperson oder einer Mehrheit, die nicht durch einen ähnlichen Prozeß hindurch gegangen sind" (Mill 1991, 32; siehe Collected Works XIX 1977, 232).[3]

Das philosophische Konzept einer Erwägungsorientierung (Blanck 2004) ermöglicht solche Überlegungen methodisch-systematisch für Pädagogik und Didaktik im Allgemeinen sowie die Gestaltung von individualisierter differenzierter Bildung im Besonderen auszubauen. Vom Konzept einer Erwägungsorientierung wird der Gedanke, dass Begründungs- und Verantwortungsniveaus vom jeweils problemadäquat Erwogenen abhängen, insofern ein methodisch-systematischer Bezugspunkt, als erwogene Alternativen in dieser Funktion zu bewahren sind (Erwägungs-Geltungsbedingung). Dabei gilt es verbesserungsengagiert und iterativ-reflexiv mit jeweiligen Erwägungs-Geltungsbedingungen umzugehen. So wird eine suchende Fragehaltung gegenüber Vorgaben und Entscheidungen wachgehalten, die z. B. darauf achten lässt: Welches Begründungsniveau hat das, was als Vorgabe übernommen werden soll oder was aus einem eigenen oder gemeinsamen Entscheidungsprozess mit Anderen hervorgegangen ist? Gibt es weitere Alternativen? Inwiefern kann von jeweiligen Erwägungs-Geltungsbedingungen behauptet werden, dass alle relevanten zu erwägenden Alternativen erfasst

---

[2] Unabhängig davon, ob Bildung eher im Vorgabe- oder/und auch Entscheidungsmodus erfolgt, ist – wie eingangs angedeutet – die Frage der Differenzierung und Individualisierung. Wer ein weit gefasstes Bildungsverständnis vertritt, wird angesichts der Heterogenität von Lernenden in jeder Lerngruppe auch bei vorgabeorientierten Bildungsprozessen auf eine individualisierte und zieldifferente Gestaltung achten, damit die Übernahme von Konzepten bei möglichst vielen Lernenden erfolgreich verläuft. Würde man einem Vorschlag von Merwyn S. Garbarino folgen, kulturellen Wandel als „study of decision making" zu untersuchen (1967, 469), dann wären kombinatorisch verschiedene Bildungskombinationen aus Vorgabe- und Entscheidungsorientierung einerseits und Individualisierung und Differenzierung andererseits genauer zu analysieren.

[3] Zu weiteren Befürwortern bzw. Befürworterinnen eines Erwägens von Alternativen zur Absicherung der Begründungsgüte einer Lösung vgl. Blanck 2012, Kapitel II. 3.

und bedacht wurden? Wie kann verantwortlich eine Aufgabe trotzdem bewältigt werden, wenn das nicht der Fall ist? Letztere Frage betrifft den verantwortbaren Umgang mit Nicht-Wissen und Grenzen des Wissens und ist damit eine Frage, die in besonderer Weise auf Verantwortbarkeit in einem längerperspektivischen Sinne zielt.

Derartiges iterativ-reflexives und korrekturbereites Erwägungswissen ist individuell aufzubauen. Selbst wenn jeweils erwogene Alternativen zum jeweiligen Wissensstand dazugehören würden, muss Erwägungswissen von jedem einzelnen Individuum eigenständig aufgebaut und durchdacht werden, um als Begründung in Argumentationen herangezogen werden zu können. Um erkennen zu können, wodurch sich jeweiliges Erwägungswissen verbessern ließe, gehört insbesondere auch eine eigenständige Durchdringung des jeweiligen Themas. Bildungsprozesse, die dabei Lernende unterstützen wollen, müssen darauf hin konzipiert sein, hier differenziert verschiedene Niveaus des Erwägens zu eröffnen, so dass Lernende ihre je eigenen Erwägungswege gehen und Erwägungshorizonte aufbauen können. Im gemeinsamen Austausch hierüber kann dann thematisch sein: Wer hat was aus welchen Gründen zu welchem Thema erwogen? Welche Gemeinsamkeiten und Unterschiede gibt es zwischen den Erwägungen und den hieraus gewählten, vorerst als die besten bewerteten Lösungen für ein Problem? Wie ist mit unterschiedlichen Erwägungen und Bewertungen verantwortbar umzugehen? Kann man zu einer gemeinsamen Entscheidung kommen oder muss man auf ein Verfahren der Abstimmung übergehen, um zu einer Lösung zu gelangen?[4] In der gemeinsamen Diskussion solcher Fragen können sich die jeweiligen subjektiven Erwägungshorizonte verbessern und hin zu mehr Intersubjektivität erweitern. Erwägungsorientiert-deliberative Bildung ist so gesehen eine stark individualisierte, differenzierte Bildung, die – im historischen Kontext bedacht – in der Entfaltung jeweiliger Subjektivität vom gemeinsamen Lernen und Erwägen lebt.

Individualisierte, differenzierte Bildung in einem derart iterativ-reflexiven Entscheidungsmodus ist in dem Maße in allen Bildungsgängen möglich, wie jeweilige Lerngruppen diese Fragen an Themen, die für sie bedeutsam sind, systematisch und kontinuierlich verfolgen können. Dabei gilt es darauf zu achten, dass eigene Positionierungen und Verortungen vor dem Horizont erwogener Alternativen und ein reflexivkritisches sich Einlassen auf andere Positionierungen wechseln können (distanzfähiges Engagement). Hierfür müssen sich Lehrende entsprechende Erwägungshorizonte erarbeitet haben und vor allem iterativ-reflexiv in der Lage sein, diese in ihrer Begründungsgüte als eine Geltungsbedingung für eine bestimmte Lösung/Position einschätzen zu können. Dazu gehört auch die Identifizierung entsprechender vorhandener Methoden, ihre ggf. Veränderung oder die Entwicklung neuer Methoden für die Entfaltung und Bewahrung individueller wie gemeinsamer Erwägungen und Bewertungen. Der Aufbau von distanzfähigem Engagement ist im Konzept erwägungsorientiert-deliberativer Bildung Grundlage für Verbesserungsengagement und anhaltenden kritischreflexiven Umgang mit jeweils eigenen Positionierungen. Dies hat weitreichende Auswirkungen auf Unterricht und geht z. B. mit einem Wandel der »Fehlerkultur« einher, insofern Nicht-Gelingen, Falsches, Irrwege und Sackgassen mit zur Begründung des Richtigen beitragen können.[5] Dabei gilt es die Unterscheidung von Lern- und Leis-

---

[4] Antworten auf diese Fragen müssten auch in Grundlagenforschungen allererst systematisiert umfassend erschlossen werden.

[5] Ausführlich hierzu Blanck 2006, herausgearbeitet ist hier auch, inwiefern sich ein erwägungsorientiert-deliberativer Umgang mit Nicht-Gelingen, wie Fehlern, von anderen Konzepten lernförderlicher

tungssituationen (z. B. Seidel & Prenzel 2003) mit dem Erwägungskonzept zusammenzuführen und zugleich dergestalt zu individualisieren, als Phasen der Leistungsüberprüfung individualisierte Lernphasen nicht abbrechen dürften, sondern ihrerseits individualisiert ermöglicht werden müssten. Hierfür sind entsprechende Konzepte zu entwickeln bzw. vorhandene Konzepte zu ergänzen, mit dem Erwägungskonzept zu vermitteln und weiter zu denken.

Man mag sich fragen, inwiefern ein Erwägen im schulischen Kontext vor Überwältigungen im außerschulischen Leben schützen kann. Selbst in Schule und Unterricht treffen immer wieder eher zurückhaltende auf argumentationsstarke und dominierende Schülerinnen und Schüler. Setzen sich da letztlich doch die mit dem höchsten Status durch? Das ist nicht auszuschließen, aber durch den Fokus auf die jeweiligen Erwägungen und die durch sie mitkonstituierte Begründungsgüte von Lösungen/Positionen, kann eine Stärkung gegenüber Überwältigungen, die etwa auch mit ungleichen Machtverteilungen einhergehen mögen, aufgebaut werden. Denn auch die Positionen von argumentativ starken und vielleicht dominanten statushöheren Schülerinnen und Schülern oder Erwachsenen sind gegenüber erwogenen Alternativen zu begründen, wenn sie den Anspruch erheben, »gut« zu sein. Wer womöglich sogar alternativlose Gewissheiten »verkündet«, ist mit einer Nachfrage nach den erwogenen (und verworfenen) Alternativen, gegenüber denen diese Gewissheit erlangt wurde, dadurch gestärkter in Frage zu stellen. Die Frage nach der Erwägungs-Geltungsbedingung kann transparent machen, auf welchen Begründungsniveaus jeweilige Positionen fußen.[6]

## 3 Demokratische, individualisierte und differenzierte Bildung als Ausbildung eines reflexiv-kritischen Möglichkeitssinns

Ein Offenlegen von jeweiliger Kontroversität (angenommener alternativen Lösungs-Positionen) und eine individuelle Auseinandersetzung mit ihr für eine demokratische Bildung, die es Lernenden ermöglicht, eigenständig ihre Positionen zu finden und nicht mit Vorgaben von Lehrenden »überwältigt« zu werden, wird insbesondere vom so genannten Beutelsbacher Konsens gefordert (Wehling 1977), welcher für viele Autorinnen und Autoren nicht allein für politische Bildung, sondern grundsätzlich eine leitende Idee für Wissenschaft und Bildung sein sollte (Sander 2009). Auch in Zielvorstellung von Konzepten einer „deliberation in education" wird die Beachtung der jeweiligen Vielfalt an Positionen und ein „democratic dialogue and autonomous choosing" betont (Crittenden 2002, 173). Unabhängig davon, wie die allgemein gehaltenen drei Prinzipien des Beutelsbacher Konsens oder leitende Ideen für „deliberation in education" (vgl. z. B. Brann 1994) im Einzelnen von verschiedenen Autorinnen und Autoren konkretisiert und ausgestaltet werden, unterscheidet sich m. E. der Fokus beider Konzepte dadurch, dass der vor allem auf Urteilsfähigkeit zielende Beutelsbacher

---

Fehlerkulturen, wie etwa der Theorie des Negativen Wissens von Fritz Oser und Maria Spychiger (2005) unterscheidet.

[6] Erwägungsorientierung in diesem Sinne stärkt Kritikfähigkeiten und zeigt damit eine besondere Nähe zu verschiedenen emanzipatorischen, kritischen, auch skeptischen erziehungswissenschaftlichen bzw. pädagogischen Theorien, die Mündigkeit und Kritikfähigkeit als zentrale Bildungsziele erachten. Bei allen Gemeinsamkeiten besteht der entscheidende Unterschied zu diesen darin, dass eine zentrale Basis von Kritik – Selbst- oder Fremdkritik (auch Gesellschaftskritik) – die Begründbarkeit jeweiliger Positionen gegenüber zu erwägenden Alternativen (Erwägungs-Geltungsbedingung) ist. Diese gilt es als leitende Orientierung auch iterativ-kritisch-reflexiv zu beachten, womit ein »Abgleiten« in einen neuen »Fundamentalismus« wie auch »Beliebigkeitsrelativismus« vermieden werden soll.

Konsens das Individuum mit seiner Lösungs-/Positionsfindung in den Mittelpunkt stellt, wohingegen in Konzepten einer „deliberation in education" der Fokus auf der sozialen Ebene und dem gemeinsamen Austausch und der erwägenden Beratung liegt. Als einen Indikator, der eine solche Deutung unterstützt, sehe ich die explizite Abgrenzung einer deliberativen von einer debattenartigen Diskussion (s. Schwab 1983, 255, Dillon 1994, 8 oder Crittenden 2002, 172), wohingegen Debatten ja durchaus ein Mittel sind, jeweilige Kontroversität an Positionen zu einem Thema herauszuarbeiten,[7] was auch von Vertretern einer deliberation in education geschätzt wird und seinen Ort hat (Schwab 1983, 256). Ein weiterer Indikator ist für mich, dass es auch in Konzepten deliberativer Demokratie – über ihre verschiedenen Ausprägungen hinweg – wesentlich um die soziale Dimension insofern geht, als niemand vom Diskurs ausgeschlossen werden soll und im Mittelpunkt die Idee steht, über den Austausch möglichst aller Argumente zu einer gemeinsamen Verständigung über eine möglichst gut begründbare Lösung zu gelangen. Distanzfähiges Engagement spielt dabei eine Rolle, als „individuals should always be prepared to defend their moral and political arguments and claims with reason, and be prepared to deliberate with others about the reasons they provide" (Pateman 2012, S. 8), wobei diese prinzipielle Offenheit gegenüber anderen Positionen sicherlich auch von Vertreterinnen und Vertretern, die sich am Beutelsbacher Konsens orientieren, befürwortet wird.

Das Konzept einer Erwägungsorientierung schlägt einen dritten Weg ein. Einerseits folgt es in gewisser Weise dem Beutelsbacher Konsens, weil das Individuum Ausgang und Mittelpunkt des Erwägens ist und Erwägen als individueller Denkakt betrachtet wird, weil nur Individuen soziale Widersprüche bemerken können. Andererseits zeichnet sich dieses individuelle Erwägen gerade dadurch aus, dass es vornehmlich nicht darum geht, eine bestimmte Position als die richtige verteidigen zu können, sondern darum herauszufinden, welche problemadäquaten Alternativen überhaupt zu erwägen sind, wie man diese bestimmen kann und wo jeweilige Grenzen des Erwägens auszumachen sind (reflexives Erwägen). So gesehen ist erwägungsorientiertes Erwägen ein sehr deliberatives Erwägen. Im Unterschied dazu betrachtet es Deliberation primär aber nicht als sozialen Akt, sondern als individuelle Tätigkeit, auch wenn die Auseinandersetzung mit Anderen und deren Erwägungen – wie oben betont – wesentlich ist, um eigene Erwägungshorizonte zu verbessern. Deshalb spreche ich auch von einer „erwägungsorientiert-deliberativen" und nicht von einer „deliberativen" Pädagogik, Didaktik oder Bildung usw.

Was das Konzept einer Erwägungsorientierung grundlegend vom Beutelsbacher Konsens und einer „deliberation in education" unterscheidet, ist, dass die Erwägungs-Geltungsbedingung, nach der jeweils problemadäquat erwogene Alternativen die Begründungsgüte einer jeweiligen Lösung/Position mit einschätzen lassen, nicht zwischen kontroversen und konsensuellen Konzepten (z. B. Wissensständen, moralischen Regeln) unterscheidet. Nicht nur das, was (gegenwärtig) kontrovers ist, gilt es erwägend zu bedenken, wenn man die eigene Position gut begründen können will, sondern auch das, zu dem es sozial einen Konsens geben mag, muss gegenüber problemadäquat zu erwägenden Positionen begründet werden können, wenn es denn gut begründet sein soll. Wie dies dazu beitragen kann, die Individuen zu stärken, und warum deshalb wi-

---

[7] Siehe hierzu etwa Methodenbücher zur politischen Bildung, wo die Methode insbesondere der Pro- und Contra-Debatte einen besonderen Stellenwert hat (s. z. B. Kuhn & Gloe 2004). Zur Bestimmung und Abgrenzung von Diskussion und Debatte vgl. z. B. Hermann 1974, 138-145.

derlegte/verworfene Positionen selbst bei der Weitergabe von »gesichertem« Wissen beachtet werden sollte, hat John Stuart Mill bedacht, wenn er überlegte, dass es für Lernende viel einprägsamer sei, wenn sie selbst gesicherte Wahrheiten nicht einfach nur als solche übernehmen würden, sondern gegenüber alternativen Positionen verteidigen könnten (s. 1991, 61 bzw. Collected Works 1977, 251; s. statt Anderer auch Feyerabend 1981, 103, Anm. 72). Was bei Mill noch mehr nach einem »didaktischen Kniff« klingt, um die Übernahme von Vorgaben zu erleichtern, wird im Konzept einer Erwägungsorientierung allerdings anders gewichtet. Hier steht der Beitrag zur Begründungsgüte (Erwägungs-Geltungsbedingung), den problemadäquat zu erwägende Alternativen leisten, im Zentrum.

Aus erwägungstheoretischer Sicht ist solcher Umgang mit Konsens außerdem deshalb wichtig, damit man sich nicht iterativ reflexiv-kritischen Erwägungen und Verbesserungen gegenüber verschließt und der Konsens selbst zu einem Dogma wird. Konsens ohne Erwägungs-Geltungsbedingung kann hilflos machen, wenn es gilt, ihn mit Gründen gegenüber dann doch auftretenden anderen Positionen zu verteidigen. Vielmehr gilt es einen reflexiv-kritischen „Möglichkeitssinn", eine „Haltung des methodischen Zweifelns" bzw. eine „hypothetische Haltung[...]" (Herzog & v. Felten 2001, 23 und 25) zu entwickeln. Entgegen möglicher Einschätzungen, dass derartige Reflexionskompetenzen erst im fortgeschrittenen Erwachsenenalter geleistet werden können, vertritt erwägungsorientiert-deliberative Bildung die These, dass ein reflexiv-kritisches Denken in Möglichkeiten bei angemessener Problemstellung nicht nur bereits von Klein- und Grundschulkindern leistbar ist, sondern dringendst gerade von Anfang an gefördert werden sollte, wenn man mündige, verantwortungsfähige Menschen bilden möchte. Bildung, die im Sinne der Förderung eines Denkens in Möglichkeiten gestaltet wird, ist dabei immer eine individualisierte und differenzierte Bildung, wenn die Lernangebote es Kindern ermöglichen, eigene Wege seines Denkens in Möglichkeiten zu verfolgen, die – wie oben beschrieben – im gemeinsamen Austausch erweiterbar sind.

## 4 Individualisierte, differenzierte Bildung und erwägungsorientiert-deliberativer Umgang mit Inhalten

Erwägungsorientiert-deliberative Gestaltung von Bildung hat weitreichende Konsequenzen für die Entwicklung von Aufgaben/Problemen/Projekten sowie für die Aufbereitung von Inhalten und Materialien. Wenn Lerngelegenheiten ein erwägungsorientiert-deliberatives Denken in Möglichkeiten der Kindern herausfordern und fördern sollen, so ist zunächst darauf zu achten, dass die jeweiligen Themen „Themen möglichst aller Kinder" sind, so dass das Erwägen auch wirklich seinen Ausgang bei den einzelnen Individuen nehmen und von Anfang an eine Erwägungsbetroffenheit entstehen kann und nicht die Erwägungsvorgaben (zunächst) eher fremd bleiben.[8] Es gilt also echte Aufgaben, möglichst gemeinsam mit den Kindern, zu entwickeln. Besonders geeignet sind hierbei inter- und transdisziplinär behandelbare Themen, die verschiedene Zugänge ins und durch das Thema ermöglichen. Als eine Vorbereitung hierfür eignen sich didaktische Netze (i. S. von Kahlert 1998, weitere Beispiele für didaktische Netze findet man z. B. bei Heran-Dörr 2010 und Heran-Dörr u. a. 2014), die von Leh-

---

[8] Wobei aus erwägungsorientiert-deliberativer Sicht eine Erwägungsvorgabe immer noch besser ist als eine Lösungsvorgabe, weil auch fremde vorgegebene Erwägungen, aus denen heraus eine Lösung entwickelt werden soll, zu einem eigenständigen Durchdenken herausfordern, wenn es gilt, die dann schließlich gewählte Lösung gegenüber den anderen erwogenen Alternativen begründen zu können.

rerinnen bzw. Lehrern (und auch von Schülerinnen und Schülern) als Horizont verschiedener Aspekte, Perspektiven, Fragen usw. erstellt werden. Aus erwägungsorientiert-deliberativer Sicht kommt es zusätzlich darauf an, dass bei den einzelnen Perspektiven unterschiedliche Frage-, Wege- und Lösungsmöglichkeiten berücksichtigt werden müssen. Hier lässt sich konzeptuell z. B. auch an das Konzept einer provokativen Didaktik von Isabel Müskens und Wolfgang Müskens (2002) anschließen, nach der es wichtig ist, die Schülerinnen und Schüler mit einstellungskonträren Materialien zu konfrontieren, so dass sie herausgefordert werden, sich mit den jeweiligen Themen auseinanderzusetzen, um eine eigene Position zu finden. Aus erwägungsorientiert-deliberativer Sicht ist es, ähnlich wie beim Kontroversitätsgebot, dabei wichtig, dass die erwogenen Alternativen nicht nur ein Mittel auf dem Weg (in der Genese) der Lösungs-/Positionsfindung sind, sondern dass sie als Erwägungsalternativen zu bewahren sind, wenn man die jeweilige Lösung/Position gut begründen und weiterhin leicht verbessern können will. Hierdurch werden Lernprozesse in besonderer Weise kritisch-reflexiv: Warum bin ich so oder so vorgegangen? Woher weiß ich, dass ich alle relevanten Alternativen erfasst und erwogen habe? Wo stoße ich an Grenzen meiner derzeitigen Erwägungskapazitäten und wo macht für mich vielleicht das Erwägen von Alternativen bei einer Aufgabe keinen Sinn?

Zur Förderung eines solchen Denkens, was im Umgang mit eigenen Positionen von einem distanzfähigen Engagement lebt, ist es wichtig, dieses immer wieder auch mit entsprechenden Methoden herauszufordern, wie etwa der erwägungsorientierten Pyramidendiskussion, die von den je eigenen Erwägungen und Positionierungen ausgehend in mehreren Diskussionsgängen mit Anderen zur erneuten reflexiv-kritischen Auseinandersetzung mit zu erwägenden Alternativen (und damit Distanzierung von der eigenen Lösung und Hinwendung zur Erwägungs-Geltungsbedingung) herausfordert.[9]

Die Eröffnung von Mitbestimmungs- und Entscheidungsmöglichkeiten ist für das Konzept deliberativer Bildung zentral, weil so Zugänge zu individuellen und differenzierten Lernwegen eröffnet werden können. Lehrende können selbst einfache Übungsstunden oder thematisch z. B. durch den Lehrplan stark vorgabeorientierte Themen hierfür öffnen und fragen: Wo kann ich bei der Bearbeitung dieses Themas Fragen, etwa zum methodisch-didaktischen Vorgehen, an die Kinder abgeben und alternative Wege z. B. des Übens gemeinsam mit ihnen erschließen? Wie lassen sich Arbeitsblätter – wenn man diese für unerlässlich hält – so gestalten, dass die Aufgaben in unterschiedlichem Ausmaß Erwägungen und eigene Wege der Kinder ermöglichen? Derartige Arbeitsblätter sind auch viel interessanter, gemeinsam zu besprechen. Denn nun gilt es zu vergleichen, wie die Einzelnen vorgegangen sind, warum sie so vorgegangen sind, ob man auf gleichen oder verschiedenen Wegen zu gleichen oder verschiedenen Lösungen gelangt ist, wer welche Alternative erwogen und wie bewertet hat. Die Frage: „Könnte es auch anders sein?" wird eine leitende Frage der Selbstbefragung im Sinne des oben angesprochenen Möglichkeitssinns für Lernende und Lehrende. In letzter Konsequenz – so meine Vermutung – führt erwägungsorientiert-deliberative Bildung dahin, dass keine Arbeitsblattvorgaben – wie offen erwägungsorientiert auch immer sie gestaltet sein mögen – mehr von Lehrenden gemacht werden, sondern diese mit den Ler-

---

[9] Z. B. C. Schmidt (2013), die die Methode der erwägungsorientierten Pyramidendiskussion z. B. in Seminaren zur Qualitativen Forschung sowohl bei der Erhebung als auch Auswertung von Daten eingesetzt hat. Dazu, zu welchen weiterführenden Forschungsfragen man dabei für qualitative Forschung gelangt, s. Schmidt (2015).

nenden, und im Zweifelsfall für jedes Kind verschieden, erarbeitet werden. Auf dem Weg hin zu einer solchen Erwägungskultur sind es aber grundlegende Schritte, zunächst einmal bisherige Materialien (Arbeitsblätter, Experimentierkästen, Schulbücher usw.) daraufhin zu untersuchen, inwiefern sie sich produktiv hin zu einem erwägungsorientiert-deliberativen Denken in Möglichkeiten öffnen lassen. Nach meinen bisherigen Erfahrungen bei der Betreuung von Studierenden im integrierten Semesterpraktikum findet man bei jedem Arbeitsblatt Ansätze für eine solche Öffnung. Wichtig ist, dass die Aufgaben hierbei in unterschiedlichen Öffnungsgraden von den Kindern bearbeitet werden können, so dass individuelle Entwicklungsstände im Denken in Möglichkeiten berücksichtigt werden.[10]

## 5 Demokratisierung der Bildung für eine demokratische individualisierte, differenzierte Bildung

Wie es sich in den bisherigen Absätzen schon andeutet, ist erwägungsorientiert-deliberative Bildung ein Konzept, von dem gleichsam alle Ecken der Figur des so genannten didaktischen Dreiecks mit ihren vielfältigen Beziehungen untereinander betroffen sind. Insofern ist es auch kein bloßes Konzept für eine demokratische, individualisierte, differenzierte Bildung, sondern erfordert eine umfassende Demokratisierung der Bildung. Es geht nicht allein darum, dass Lehrende demokratische Bildungsprozesse ermöglichen und Lernende demokratische Kompetenzen entwickeln. Die Gegenstände von Bildung selbst gilt es zu demokratisieren, indem die Begründungsgüte dessen, was als Bildungsgut gilt und tradiert werden soll, verstärkt in den Blick genommen und selbst reflexiv ein Gegenstand von Bildung wird. Ein derart forschungsorientierter Blick auf das, was in Bildungsgängen gelernt und gelehrt werden kann, geht mit einer Erweiterung bisheriger Lehr- und Lernkompetenzen einher, welche auf eine demokratische, individualisierte, differenzierte Bildung zielen. Eine erwägungsorientiert-deliberative Aufbereitung von Bildungsgütern, die diese in jeweils erwogene Alternativen, reflexiv-kritische Angaben zu methodischen Vorgehensweisen sowie zu jeweiligen Grenzen des Wissens einbettet, führt zu einem anderen Verständnis von zu tradierenden deskriptiven und präskriptiven Konzepten. Vorgaben, die nicht nur Lösungen/ Ergebnisse/ Positionen (Lösungsforschungsstände), sondern auch jeweilige Erwägungen (Erwägungsforschungsstände) umfassen und »vermitteln«, sind hierdurch auf Verbesserbarkeit angelegt und laden zur individuellen Prüfung ein bzw. machen diese erforderlich, wenn man nicht Erwägungen und Lösungen einfach nur vertrauensvoll glaubend übernehmen will, auch wenn es für solche vertrauenden Übernahmen gute Gründe geben mag, was dann aber reflexiv-kritisch als Defizit/Mangel erinnernd zu vergegenwärtigen ist. Bildung in diesem Sinne ist forschungsorientiert. Ein derartiges Verständnis der »Sachen/Gegenstände/Lerninhalte« impliziert einen demokratischen individualisierten und differenzierten Umgang mit ihnen. Eine solche, sich aus der Sache ergebende Demokratisierungsnotwendigkeit lässt bisherige Demokratisierungsverständnisse für Bildungsgänge erheblich erweitern. Für Lehrende und Lernende werden reflexiv-kritische methodische Kompetenzen individuellen und gemeinsamen Arbei-

---

[10] Zu einigen Beispielen der Förderung eines erwägungsorientiert-deliberativen Denkens in Möglichkeiten vgl. auch Blanck (2008). Gerade im Bereich der Grundschulpädagogik und Didaktik gibt es hier in allen Fächern viele Anknüpfungspunkte für eine erwägungsorientiert-deliberative Bildung, man denke nur an die verschiedenen mehr-/viel-/multiperspektivischen Ansätze in den verschiedenen Fächern (s. hierzu Blanck 2012, Kap. III. 2.).

tens sowie ein kompetenter Umgang mit Ungewissheiten und Nicht-Wissen essentiell. Hier besteht erheblicher Forschungsbedarf, wie im Folgenden skizziert werden soll.

## 6 Ausblick 1: Neue Wege für inter- und transdisziplinäre Forschungsverbünde von Theorie und Praxis

Da es bislang keine Traditionen erwägungsorientiert-deliberativer Forschungen in dem Sinne gibt, dass zu jeweiligen Forschungsständen – besonders auch qualitativ – entsprechende Erwägungsforschungsstände explizit angegeben werden können, besteht hier ein enormer Forschungsbedarf, wenn man nicht auf eine Begründung verzichten will, die ihre Güte mit dadurch gewinnt, dass angegeben werden kann, welche jeweils problemadäquaten Alternativen bedacht werden konnten. Bisherige Forschungsstände wären um diese Erwägungsforschungsstände zu erweitern. Hier gibt es vor allem auch methodische Herausforderungen, die Fragen angemessener Alternativenbildungen und angemessenen Vergleichens betreffen. Dass dies alles andere als einfach ist, zeigen auch 26 Jahre interdisziplinärer Diskussionen in der Zeitschrift *Erwägen Wissen Ethik* (EWE). Dort gelang es zwar, zu jedem Thema, für das ein Hauptartikel eingeworben wurde, ein derart breites Spektrum an Kritiken zusammenzubringen, dass wohl alle, die diese Diskussionen lesen oder an ihnen teilgenommen haben, nach der Lektüre erwägungsbetroffen sind. Diese Erwägungsbetroffenheit ging aber vielfach mit einer Rat- und Hilflosigkeit einher, so dass das Anliegen der Zeitschrift, diese als Forschungsinstrument zu nutzen, um nach Wegen einer inter- und transdisziplinären klärungsförderlichen Auseinandersetzung und Aufbereitung dieser Diskussionen zu suchen, selten aufgegriffen und verfolgt wurde. Häufiger war ein Rückzug auf die je eigenen Positionen zu beobachten – einhergehend mit einer Abwehr der jeweiligen Alternativen. Dabei könnten die Zusammenstellungen ein Ausgang für inter- und transdisziplinäre Klärungen und Forschungen sein, wie etwa am Beispiel der etwas anderen Diskussionsform zu einem Auftaktartikel über Vermittlung von Gabi Reinmann ahnbar ist (2012).[11] Eine erwägungsorientiert-deliberative Aufbereitung jeweiliger »Fach«inhalte, die methodisch-systematisch angelegt ist, müsste sich auf transdisziplinäre Forschungsverbünde sowie eine Aufhebung der Trennung von Theorie und Praxis zu Gunsten eines Theorie-Praxis-Forschungsverbundes einlassen, wenn sie jeweilige Erwägungen und Begründungsmöglichkeiten nicht durch »fachliche« Grenzziehungen einschränken wollen würde. In diesem Sinne könnten Didaktik und Pädagogik für eine andere Bildung Ausgang für institutionelle Veränderungen im Bereich der (»Fach-«)Wissenschaften (vielleicht hin zu themenbezogenen Wissenschaftsverbünden) und Entwicklung entsprechender Wissenschaftstheorien sein.[12]

---

[11] Solche umfassend kontroversen Diskussionen, wie sie in der Zeitschrift *Erwägen Wissen Ethik* (EWE) dokumentiert sind, eignen sich für eine forschende Lehre und forschendes Studieren, wie es mit dem Konzept einer Erwägungsorientierung an verschiedenen Universitäten erprobt und verfolgt wird. Im Erwägungslabor (zukünftig: „Deliberationslabor") von EWE findet man eine Zusammenstellung der verschiedenen Berichte aus Seminaren und auch der Erprobung und Weiterentwicklung von Erwägungsmethoden.

[12] Insbesondere von der Grundschulpädagogik könnten dabei wichtige Impulse ausgehen, denkt man an die hier vorhandenen Traditionen fächerübergreifender Themenbehandlungen vor allem im Sachunterricht, etwa auch im Perspektivrahmen Sachunterricht (2013), wo verschiedene Perspektiven unterschieden und neben perspektivenbezogenen auch perspektivenübergreifende Perspektiven relevant sind. Aus erwägungsorientiert-deliberativer Sicht wäre das Konzept des Perspektivrahmens selbstreferentiell einzubetten in zu erwägende alternative Perspektivenunterscheidungen. Angesichts dieser

Würden in dieser Weise die verschiedenen fachlichen wie allgemeindidaktischen Fragen des Grundschulunterrichts aufbereitet, so hätte dies Auswirkungen auf alle Themen: angefangen vom elektrischen Stromkreislauf, zu dem alternative Hypothesen nicht nur als »kluge Irrtümer« der Kinder (etwa Zweistoffhypothese), sondern systematisch (z. B. auch mit Blick auf die Geschichte der Physik) zu erwägen wären, über alternative Klassifikationen von unterschiedlichen Dingen (einschließlich alternativer Klassifikationen von Klassifikationen) bis hin zu alternativen Interpretationen von Texten, Musikstücken, Filmen usw. Die Frage: „Könnte es auch anders sein?" und die Suche nach problemadäquaten Alternativen sowie die Frage nach ihnen bei Lösungen, von denen behauptet wird, sie seien gut begründet, wären selbstverständlicher Bestandteil von Schulbüchern, Arbeitsblättern usw. Die sich durch diese Offenheit ergebenden Räume für kreative Eigenproduktionen und neue Fragen von Kindern und Lehrerinnen und Lehrern im Schulalltag müssten ihrerseits wieder zurückfließen in Forschung, Lehre, Schulbuchgestaltung usw. Dies wäre eine zu erkundende Möglichkeit, zumindest Brücken zu bauen über die von Ursula Carle beschriebene „qualitative Lücke" zwischen „der notwendig allgemeinen Forschungsfrage und der immer situativen alltäglichen Handlungsfrage" (2013b, II).

Es wäre herauszufinden, inwiefern erwägungsorientiert-deliberative transdisziplinäre Forschung, Wege zur Minimierung dieser Lücke gehen könnte, wenn z. B. in partizipatorischen Forschungsprojekten mit Lehrerinnen und Lehrern sowie Schülerinnen und Schülern konkrete Praxisbeispiele methodisch erwägungsorientiert-deliberativ variiert und aufbereitet für konzeptionelle Forschungen würden. Die so entwickelten Forschungshypothesen und vorläufigen Ergebnisse blieben wegen ihres Gründens auf konkreten Beispielen anschlussfähig für die Praxis, von der aus neue Praxisfälle zu neuen Forschungsfragen führen könnten.

Wollte man diese Wege erkunden, so wären entsprechende Forschungskompetenzen von Lehrerinnen und Lehrern aus erwägungsorientiert-deliberativer Sicht in Studium und allen Praxisphasen von Anfang an zu fördern.

## 7 Ausblick 2: Neue Wege erwägungsorientiert-deliberativer Lehrerinnen- und Lehrerbildung

In dem Maße, wie Bildungsgängen eher konstruktivistische Lerntheorien zugrunde liegen, Lernen als nicht »machbar«, sondern nur als »ermöglichbar« betrachtet wird, und Lernenden ein Lernen auf eigenen Wegen – also individualisiertes, differenziertes Lernen – ermöglicht werden soll, können Lehrerinnen und Lehrer ihren Unterricht nicht länger in einem gleich- und kleinschrittigen Vorgabemodus gestalten. Gerade für den Grundschulunterricht, in dem auch in Deutschland alle Kinder zusammen lernen und so gesehen die Heterogenität am größten zu sein scheint, sind deshalb eine Vielzahl pädagogischer und didaktischer Konzepte entwickelt wurden und werden auch praktiziert. Damit mehr oder weniger einhergehend gibt es verschiedene grundlegende Konzepte dazu, was das für die Ausbildung von Lehrerinnen und Lehrern bedeutet. Einige wichtige Anknüpfungspunkte für ein erwägungsorientiert-deliberatives Lehramtsstudium sind das Konzept der Ausbildung reflexiver Routinen (etwa Helsper 2005), die Ausbildung eines Möglichkeitssinns gerade in Verbindung mit Praktika und

---

Potenziale ist die institutionelle Schlechterbehandlung des Grundschulbereichs als demokratie- und wissenschaftsmindernd zu bewerten.

Praxisphasen (Herzog & v. Felten 2001) und das Nutzen der Selbstreferentialität von Lern-/Lehrsituationen in Hochschulveranstaltungen (Carle 2000).

Die Bedeutung, die der Entwicklung reflexiver Routinen zugesprochen wird, hängt eng zusammen mit einem Verständnis von Lehren und Lernen unter Ungewissheiten, welches immer wieder auf den Prüfstand zu stellen und weiter zu entwickeln und zu verbessern ist. Selbstreferentiell ist ebenso die These selbst, dass Lehren und Lernen unter Ungewissheiten stattfindet, auf den Prüfstand zu stellen. Der Vorteil einer spezifischen Routinisierung von Reflexion liegt darin, dass man damit eine Reflexivität pflegt, die nicht unbedingt Handlungen blockiert, wie das der Fall sein könnte, wenn man jeweilige Handlungen begleitend dergestalt intensiv reflektiert, dass man sich selbst blockiert (s. hierzu Helsper 2001, 12). Hier lässt sich das Merkmal einer erwägungsorientiert-deliberativen Bildungsgestaltung insofern gut anknüpfen, als man mit einer routinisierten Frage nach jeweiligen Erwägungs-Geltungsbedingungen über ein reflexiv-kritisches Regulativ verfügt, dass als Mangelbewusstsein mitlaufen kann, wenn man denn z. B. ohne großes Erwägen handeln muss. Dieses Mangelbewusstsein führt in dem Maße zu keiner Selbstblockierung, als man z. B. reflexiv erwogen hat, dass erst mal nicht erwogen werden kann, aus welchen Gründen auch immer. Der routinisierte Einsatz von Erwägungs-Geltungsbedingung, Verbesserungsengagement und iterativ-reflexiv kritischem Umgang mit beiden sichert die Offenheit für andere Möglichkeiten, für Individualisierung und Differenzierung auch dann, wenn vorerst ein Konsens besteht, der ohne Erwägungskonzept dazu verführen mag, ihn nicht mehr zur Disposition zu stellen, womit er dem demokratischen Prozess und der Teilhabe aller Individuen entzogen werden kann, ohne dass dies so gewollt sein muss.

Damit die Entwicklung eines forschenden, reflektierenden Habitus eine Routine werden kann, müsste ein „forschendes Studieren vom ersten Tag an" dergestalt praktiziert werden können, dass u. a. die „Möglichkeit der fachlichen Auseinandersetzung mit widerstreitenden Positionen" besteht und zwar als „Voraussetzung zur Schärfung des Begriffs mit dem Ziel der Begründung der eigenen Position, um sie reflektierbar zu machen" (Carle 2000, 500). Es sollten dereinst unsere Bildungsinstitutionen so sein, dass man vom „kindergarten student" an durch eine „deliberation in education" eine reflexiv-kritische Grundhaltung entwickeln kann (s. Crittenden 2002, 159). Mit dem erwägungsorientiert-deliberativen Ansatz würde eine fachliche Auseinandersetzung durch eine erwägungsorientiert-deliberative Aufbereitung der Inhalte systematisch verstärkt werden können.

Weiterhin könnte die Entwicklung einer forschenden Haltung und eines reflexiv-kritischen Habitus im Studium kontinuierlich gefördert werden, wenn die Selbstreferentialität der Lehr-Lern-Prozesse in den Hochschulveranstaltungen genutzt würde, um über Lernen und Lehren nachzudenken:

> *„Käme es zu einer gemeinsamen Reflexion über die Lehr-Lern-Prozesse im Seminar, so wäre dies gleich zweifach wirksam: hochschuldidaktisch könnte die Vermittlungsqualität verbessert werden, zugleich wäre eine solche Reflexion ein unmittelbar berufsrelevanter Lehrinhalt" (Carle 2000, 489).*

Dabei könnten auch implizite Bildungsvorstellungen aus der eigenen Schulzeit kritisch reflektiert und bearbeitet werden. Wie wichtig das gemeinsame kritische Reflektieren mit den Studierenden ist, wird deutlich, wenn man Einschätzungen von Regula von Felten und Walter Herzog liest, die dafür plädieren, reflexive Praktika „systematisch in den Kontext der theoretischen Ausbildung einzubinden" (v. Felten & Herzog 2001, 40) und Praktika als bloße „Orte der Erfahrungsbildung" (Herzog & v. Felten 2001, 22) abzulehnen sind, wenn ein „Möglichkeitssinn" (a. a. O., 23) und eine „Haltung des methodischen Zweifelns" bzw. eine „hypothetische Haltung [...]" (a. a. O., 25) gefördert werden sollen:

> *„Die Erfahrung verfestigt den biographisch bedingten Konservatismus angehender Lehrkräfte [...]. Sie bestärkt das Bild, das sich Lehrerstudierende während einer langen Zeit des Beobachtungslernens über Schule und Unterricht aufgebaut haben. Indem sie den Möglichkeitssinn beschneidet, behindert sie die Entwicklung einer experimentellen Einstellung gegenüber dem Berufsfeld. [...] Was die Praktika anbelangt, dürfen diese nicht als Orte der Erfahrungsbildung verstanden werden. Ihre Funktion ist eine andere, nämlich die Stärkung der Bereitschaft, sich auf Neues einzulassen, experimentell zu denken und situativ zu lernen. [...] Lehrkräfte müssen fähig sein, die Vielfalt, Heterogenität und Variabilität unterrichtlicher Ereignisse so zu analysieren, dass sie die wesentlichen Bedingungen einer konkreten Situation rasch erkennen können" (Herzog & v. Felten 2001, 23).*

Mit dem Konzept einer Erwägungsorientierung hat man eine Möglichkeit in der hier beschriebenen Weise, Praktika zu betreuen und die Studierenden im Aufbau einer reflexiv-kritischen Haltung zu fördern, die sie immer wieder danach fragen lässt, wie Entscheidungsfreiräume und Vorgabenotwendigkeiten in jeweiligen Bildungskontexten beschaffen sind und wo es weitere Möglichkeiten der Öffnung für demokratische, individualisiertes und differenziertes Lernen und Lehren geben könnte. Mit Studierenden Unterricht erwägungsorientiert-deliberativ zu planen und zu analysieren, heißt, Fragenstellungen zu verfolgen, wie: Wo werden den Kindern Räume zum Denken (und zum Handeln) in Möglichkeiten eröffnet? Wo werden diese Räume aus welchen Gründen eingeschränkt?[13] Wie lassen sich Diskussionen / Gespräche mit Kindern so moderieren, dass die Vielfalt an unterschiedlichen Positionen nicht nur sichtbar wird, sondern aus diesen Positionen heraus eine Erwägungs-Geltungsbedingung für eine schließlich gewählte Lösung entwickelt wird?

---

[13] Hierbei sind insbesondere stereotypes Denken und die eigenen blinden Flecken in den Blick zu nehmen, die man als Lehrerin oder Lehrer als geheime Lehrpläne mit in den Unterricht einbringt und damit Horizonte ungewollt einschränkt. Gerade im Bereich des doing gender und der Reproduktion von Geschlechterstereotypen kann man hier in Praktika viele Beispiele mit den Studierenden entdecken und reflektieren bezüglich alternativer Strategien. So ist folgende Szene zunächst einmal ein Beispiel für eine Einschränkung der Geschlechterrollen. Bei der Besprechung, wie die verschiedenen Teile des Auges heißen, verstehen viele Kinder einer 1. Grundschulklasse den Ausdruck „Lid" nicht. Die Lehrerin nimmt daraufhin ihr Augenlid in die Hand und erläutert: „Das ist hier oberhalb des Auges, das, was Mama sich manchmal anmalt." Daraufhin ein Junge entsetzt: „Müssen wir das jetzt auch machen?" Doch sein Freund beruhigt: „Das machen nur Mädchen". Die nachträgliche Reflexion im Anschluss an die Stunde führt zur Frage, wie man die offenbar gewordene Geschlechterrollenstereotypisierung öffnen kann für verschiedene Ansichten darüber, was Jungen und Mädchen, Frauen und Männer machen dürfen und was nicht. Vom Konzept einer erwägungsorientierte-deliberativen Bildung aus gilt es diesem Rollenverständnis einstellungskonträre Materialien gegenüberzustellen, so dass sich der Blick der Kinder für verschiedene Lebensentwürfe wieder weiten kann. Es geht dann nicht mehr (vornehmlich) darum, was Jungen machen und was nicht, weil das in verschiedenen Kulturen zu verschiedenen Zeiten usw. ganz verschieden definiert ist, sondern vor allem darum, was der einzelne Junge für sich gut findet. Das Eingebettetsein in eine jeweilige Kultur kann und sollte dabei nicht geleugnet werden, sondern wäre in der Relevanz für eigene Entscheidungen mit zu bedenken.

Wer hier einwendet, dass eine Erarbeitung von Erwägungs-Geltungsbedingungen nicht von kleinen Kindern geleistet werden kann, soll sich einmal folgendes Beispiel vor Augen führen. Es ist eine meiner derzeitigen jüngsten Beispiele für forschendes Studieren und forschende Lehre aus dem WS 2015/16: In einem Professionalisierungspraktikum hat eine Studentin, Sibylle Koschuth-Wettinger, in einem Kindergarten ein Ordnungsprojekt durchgeführt, bei dem die Kinder – u. a. angeregt durch den Künstler Ursus Wehrli (2013) – verschiedene Dinge geordnet haben. Dabei wurden immer ein Foto von dem jeweiligen Ausgangszustand und eines vom jeweiligen Endzustand gemacht. Alles zusammen wurde in einem Buch dokumentiert (Koschuth-Wettinger 2015). Dabei war sowohl der Weg von Unordnung zu einer Ordnung …

 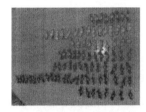

*Abbildungen 1 & 2: Bonbons sortieren (aus Koschuth-Wettinger 2015, S. 25)*

… als auch der andere Weg von einer Ordnung zur Unordnung möglich.

*Abbildungen 3 & 4: Obstsalat (aus Koschuth-Wettinger 2015, S. 25)*

Wichtig war, Wege der Kinder zu beobachten, verschiedene Möglichkeiten des Sortierens auszuprobieren, zu vergleichen, miteinander zu überlegen, wie es auch noch gehen könnte und schließlich das Festhalten der Ergebnisse, auf die sie sich verständigen konnten. Im Gespräch mit Frau Koschuth-Wettinger fragte ich nach, wieso sie die Erwägungen und Lösungsalternativen der Kinder nicht auch fotografiert hätte, worauf sie mir erläuterte, dass die Kinder sich miteinander über die verschiedenen Möglichkeiten auseinandersetzen sollten und Aufnahmen jeder Möglichkeit hätten diesen Prozess vermutlich weniger wichtig gemacht, eine Einschätzung, der ich zustimmen konnte und die für mich ein Beispiel für reflexives Erwägen des Erwägens war (und ist). Irgendwie ließ mir es aber keine Ruhe, dass die vielen Erwägungen und Lösungsalternativen der Kinder gleichsam „verloren" gegangen waren und so überlegte ich immer wieder, inwiefern man den berechtigten Einwand von Frau Koschuth-Wettinger berücksichtigen und mit der Erwägungs-Geltungsbedingung zusammenbringen könnte. Wie wäre es, wenn man die Erwägungen und Lösungsalternativen – evtl. sogar sortiert nach verworfenen und als adäquat gehaltenen Möglichkeiten, so wie es Christiane Schmidt mit verschiedenen Fragen für einen Interviewleitfaden in ihrer Anwendung der erwägungsorientierten Pyramidendiskussion dokumentiert hat – doch auch fotografieren, aber eine andere Form der Darstellung wählen würde, die den Kindern auch von Anfang an einem Beispiel klar gemacht werden müsste? So könnte ich mir vorstellen, dass die anderen Sortierungsversuche alle zusammen auf einer oder mehreren Seiten dokumentiert und selbst vielleicht geordnet würden, aber nur die schließlich gewählte Sortierungslösung eine ganze Seite für sich bekäme. Auf diese Weise würde man die erwogenen Lösungsalternativen bewahren und hätte zugleich nicht den Anreiz weggenommen, sich an der Diskussion um die beste Sortierungslösung zu beteiligen, weil nur diese richtig groß fotografiert würden. Herauszufinden und zu beobachten wäre dann z. B., inwiefern die Kinder in Gesprächen mit anderen Kindern und/ oder Erwachsenen die Erfahrung machen, dass sie ihre Sortierungslösung mit Verweis auf die erwogenen Lösungsalternativen viel besser erklären und begründen könnten.

Zusammenfassend lässt sich aus erwägungsorientiert-deliberativer Sicht festhalten, dass es für die Ausbildung von Lehrerinnen und Lehrern grundlegend ist, auch für die Hochschullehre eine umfassende Demokratisierung des Studiums in dem Sinne anzustreben, wie es oben für Schule und Unterricht erläutert wurde. Es geht insbesondere auch darum, Gegenstände/Inhalte selbst erwägungsorientiert-deliberativ aufzubereiten – dafür sind Konzepte erwägungsorientiert-deliberativ forschenden Studierens und forschenden Lehrens zu entwickeln (s. Dear u. a. 2015, Grimm 2015, Gostmann & Messer 2007, Schmidt 2013, Quaas & Quaas 2015); Studierende sollten die Möglichkeit haben, eigene Positionen in der Auseinandersetzung mit jeweils zu erwägenden Alternativen zu erarbeiten. Wo dies – aus welchen Gründen auch immer – (vorerst) nicht möglich ist, wäre das Bewusstsein für die durch diesen Mangel gekennzeichnete Begründungsgüte einer jeweiligen Position als Forschungsbedarf zu kennzeichnen und wachzuhalten. Diese erwägungs- und verbesserungsbereite Grundhaltung (als reflexive Routinehaltung) achtet und braucht die Anderen, um mit ihren Überlegungen (gemeinsam) oder allein weiterzukommen. Dieser Vorteil, den man durch einen erwägungsorientiert-deliberativen Diskurs mit Anderen hat, scheint mir ein wichtiges Motiv dafür zu sein, demokratische Strukturen im Umgang mit anderen zu pflegen und zu entwickeln, sich aber auch für demokratische individualisierte und differenzierte (nicht nur schulische) Bildung einzusetzen, die ein Einstieg in die Sozialisation einer reflexiven Erwägungsmentalität ist. Inwiefern eine solche Erwägungsmentalität allererst auch geschichtsfähig wäre, ist eine Forschungsfrage, die ihrerseits mit Demokratiefähigkeit zusammenzudenken ist. Hierfür wären Zusammenhänge zwischen unterschiedlichen Erwägungsmentalitäten und unterschiedlichen Fähigkeiten, Geschichte zu verstehen und zu gestalten, sowie unterschiedlichen Fähigkeiten zur Gestaltung von Demokratien genauer und ihrerseits erwägungsorientiert zu untersuchen (vgl. Loh 2014 und 2015).

*Literatur*

Blanck, B. (2004): Erwägungsorientierung. In: Information Philosophie 32, 1, S. 42-47.

Blanck, B. (2006): Entwicklung einer Fehleraufsuchdidaktik und Erwägungsorientierung – unter Berücksichtigung von Beispielen aus dem Grundschulunterricht. In: Schweizerische Zeitschrift für Bildungswissenschaften 28, 1, S. 63-86.

Blanck, B. (2008): „Denken in Möglichkeiten" und Fördern von Vielfaltskompetenzen in jahrgangsgemischten Gruppen. In: Heggen, T. & Götze, D. (Hrsg.): Grundschule neu denken. Beiträge des Paderborner Grundschultages 2006 zu Heterogenität, Medien und Ganztag. Münster/Zürich: LIT Verlag, S. 45-55.

Blanck, B. (2012): Vielfaltsbewusste Pädagogik und Denken in Möglichkeiten. Theoretische Grundlagen und Handlungsperspektiven. Stuttgart: Lucius & Lucius.

Brann, E.: Learning to Deliberate (1994). In: Dillon, J. T. (Ed.): Deliberation in Education and Society. Westport, Connecticut/London: Ablex Publishing Corporation, S. 249-258.

Carle, U. (2000): Was bewegt die Schule? Baltmannsweiler: Schneider Verlag Hohengehren.

Carle, U. (2013a): Jahrgangsübergreifende Lernen. Worauf kommt es an? In: Die Grundschulzeitschrift 270, S. 4-5.

Carle, U. (2013b): Zu einem neuen Verhältnis von Schulentwicklung und Schulforschung. Tagebuch (Editorial) In: Grundschule Aktuell, Heft 121, S. II.

Crittenden, J. (2002): Democracy's Midwife. An Education in Deliberation. Lanham u. a.: Lexington Books.

Dillon, J. T. (1994): The Questions of Deliberation. In: Ders. (Ed.): Deliberation in Education and Society. Westport, Connecticut/London: Ablex Publishing Corporation 1994, S. 3-24.

Dear, K. M. u. a. (2015): „Gerechtigkeit" als Gegenstand erwägungsorientierten Denkens – Ein Seminarbericht. In: Erwägen Wissen Ethik 26,1, S. 111-126.

Erwägen Wissen Ethik (EWE) (2014): Bildung: Zur Bestimmung und Abgrenzung eines Grundbegriffs der Humanwissenschaften (Hauptartikel von Krassimir Stojanov, gefolgt von 56 Kritiken und einer Replik von Stojanov), 25, 2, S. 203-365.

v. Felten, R. & Herzog, W. (2001): Von der Erfahrung zum Experiment. Angehende Lehrerinnen und Lehrer im reflexiven Praktikum. In: Beiträge zur Lehrerbildung 19, 1, S. 29-42.

Feyerabend, P. K. (1981): Probleme des Empirismus. Braunschweig/Wiesbaden: Vieweg.

Garbarino, M. S. (1967): Decision-Making Process and the Study of Culture Change. In: Ethnology 6, S. 465-470.

Gesellschaft für Didaktik des Sachunterrichts (Hrsg.) (2013): Perspektivrahmen Sachunterricht. Bad Heilbrunn: Klinkhardt.

Giesecke, H. (1974): Methodik des politischen Unterrichts. München: Juventa.

Gostmann, P. & Messer, S. (2007): Kultur erwägen oder Das Seminar als narratives Netzwerk. In: Erwägen Wissen Ethik 18, 2, S. 313-320.

Grimm, L. (2015): Bericht aus der Schulpraxis. In: Erwägen Wissen Ethik 26,1, S. 127-139.

Helsper, W. (2001): Praxis und Reflexion. Die Notwendigkeit einer „doppelten Professionalisierung" des Lehrers. In: journal für die lehrerinnen- und lehrerbildung 1, 3, S. 7-15.

Helsper, W. (2005): Ungewissheit im Lehrerhandeln als Aufgabe der Lehrerbildung. In: Ders.; Hörster, R. & Kade, J. (Hrsg.): Ungewissheit. Pädagogische Felder im Modernisierungsprozess. Weilerswist: Velbrück Wissenschaft, S. 142-161.

Heran-Dörr, E. (2010): Bildungsinhalte bestimmen. In: Tänzer, S. & Lauterbach, R. (Hrsg.): Sachunterricht begründet planen. Bad Heilbrunn: Klinkhardt, S. 84-99.

Heran-Dörr, E.; Schomaker, C. & Tänzer, S. (2014): Zeit als Sache des Sachunterrichts. In: Tänzer, S. u. a. (Hrsg.): Sachunterricht vielperspektivisch planen. Bad Heilbrunn: Klinkhardt, S. 25-42.

Herzog, W. & v. Felten, R. (2001): Erfahrung und Reflexion. Zur Professionalisierung der Praktikumsausbildung von Lehrerinnen und Lehrern. In: Beiträge zur Lehrerbildung 19 Jg. Heft 1, S. 17-28.

Kahlert, J. (1998): Grundlegende Bildung im Spannungsverhältnis zwischen Lebensweltbezug und Sachanforderungen. In: Marquardt-Mau, B. & Schreier, H. (Hrsg.): Grundlegende Bildung im Sachunterricht. Bad Heilbrunn: Klinkhardt, S. 67-81.

Koschuth-Wettinger, S. (2015): Ordnen im Vorschulalter. Schriftliche Ausarbeitung zum Professionalisierungspraktikum (PP) an der Kindertagesstätte „Fuchsbau" vom 31.08. bis 18.09.2015. Ludwigsburg.

Kuhn, H.-W. & Gloe, M. (2004): Die Pro-Contra-Debatte. In: Frech, S. u. a. (Hrsg.): Methodentraining für den Politikunterricht. Schwalbach/Ts.: Wochenschau Verlag, S. 145-162.

Loh, W. (2014): Deliberative Integrative Humanwissenschaft. Ein programmatischer Entwurf. In: Jüttemann, G. (Hrsg.): Entwicklungen der Menschheit. Humanwissenschaften in der Perspektive der Integration. Lengerich: Pabst Science Publishers, S. 83-92.

Loh, W. (2015): Deliberationstheorie mentaler Evolution. In: Galliker, M. & Wolfradt, U. (Hrsg.): Kompendium psychologischer Theorien. Berlin: Suhrkamp, S. 79-82.

Mill, J. S. (1991): Über die Freiheit. Leipzig/Weimar: Gustav Kiepenheuer. (Collected Works of John Stuart Mill. Volume XVIII: On Liberty. Toronto Press: Toronto and Buffalo 1977).

Müskens, W. & Müskens, I. (2002): Provokative Elemente einer Didaktik internetgestützter Lehr-Lernarrangements. In: MedienPädagogik. Zeitschrift für Theorie und Praxis der Medienbildung 6, S. 1-33: www.medienpaed.com/6/#mueskens_mueskens0210 (letzter Zugriff: 07.02.2016).

Oser, F. & Spychiger, M. (2005): Lernen ist schmerzhaft. Zur Theorie des Negativen Wissens und zur Praxis der Fehlerkultur. Weinheim/Basel: Beltz.

Pateman, C. (2012): Participatory Democracy Revisited. In: Perspectives on Politics, 10, 1, S. 7-19.

Quaas, F. & Quaas, G. (2015): Erwägen zwischen Skylla und Charybdis – Ein (weiterer) Erfahrungsbericht aus den Leipziger Erwägungsseminaren. In: Erwägen Wissen Ethik 26, 1, S. 146-154.

Reinmann, G. (2012): Interdisziplinäre Vermittlungswissenschaft: Versuch einer Entwicklung aus der Perspektive der Didaktik. Forschungsauftakt (S. 323-340), gefolgt von einer Weiterführung mit 21 Beiträgen (S. 341-392), einem Zwischenfazit von G. Reinmann (S. 393-400) sowie einer Erwägungssynopse (S. 401-430) und Bilanzen mit 18 Beiträgen (S. 431-471). In: Erwägen Wissen Ethik 23, 3.

Sander, W. (2009): Bildung und Perspektivität – Kontroversität und Indoktrinationsverbot als Grundsätze von Bildung und Wissenschaft. In: Erwägen Wissen Ethik (EWE) 20, 2, S. 239-248 (Hauptartikel, gefolgt von 33 Kritiken (S. 248-325) und einer Replik des Autors (S. 325-334)).

Schmidt, C. (2013): Erwägungsorientierte Pyramidendiskussion. Eine Methode für die Auswertung qualitativer Interviews im Team. In: Friebertshäuser, B. & Seichter, S. (Hrsg.): Qualitative Forschungsmethoden in der Erziehungswissenschaft. Eine praxisorientierte Einführung. Weinheim/Basel: Beltz Juventa, S. 176-188.

Schmidt, C. (2015): Das Projekt „Erwägungsorientierte qualitative Forschung". In: Erwägen Wissen Ethik 26, 2, S. 287-312.

Schwab, J. J. (1983): The Practical 4: Something for Curriculum Professors To Do. In: Curriculum Inquiry 13, 3, S. 239-265.

Seidel, T. & Prenzel, M. (2003): Mit Fehlern umgehen – Zum Lernen motivieren. In: Praxis der Naturwissenschaften – Physik in der Schule 52, 1, S. 30-34.

Wehling, H.-G. (1977): Konsens à la Beutelsbach? Nachlese zu einem Expertengespräch. In: Schiele, S. & Schneider, H. (Hrsg.): Das Konsensproblem in der politischen Bildung. Stuttgart: Ernst Klett, S. 173-184.

Wehrli, U. (2013): The Art of clean up. Life made neat and tidy. Zürich: Kein & Aber AG.

*Kalliope Vrinioti*

# Partizipation von Kindern als Lern- und Erfahrungsprozess in der Schulanfangsphase: Zwischen Anspruch und Alltagsrealität

## Zusammenfassung

Die Umsetzung des Rechts der Kinder, aktiv bei den Entscheidungen „in allen das Kind berührenden Angelegenheiten" zu partizipieren, bleibt bis heute – 27 Jahre nach der Verabschiedung (1989) der UN-Kinderrechtskonvention (KRK) – weiterhin ein Desideratum, trotz der vielen Bekenntnisse, dass sie gerade im Kontext der Erziehung und Bildung sehr wichtig sei (Eurydice 2005 & 2012, BJK 2009, Reitz 2015, Carle 2014). Die größte Schwierigkeit bei der Verwirklichung der Partizipation rührt daher, dass sowohl Lehrkräfte als auch Eltern die erforderlichen Einstellungen und die Kompetenzen nicht entwickelt haben (Knauer & Sturzenhecker 2005, BJK 2009). Der folgende Beitrag bezieht sich auf ein Teilprojekt des multilateralen Comenius-Projekts SIGNALS, das an den zwei ersten Grundschulklassen einer Schule in Nordgriechenland als Fallstudie entwickelt wurde und das zum einen auf die Umsetzung der aktiven Partizipation der Kinder und zum anderen auf die Verstärkung der Kompetenzen der Lehrerpersonen und Eltern abzielte, damit diese die Voraussetzungen dafür schaffen, sodass die Kinder die Chancen der aktiven Beteiligung wahrnehmen; dabei wird längerfristig auf die Entstehung einer umfassenden Partizipationskultur abgezielt. Die Innovation des Projekts besteht darin, dass der Schwerpunkt auf den Prozess und auf das fächerübergreifende Ziel „Partizipation" gerichtet ist und nicht nur am Ergebnis und auf die fachbezogenen Ziele orientiert ist, wie es bisher der Fall war. So wurde den Beteiligten die Chance gegeben, aktive Partizipationsformen zu erfahren und sich durch diese Erfahrung und die Reflexion darüber, von Formen der Scheinpartizipation wie Fremdbestimmung, Dekoration und Alibi-Teilhabe (Hart 1992) zu lösen.

## 1    Einleitung

Die fächerübergreifende Zielsetzung, die Umsetzung des Rechts der Kinder, aktiv an den Entscheidungen des Schul- und Familienalltags zu partizipieren, stützte sich auf die günstige curriculare Voraussetzung, dass insbesondere in der Schulanfangsphase die ganzheitliche Betrachtung vorherrscht und die einzelnen Fächer zugunsten holistischer Zusammenhänge zurücktreten sollen, die über Aktivitäten, wie Spielen und Gestalten hergestellt werden. Diese günstige institutionelle Voraussetzung hätte jedoch nicht ausgereicht, wenn wir bei diesem Versuch die Anliegen der Beteiligten (Kinder, Eltern, Lehrerpersonen) nicht berücksichtigt hätten. Um diese Anliegen zu eruieren wurde die Planung des Projekts[1] gemeinsam mit den Beteiligten vorgenommen. Hier-

---

[1] Dieses Projekt ist ein Teilprojekt des multilateralen Comenius-Projekts SIGNALS (Strengthening Activity-Oriented Interaction and Growth in the Early Years and in Transitions), an welchem 7 Länder (Dänemark, Deutschland, Griechenland, Island, Rumänien, Schweden, Ungarn) teilnahmen. Partner

bei waren drei Phasen vorgesehen: die Bedürfnisanalyse, die Implementierung von drei kleinen partizipativen Projekten sowie die Reflexion der Ergebnisse. Die Planung vollzog sich einerseits auf der Basis der vorgegebenen Ziele des europäischen SIGNALS-Projekts (www.signals-eu.com) und andererseits auf der Basis der Ergebnisse der Bedürfnisanalyse. Die Bedürfnisanalyse wurde zu Beginn des Projekts durchgeführt, während die Implementierung der partizipativen Projekte im zweiten Jahr stattfand. Das Projekt begann 2014 mit 25 Kindern, die damals die erste Grundschulklasse besuchten und wurde im darauffolgenden Jahr (2015) mit diesen Kindern im zweiten Schuljahr fortgeführt und abgeschlossen.

## 2    Der Partizipationsbegriff

Die Annäherung an den Begriff der Partizipation stößt auf theoretisch-analytischer Ebene auf folgende Unterscheidung, die einige Autoren herausstellen: Partizipation wird einerseits als *Mittel zum Zweck* (z.B. Partizipation als Mittel zur Vorbereitung auf späteres demokratisches Bürgerverhalten) und andererseits als *Selbstzweck* (Partizipation als genuines Recht der jungen Person) begriffen. Diese Unterscheidung von Sandra Reitz (2015) ist insofern von Bedeutung, als sie die zwei Betrachtungen zwar klar auseinanderhält, relevant ist jedoch unserer Auffassung nach, dass es sich unter beiden Betrachtungsweisen um einen *Lernprozess* für alle Beteiligten handelt: „Im Bildungskontext wird Partizipation häufig als Mittel zum Zweck, etwa zur Einübung demokratischer Entscheidungsprozesse, verstanden. Aus menschenrechtlicher Perspektive ist ein solches Verständnis jedoch ungenügend: Partizipation ist ein eigenständiges Recht von Kindern und Jugendlichen, das in der UN-Kinderrechtskonvention verankert ist und als Grundprinzip bei der Umsetzung aller Kinderrechte berücksichtigt werden muss. Partizipation ist demnach kein einmaliges Ereignis, das abhängig von der Gnade und Befindlichkeit der Erwachsenen ist, sondern ein kontinuierlicher, verbindlicher Prozess" (Reitz 2015, S. 3). Richard Schröder spezifiziert, dass Partizipation keine „neutrale Beteiligung" an Ereignissen oder Prozessen ist, sondern darüber hinaus die gemeinsame Suche nach Lösungen für Probleme impliziert, die das eigene Leben und das Leben der Gemeinschaft betreffen: „Partizipation heißt, Entscheidungen, die das eigene Leben und das Leben der Gemeinschaft betreffen, zu teilen und gemeinsam Lösungen für Probleme zu finden" (Schröder 1995, S. 14).

Von der Perspektive unseres Ansatzes her ist Partizipation in erster Linie ein kontinuierlicher *Lern- und Erfahrungsprozess*, bei welchem Pädagogik und Politik verschränkt sind, weil es dabei um demokratische Werte, Normen und demokratisches Handeln geht (Shirp 2004, Reinhardt 2004), der als Lernprozess im jungen Alter früh beginnen muss. Folglich betrifft das *Alter* der Kinder (in diesem Fall waren es sechs- und siebenjährige Kinder) nur die *Organisation* des pädagogischen Prozesses und nicht die Frage, ob jüngere Kinder überhaupt in der Lage sind Entscheidungen zu treffen. (Tietze & Viernickel 2007, Hansen u. a. 2011). Von obigen Grundannahmen ausgehend hat die Erforschung des Anwendungsfelds unseres Projekts vier Bezugspunkte: Bildungspläne, Kinder, Lehrkräfte und Eltern. Folgende Forschungsfragen waren leitend: Wie wird Partizipation gelernt? Welche Kenntnisse, Kompetenzen und Haltungen sind notwendig für die Umsetzung der Partizipation von Kindern im Familien- und Schulalltag?

---

von Seiten Griechenlands war der Pädagogische Fachbereich der Universität Westmazedonien in Florina. Die Verfasserin übernahm die Aufgabe der Nationalkoordinatorin.

## 3    Bedürfnisanalyse

Die Bedürfnisanalyse in Bezug auf das komplexe Thema „Partizipation als Lernprozess für Kinder, Eltern und Lehrkräfte" wurde im Kontext der griechischen Schulgesetzgebung und der Bildungspläne mit den folgenden methodischen Instrumenten durchgeführt: Inhaltsanalyse des Curriculumstextes für das Fach Griechisch, Interviews mit Kindern, die Beobachtung der Kinder während des Unterrichts und außerhalb der Schulklasse in Spielsituationen, Gruppendiskussion, eine schriftliche Befragung von Lehrerinnen und Lehrern, sowie eine Gruppendiskussion mit den Eltern.

### 3.1    „Partizipation" als fächerübergreifendes Erziehungs- und Bildungsziel im Curriculum

Es wurde beschlossen, das Curriculum für das Fach Griechisch der ersten und der zweiten Grundschulklasse[2] in Bezug auf das Vorkommen des Begriffs „Partizipation" sowie der semantisch naheliegenden Begriffe zu untersuchen, weil die im Sprachunterricht besonders wichtige verbale Kommunikation einen zentralen Platz bei der Implementierung der partizipativen Projekte einnimmt. Es wurde die Methode der Inhaltsanalyse angewendet und in den Texten außer nach dem Begriff der „Partizipation" auch nach den Begriffen „Interaktion", „Kommunikation", „Kooperation" und „Spiel" gesucht. Der Text des Curriculums umfasst 45 Seiten (30.357 Wörter insgesamt). Die Untersuchung der fünf Begriffe war  auf den Kontext des Curriculums bezogen, weil wir untersuchen wollten, ob im Curriculum, abgesehen von den fachbezogenen Zielen des Spracherwerbs auch fachübergreifend begründete Erziehungs- und Bildungsziele vorgesehen waren, die die Stärkung der Partizipationskompetenz zum Inhalt haben.

Als erstes Ergebnis wurde festgestellt, dass zwar der Begriff „Partizipation von Kindern" nicht direkt als fächerübergreifendes Aufgabengebiet im Curriculum verankert ist, jedoch indirekt mitgemeint ist, da indirekt auf den Partizipationsbegriff hingewiesen wurde. Der Begriff „Interaktion" wurde mit großer Häufigkeit genannt. Es wurde jedoch festgestellt, dass dieser Begriff oft implizit einbegriffen ist, aber nicht ausdrücklich erwähnt wird. Der Begriff „Partizipation" tauchte 17 Mal und der Begriff „Kooperation" 18 Mal auf. Die „Kommunikation" (79 Nennungen) ist das oberste Ziel in diesem Curriculum, die im im Zusammenhang mit dem freien Spiel genannt ist (28 Nennungen). Es sollte jedoch erwähnt werden, dass keine Nennung gefunden wurde, die sich auf die Partizipation der Lehrperson in den Spielen der Kinder bezog. Der Lehrperson wird keine Rolle als „Spielpartner" innerhalb der Gruppe zugewiesen. Außerdem wurde keine Aussage gefunden, die auf die Rolle des Lehrers als „Ko-konstrukteur des Wissens" bezogen war.

Obige Befunde zeigen, dass trotz der Abwesenheit einer expliziten Begründung für das fächerübergreifende Erziehungs- und Bildungsziel „Partizipation" im Bildungsplan für das Fach Griechisch, den Lehrkräften große Spielräume in ihrer Methodenwahl gegeben werden.

### 3.2    „Partizipation" aus der Perspektive der Kinder

Die Partizipation aus der Perspektive der Kinder wurde auf dreifache Weise indirekt erschlossen: (a) mit nicht-teilnehmender Beobachtung der Kinder in der Schulklasse während des Unterrichts, (b) mit individuellen Interviews, (c) mit teilnehmender Be-

---

[2] Cross Curriculum Framework of  Greek Language for Primary School (2003)

obachtung außerhalb der Schulklasse in Situationen von Gruppenspielen. Das Hauptziel der Untersuchung war den drei methodischen Zugängen gemeinsam, nämlich die Untersuchung der Partizipationsformen innerhalb der Schulklasse (vgl. a) und b)) sowie außerhalb der Schulklasse (c). Im Einzelnen war das Ziel der nicht-teilnehmenden Beobachtung das Vertrautwerden der Forschungsassistenten mit dem Unterrichtsgeschehen und zugleich die Beobachtung der Partizipationsformen jedes Kindes am Unterricht. Für die Erfordernisse der nicht-teilnehmenden Beobachtung wurde ein Beobachtungsraster erprobt, in dessen Konstruktion Denkanstöße von Shiers' Fünfstufen-Modell (2001), Abs' Partizipationswürfel (2006) und Stanges Beteiligungsspirale (o.J) einflossen. Obwohl dieses Beobachtungsraster nur wenige konkrete Dimensionen der Unterrichtsdynamik erfassen konnte, ermöglichte es der Forschungsgruppe vor der Durchführung der individuellen Interviews über die Analyse der Partizipationsformen nachzudenken.

Bei den Interviews basierte diese Untersuchung auf den Antworten bzw. den Angaben der Kinder über ihren Alltag. Die Interviews wurden mithilfe von Karten durchgeführt, auf welchen bestimmte Situationen aus dem Schulalltag in- und außerhalb der Schulklasse abgebildet waren, die als Anreiz für das Gespräch zwischen den Kindern und den Interviewern fungierten (Vrinioti & Matsagouras 2004).

Bei der teilnehmenden Beobachtung wurde das Gruppenspiel so organisiert, dass Anreize gegeben wurden, auf Grund deren die Kinder bestimmte Partizipationsformen wählen oder sich eben auch entscheiden konnten, sich nicht zu beteiligen. Die Kinder wählten unterschiedliche Partizipationsformen, indem sie unterschiedliche Kommunikationsstrategien einsetzten. Diese Kommunikationsstrategien wurden von den Forschungsassistenten erfasst und in den Kategorien von Miles & Hubermann (1994) kodiert.

Das nachfolgende Beispiel erleichtert das Verständnis der Prozedur, die dabei verfolgt wurde. Den Kindern, die in Gruppen mit jeweils 5 Mitgliedern eingeteilt waren, wurden die Strophen eines ihnen bekannten Kinderliedes gegeben. Es handelte sich um ein Lied, das in Form eines Spieles durch bestimmte Handlungen ausgeführt werden sollte. Die losen Papierstreifen mit jeweils einer Strophe waren unsortiert. Die Kinder wurden aufgefordert, die Verse zuerst in die richtige Reihe zu bringen und dann eine neue Variante zu ersinnen, um dieses Spiel anders als sonst zu spielen. Die Suche nach der „Lösung dieses Problems" stellte zwar für alle Kinder eine angenehme und verlockende Herausforderung dar, die ihre Phantasie mobilisierte, jedes Kind machte jedoch in unterschiedlichem Maße Gebrauch von den interaktiven bzw. kommunikativen Strategien, was die Wahl unterschiedlicher Formen ihrer Beteiligung beeinflusste (Hughes & Sullivan 1998, Scholfield 1987).

Die Daten, die sich aus der Beobachtung dieser Strategien ergaben, zeigten, dass kaum ein Drittel der Kinder aktive Formen der Beteiligung (vgl. Shier 2001) bei der „Lösung des Problems" wählte und dass die Kinder, die aktive Formen wählten, diejenigen waren, die (a) schnell die Verse auf den Papierstreifen lesen und verstehen konnten, (b) in der Lage waren, ihre Gedanken den anderen Kindern auf verständliche Weise mitzuteilen und, das wichtigste, (c) in der Lage waren, die Regeln des Dialogs einzuhalten (Oxford 1990). Die restlichen 2/3 gaben entweder nach der ersten Unstimmigkeit auf oder wurden sauer und versuchten, ohne auf die anderen Kinder zu hören, ihnen ihre Meinung aufzuzwingen bzw. wollten das Spiel allein spielen. Es wurde weiterhin festgestellt, dass es hinsichtlich der Wahl der Beteiligungsformen einen Unterschied zwischen den Aktivitäten innerhalb und außerhalb der Schulklasse gab, dergestalt dass in Situationen des Schulalltags außerhalb der Schulklasse ein höheres Niveau an aktiver Beteiligung beobachtet werden konnte, während innerhalb der Schulklasse selbst ein eher niedrigeres Niveaus aktiver Beteiligung beobachtet wurde.

Die Befunde, die aus den einzelnen methodischen Zugängen gewonnen wurden, haben ein „synthetisches" Gesamtbild von den Wünschen und Interessen jeden Kindes und von seiner Position im Netz der interpersonellen Beziehungen in der Klasse ergeben. Darüber hinaus haben wir nützliche Informationen in Bezug auf die praktizierte Unterrichtsform erhalten. Von entscheidender Bedeutung war der Befund, dass der Unterricht eher direktiv gestaltet war, d.h. dass Unterrichtsformen wie freie Arbeit, Teamarbeit, Projektarbeit, die die Selbsttätigkeit, die Kommunikationsfähigkeit, die Entscheidungsfähigkeit, die Kooperationsfähigkeit und letztlich die Partizipationsfähigkeit fördern, fehlten. Die Fragen und Antworten zwischen der Lehrkraft und den Kindern dominierten im Unterricht und ließen minimale Spielräume für Diskussionen zwischen den Kindern mit der Folge, dass für den Austausch von Argumenten und die Äußerung alternativer Sichten kaum Raum blieb. Es ist einleuchtend, dass diese Unterrichtsform diejenigen Kinder eher benachteiligt, die wenig Selbstsicherheit besitzen und sich daher wenig trauen sich zu äußern. Diesen Aspekt haben wir bei der Planung unseres Ansatzes besonders berücksichtigt (sieht Abschnitt 3).

### 3.3 „Partizipation" aus der Perspektive der Grundschullehrerinnen und -lehrer

Da die Perspektive der Lehrkräfte einen entscheidenden Faktor für die Umsetzung des Partizipationsrechts der Kinder im Unterrichtsgeschehen und im Schulleben darstellt, haben wir uns während der Phase der Bedürfnisanalyse nicht nur auf die Gruppendiskussion beschränkt, die wir mit den zehn Grundschullehrerpersonen der Partnerschule führten, sondern haben eine größere Gruppe von 130 Grundschullehrerinnen und -lehrern mit einem schriftlichen Fragebogen befragt, die in der Zeit der Untersuchung an Grundschulen von drei Bezirken Nordgriechenlands tätig waren. Obwohl diese Stichprobe nicht repräsentativ war, hat sie uns ermöglicht, ein erstes, Bild der Perspektive von Grundschullehrpersonen über die Partizipation der Kinder zu gewinnen.

Folgende Eingangsfrage wurde in der Gruppendiskussion gestellt: „Was meinen Sie, wenn Sie sagen, dass das Kind am Unterrichtsprozess aktiv teilnimmt?" Die folgenden Antworten zeigen, wie die Lehrerpersonen die aktive Partizipation von Kindern begreifen:

- *Wenn das Kind die Hand erhebt, um eine Frage der Lehrkraft zu beantworten.*
- *Wenn er/sie keinen Lärm macht.*
- *Wenn er/sie im Unterricht aufpasst.*
- *Wenn er/sie die Hausaufgaben macht.*
- *Wenn er/sie die Regeln des Unterrichts einhält.*

Im Verlauf der ausführlichen Diskussion der obigen Antworten entwickelte sich seitens der Mehrheit der Diskutanten eine eher instrumentelle und situationsabhängige Begründung, die die aktive Partizipation der Kinder mit der Einhaltung der traditionellen Schülerrolle identifiziert. Bei dieser Betonung der traditionellen Schülerrolle wird die Konformität mit den Anforderungen der Lehrperson im Gegensatz zu der modernen Rolle, die mit den Begriffen „Initiative", „Teilhabe" „Mitwirkung", „Mitbestimmung",

„Selbstbestimmung" definiert wird, deutlich. Entgegen einer situationsunabhängigen Auffassung (BJK 2009, S. 9) hat die Mehrheit der Diskussionsteilnehmenden Einwände vorgebracht. Ein solcher Einwand ist z.b., dass es sechs bzw. siebenjährigen Kindern an Kompetenz, Erfahrung und Reife mangelt; sie seien zu jung, um über Angelegenheiten mitentscheiden zu können, die sie betreffen. Kinder sollten demnach erst die Kompetenzen erwerben, bevor sie mitwirken und mitentscheiden können. Demgegenüber steht die Auffassung, dass Kompetenzen und Erfahrungen erst im Vollzug bestimmter Handlungen entwickelt und erworben werden können; das heißt, dass sie nicht abstrakt im Voraus erworben werden können, genau so wenig wie Schwimmen an Land gelernt werden kann (OECD/DeSeCo 2003, Reinhardt 2004, Himmelmann 2005, Klieme 2007). Erst im Vollzug ihrer Partizipationsrechte können Kinder die entsprechenden Entscheidungskompetenzen entwickeln. In diese Richtung wird in der Stellungnahme des Bundesjugendkuratoriums argumentiert, das sich auf drei empirische Studien stützt:

> *"Jedenfalls zeigen empirische Studien, dass sich Kinder und Jugendliche in vielen Entscheidungssituationen ihres täglichen Lebens als wesentlich kompetenter erweisen, sich mehr Beteiligungskompetenzen zutrauen, als die meisten Erwachsenen dies vermuten würden und dass die Sichtweisen von Erwachsenen und Kindern hinsichtlich tatsächlich eingeräumter Partizipationschancen markant auseinander gehen. So schätzen Kinder und Jugendliche in Befragungen die von ihnen wahrgenommenen Partizipationschancen – etwa in der Schule – als wesentlich geringer ein als die Lehrkräfte derselben Einrichtung. Die Grenzen der Partizipation sind derzeit weniger bei den Kindern und Jugendlichen als vielmehr bei den Erwachsenen zu suchen" (BJK 2009, S. 10)*

Als wesentliches Ergebnis der Gruppendiskussion ist somit herausgekommen, dass das, was die genannten Diskussionspartner für aktive Partizipation halten, dem entspricht, was von Roger Hart in seinem Stufenleitermodell als Fremdbestimmung, Dekoration und Alibi-Teilnahme charakterisiert wird; bei diesen drei Stufen handelt es sich nach Hart eben nicht um Partizipation (Hart 1992 & 1997).

Die schriftliche Befragung hat das Verständnis der Lehrerpersonen beleuchtet, wie sie ihre Rolle bei der Entwicklung der aktiven Partizipation der Kinder begreifen. Der Gedanke, dass sie die Voraussetzungen für die aktive Partizipation der Kinder schaffen könnten, ist offenbar ganz außerhalb der Reichweite ihrer Vorstellungen; sie glauben nicht daran, dass sie die Bedingungen der Partizipation beeinflussen könnten, etwa Beteiligungsmöglichkeiten für die Kinder vorsehen könnten. So haben zwei Drittel der Befragten die drei letzten Alternativen (e), (f) und (g) der folgenden Mehrfachnennungsfrage[3] nicht gewählt oder sie sehr niedrig bewertet:

*Wie verstehen Sie die Wichtigkeit der Partizipation? Partizipation bedeutet:*

a) *Teil einer Gruppe zu sein und am Leben der Gruppe aktiv teilzunehmen*

b) *Zuzuhören*

c) *Einfluss auf das Geschehen zu haben*

d) *In laufenden Aktivitäten aktiv beteiligt zu sein*

e) *Dass die LehrerInnen den Kindern zuhören und die Art und Weise verstehen, wie sie denken*

---

[3] In Bezug auf den Fragenbogen, welchen diese Frage entnommen wurde siehe Broström et al (2015)

*f) Dass LehrerInnen die Kinder ermuntern, ihre eigenen Entscheidungen zu treffen*

*g) Dass LehrerInnen die besten Bedingungen verwirklichen, damit die Kinder unabhängig ihre eigene Wahl treffen.*

Als Befund ergibt sich, dass der Abstand zwischen dem Anspruch und der schulischen Realität bezüglich der aktiven Partizipation der Kinder groß ist. Dieses Ergebnis war nicht überraschend, weil die Vorbehalte, die Unsicherheit und die Untätigkeit der Lehrpersonen, die mit der Abwesenheit eines expliziten Bezugs der Lehrpläne auf die Partizipation zusammenhängen, aus der Fachliteratur seit zwei Jahrzehnten bekannt sind (BJK 2009, Bock 2010, Avgitidou, u.a. 2013). Ferner wird das allgemeine Fehlen einer Bereitschaft, Innovationen einzuführen immer wieder von neuem bestätigt (Maroniti & Stamou 2014).

### 3.4 „Partizipation" aus der Perspektive der Eltern

Wie bereits in der Einleitung ausgeführt, können die Kinder, ihr Partizipationsrecht nicht ausüben, wenn ihnen die Erziehungsberechtigten nicht die Chancen gewähren, sich aktiv an Themen des Familienlebens zu beteiligen, die sie betreffen. Um die Vorstellungen der Eltern über die Partizipation zu explorieren, haben wir die Eltern der Zweitklässler (N=25) zu einem Gruppeninterview eingeladen, das von der Klassenlehrerin und den zwei Forschungsassistenten durchgeführt wurde. Alle Eltern haben die Einladung angenommen und sind zur Gruppendiskussion erschienen, was die Klassenlehrerin – sowie die anderen Mitglieder des Forschungsteams – im positiven Sinne überraschte, weil sie annahmen, dass das Thema der Einladung auf Vorbehalte stoßen würde, da familieninterne Themen angesprochen werden könnten. Dies wäre nach Ansicht der Lehrerin umso mehr zu befürchten, als im kulturellen Kontext eines ländlich-kleinstädtischen Milieus wenig Offenheit und Bereitschaft besteht, über familieninterne Themen mit Außenstehenden zu sprechen.

Als Interviewleitfaden für die Gruppeninterviews dienten die folgenden drei Fragen:

*1. Was meinen Sie, wenn Sie sagen, dass Ihr Kind sich aktiv am Unterricht und am Schulleben beteiligt?*

*2. Was meinen Sie, wenn Sie sagen, dass Ihr Kind sich zu Hause aktiv an Themen beteiligt, die es betreffen?*

*3. Was meinen Sie, wenn Sie sagen, dass Sie als Mutter oder Vater sich aktiv an Themen beteiligen, die im Schulalltag anfallen?*

Was *die erste Frage* anbetrifft, gibt es keine große Differenzierung der Antworten, die die Eltern gegeben hatten, mit Ausnahme zweier Fälle:

Mein Kind nimmt teil …

- wenn mein Kind die Hand erhebt, um eine Frage des Lehrers bzw. der Lehrerin zu beantworten.
- wenn mein Kind gute Schulleistungen hat.
- wenn es mit anderen Kindern spielt.
- wenn es mit demjenigen/ derjenigen Klassenkameraden bzw. Klassenkameradin zusammensitzt, den/die es selbst gewählt hat, mit der Erlaubnis der Lehrerin.
- wenn mein Kind einen Blumentopf mit in die Schule nehmen will, um *seine Klasse* zu verschönern.

- wenn mein Kind darauf besteht, länger nach dem Unterricht in der Schule zu bleiben, weil es sich mit seinen Klassenkameraden auf einen sportlichen Wettkampf mit einer anderen Klasse vorbereiten will.

Die Antworten der Eltern, die sich auf obige Antworten mit Ausnahme der zwei letzten bezogen, zeigten, dass die Eltern die Partizipation mit der Einhaltung der Regeln der Schule identifizieren. Die zwei letzten Antworten hingegen gehen über diese Konformitätsvorstellungen hinaus und drücken eine andere Vorstellung aus, nämlich Initiative zur Veränderung und das Gefühl der Zugehörigkeit zu der Schule. Was die *Beteiligung des Kindes (Frage 2) am Familienleben* anbetrifft, differenzieren sich die Antworten der Eltern nach dem Thema. Was zum Beispiel die Höhe des Taschengeldes anbetrifft, unterscheiden sich die Antworten nicht; die Kinder entscheiden dabei nicht mit. Die Antworten fallen jedoch unterschiedlich aus, was die Art und Weise anbetrifft, wie das Geld ausgegeben wird. Etwa die Hälfte der Eltern meint, dass die Kinder über das Geldausgeben entscheiden sollen, während die andere Hälfte der gegenteiligen Meinung ist.

Hinsichtlich der Frage, ob und wenn ja welcher Freund bzw. Freundin zu Hause übernachten darf, gibt etwa ein Drittel der Eltern an, dass das Kind darüber entscheidet, während die anderen zwei Dritten sich selbst diese Entscheidung vorbehalten. Die nachfolgenden drei Antworten räumen den Kindern einen größeren Entscheidungsspielraum ein:

- *Wenn es sich an der Entscheidung über das Mittagessen beteiligt.*
- *Wenn es sich bei Änderungen an der Einrichtung seines Zimmers seine Wünsche äußert.*
- *Welche Kleider und welche Bücher es kauft.*

Als der wichtigste Punkt des Gruppeninterviews erwies sich das Thema der Übernahme der Verantwortung für die Folgen der Mitbestimmung. Die Mehrheit der Eltern war sich darüber einig, dass das Kind z.B. mitbestimmen soll, ob es ein Musikinstrument lernen oder Tanzunterricht haben soll. Ihre Meinungen gingen jedoch darüber auseinander, ob die getroffene Entscheidung des Kindes Folgen haben soll oder nicht. Die Minderheit der Eltern war der Auffassung, dass man danach bei der getroffenen Entscheidung bleiben muss, während die Mehrheit meinte, dass die Kinder noch zu klein seien, um konsequent bei ihrer Entscheidung zu bleiben. Diejenigen, die für ein konsequentes Verhalten eintraten, meinten, dass die Entscheidung verbindlich sei und nicht kurzfristig wieder abgebrochen werden durfte. Die andere Seite war diesbezüglich flexibler mit dem Argument, dass die Kinder noch zu klein seien, um bei der getroffenen Entscheidung bleiben zu können.

In Bezug auf *die Beteiligung der Eltern am Schulleben (Frage 3)* unterscheiden sich die Antworten der Eltern nicht. Die Eltern sehen gleichermaßen ihre Beteiligung institutionell geregelt; das heißt, dass die Eltern davon ausgehen, dass ihnen in Bezug auf die Kernthemen wie das Curriculum und die Schulgesetzgebung kein Spielraum zur Mitbestimmung gewährt wird. Ihre Beteiligung am Schulleben begreifen sie als ihre Erwiderung auf die ihnen angetragenen Anliegen des Klassenlehrers und des Schulleiters. Hierzu zählen:

- Anwesenheit an Elternabenden

- Finanzielle Zuwendungen oder persönlicher Arbeitseinsatz zur Verbesserung des Schulgebäudes bzw. des Klassenraums
- Beteiligung an der Organisation einer Schulfeier oder eines Schulausflugs.

Zum Schluss haben die Eltern mit besonders positiven Worten die Initiative, ein Gruppeninterview zu diesem Thema zu veranstalten gelobt, indem sie betonten, dass ihnen die Gruppendiskussion Denkanstöße gegeben habe, darüber zu reflektieren, was ein siebenjähriges Kind im Stande ist, zu tun und über welche Beteiligungsthemen es mitbestimmen kann. Auch haben die Eltern die neue „Kommunikations- und Mitbestimmungsbrücke", die wir während des Projekts schlugen, sehr positiv bewertet. Als „Kommunikations- und Mitbestimmungsbrücke" wurde das Tischspiel verstanden, das die Kinder in der Schule mit ihren Klassenkameraden begannen und das sie mit nach Hause nahmen, um es mit ihren Eltern fortzusetzen. Das zentrale Prinzip des Spiels war, dass beim Fortgang des Spiels verschiedene Probleme auftraten, zu deren Lösung die Spielpartner (Kinder und Eltern) gemeinsam beraten und mitbestimmen sollten. Abschließend befanden sowohl die Eltern als auch die Lehrerin, dass sie die Fortsetzung solcher Initiativen sehr gerne sehen würden.

## 4    Implementierung der partizipativen Projekte

Bevor die Implementierung dargestellt wird, werden an dieser Stelle einige einleitende Voraussetzungen erläutert.

### 4.1    Voraussetzungen der Implementierung

Es ist wichtig, zu erwähnen, dass die Implementierung der drei partizipativen Projekte dem Stundenplan der zweiten Grundschulklasse – und konkret der zweistündigen „flexiblen Zone" – zugeordnet wurde, wobei an der fächerübergreifenden Orientierung festgehalten wurde. Diese Zuordnung bot die Möglichkeit, zu erproben, welches die starken und welches die schwachen Punkte der partizipativen Projekte sind, um sie später als „gute Praxis" empfehlen zu können. Es ist ebenfalls von Bedeutung, daran zu erinnern, dass bei der Planung der partizipativen Projekte die Ergebnisse der Bedürfnisanalyse der Kinder sowie der Lehrpersonen beachtet wurden. Es wurden insbesondere die Interessen jedes Kindes berücksichtigt sowie seine Position im Netzwerk der Beziehungen des Mikrokosmos, den die Schulklasse darstellt (Vrinioti & Matsagouras 2004). In diesem Sinne fungierten die Interessen, die Ideen und Wünsche der Kinder für uns als Basis, auf welcher wir diejenigen thematischen Einheiten auswählten, die für die Kinder sinnvoll waren.

> *„Wer von Kindern Partizipation erwartet, dies gilt auch hier, muss zunächst selbst an den Lebensbedingungen und Alltagsproblemen von Kindern und Jugendlichen ansetzen und sich den Anliegen der Kinder und Jugendlichen direkt und unmittelbar zuwenden" (Himmelmann 2004, S. 16).*

Außerdem konnten wir auf der Grundlage der Kenntnisse, die sich aus der kontinuierlichen Beobachtung des sich dynamisch wandelnden Ist-Zustandes jedes Kindes im Beziehungsnetzwerk ergaben, methodische Konsequenzen hinsichtlich der erforderlichen differenzierten Motivierung (Knauer & Sturzenhecker 2005) der Kinder zur Partizipation ziehen. Ein solches differentielles Ziel erster Prioritätsordnung war die Stärkung des Gefühls der Zugehörigkeit bei denjenigen Kindern, die ein solches Gefühl nicht zeigten, weil die Bereitschaft, etwas bewirken zu können, auch vom Gefühl der Zugehörigkeit bestimmt wird.

Entscheidend bei der Planung der partizipativen Projekte war für uns die gegenüber dem Projekt – trotz grundsätzlicher Kooperationsbereitschaft und Offenheit – reservierte Einstellung der Lehrkraft, deren Vorbehalte sie mit dem Zeitaufwand begründete, der für die durch das Projekt initiierte Innovation notwendig war, bzw. ihre Sorge, die vorgegebenen Fachziele nicht zu erreichen.

Die Innovation bei der Entwicklung der thematischen Einheiten bestand darin, dass nicht mehr die Erreichung der fachbezogenen Zielsetzung Priorität haben sollte, sondern *der Prozess* der überfachlich begründeten Erziehungs- und Bildungsziele der Partizipation. Die hier vorgeschlagene Prozedur zu einer Umsetzung partizipativer Pädagogik erfordert ein hohes Niveau an Professionalität der Lehrkraft sowie die Bereitschaft, Macht zu teilen, Beteiligungsprozesse zu initiieren und zu institutionalisieren. Ferner muss sich die Lehrkraft mit ihrem Bild vom Kind auseinandersetzen (Grundmann & Kramer 2001, Sandberg & Eriksson 2008, Messina et al. 2009).

Die folgenden Grundsätze skizzieren den Rahmen, in welchem der Erwerb neuer Kompetenzen und Einstellungen nicht nur seitens der Lehrkräfte sondern aller Beteiligten bei dieser Innovation unternommen wurde.

1. Die Partizipation ist ein Lern- und Erfahrungsprozess, der sehr früh beginnt, damit das Kind lernt, das Recht der Partizipation aktiv auszuüben.
2. Im Prozess der Partizipation sind alle Beteiligten, sowohl Lehrende als auch Lernende zugleich, was unter anderen bedeutet, dass die Erwachsenen eine erkundende, fragende Haltung entwickeln sollen.
3. Die Entwicklung einer dialogischen Interaktionskultur trägt zur Stärkung der kommunikativen Kompetenz bei.

Unter den oben genannten Voraussetzungen wurden im Zeitraum von vier Monaten – mit zwei Unterrichtsstunden pro Woche – drei partizipative Projekte entwickelt, welches sich in thematische Untereinheiten verzweigte. Zum Beispiel das Projekt zum Thema „Wir leben zusammen" verzweigte sich in folgende thematische Einheiten: (1) „Ich-Du-Wir", (2) „Mit anderen kommunizieren", (3) „Unsere Gefühle", (4) „Konfliktbewältigung". Jede thematische Einheit folgte einem handlungsorientierten Prozess.

### 4.2 Die Ebenen des handlungsorientierten Prozesses

Die Gestaltung der Voraussetzungen für die Gewährung von Chancen aktiver Partizipation jedes einzelnen Kindes in den genannten partizipativen Projekten basierte auf dem Modell der Fünf-Ebenen-Partizipation von Shier (2001) sowie auf dem Grundsatz einer ganzheitlichen Betrachtung, wonach die einzelnen Fächer zugunsten von Aktivitäten wie Spielen und Gestalten zurücktreten, die Anerkennung des Menschen als Individuum im Zentrum steht und bei welcher beim Lernen Kopf, Herz und Hand zu ihrem Recht kommen.

Ausgehend von obigen Voraussetzungen stellten das Spiel bzw. die Spielaktivitäten den Kern der Projekte (Wright et al. 2005; Numan 2004) dar, bei welchen die Rolle der Lehrkraft sich auf die Funktion des „Mitspielers" bzw. der „Mitspielerin" und des aufmerksamen Beobachters beschränkte. Die Lehrkraft interveniert nur dann, wenn Konflikte auftraten, die die Kinder nicht allein bewältigen konnten.

Die Spielaktivitäten beinhalteten viele aufeinander folgende Herausforderungen, Probleme zu lösen, bei welchen die Kinder als Gruppen reagieren sollten. Ergänzend zu Shier's Modell der Fünf-Ebenen-Partizipation könnte die Beteiligungsspirale nach Waldemar Stange als Methode zur Mitbestimmung herangezogen werden. Die Metapher der "Spirale" meint, dass die Beteiligung von Kindern und Jugendlichen kein einmaliger Akt ist, sondern sich gerade in dieser projektorientierten Form auf allen Ebenen des Prozesses immer wieder, kreisförmig und auf immer höherem Niveau, wiederholt (vgl. http://www.diepaedagogen.de/wissen/spirale.htm). Das folgende Beispiel illustriert die Ebenen des Vorgehens: Bei der Spielaktivität „Wie kommen wir in die Höhle?" mussten die Kinder eine Strecke zurücklegen, auf welcher mehrere nacheinander folgende Hindernisse auftraten, deren Überwindung kollektive Gruppenentscheidungen verlangte. Gemäß dem Modell von Shier (2001) wurde den Kindern zunächst auf einer ersten Ebene zugehört (1. „Children are listened to"). Die Klassenlehrerin und die zwei Forschungsassistenten hörten und notierten, was die Kinder untereinander diskutierten, während sie einen Videofilm sahen, der darauf abzielte, die Kinder in das zu lösende Problem einzuführen (Willis 1996).

Auf der zweiten Ebene wurden die Kinder unterstützt, ihre Meinungen zu äußern (2. „Children are supported in expressing their views"). Die Kinder wurden aufgefordert, zu entscheiden, ob sie das Spiel, das sie im Videofilm gesehen hatten, auch spielen wollten und welche Rolle sie gerne übernehmen wollen und warum.

Auf der dritten Ebene wurden die Ansichten der Kinder berücksichtigt (3. „Childrens' views are taken into account"), sodass die Klassenlehrerin und die Forschungsassistenten entsprechend der Vorschläge der Kinder die Gruppeneinteilung vornahmen.

Auf der vierten Ebene wurden die Kinder am Entscheidungsprozess beteiligt (4. „Children are involved in decision-making process"). Hierbei haben alle Interaktionspartner bei ihren Versuchen, Lösungen für das Problem zu finden, unterschiedliche Perspektiven in den Diskussionsprozess eingebracht. Dieser Prozess ermöglichte das Aufkommen eines gemeinsamen Sinnverständnisses. Die Kinder hatten Vorschläge über die Beseitigung des Hindernisses gemacht – es handelte sich um einen Felsen, der ihne den Weg zu der Höhle versperrte: (a) den Felsen versetzen, (b) den Felsen zerschlagen (c) über den Felsen klettern, (d) den Felsen umgehen. Jede Gruppe insistierte auf den eigenen Vorschlag, sodass ein Streit zwischen den Gruppen ausbrach, der zu einem Chaos führte. Einige Kinder wollten nicht weitermachen und wirkten eingeschüchtert. Hier erwies sich als notwendig, „Regeln der Freiheit" einzubringen, denn Partizipation ist kein chaotischer Prozess, sondern bedarf einer methodischen und transparenten Strukturierung (Knauer & Sturzenhecker 2005). So wurde die Intervention der Klassenlehrerin notwendig, die zur nächsten Ebene führte. Sie entschied, dass, da es keinen Konsens gab, alle Vorschläge ausprobiert werden sollten.

Auf der fünften Ebene teilen die Kinder die Macht und die Verantwortung für die Folgen der Entscheidungen. (5. „Children share power and responsibility for decision-making"). Die Kinder wurden gemäß ihren Vorschlägen in Gruppen aufgeteilt und jede Gruppe übernahm die Verantwortung dafür, ihren Lösungsvorschlag durch Versuch und Irrtum in die Praxis umzusetzen. Sie kooperierten bei der Bewältigung der gemeinsamen Gruppenaufgabe, indem sie sich gegenseitig halfen, miteinander bei den Beratungen zur Problemlösung interagierten und Verantwortung bei der Durchführung übernahmen.

Am Ende dieser Versuche, nachdem die Kinder die Erfahrung der Partizipation gewonnen hatten, kamen sie durch dieses demokratische Vorgehen zu einer von allen akzeptierten gemeinsamen Entscheidung: den Felsen zu umgehen. Die letzte gemeinsame Entscheidung wurde im „Plenum" der zusammenkommenden Gruppen getroffen, nachdem alle Lösungsvorschläge der Gruppen präsentiert worden waren. Diese Diskussion erwies sich als ein Höhepunkt des Projekts, weil jedes Kind die Chance erhielt, seine Partizipationserfahrungen subjektiv zu reflektieren.

## 5 Ergebnisse – Reflexion

Wir sind der Auffassung, dass das Projekt, das wir als Fallstudie durchgeführt haben, obwohl es im strikten Sinne die Verallgemeinerung seiner Ergebnisse nicht erlaubt, dennoch als „gute Praktik" bei der Weiterentwicklung der Debatte zur Umsetzung der Partizipation von Kindern beitragen kann. Trotz der Gefahr der negativen Folgen einer unkritischen Übertragung von Bildungskonzepten (Sadler 1900[4]), meinen wir, dass der wissenschaftliche Vergleich verschiedener guter Praktiken (Himmelmann 2005; Sliwka 2005) einerseits ein fruchtbares Material für die Theorieentwicklung sein kann und andererseits eine wichtige Praxishilfe darstellen könnte, „denn nichts macht mehr Mut zur Veränderung als das lebendige Beispiel gelungener Umsetzung" (Carle & Kaiser 1998).

Eine Verankerung im Bildungsplan ist unserer Meinung nach erforderlich, weil sie zur Sensibilisierung der Lehrkräfte beitragen wird. Der Stundenplan sieht ebenfalls die zweistündige flexible Zone vor, in der eine Lehrkraft verschiedene Innovationen testen soll, den Interessen, Ideen und Wünschen der Kinder gemäß. Darüber hinaus soll der Staat den Lehrerinnen und Lehrern Anreize geben, Partizipationskonzepte zu entwickeln, die in eine öffentlich zugängliche Datenbasis einbezogen werden sollen, sodass es eine Kontinuität auf nationaler Ebene und einen internationalen Anschluss geben kann. Schließlich zeigte sich, dass die Partizipation als Lern- und Erfahrungsprozess in der Schulanfangsphase die Weichen für eine „Schule als Polis"[5] stellt, sofern grundlegende Voraussetzungen gesichert werden:

- Erste Voraussetzung stellt die Erreichung eines gemeinsamen Sinnverständnisses aller Beteiligten (O'Shea 2003) über den Begriff der „Partizipation von Kindern" dar.
- Da es nicht *die* Form, und nicht *die* Methode der Partizipation gibt, muss man eine adäquate Form finden, die dem Gefüge der konkreten Schule entspricht (Frädrich

---

[4] „In studying foreign systems of education, we should not forget that the things outside the schools matter even more than the things inside the schools, and govern and interpret the things inside. We cannot wander at pleasure among the educational systems of the world, like a child strolling through a garden, and pick off a flower from a bush and some leave from another, and then expect that if we stick what we have gathered into the soil at home, we shall have a living plant."

[5] Die in den letzten Jahren viel beachtete und ursprünglich von Hartmut von Hentig in den 1990er-Jahren geprägte Formel der „Schule als Polis" bezeichnet einen pädagogischen Entwurf schulischer Demokratie, in der alle Schüler/-innen (ähnlich wie einst die freien Bürger der antiken attischen Polis zu deren demokratischer Blütezeit) möglichst vielfältige Gelegenheiten erhalten sollen, ihr Leben und Lernen als gemeinsam und selbstbestimmt gestaltbare Sache zu erfahren. Anknüpfend an John Deweys Idee der Schule als einer „embryonic society" versteht von Hentig die von ihm geforderte „neue Schule" als politisches Gemeinwesen, in dem man „im Kleinen die Versprechungen und Schwierigkeiten der großen res publica erfährt, sich und seine Ideen erprobt und die wichtigsten Tätigkeiten übt [...]." (von Hentig 2004 [1996]: 126 f. (Zit. n. Eikel & Diemer 2005, S. 1).

& Jerger-Bachmann 1995, Sliwka 2005), wozu man eine Bedürfnisanalyse vorschalten muss. Die Bedürfnisanalyse wird als Wegweiser für die Ko-Konstruktion des Partizipationskonzepts seitens der Beteiligten fungieren.

- Auf den Lehrer kommt es an: Die Lehrerinnen und Lehrer sind Teil des Bildungssystems und handeln gemäß den institutionellen Vorschriften des Systems (Füssel 2004). Es liegt jedoch an ihnen, die Freiheiten auszunutzen, die ihnen der Bildungs- und der Stundenplan gewähren, um innovative Ansätze durchzuführen. Wir gehen davon aus, dass eine Lehrperson sich nicht nur auf die Anwendung des Bildungsplans beschränken kann, sondern sich als Forschende in ihrer Klasse an innovativen Projekten beteiligt und so in der Lage ist, Vorschläge für die Revision des Plans zu formulieren. Das setzt den Abbau der Vorbehalte und der Unsicherheit der Lehrkräfte voraus, wozu eine Form begleitender partizipativer Unterstützung nötig wäre. Die folgenden Punkte skizzieren ohne Anspruch auf Vollständigkeit den Rahmen einer solchen Unterstützung. Die Lehrkraft kann die Vorbehalte weitgehend ablegen, wenn sie: (a) von der Wichtigkeit des Themas überzeugt wird, (b) sich Beteiligungsverfahren aneignet, die dem Entwicklungsstand jedes Kindes angemessen sind. Hier ist es nötig, dass sich Lehrerinnen und Lehrer mit ihrem Bild vom Kind auseinandersetzen und in erster Linie die Praxis von Zielformulierungen ändern, (c) Beteiligungsmöglichkeiten der Kinder systematisch vorsehen kann. Um dies zu erreichen, muss sie die Beobachtungsfähigkeit besitzen sowie das Beobachtete und seine Interpretation auseinanderhalten können.

Abschließend sind wir der Auffassung, dass der vorliegende Beitrag dann seinen Zweck erfüllt haben wird, wenn er ein Mosaiksteinchen zum Paradigmenwechsel hinzufügen kann, indem Lehrpersonen dazu bewegt werden, die rhetorische Apotheose des kompetenten Kindes mit der Durchführung partizipativer Nachhaltigkeitsprojekte wirklich in die Praxis umzusetzen.

*Literatur*

Abs, H.-J. (2006): Der Partizipationswürfel. Ein Modell zur Beobachtung und Begleitung demokratiepädagogischer Praxis. Internetveröffentlichung im Rahmen des BLK-Programms „Demokratie lernen und leben". http://www.ingo-veit.de/blk/ pdf_doc/publik/ partwue.pdf

Abs, H.-J; Roczen, N. & Klieme, E. (2007): Abschlussbericht zur Evaluation des BLK-Programms „Demokratie lernen und leben'' Deutsches Institut für Internationale Pädagogische Forschung Frankfurt am Main.

Avgitidou, S.; Pnevmatikos, D. & Likomitrou, S. (2013): Preservice Teachers' Beliefs About Childhood: Challenges for a Participatory Early Childhood Education? Journal of Early Childhood Teacher Education 390-404.

Bock, T. (2010): Bildungsprozesse pädagogischer Fachkräfte bei der Einführung von Partizipation. Evaluation eines Partizipationsprojektes im Rahmen der Fortbildung „Die Kinderstube der Demokratie "an der Flachsland Zukunftsschule Hamburg. Bachelor-Thesis. Fachhochschule Kiel. Fachschule für Angewandte Wissenschaften. Fachbereich Soziale Arbeit und Gesundheit. Studiengang Erziehung und Bildung im Kindesalter.

Broström, S.; Sandberg, A.; Johansson, I.; Margetts, K.; Nyland, B.; Frøkjær, T.; Kieferle, Ch.; Seifert, A.; Roth, A.; Ugaste, A. & Vrinioti, K. (2015): Preschool teachers' views on children's learning: an international perspective. Early Child Development and Care, 185 (5) 824-847.

Bundesjugendkuratorium (BJK) (2009): Partizipation von Kindern und Jugendlichen - Zwischen Anspruch und Wirklichkeit. Stellungnahme des Bundesjugendkuratoriums. München: Deutsches Jugendinstitut e.V. Arbeitsstelle Kinder- und Jugendpolitik.

Bundesjugendkuratorium (BJK) (2013): Von gefühlten zu gelebten Realitäten. Plädoyer für einen Datenbericht zur Entwicklung der Kinderrechte in Deutschland. München: Deutsches Jugendinstitut e.V. Arbeitsstelle Kinder- und Jugendpolitik.

Carle, U. (2014): Herzlichen Glückwunsch zum Kinderrechte-Geburtstag! Auszug aus Grundschule aktuell 127, September 2014.

Carle, U. (1998): 75 Jahre Rechte der Kinder. Was haben drei Generationen aus den Forderungen der 20er Jahre gemacht? In: U. Carle & A. Kaiser (Hrsg.) Rechte der Kinder. Baltmannsweiler: Schneider Hohengehren, S. 12-23.

Cross Curriculum Framework of Greek Language for Primary School. (2003): Athens: Pedagogical Institute. http://ebooks.edu.gr/info/cps/2deppsaps_Glossas.

Eikel, A. & Diemer, T. (2005): Schule als Polis. Demokratiebausteine. Berlin: BLK, 14 S. www.pedocs.de.

Eurydice (2012): EACEA P9 and Policy Support. Citizenship Education in Europe. http://eacea.ec.europa.eu/education/eurydice.

Eurydice European Unit (2005): Citizenship Education at School in Europe. http://www.eurydice.org.

Frädrich, P. & Jerger-Bachmann, I. (1995): Kinder bestimmen mit: Kinderrechte und Kinderpolitik. München.

Füssel, H.-P. (2004): Demokratie und Schule. Demokratie in der Schule. Rechts und schulpolitische Überlegungen. Beiträge zur Demokratiepädagogik. Eine Schriftenreihe des BLK-Programms „Demokratie lernen & leben". Berlin : BLK.

Grundmann, G. & Kramer, R.-T. (2001): Partizipation als schulische Dimension - Demokratische Reformhoffnungen zwischen schulischen Gestaltungsmöglichkeiten und strukturellen Brechungen. In: J. Böhme & R.-T. Kramer (Hrsg.): Partizipation in der Schule. Theoretische Perspektiven und empirische Analysen. Opladen: Leske + Budrich, S. 59-92.

Hansen, R.; Knauer, R. & Sturzenhecker, B. (2011): Partizipation in Kindertageseinrichtungen. So gelingt Demokratiebildung mit Kindern! Weimar/ Berlin: Verlag Das Netz.

Hart, R. (1992): Children's Participation: From Tokenism to Citizenship. Innocenti Essays, No. 4. Florence: UNICEF International Child Development Center.

Hart, R. (1997): Children's Participation: The Theory and Practice of Involving Young Citizens in Community Development and Environmental Care. Earthscan.

Hentig, H. von (1993): Die Schule neu denken. Eine Übung in praktischer Vernunft. München: Hanser.

Himmelmann, G. (2004): Demokratie-Lernen: Was? Warum? Wozu?. Beiträge zur Demokratiepädagogik. Eine Schriftenreihe des BLK-Programms „Demokratie lernen & leben" . Berlin : BLK.

Himmelmann, G. (2005): Was ist Demokratiekompetenz? Ein Vergleich von Kompetenzmodellen unter Berücksichtigung internationaler Ansätze. Beiträge zur Demokratiepädagogik. Eine Schriftenreihe des BLK-Programms „Demokratie lernen & leben". Berlin: BLK

Hughes, J. N. & Sullivan, K. A. (1998): Outcomes assessment in social skills training with children. Journal of School Psychology 26, (2) 167-183.

Klieme, E. u. a. (2007): (unveränderter Nachdruck 2009). Zur Entwicklung nationaler Bildungsstandards. Eine Expertise. Bonn, Berlin: Bundesministerium für Bildung und Forschung (BMBF)

Knauer, R. & Sturzenhecker, B. (2005): Partizipation im Jugendalter. In: B. Hafeneger, M. M. Jansen & T. Niebling (Hrsg.): Kinder- und Jugendpartizipation im Spannungsfeld von Akteuren und Interessen. Opladen: Barbara Budrich S. 63-94.

Maroniti, K. & Stamou, A.G. (2014): Untersuchung der Ansichten der PrimarschullehreInnen über die Verwendung von Texte der Massenkultur im Sprachunterricht. Verhandlungen des 34 Treffens der Sektion Linguistik des Fachbereichs Philologie der Aristoteles Universität Thessaloniki. Stiftung Manoli Triantafillidi. S. 271-284.

Messina, C.; Jacott, L. & Navarro-Sada, A. (2009): Trainee teachers' knowledge and beliefs about human rights and citizenship education. In: A. Ross (ed): Human Rights and Citizenship Education. London: CiCe, pp 156-161.

Miles, M. & Huberman, M. (1994): Qualitative data analysis. London: SAGE Publications.

O'Shea, K. (2003): Developing a shared understanding: A glossary of terms for education for Democratic Citizenship 2001-2004. DGIV/EDU/CIT (2003) 29, Strasbourg: Council of Europe.

OECD/ DeSeCo (2003): Summary of the final report "Key Competencies for a Successful Life and a Well-Functioning Society" (www.portalstat.admin.ch/deseco/deseco_ finalreport_summary.pdf).

Oxford, R. (1990): Language learning strategies: what every teacher should know. London: Newbury House

Reinhardt, S. (2004): Demokratie-Kompetenzen. Beiträge zur Demokratiepädagogik. Eine Schriftenreihe des BLK Programms „Demokratie lernen & leben", Berlin: BLK. www.pedocs.de

Reitz, S. (2015): Kinder und Jugendliche haben ein Recht auf Partizipation Was aus menschenrechtlicher Sicht im Bildungsbereich getan werden muss. Berlin: Deutsches Institut für Menschenrechte.

Sadler, M. (1900): „ How Far Can We Learn Anything of Practical Value from the Study of Foreign Systems of Education?'', Comparative Education Review, 7, (1), 307-314.

Sandberg, A. & Eriksson, A. (2008): Children's participation in preschool – on the conditions of the adults? Preschool staff's concepts of children's participation in preschool everyday life Early Child Development and Care, 180, (5), 619-631.

Scholfield, P. (1987): Communication strategies-the researcher outmanoeuvred? Applied Linguistics 8, (3) 219-232.

Schröder, R. (1995): Kinder reden mit! Beteiligung an Politik, Stadtplanung und Stadtgestaltung. Weinheim: Beltz.

Shier, H. (2001): Pathways to Participation: Openings, Opportunities and Obligations. Children &Society, 15 (2), 107-117.

Sliwka, A. (2005): Vorbild auch für Deutschland. „Education for Citizenship" in England. In: W. Edelstein & P. Fauser (Hrsg.) Beiträge zur Demokratiepädagogik. Eine Schriftenreihe des BLK-Programms Demokratie lernen & leben. Berlin.

Stange, W. & Tiemann, D. (1998). Alltagsdemokratie und Partizipation: Kinder vertreten ihre Interessen in Kindertagesstätte, Schule, Jugendarbeit und Kommune. Expertise für den 10. Kinder- und Jugendbericht. Bonn

Stange, W.: Beteiligungsspirale www.diepaedagogen.de/wissen/spirale.htm.

Tietze, W. & Viernickel, S. (2007) (Hrsg.): Pädagogische Qualität in Tageseinrichtungen für Kinder. Ein nationaler Kriterienkatalog. 3. aktualisierte und erweiterte Auflage. Berlin: Cornelsen.

Vrinioti, K. (2013): Professionalisation in Early Childhood Education: A Comparative View of Emerging Professional Profiles in Germany (Bremen) and Greece. European Early Childhood Education Research Journal, 21(1), 150-163.

Vrinioti, K. (2014): Entwicklung der frühpädagogischen Ausbildung in Griechenland: Von der Funktionärin des Nationalstaats zur professionellen Akademikerin. In: W. Fthenakis (Hrsg.). Frühpädagogische Ausbildungen international, Reformen und Entwicklungen im Blickpunkt. Köln: Bildungsverlag EINS, S. 221-250

Vrinioti, K. & Matsagouras, E. (2004): The Transition from Kindergarten to School: Social Life and Learning in the School Class from the Perspective of the Beginners. European Conference on Education Research. European Education Research Association (EE-RA), Rethimno, 22-25 /9/, http://www.leeds.ac.uk/educol/documents/150041.htm

Willis, J. (1996): A Framework for Task-based Learning. London: Longman.

Wright, A.; Betteridge, D. & Buckby, M. (2005): Games for language learning. New York: Cambridge University Pre.

*Sven Trostmann, Kristina Anna Binder, Erik Schäfer, Nadine Gramberg &*
*Dorontina Zekaj*

# Die Grundschulwerkstatt an der Universität Bremen: Demokratisches (Ver-)Handeln und kooperatives Gestalten in einem studentischen Werkstattteam

### Zusammenfassung

Dieser Beitrag will Einblicke in das Werkstattkonzept der Grundschulwerkstatt (GSW) an der Universität Bremen geben und deren demokratische Grundstrukturen aufzeigen. Eine besondere Berücksichtigung finden dabei die Themen Demokratie, Partizipation und Freiwilligkeit, die gleichermaßen drei Grundbegriffe der GSW-Konzeption bilden. Doch wie werden demokratische Entscheidungen in einem Team getroffen? Welche Mitgestaltungswege bietet die Teamarbeit den freiwilligen Mitgliedern und anderen Studierenden? Diese und weitere Fragen beantworten die Ausführungen des Beitrages.

### Einführung

> *„An Demokratie kann nur glauben, wer erlebt hat, dass sie hält, was sie verspricht, dass sie möglich ist." (Hartmut von Hentig 1994, 224 f.).*

Lernwerkstätten stellen besondere Erfahrungsräume an Hochschulen für Studierende in Lehramtsstudiengängen dar. Die Potenziale liegen zum einen in der Verzahnung von unterschiedlichen Wissensebenen (theoretisch, empirisch und normativ) und pädagogisch-didaktischem Handlungswissen (Beobachtung und Begleitung von Lernprozessen, Materialien, Gestaltung von Lernumgebungen) (vgl. Nieswandt & Schneider 2014, S. 233). Zum anderen ist die Erfahrbarkeit alternativer Lernformen (selbstbestimmtes, informelles, zeitvergessenes, inzidentelles, handlungs- und erfahrungsbasiertes Lernen) als ein wesentliches Element der Lernwerkstattarbeit zu benennen (vgl. Hagstedt, 1995). Weiterhin anzuführen ist die Reflexionsorientierung mit Blick auf den Lernprozess des Lernenden selbst, denn die „Reflexion des eigenen Handelns sind der Weg zu einem kompetenten und reflexiven Praktiker[1]" (Bolland 2011, S. 26).

Johannes Rau (2000) stellte im Rahmen seiner Rede zum Thema „Die Zukunft unserer Demokratie" die Frage in den Raum, „ob wir genügend dafür tun, dass junge Menschen die demokratische Lebensform lernen können, damit sie Gelegenheit haben, eigene Erfahrungen zu machen" (Rau 2000, Kap. III). Auch Girmes (2006) betont die Notwendigkeit, positive Bedingungen für das demokratische Lernen seitens des Bildungssystems zu schaffen. „Eine demokratische Gesellschaft basiert auf Partizipation und Verantwortung, die allen zukommen, weshalb alle für beides, also auch für Partizipation und Verantwortung, und mithin ein Gebrauch ihrer Freiheit, vorbereitet werden müssen" (Girmes 2006, S. 14). Bis heute ist jedoch offen, ob und inwiefern die vorgenannten Aspekte tatsächlich Beachtung finden und weiterführend auch, wie diese

---

[1] Der Begriff der reflexiven Praktikerin bzw. des reflexiven Praktikers orientiert sich bei Bolland (2011) an dem Konstrukt des „reflective practitioner" von D. Schön (1983).

Vorbereitung im Bildungssystem sowohl inhaltlich wie auch strukturell-organisatorisch verankert und gestaltet werden kann (vgl. Girmes 2006, S. 14). Dies berührt die Bildung von Lehrerinnen und Lehrern an Hochschulen gleichermaßen wie die Bildungsinstitutionen insgesamt. So fordert der Grundschulverband für ein demokratisches Miteinander an Grundschulen „die Mitwirkungsmöglichkeiten der Kinder an der Gestaltung des Unterrichts, des Schullebens und der in der Schule gepflegten Umgangsformen vom ersten Tag an aufzugreifen, auszuschöpfen und durch angemessene Beteiligungsformen weiterzuentwickeln" (Grundschulverband e.V., 2009). Dahingehend ergeben sich in der schulischen Praxis vielfältige Handlungsräume, wie z. B. im Morgenkreis, Klassenrat, Feedbackgespräch, aber auch in Dienstbesprechungen, Fach- und Gesamtkonferenzen, in denen von allen Akteuren ein positives Verständnis von Anerkennung, Wertschätzung und Achtsamkeit gefordert wird. Doch sowohl Kinder als auch Erwachsene müssen dieses Verständnis erst entwickeln, dafür braucht es die entsprechenden Erfahrungskontexte. Eine besondere Verantwortung kommt hierbei den pädagogischen Fachkräften zu: Sie schaffen und gestalten unterschiedliche Möglichkeitsräume, zeigen Handlungsoptionen auf und begleiten die Kinder in diesen Prozessen. Das Demokratie Lernen und die Chance demokratisch zu handeln berühren damit drei sich bedingende Kernelemente des Bildungs- und Erziehungsauftrags der Schule, aber auch der Hochschule: Erstens in Form des didaktischen Gegenstandes, zweitens als methodische Verfahrensweisen, u. a. über das Mitmachen hin zum Mitgestalten, und drittens über den Ansatz, die Schule als gemeinsamen, lebendigen und sich veränderbaren Lern- und Lebensraum aller Akteure anzuerkennen (vgl. Heinzel 2009, S. 361 ff.).

An der Universität Bremen befasste sich bereits vor 24 Jahren eine kleine Gruppe von Studierenden im Lehramtsstudiengang Primarstufe damit, wie solche Beteiligungschancen im Rahmen des Studiums geschaffen werden können und wie es gelingen kann, auf Basis reformpädagogischer Konzeptionen demokratische Strukturen in Schulen zu etablieren. Aus diesen Überlegungen heraus hat sich im Fachbereich Erziehungswissenschaft, Elementar- und Grundschulpädagogik eine pädagogische Lernwerkstatt entwickelt und etabliert, die bis heute den Studierenden einen Einblick in demokratisches Lernen innerhalb eines Lernwerkstattteams ermöglicht und dadurch relevantes Handlungswissen praktisch und reflexiv erfahrbar macht (vgl. u. a. Ernst & Wedekind 1993, S. 18).

Es folgt zunächst ein historischer Überblick zur Genese der Grundschulwerkstatt von einer Idee des *anders Denkens* und *anders Studierens* hin zu einer festen Institution im Lehramtstudium Elementar- und Grundschulpädagogik an der Universität Bremen, bevor die Begriffe Teamarbeit und Freiwilligkeit, demokratische Entscheidungsprozesse und Partizipationsmöglichkeiten im Kontext des Werkstattkonzeptes erläutert werden.

## 1 Zur historischen Genese der Grundschulwerkstatt an der Universität Bremen

Die Grundschulwerkstatt wurde 1992 im Zuge einer studentischen Raumbesetzung ins Leben gerufen. Ein wesentlicher Auslöser zur Gründung der GSW war die wahrgenommene Diskrepanz zwischen den im Studium angebotenen Lehr-Lernformen und dem Anspruch, den schulischen Unterricht offen, orientiert an reformpädagogischen Konzeptionen zu gestalten. Sowohl einige Hochschullehrerinnen und Hochschullehrer als auch Studierende der Lehramtsstudiengänge kritisierten dieses Ungleichgewicht zwischen Anspruch und Wirklichkeit. Eine kleine Gruppe von Lehramtsstudierenden wollte diesen Widerspruch Anfang der 1990er Jahre aufbrechen und formulierte dazu den Grundsatz: *Eine Lehrperson lehrt, wie sie oder er als Studierende/r selbst gelernt hat!* Dabei ging es ihnen vor allem darum, praxisbezogene Formen des Lernens, z. B. in Lernwerkstätten selber zu erfahren. Die Studierenden, die zum Teil auch im „Büffelstübchen" (Lernwerkstatt für Kinder, Eltern, Lehrerinnen und Lehrer e. V. in Stuhr) arbeiteten, wollten gemeinsam mit anderen Interessierten die Differenzen zwischen der Theorie des Hochschulstudiums und der Praxis des schulischen Lehrens und Lernens bearbeiten und das möglichst in einem eigenen Raum, einer Lernwerkstatt.

Voraussetzung zur Etablierung alternativer Formen des Lehrens und Lernens war es, eine Atmosphäre zu schaffen, die u. a. der Anonymität der Universität entgegenwirken sollte. Die Studierenden des Studiengangs Primarstufe forderten zu Beginn einen Primarstufenraum als Treffpunkt und Ausgangspunkt zur Erarbeitung von weiteren „Reformen". Dieser Forderung konnte die Universitätsverwaltung aufgrund der damaligen Raumknappheit nicht nachkommen, sodass sich die Studierenden gezwungen sahen, einen Raum zu besetzen. Unterstützung für diese Initiative fanden die Studierenden bei Hans Brügelmann, damals Professor im Bereich Deutsch/Anfangsunterricht, aber auch durch Hartmut Meyer, dem damaligen Verwaltungsleiter des Fachbereichs. Es wurde allerdings auch die Anforderung seitens des Fachbereichs an die Studierenden formuliert, den Raum im Kontext des Studiums produktiv zu nutzen. Gemeinsam mit Hans Brügelmann richteten die Studierenden daraufhin den besetzten Raum mit viel Engagement und durch Spenden primarspezifisch mit Material und Literatur ein. Von den Studierenden wurden darüber hinaus verschiedene Gastvorträge organisiert. Weiterhin arbeitete die GSW mit dem StugA Primarstufe zusammen, war somit an Personalbestimmungen beteiligt und pflegte zudem eine gute Verbindung zu verschiedenen Hochschullehrenden (vgl. Meyer-Schlegel 1993, S. 82 f.). Dieses Engagement blieb dem Fachbereich nicht verborgen, sodass schon 1993 die Forderung eines Modellversuchs Grundschulwerkstatt seitens der Verwaltung unterstützt wurde.

Nach dem Weggang von Hans Brügelmann an die Universität Siegen waren die Studierenden zunächst verunsichert, wie es mit der Grundschulwerkstatt weitergehen sollte. Doch die Gemeinschaft war schon so stark in ihrer Idee verhaftet, dass sie weiter daran arbeiteten mit der GSW einen Ort zu schaffen, in dem ein dialogischer Austausch, das eigenverantwortliche und entdeckende Lernen im Rahmen des Studiums zum Thema werden konnte. In dieser Zeit entstanden auch erste Kontakte zwischen den Studierenden der GSW und Angela Bolland, die neben Workshops und Tutorien später ihr Dissertationsvorhaben in der Grundschulwerkstatt Bremen verortete. Insbesondere ihre vielfältige Werkstatterfahrung aus Wuppertal und Kassel sowie der Prinzhöfte Schule brachte sie immer wieder in das GSW-Team ein; damit war sie an der Weiterentwicklung der GSW entscheidend beteiligt. Gudrun Spitta (Professorin im Bereich Deutschdidaktik) übernahm im Rahmen ihrer Stellenbeschreibung die professorale Betreuung der GSW und unterstützte ebenfalls die Arbeit und das Engagement der Studierenden. Doch nicht nur positive Entwicklungen brachte das Jahr 1994, auch ein negatives Ereignis gefährdete massiv den Fortbestand der GSW.

Ein Brand im Lehrgebäude zerstörte im September 1994 ganze Teile des Raumes mit nahezu allen Materialien. Aber auch dieser Umstand verhinderte nicht den Fortbestand und die Weiterentwicklung der GSW. Mit Unterstützung der Universitätsverwaltung zogen die Studierenden mit der GSW notdürftig in ein anderes Lehrgebäude. Um räumlich aber näher an den Seminarorten des Studiengangs zu sein, war das Ziel mittelfristig in das ursprüngliche Lehrgebäude zurückzukehren. Während dieser Zeit zeigten sich die Studierenden sehr aktiv und innovativ, sodass sie auch im Austausch mit der Universitätsleitung immer wieder ihre Spuren hinterlassen konnten. Das führte dazu, dass die GSW schließlich als Modellversuch in den Lehramtsstudiengang Primarstufe aufgenommen wurde und zugleich ein festes Budget zugewiesen bekam. Mit diesen Geldern wurden weitere Materialien beschafft und die Räume mit neuem Mobiliar und Werkzeugen eingerichtet.

Zwei Jahre später (1996) zog die GSW wieder in das favorisierte Lehrgebäude zurück. In den Räumlichkeiten A1180/1190 fanden die Studierenden eine neue Heimat für ihre Werkstatt, die bis heute dort zu finden ist. Als die Mitglieder des Gründungsteams der GSW das Studium beendeten, wurde deutlich, dass es einer Kontinuität in der Leitung der GSW bedarf, damit der Fortbestand der GSW trotz der Generationswechsel von Studierenden gewährleistet bleibt. Unterstützt durch Gudrun Spitta erreichten die Studierenden, dass eine Vollzeitstelle im Format einer Abordnung einer Lehrperson geschaffen wurde, welche die Studierenden in Eigenregie besetzen konnten. So kamen Anja Oettinger und Michael Haag 1997 in das Team der GSW. Beide sorgten für eine mehrjährige Kontinuität im Lehrpersonal und waren maßgeblich für die heute erreichte Etablierung der Werkstatt verantwortlich. Es ist ihnen zu verdanken, dass sich die Lernwerkstatt als Lehr- und Lernort konzeptionell gefestigt, aber eben auch weiterentwickelt hat, und das trotz ihrer prekären Beschäftigungsverhältnisse. Beide waren aufgrund ihrer eigenen Berufsbiografien überzeugte Reformpädagoginnen bzw. -pädagogen und allein deshalb für die GSW und die Studierenden ein Geschenk. So initiierten beide die Kooperation mit der Pädagogischen Werkstatt (Sek I), damals unter der Leitung von Prof. Reiner Ubbelohde gemeinsam mit dem Pädagogen Klaus Glorian. Ab dieser Phase fanden regelmäßig Seminare, offene Werkstattzeiten und universitätsöffentliche Veranstaltungen statt. Darüber hinaus gab es wieder Tutorien, die von Studierenden für Studierende konzipiert und durchgeführt wurden. Durch diese Tutorien konnten die Studierenden eigene Schwerpunkte im Studium und für ihre eigene Professionalisierung setzen, zugleich ihre Vorstellungen des Lernens und Lehrens eigenständig erproben. So gab es Angebote, wie z. B. Kreatives Gestalten, Malen für Nicht-MalerInnen, Lernspiele selber herstellen, Gitarre spielen, etc.

Zu dieser Zeit (Ende der 1990er Jahre) wurde der konzeptionelle Grundstein für einige Elemente der GSW gelegt, die bis heute Bestand haben. Ab 2000 übernahm Ursula Carle die professorale Leitung der GSW, sodass die Lernwerkstatt im Zuge dieser Entscheidung dem Bereich der Erziehungswissenschaft, genauer der Grundschulpädagogik und damit der Professur für Grundschulpädagogik von Ursula Carle zugeordnet wurde. Ursula Carle hat zum einen die finanzielle Ausstattung dank erfolgreicher Verhandlung mit dem damaligen Rektorat erhöhen können und sich zum anderen immer wieder in unterschiedlichen Gremien für die Studierenden der GSW und für die GSW als Strukturraum an der Universität Bremen stark gemacht. Besonders hervorzuheben war und ist dabei ihre Haltung, die GSW als studentisches Projekt anzuerkennen und den Mitarbeiterinnen und Mitarbeitern als auch den Studierenden die Verantwortung für den Raum zu übertragen. Im Jahr 2009 kam es zu strukturellen Veränderungen in der Personalausstattung der GSW. Aufgrund von Haushaltseinsparungen an der Universität Bremen insgesamt wurde auf der Ebene des Fachbereichs eine der beiden halben Stellen für die GSW nicht verlängert. Diese Entscheidung zog den Weggang von Michael Haag nach sich. Anja Oettinger verblieb bis 2012 als einzige Mitarbeiterin mit ihrer halben Stelle in der GSW, verließ dann aber auch die Universität Bremen, um wie Michael Haag zurück in den Schuldienst zu wechseln. Diese wissenschaftliche Mitarbeiterstelle übernahm ab 2012 Sven Trostmann. Seit 2013 ist diese Stelle (0,5% VK) im Strukturplan der Universität Bremen fest verankert.

Für viele Studierende war und ist die GSW eine Heimat während des Studiums, in der sie bestimmte inhaltliche Bereiche und Aspekte des angestrebten Berufsfeldes handlungsorientiert erfahren und reflektieren können. Die GSW diente damals wie heute als Anlaufstelle für Studierende, die den universitären Alltag lebendiger machen, aber eben auch mitgestalten wollen.

Das Motto der GSW wird bis heute durch ein Zitat von Konfuzius (553-473 v. Chr.) deutlich: *„Erzähle mir und ich vergesse, zeige mir und ich erinnere, lass es mich tun und ich verstehe."*

Im Kontext des Beitragsthemas liegt ein wesentliches konzeptionelles Ziel der GSW als Lehr- und Lernort an der Universität Bremen darin, über die Erfahrung des demokratischen Handelns, durch das Mitentscheiden in einer sozialen Gruppe, dem Team, ein demokratisches Verständnis bei Studierenden anzubahnen. Darin begründet sich das „Prinzip der Selbstanwendung" (Geissler 1985, S. 8) in Form einer „Doppelung von Lehr- und Lernprozessen" (Wahl 2006, S. 62), in der die selbst erfahrene und reflektierte Bedeutung demokratischen Handelns Einfluss auf die eigene pädagogische Haltung nimmt. Der Transfer in die pädagogische Praxis als Lernbegleiterin oder Lernbegleiter in Schule oder Kindertagesstätten wäre dann gelungen, wenn den Kindern das Recht zurückgeben wird, demokratische Strukturen zu leben und Mitgestaltung zu praktizieren. So postuliert Carle (2000) in ihrer Habilitationsschrift die Notwendigkeit „Schülerinnen und Schüler als Mitgestalter ihrer Lern- und Lebenswelt" (Carle 2000, S. 10) anzuerkennen.

Wie sich die Studierenden als Mitgestalterinnen und Mitgestalter in ihrer GSW sehen und die demokratischen Strukturen darin einschätzen, zeigt eine aktuelle Befragung (2016):

**Lin**[2]: *„für mich ist die GSW ein Lern-, Arbeits- und Lebensraum, bin seit drei Jahren hier und habe manchmal auch gedacht, ich wohne hier schon irgendwie"*

**Henk:** *„die GSW ist für mich ein Aufenthaltsort, wo ich mich entspannen kann, aber auch mit anderen Studierenden treffen und arbeiten"*

**Jette:** *„für mich ist es hier ein Ort Freunde zu treffen, um zu lernen und auch für die GSW zu arbeiten, ich komme vorbei und erweitere mein Horizont, entspannen kann ich aber hier auch"*

**Lin:** *„z.B. habe ich hier drei Monate meine B.A.-Arbeit geschrieben [...] die Uni bietet mir sonst keine Rückzugsräume, wie ich, glaube ich, zur Arbeit brauche"*

**Henk:** *„was toll ist, dass ich hier mitentscheiden kann, z.B. unsere wöchentlichen didaktischen Fragen"*

**Lin:** *„oder das Thema im Pädagogischen Schwerpunkt"*

---

[2] Die Namen wurden im Sinne einer Anonymisierung empirischer Daten pseudonymisiert.

**Jette:** *„auch in den Teamsitzungen, wenn wir z.B. über neue Bücher und andere Materialien diskutieren"*

**Lin:** *„bei mir ist es z.B. mein Gitarrentutorium, für das ich mich entschieden habe und nun mitverantworte"*

**Jette:** *„das passt noch zu meinem Beispiel, weil wir ja im Team entscheiden, welche Lernangebote wir im Semester anbieten wollen, ach eher können"*

Vor dem Hintergrund dieser Aussagen werden im Folgenden die eingangs genannten Schlüsselbegriffe Demokratie, Partizipation und Freiwilligkeit im Kontext der GSW (Abb. 1) beschrieben und in der erziehungswissenschaftlichen Theorie verortet.

*Abbildung 1: Das Werkstatthaus – grafische Konzeptdarstellung der GSW*
*(vgl. Oettinger, Haag & Trostmann 2008, S. 18)*

Die Entscheidung, mit dem Begriff der Freiwilligkeit zu beginnen, wurde im Team der Autorinnen und Autoren demokratisch abgestimmt und drückt damit auch die Bedeutsamkeit dieses Elementes im Konzept der GSW aus.

## 2    Teamarbeit und Freiwilligkeit

Die Grundschulwerkstatt organisiert sich fast ausschließlich über freiwilliges Engagement und wird von einem studentischen Team mit Leben gefüllt. Motive für das Engagieren im Feld der Freiwilligkeit sind nach Geiss (2008) vielschichtig und auf den Kontext der GSW übertragbar. So weist das freiwillige Tätigkeitsfeld vielfältige Erfahrungsoptionen auf, wodurch sich spezifische Kompetenzen bei den Studierenden ausbilden können. Geiss geht sogar so weit, dass sie das freiwillige Engagement als ein immer wichtiger werdendes informelles Lernfeld versteht (vgl. Geiss 2008, S. 26). Es erweitert sich zunächst das soziale, hier das universitäre Umfeld durch neue Kontakte. Durch die Verantwortungsübernahme für sich, andere und den Raum erlebt die/ der Einzelne einen Wichtigkeits- und Wertigkeitszuspruch, der sich auf die Aspekte Selbstwirksamkeit und Selbstständigkeit positiv auswirken kann (vgl. Drechsel & Prenzel 2009). Darüber hinaus lässt sich konstatieren, dass durch die Herausforderung innerhalb der Teamstrukturen zwischen den eigenen Interessen und den Interessen der Anderen zu vermitteln und zu konsentieren vielfältige Lerngelegenheiten zur Entwicklung einer anerkennenden und achtsamen Haltung ermöglicht werden. Allein aufgrund dieses demokratischen Diskurses werden die unterschiedlichen Perspektiven der Akteure beachtet. Ein Hinhören und Hineindenken ist somit strukturell angedacht und verläuft auf der Handlungsebene sehr oft zwischen den Beteiligten zirkulär ab. Diese Form des Miteinanderkommunizierens beschreibt auch Reich (2006): „In Beziehungen gelten keine eindeutigen und strikten Kausalbezüge, die linear ein Verhalten festlegen oder Kommunikation beschreiben können. Das Verhalten eines jeden Elements in einem zirkulären System ist durch Rückkopplung bedingt" (S. 298 f.).

Das Team der GSW setzt sich zwar vorranging aus Studierenden des Grundschullehramts aller Semester zusammen, die aktive Teilhabe im Grundschulwerkstattteam steht aber allen Studierenden der Universität offen (vgl. Wedekind 2007, S. 14). So sind zurzeit neben mehreren Studierenden des Elementar- und Grundschulbereichs eine Studentin des Lehramtes für gymnasiale Oberstufe und eine Studentin aus dem Fachbereich Biologie ein wertvoller Teil des Teams.

Im Kontext der Lernwerkstattarbeit in der GSW werden in jedem Semester zwei studentische Hilfskraftverträge vergeben. Ein Hilfskraftvertrag beinhaltet Aspekte der Organisation und Administration der GSW, wie z. B. die Bearbeitung von Nutzungsanfragen, die Erstellung des Belegungsplans, die Vorbereitung der Teamsitzungen sowie die Material- und Bücherbestellungen. Der zweite Vertrag bezieht sich auf die Organisation des Pädagogischen Schwerpunktes, auf den im weiteren Verlauf noch detaillierter eingegangen wird (siehe Kap. 5). Trotz dieser Verantwortungsübertragung haben diese Studierenden kein übergeordnetes Stimmrecht innerhalb der Entscheidungsverfahren. So hat jedes Mitglied gleichberechtigt die Möglichkeit inhaltlich Einfluss zu nehmen (vgl. Knörzer 2005, S. 218). Das Team organisiert sich in wöchentlichen Teamsitzungen. Beschlüsse oder Anfragen an das Team sowie der Verlauf einer Teamsitzung werden in einem Ergebnisprotokoll festgehalten, das den nicht anwesenden Teammitgliedern auf der universitären Lernplattform zur Verfügung gestellt wird. Im Wintersemester 2015/2016 wurde erstmals der Versuch gestartet, zweimal pro Woche eine Teamsitzung zu initiieren und somit mehr Teammitgliedern die Chance zu bieten, sich an den Entscheidungen und der Gestaltung aktiv zu beteiligen. Beide Teamsitzungen haben unterschiedliche Schwerpunkte, sodass seither ein vertieftes Arbeiten an bestimmten Themen, wie dem Pädagogischen Schwerpunkt oder der Organisation von Materialien, möglich ist, ohne dass andere Themen weniger Beachtung finden. So findet in Vorbereitung auf jedes Semester ein Reflexions- und Planungstreffen statt, in dem das ausklingende Semester nachbereitet, die Werkstatt aufgeräumt und erste Absprachen für das kommende Semester getroffen werden (Zeitfenster für Offene Werkstätten oder studentische Tutorien). Zuletzt wurde die *Zwei-Sitzungen-ein-Team-Strategie* reflektiert und positiv evaluiert, sodass diese auch im Sommersemester 2016 beibehalten wird.

## 3    Demokratische Entscheidungsprozesse

In der Literatur lassen sich verschiedene theoretische Ansätze zur Demokratie als Herrschaftsform identifizieren, die im realen Leben der Zivilgesellschaften unterschiedlich ausgestaltet werden. Damit einher geht ein unterschiedliches Verständnis von Demokratie und den darin verorteten Entscheidungsprozessen (vgl. Burk 2003, S. 14). „Als Reaktion auf die normativ entleerten empirischen Ansätze wird im Rückgriff auf die Klassiker (vor allem auf Kant) eine Rückkehr zu >>normativ gehaltvollen Demokratiemodellen<< (Habermas) eingefordert." (Burk 2003, S. 17). „In einer Demokratie gilt der Grundsatz, dass bei Wahlen und Abstimmungen die Mehrheit entscheidet und dass die Minderheit die Mehrheitsentscheidung anerkennt. [...] Das Mehrheitsprinzip ist eine Kompromisslösung. Die Entscheidung der Mehrheit muss nicht „richtig" sein. Das Mehrheitsprinzip gewährleistet aber, dass Konflikte friedlich ausgetragen werden." (Pötzsch 2009, S 10).

Entscheidungen in der Teamarbeit basieren somit auf dem demokratischen Prinzip der Mehrheitsentscheidung. An den Abstimmungen nehmen alle in einer Sitzung anwesenden Teammitglieder teil. Sie haben damit die Gelegenheit das Leben und Lernen in der Grundschulwerkstatt mitzugestalten. Bei der Entwicklung einer Lebens- und Lernkultur in Lernwerkstätten sowohl in schulischen als auch in universitären Kontexten spielt Demokratie eine bedeutende Rolle (vgl. Wedekind 2007, S. 12). Die beteiligten Studierenden können Anträge an das Team stellen, die dann in der Teamsitzung besprochen und in den meisten Fällen direkt diskutiert und abgestimmt werden. Wenn ein Teammitglied an einer Sitzung nicht teilnehmen kann, besteht die Möglichkeit einen Antrag schriftlich einzureichen. Ein Antrag an das Team wird so formuliert, dass eine eindeutige Positionierung möglich ist. Die Abstimmung ist nicht geheim, da jede und jeder die Stimme per Handzeichen abgibt und diese anschließend abgezählt werden. Jedem Teammitglied stehen drei Entscheidungsoptionen zur Verfügung: Zustimmung, Ablehnung und Enthaltung. Kommt es bei einer Abstimmung zu mehr Stimmenthaltungen als Zustimmungen wird der Antrag als abgelehnt oder vertagt erklärt, da sich eine Zustimmung in Form des Mehrheitsprinzips im Verfahren nicht gezeigt hat. Ein solches Ergebnis kann unterschiedliche Ursachen haben. Zum einen kann es an einer unzureichende Informationslage der Beteiligten liegen oder zum anderen, dass die Antragstellerin bzw. der Antragsteller nicht ausreichend Informationen oder Argumente liefern und das Team überzeugen konnte. Abgelehnte oder ausgesetzte Anträge können zu einem späteren Zeitpunkt mit neuen Argumenten oder Informationen noch einmal an das Team herangetragen werden.

Im Protokoll der jeweiligen Sitzung wird das Abstimmungsergebnis vermerkt und ob Anträge angenommen, abgelehnt oder ausgesetzt werden. Wird ein Antrag vom Team angenommen, werden die Fragen der Zuständigkeit geklärt sowie die Maßnahmen besprochen, die nötig sind, um den Antrag umzusetzen. Die Zuständigkeit für die Umsetzung basiert auf Freiwilligkeit und richtet sich nach den individuellen Ressourcen und Möglichkeiten der einzelnen Teammitglieder. In vielen Fällen finden sich mehrere Teammitglieder zusammen und bearbeiten den Antrag gemeinsam. Hierbei profitieren alle vom gemeinschaftlichen Tatendrang, den individuellen Kompetenzen und Erfahrungen mit Werkstattarbeit (vgl. Freinet 1996, S. 280). Das diesen Überlegungen zugrundegelegte Demokratieverständnis kann nach Burk „als gesamtgesellschaftlicher Prozess, als Inbegriff aller Aktivitäten, dessen Ziel es ist, autoritäre Herrschaftsstrukturen aufzudecken und durch Mitbestimmung und Selbstbestimmung zu ersetzen [verstanden werden]" (Burk 2003, S. 17f.).

## 4  Partizipationsmöglichkeiten

Die Partizipation spielt als Kern des Demokratie Lernens in Lernwerkstätten eine wichtige Rolle. „Partizipieren heißt, beteiligt zu werden, teilnehmen, teilhaben und teilgeben zu können am gemeinsamen verantwortungsvollen und –bewussten Tun." (Wedekind 2007, S. 13).

Die Grundschulwerkstatt bietet den Teammitgliedern verschieden Möglichkeiten sich zu beteiligen, somit mitzubestimmen. Eine Möglichkeit ist die Gestaltung von Lernumgebungen innerhalb der Werkstatt. So einigte sich das Team 2015 die Regeln für den Umgang mit der GSW zu überarbeiten (Abb. 2) und das Ergebnis den Nutzerinnen und Nutzern der Werkstatt transparenter auszustellen.

---

**Unser Leitfaden für den Umgang mit der GSW:**

Materialien und Bücher stehen für Arbeiten frei zur Verfügung und sind ausleihbar!

Die verschiedenen Bereiche laden zum Arbeiten, Stöbern oder auch Verweilen ein!

Bitte denke aber daran auch wieder aufzuräumen!

Nimm bitte Rücksicht auf andere Studierende! Fühlst du dich gestört?! Dann sprich

es bitte an!

Bei Fragen steht dir während der Offenen Werkstattzeiten eine Ansprechpartnerin

oder ein Ansprechpartner aus dem Team zur Verfügung!

„Fühle dich herzlich Willkommen hier in deiner GSW"        Das Team der GSW

---

*Abbildung 2: Umgangsregeln für die GSW als Aushang an den Eingangstüren zur Werkstatt, Stand 2015*

„Partizipation kann [hier] als ständiger Innovationspool bezeichnet werden. Beteiligung in Form der Teilhabe und Teilnahme, der Mitgestaltung, Mitbestimmung und Interessenvertretung beginnt, das ist insbesondere im Hinblick auf ein Verständnis der Beteiligung von Kindern eine wesentliche Feststellung, nicht erst im politischen Raum, sondern bei der Gestaltung des sozialen Lebens und der ökonomischen Teilhabe." (Spiegel 2007, S 152).

Die häufigste Beteiligungsform der Studierenden, die sich im Belegungsplan der GSW wiederfindet, ist die *Offene Werkstatt*. Die Benennung ist hier wörtlich zu nehmen, denn in dieser Zeit steht die Werkstatt allen Studierenden offen und lädt in eine entspannte und anregende Lernumgebung ein. Den Nutzerinnen und Nutzern der *Offenen Werkstatt* stehen die Lehr- und Lernmaterialien, die Bibliothek oder die Materialien für künstlerisch-gestaltende Arbeiten oder Projekte zur freien Verfügung. Eine *Offene Werkstatt* verpflichtet die Studierenden aber nicht dazu, sich nur der universitären Arbeit hinzugeben, sondern schafft daneben ein Angebot der Entspannung und des jahrgangsübergreifenden Austausches unter den Studierenden. Während dieser Zeit hat mindestens ein Teammitglied die Verantwortung für den Raum, d. h. dass dieses

Teammitglied die Zugänglichkeit in die GSW sichert, bei Fragen als Ansprechpartnerin bzw. Ansprechpartner zur Verfügung steht, den Ausleihservice gewährleistet und allgemein für Ordnung sorgt.

In den letzten Semestern haben sich darüber hinaus verschiedene *Angebotswerkstätten* entwickelt und etabliert, die eine besondere Lernumgebung schaffen wollen. Im Folgenden werden einzelne Angebote kurz vorgestellt. Die Stillarbeitswerkstatt bietet z. B. den Studierenden eine ruhige Lernatmosphäre, in der laute Gespräche nicht erwünscht sind. Das Matheforum bietet allen Interessierten einen Raum zum Austausch über vorrangig fachwissenschaftliche Inhalte des Mathematikstudiums im Grundschullehramt. Es finden sich darin verschiedene Jahrgänge zusammen, die sich über Inhalte austauschen und häufig auch die Übungsaufgaben aus dem Fach kooperativ bearbeiten. In der Gitarrenwerkstatt werden Tipps und Tricks gezeigt, wie eine Gitarre gepflegt werden sollte oder wie ein Saitenwechsel an der Gitarre abläuft. Diese *Angebotswerkstätten* werden von Teammitgliedern der GSW organisiert und verantwortet.

Eine weitere Möglichkeit, sich in der Grundschulwerkstatt in Lernumgebungen und Lehr- und Lernarrangements zu verwirklichen und auszuprobieren, bieten die Tutorien, Ateliers und Themenwerkstätten. Diese Lernangebote werden vorranging von aktiven Teammitgliedern gestaltet. Ein Tutorium, welches bereits seit den Anfangstagen viele Studierende in die GSW zieht ist das Gitarrentutorium. Seit Jahren bieten einzelne Teammitglieder diese Tutorien an und teilen ihr Wissen mit interessierten Studierenden. Zum Beispiel werden interessensorientiert Lieder ausgesucht, die gemeinsam erarbeitet und gespielt werden. In diesem Lehr- und Lernarrangement werden vorrangig kooperative und kompetenzorientierte Lernformen angeboten und begleitet. Das Buchbindeatelier wird von Studentinnen verantwortet, die den Raum mit seinem kreativ-gestalterischen Potenzial nutzen. In diesem Angebot werden unter Verwendung der Werkstattmaterialien Kalender, Tage-, Notiz- oder Fotobücher erstellt. Dabei erproben die Teilnehmerinnen und Teilnehmer zum einen unterschiedliche Bindeverfahren, zum anderen auch Schreib-, Druck- und Stempeltechniken.

Generell nutzen die Tutorinnen und Tutoren ihre Lernangebote, um bereits gesammelte Erfahrungen in der Lernumgebungsgestaltung auf ein anderes pädagogisches Setting zu übertragen oder neue Lernformen und Lernzugänge zu erproben. Im Verständnis von Werkstattarbeit nehmen die Tutantinnen und Tutanten (Studierende, die ein Tutorium besuchen) eine besondere Rolle an der Mitgestaltung „ihres" Tutoriums ein. Somit werden die Teilnehmenden sowohl in die Planung als auch in die Durchführung mit eingebunden, wodurch ihr Stellenwert in diesem Lehr-und Lernarrangement im Sinne der Partizipation wesentlich gesteigert wird (vgl. Peschel 2006, S. 36).

Ein weiterer Gestaltungsraum innerhalb der GSW, der ein hohes Maß an Partizipation aufweist, ist der Pädagogische Schwerpunkt. Im folgenden Kapitel werden die konzeptionelle Idee, die Struktur und die Potenziale dieser Projektform aufgezeigt.

## 5 Der Pädagogische Schwerpunkt als kooperatives, kommunikatives und demokratisches Erfahrungsfeld in der GSW

Der Pädagogische Schwerpunkt als studentisches Projekt innerhalb der Grundschulwerkstatt findet seit über 3 Jahren regelmäßig in jedem Semester statt.

Der pädagogische Schwerpunkt beinhaltet thematisch gebundene Veranstaltungen (vorrangig Workshops und Themenwerkstätten), die deutlich das Interesse der Studierenden hinsichtlich relevanter Inhalte ihres Studiums oder darüber hinaus ansprechen. So befasste sich der Schwerpunkt im Wintersemester 2015/2016 mit dem Thema „Digitale Bildung zwischen Innovation und Ablehnung". Weitere Themen in den vergangenen Semestern waren u. a. „Inklusive Schule/Inklusiver Unterricht – Wie kann das gelingen?", „Referendariat – was kommt da auf mich zu?", „Mobbing in der Schule" oder „Lernbegleitung als Spannungsfeld zwischen Instruktion und Konstruktion". Die einzelnen Angebote sind zum größten Teil schulstufenübergreifend konzipiert. Dadurch wird allen Lehramtsstudierenden die Chance gegeben, an diesen Themen zu partizipieren. Auch „externe" interessierte Personen sind dabei immer „Herzlich Willkommen hier in der GSW"[3].

In den Aktionen eines Schwerpunktes liegt das Hauptaugenmerk, neben einer fachlichen Orientierung, immer auf der dialogischen und gegenständlichen Auseinandersetzung mit dem jeweiligen Thema. Die Veranstaltungen laufen parallel zum Modulstudium und bieten damit eine Ergänzung und Vertiefung zu den Lerninhalten. Ein weiteres Ziel ist die Aktivierung der Studierenden hinsichtlich einer verstärkten Partizipation in und für ihr Studium. So wurde z. B. im Wintersemester 2014/2015 ein online-tool zur Themenfindung eingesetzt. Dadurch wurde die Partizipationsmöglichkeit deutlich gesteigert; insgesamt beteiligten sich über 100 Studierende an den Umfragen zu einem neuen Schwerpunktthema.

*Mach mit und gib deinem Studium deine Stimme!*

Die Aufgabe des Teams ist es die Abstimmung auszuwerten, daraus das Thema festzulegen und im Folgenden einen interessanten Schwerpunkt mit abwechslungsreichen Aktionen zu organisieren. Dies verläuft im Team in zwei Phasen. Zunächst befasst sich das Team mit der inhaltlichen Ausdifferenzierung des Themas, um verschiedene Ebenen und Perspektiven zu identifizieren. Des Weiteren kommt es zu einer notwendigen Verdichtung und Fokussierung auf meist fünf oder sechs inhaltliche Bereiche, die dann in unterschiedlichen Präsentationsformaten, wie etwa in Vorträgen, Workshops oder Werkstätten umgesetzt werden. Beide Phasen verlaufen charakteristisch für die Teamstruktur der GSW in Form von Austausch, Diskussionen, Aushandlungen und Abstimmungen orientiert am demokratischen Lernen und dem darin verorteten Mehrheitsprinzip (siehe Kap. 3). Neben diesem Erfahrungsfeld bietet der Projektcharakter dieses Modells den beteiligten Studierenden aus dem GSW-Team z. B. die Möglichkeit, die Bausteine einer Projektplanung ernsthaft zu erproben und sich im Nachklang eines Schwerpunktes damit auch reflexiv auseinanderzusetzen. Die projektorientierten Aufgaben lassen sich den Bereichen Bedarfserhebung, Planung und Organisation, Administration, Werbung sowie Begleitung und Nachbereitung zuordnen. Somit erleben die beteiligten Studierenden über diese Struktur ein hohes Maß an *Erfahrung mit Ernstcharakter* hinsichtlich Partizipation, Verantwortungsübernahme, Organisation und persönlicher Reflexion. Dabei geht es für alle Akteure insbesondere darum, über die Erprobung selbstbestimmten Handelns und der Gelegenheit eigene Interessen zu artikulieren, auch die eigene Selbst- und Sozialkompetenz zu entwickeln. Darüber hinaus werden durch die unterschiedlichen Aushandlungsprozesse im Projekt Erfahrungen in den Bereichen der Kritik- und Kommunikationsfähigkeit sowie die Bereitschaft angesteuert, Verantwortung für das eigene Handeln in einem Projektzusammenhang zu übernehmen (vgl. Wedekind 2007, S. 13).

---

[3] Bunte, K.; Schäfer, E. &Trostmann, S. (2013): GSW-Hymne. Unveröffentlichter Liedtext.

## 6    Fazit

Orientiert an den Gedanken von Johannes Rau (siehe Einführung), versucht dieser Beitrag aufzuzeigen, welche Möglichkeiten des Demokratie-Erlebens innerhalb eines Lehr- und Lernortes an einer Hochschule bestehen können, um das Demokratie Lernen für Lehramtsstudierende erfahrbar zu machen. Das demokratische Miteinander in der GSW vollzieht sich schwerpunktmäßig über die Ebene der Partizipation. Diese beinhaltet sowohl den Aspekt der Mitbestimmung (Teamentscheidungen) wie auch der Mitgestaltung (Werkstattkonzept) (vgl. Prote 2003, S. 262).

Doch wie können Partizipationsinstrumente im Hochschulkontext insgesamt ausgestaltet sein? Wann und wo werden Studierende nach ihren Meinungen oder Wünschen für das gemeinsame Lernen und Arbeiten an der Hochschule gefragt? Es stellt sich dabei die Frage, wie mit den Antworten sowie den Erwartungen und Vorstellungen von Studierenden und Hochschullehrenden umzugehen ist – auch im Sinne einer nachhaltigen Bildung.

Burk (2003) formuliert dazu einige für das Demokratie Lernen relevante Qualitätsmerkmale. Zu diesen gehören u. a.:

- Verantwortung übernehmen,
- Toleranz entwickeln und damit einhergehend Andere achten, um die eigene Würde wissen und die Regeln des Miteinanders beachten
- Sich bewusst werden über den eigenen Wert und die eigene Bedeutung für die Gemeinschaft und diese Bedeutsamkeit erleben
- Sich stark machen gegen die Missachtung der eigenen Rechte
- Beteiligung bei Planungsprozessen
- Kommunikations- und Entscheidungsforen schaffen, um Demokratie zu erfahren (vgl. Burk 2003, S. 19).

Innerhalb der GSW als Lernwerkstatt werden Entscheidungen, wie z. B. Klärung der Zugänglichkeit und der Öffnung der Werkstatt, Raumbelegung, Materialausstattung, thematische Schwerpunkte und Gestaltung der Lernwerkstatt in die Hände der beteiligten Studierenden gegeben. Dadurch werden die demokratischen Entscheidungsprozesse und das kooperative Miteinander als Grundbausteine der Lernwerkstattarbeit ge- und erlebt. Auch Reich (2005) spricht sich für eine „partizipative und handlungsorientierte Ausdeutung des Lernens" (Reich 2005, S. 5) in Schule aus, was gleichermaßen für die Hochschule gelten kann. Er führt dazu weiter aus, sich „gegen [die] Setzung per Rahmenlehrplan durch Externe zu positionieren und die Akteure in Schule als eine [...] gemeinsam forschende, aber auch verantwortliche Verständigungsgemeinschaft" (ebd.) anzuerkennen und dementsprechend auszugestalten.

Das Team der GSW als solch eine Verständigungsgemeinschaft an einer Hochschule bietet den Lernenden u. a. die Chance, in einem verbindlich moderierten Prozess hohe Verantwortung, wie etwa die Weiterentwicklung eines Lehr- und Lernortes zu übernehmen. Dadurch können die Studierenden in der Werkstatt eigene Spuren hinterlassen.

*Frei nach Freinet: Den Studierenden einen Raum, das Wort und die Verantwortung geben, selbst und gemeinsam entscheiden zu können, wohin die eigene Reise in der GSW und wohin die GSW selbst gehen soll, bzw. gehen kann!*

Die Werkstatt und ihre Teamstruktur will darüber hinaus den Studierenden auch als ein Modell für die Gestaltung in anderen Bildungsinstitutionen, wie Kindertagesstätten und Schulen, dienen, um ein demokratisches Miteinander unter Berücksichtigung einer vielfältigen Mitbestimmung und Teilhabe aller Akteure zu etablieren. Folgende, in der Abbildung 3 aufgeführte Prinzipien des Werkstattkonzeptes der GSW können darin Beachtung finden.

---

**Leitprinzipien der Grundschulwerkstatt (GSW):**

GSW steht für Partizipation und Demokratie.

GSW steht für Freiraum, Zeitverweilen, Kommunikations- und Treffpunkt.

GSW steht für eine wertschätzende und kritisch-konstruktive Kultur der Rückmeldung.

GSW macht Teamarbeit ohne Konkurrenzdruck erfahrbar.

GSW fördert unter den Studierenden maßgeblich die Selbstbestimmung und den Erfahrungsaustausch.

GSW bietet eine motivierende und ansprechende (Arbeits-)Atmosphäre an.

GSW lebt von ihrer materiellen und räumlichen Ausstattung.

GSW hält eine kontinuierliche Begleitung durch feste Mitarbeiter vor.

GSW ist sowohl theoriebasiert als auch praxis- und schulnah (Theorie-Praxisbezug in den Lernangeboten und Seminaren).

GSW stellt den Raum zur Verfügung selbstorganisierte Lehr- und Lern-arrangements anzubieten.

GSW bietet die Chance sich mit unterschiedlichen Lehr- und Lernmethoden auseinanderzusetzen.

GSW bietet die Gelegenheit Lehrerfahrungen aus eigenverantwortlichen Tutorien/Werkstätten/Ateliers zu reflektieren.

GSW unterstützt die pädagogische Professionalisierung von Lehramtstudierenden.

---

*Abb. 3: Leitprinzipien der Werkstattarbeit (vgl. Oettinger, Haag & Trostmann 2008, S. 16)*

In der GSW können sich die Studierenden, aber auch die Mitarbeiterinnen und Mitarbeiter abwechslungsreiche Handlungsspielräume erschließen, vielfältige Lehr- und Lernerfahrungen sammeln und reflektieren sowie sich in unterschiedlichen Kommunikations- und Kooperationsszenarien den eigenen Perspektiven und den Vorstellungen anderer annähern und gemeinsam (ver-)handeln.

Die Grundschulwerkstatt an der Universität Bremen hat zwar ihre Antwort auf die von Johannes Rau gestellte Frage gefunden, entwickelt sich im Sinne eines veränderbaren Lehr- und Lernortes jedoch immer weiter. Dieser Prozess der Weiterentwicklung, We-

66

dekind (2006) spricht in diesem Zusammenhang von „Umräumen", vollzieht sich im Raum, mit dem Raum und in den Köpfen der Beteiligten selbst (vgl. Wedekind 2006, S. 11).

## Literatur

Bohnensack, F. (2005): John Dewey. Ein pädagogisches Portrait. Weinheim und Basel: Beltz Verlag.

Bolland, A. (2011): Forschendes und biografisches Lernen. Das Modellprojekt Forschungswerkstatt in der Lehrerbildung. Bad Heilbrunn: Julius Klinkhardt Verlag.

Burk, K. (2003): Demokratie lernen in der Grundschule – Fragezeichen. In: K. Burk, A. Spreck-Hamdan & H. Wedekind (Hrsg.): Kinder beteiligen – Demokratie lernen? Frankfurt am Main: Grundschulverband – Arbeitskreis Grundschule e. V., S. 14-24.

Carle, U. (2000): Was bewegt die Schule? Internationale Bilanz - praktische Erfahrungen - neue systemische Möglichkeiten für Schulreform, Lehrerbildung, Schulentwicklung und Qualitätssteigerung. In: J. Bennack & A. Kaiser et al. (Hrsg.): Grundlagen der Schulpädagogik, Bd. 34, Baltmannsweiler: Schneider Verlag Hohengehren.

Correll, W. (1963): Die psychologischen und philosophischen Grundlagen des Erziehungsdenkens John Deweys. In: J. Dewey, O. Handlin & W. Correll: Reform des Erziehungsdenkens. Eine Einführung in John Deweys Gedanken zur Schulreform. Weinheim & Basel: Verlag Julius Beltz, S. 9-25.

Drechsel, B. & Prenzel, M. (2009): Selbstwirksamkeit und Zutrauen – Grundwissen über motiviertes Lernen. In: Grundschule, H. 10, S. 10-14.

Ernst, K. & Wedekind, H. (1993): Lernwerkstätten in der Bundesrepublik Deutschland und Österreich. Eine Dokumentation. Frankfurt am Main: Arbeitskreis Grundschule (Beiträge zu Reform der Grundschule 91).

Geissler, K. A. (1985): Lernen in Seminargruppen. Studienbrief 3 des Fernstudiums Erziehungswissenschaft „Pädagogisch-psychologische Grundlagen für das Lernen in Gruppen". Tübingen: Deutsches Institut für Fernstudien.

Geiss, S. (2008): Freiwilliges Engagement und Lernen: Ergebnisse der Freiwilligensurveys der Bundesregierung. In: E. Nuissl von Rein (Hrsg.): Die Zeitschrift für Erwachsenenbildung, Bd. II/2008, S. 26-30. URL: http://www.die-bonn.de/id/404 (Zugriff am 10.01.2016).

Girmes, R. (2006): Lehrprofessionalität in einer demokratischen Gesellschaft. Über Kompetenzen und Standards in einer erziehungswissenschaftlich fundierten Lehrerbildung. In: C. Allemann-Ghionda & E. Terhart (Hrsg.): Kompetenzen und Kompetenzentwicklung von Lehrerinnen und Lehrern. Zeitschrift für Pädagogik, Beiheft 51, Weinheim und Basel: Beltz, S. 14-29.

Grundschulverband e.V. (2009): Leitkonzept zeitgemäßer Grundschularbeit. Homepage des Grundschulverbandes e.V. (Hrsg). URL: http://www.grundschulverband.de/ bildungspolitik/bildungsstandards/tragfaehige-grundlagen/1-leitkonzept/ (Zugriff am 24.02. 2016).

Hagstedt, H. (1995): Lernen anders erfahren – Unterricht neu entwerfen. Lernwerkstätten und Grundschulforschung. In: Pädagogische Welt, H. 9, S. 395-397.

Heinzel, F. (2009): Schule als Lern- und Lebensort. In: H. Bartnitzky, H. Brügelmann & U. Hecker et. al (Hrsg.): Kursbuch Grundschule. Band 127/128. Grundschulverband e.V. Frankfurt/Main: Grundschulverband.

Hentig, H. von (1994): Schule neu denken. München: Carl Hanser Verlag.

Knörzer, M. (2005): Lernwerkstatt und Sachunterricht. In: PÄDForum: unterrichten erziehen. H. 4 vom Juli/August, S.216-219.

Meyermann, A. & Porzelt, M. (2014): Hinweise zur Anonymisierung von qualitativen Daten. In: forschungsdaten bildung informiert, Nr. 1. Frankfurt am Main: Deutsches Institut für Internationale Pädagogische Forschung. Verfügbar unter: www.forschungsdaten-bildung.de/fdb-informiert (Zugriff: 12.02.2016).

Meyer-Schlegel, W. (1993): Lernwerkstätten in Bremen. In: K. Ernst & H. Wedekind (Hrsg.): Lernwerkstätten in der Bundesrepublik Deutschland und Österreich – Eine Dokumentation. Frankfurt am Main: Grundschulverband – Arbeitskreis Grundschule e. V., S. 77-86.

Nieswandt, M. & Schneider, R. (2014): Von der Sache aus – vom Kind aus – von mir aus. Überlegungen zur Erweiterung hochschulbezogener Werkstattarbeit. In: H. Hagstedt & I. M. Krauth (2014): Lernwerkstätten – Potentiale für Schulen von morgen. Beiträge zur Reform der Grundschule, Band 137. Frankfurt/Main: Grundschulverband e. V., S. 232-240.

Oelkers, J. (2009): John Dewey und die Pädagogik. Weinheim und Basel: Beltz Verlag.

Oettinger, A.; Haag, M. & Trostmann, S. (2008): Konzeptpapier der GSW. Unveröffentlichtes Dokument. Universität Bremen.

Peschel, F. (2006): Offener Unterricht. Idee, Realität, Perspektive und ein praxiserprobtes Konzept zur Diskussion. 4., unveränd. Aufl. Baltmannsweiler: Schneider Verlag Hohengehren (Basiswissen Grundschule, Bd. 9).

Pötzsch, H. (2009): Die Deutsche Demokratie. 5. überarbeitete und aktualisierte Auflage, Bonn: Bundeszentrale für politische Bildung, S. 9-12.

Prote, I. (2003): Partizipation – Kern des Demokratie-Lernens. In: K. Burk, A. Speck-Hamdan & H. Wedekind (Hrsg.): Kinder beteiligen – Demokratie lernen? Frankfurt am Main: Grundschulverband – Arbeitskreis Grundschule e. V., S. 262-270.

Rau, J. (2000): „Die Zukunft unserer Demokratie". Rede zum Jahresforum des Vereins "Gegen Vergessen - Für Demokratie e.V.", Berlin. URL: http://www.bundespraesident.de/SharedDocs/Reden/DE/Johannes-Rau/Reden/2000/10/20001014_Rede (Zugriff am 24.02.2016).

Reich, K. (2006): Konstruktivistische Didaktik. Lehren und Lernen aus interaktionistischer Sicht. Neuwied

Reich, K. (2005): Konstruktivistische Didaktik. Beispiele für eine veränderte Unterrichtspraxis. In: Schulmagazin 5 bis 10, H. 3, Cornelsen Schulverlage GmbH: München, S. 5-8.

Spiegel, S. (2007): Workshop 4. Beteiligung von Kindern? Von Anfang an! Partizipation als Bildungspolitischer Anspruch an Tageseinrichtungen für Kinder. In: M. A. Stroß (Hrsg.): Bildung-Reflexion-Partizipation. Anstöße zur Professionalisierung von Erzieherinnen und Erziehern Münster: LIT Verlag, S. 151-160.

Wahl, D. (2006): Lernumgebungen erfolgreich gestalten. Vom trägen Wissen zum kompetenten Handeln. 2. Auflage mit Methodensammlung. Bad Heilbrunn: Julius Klinkhardt Verlag.

Wedekind, H. (2007): Lernwerkstätten. Übungsräume für demokratisches Handeln. In: Grundschulunterricht, Bd. 54, H. 3, S. 12-14.

Wedekind, H. (2006): Didaktische Räume – Lernwerkstätten – Orte einer basisorientierten Bildungsinnovation. In: Gruppe & Spiel, Nr. 4. Seelze: Friedrich-Verlag, S. 9-12.

# Bildungspläne und didaktische Konzepte:

# Von Inhalten zu Kompetenzen

*Gerald Wittmann & Stephanie Schuler*

# Allgemeine mathematische Kompetenzen

**Explikation eines zentralen Begriffs der Bildungsstandards**

**Zusammenfassung**

In den aktuellen, 2004 erschienen Bildungsstandards im Fach Mathematik für den Primarbereich werden allgemeine mathematische Kompetenzen ausgewiesen. Dieses Konstrukt wird im Beitrag zunächst expliziert und an einem Beispiel erläutert. Anschließend werden zentrale Ursprünge und Einflussfaktoren innerhalb der deutschsprachigen und internationalen Mathematikdidaktik ausgemacht. Weiter werden empirische Befunde dokumentiert, die Hinweise auf die Bedeutung der allgemeinen mathematischen Kompetenzen in der Unterrichtspraxis geben können.

## 1    Einführung

Mit den Bildungsstandards im Fach Mathematik für den Primarbereich (KMK 2004a) wurde in Deutschland der Erwerb allgemeiner mathematischer Kompetenzen als verbindlich vorgegeben. Dies mag – wie die Kompetenz- und Output-Orientierung generell – auf den ersten Blick als etwas Neues erscheinen, knüpft aber an mehrere mathematikdidaktische Entwicklungslinien an, teilweise explizit, wie in den Erläuterungen zu den Bildungsstandards erwähnt (KMK 2004c, S. 15), teilweise auch implizit, möglicherweise auch erst aufgrund einer retrospektiven Einordnung. Diesen Spuren des Konstrukts allgemeine mathematische Kompetenzen soll im Folgenden nachgegangen werden.[1] Weiter wird nach empirischen Befunden gesucht, die Aufschluss darüber geben können, welche Rolle allgemeine mathematische Kompetenzen in der Unterrichtspraxis spielen. Der Schwerpunkt liegt dabei auf dem Mathematikunterricht in der Grundschule, mit vereinzelten Bezügen zu anderen Schulstufen, wo immer es aufgrund der Gegebenheiten angebracht erscheint.

## 2    Begriffsklärung

Der Frage, was allgemeine mathematische Kompetenzen sind, wird anhand von Zitaten aus den Bildungsstandards im Fach Mathematik für den Primarbereich (KMK 2004a) nachgegangen. Am Beispiel einer Lernumgebung wird anschließend die Bedeutung dieser Kompetenzen für die Praxis des Mathematikunterrichts veranschaulicht.

### 2.1    Kompetenzen in den Bildungsstandards

Die Bildungsstandards im Fach Mathematik für den Primarbereich (KMK 2004a) unterscheiden *inhaltsbezogene mathematische Kompetenzen*, die durch *Leitideen* gegliedert werden (*Zahlen und Operationen; Raum und Form; Muster und Strukturen; Größen und Messen; Daten, Häufigkeit und Wahrscheinlichkeit*), und *allgemeine mathematische Kompetenzen*. Betont wird zunächst, dass

---

[1] Unser Dank gilt Prof. Dr. Christina Drüke-Noe und Prof. Dr. Bernd Wollring für wertvolle Hinweise.

*„allgemeine und inhaltsbezogene mathematische Kompetenzen [...] für das Mathematiklernen und die Mathematik insgesamt charakteristisch sind. Diese sind untrennbar aufeinander bezogen." (KMK 2004a, S. 6).*

Ausgehend von der Zielsetzung des Mathematikunterrichts in der Grundschule wird die Bedeutung allgemeiner mathematischer Kompetenzen für den Lernprozess und die Unterrichtsgestaltung hervorgehoben.

*„Das Mathematiklernen in der Grundschule darf nicht auf die Aneignung von Kenntnissen und Fertigkeiten reduziert werden. Das Ziel ist die Entwicklung eines gesicherten **Verständnisses** mathematischer Inhalte. Die allgemeinen mathematischen Kompetenzen verdeutlichen, dass die Art und Weise der Auseinandersetzung mit mathematischen Fragen ein wesentlicher Teil der Entwicklung mathematischer Grundbildung ist. Deren Entwicklung hängt nicht nur davon ab, **welche** Inhalte unterrichtet wurden, sondern in mindestens gleichem Maße davon, **wie** sie unterrichtet wurden." (KMK 2004a, S. 6; Hervorhebungen im Original).*

*„Allgemeine mathematische Kompetenzen zeigen sich in der lebendigen Auseinandersetzung mit Mathematik und auf die gleiche Weise, in der tätigen Auseinandersetzung, werden sie erworben. Die angestrebten Formen der Nutzung von Mathematik müssen daher auch regelmäßig genutzte Formen des Mathematiklernens sein." (KMK 2004a, S. 7).*

Weiter werden für den Mathematikunterricht in der Grundschule fünf allgemeine mathematische Kompetenzen ausgewiesen (KMK 2004a, S. 7 f.):

- *Problemlösen*: mathematische Kenntnisse, Fertigkeiten und Fähigkeiten bei der Bearbeitung problemhaltiger Aufgaben anwenden; Lösungsstrategien entwickeln und nutzen (z. B. systematisch probieren); Zusammenhänge erkennen, nutzen und auf ähnliche Sachverhalte übertragen.
- *Kommunizieren*: eigene Vorgehensweisen beschreiben, Lösungswege anderer verstehen und gemeinsam darüber reflektieren; mathematische Fachbegriffe und Zeichen sachgerecht verwenden; Aufgaben gemeinsam bearbeiten, dabei Verabredungen treffen und einhalten.
- *Argumentieren*: mathematische Aussagen hinterfragen und auf Korrektheit prüfen; mathematische Zusammenhänge erkennen und Vermutungen entwickeln; Begründungen suchen und nachvollziehen.
- *Modellieren*: Sachtexten und anderen Darstellungen der Lebenswirklichkeit die relevanten Informationen entnehmen; Sachprobleme in die Sprache der Mathematik übersetzen, innermathematisch lösen und diese Lösungen auf die Ausgangssituation beziehen; zu Termen, Gleichungen und bildlichen Darstellungen Sachaufgaben formulieren.
- *Darstellen*: für das Bearbeiten mathematischer Probleme geeignete Darstellungen entwickeln, auswählen und nutzen; eine Darstellung in eine andere übertragen; Darstellungen miteinander vergleichen und bewerten.

Diese fünf Kompetenzen finden sich mit entsprechenden Modifizierungen auch in den Bildungsstandards für den Hauptschulabschluss (KMK 2004b), den Mittleren Schulabschluss (KMK 2003) und die Allgemeine Hochschulreife (KMK 2012). In den Bildungsstandards für die Sekundarstufen kommt lediglich ein weiterer Aspekt (*mit symbolischen, formalen und technischen Elementen der Mathematik umgehen*) hinzu, der offensichtlich für die Grundschule als weniger relevant erachtet wurde. In das später veröffentlichte Kompetenzstufenmodell (KMK & IQB 2008/2013) wurde hingegen der Aspekt *Technische Grundfertigkeiten* auch für die Grundschule aufgenommen, allerdings mit einer deutlich anderen Perspektive.

> *„Im Zuge ihrer Weiterentwicklung wurden die allgemeinen mathematischen Kompetenzen um die **Technischen Grundfertigkeiten** erweitert, welche die Voraussetzung für den Erwerb weiterer inhaltsbezogener Kompetenzen und für die produktive Nutzung von Mathematik und für weiterführende Lernprozesse sind."(ebd., S. 5).*

### 2.2 Eine Lernumgebung als Beispiel

Am Beispiel der Lernumgebung *Balken und Winkel auf der Zwanzigertafel* (nach einem Vorschlag von Hirt & Wälti 2008, S. 40) soll die Bedeutung allgemeiner mathematischer Kompetenzen veranschaulicht werden. Die Lernumgebung ist Ende Klasse 1 oder Anfang Klasse 2 angesiedelt, am Übergang vom Zwanzigerraum zum Hunderterraum. Als Material stehen für die Schülerinnen und Schüler jeweils eine Zwanzigertafel (auf einem Arbeitsblatt) sowie ein Balken in passender Größe aus farbiger Folie zur Verfügung, die in beliebiger Weise auf der Zwanzigertafel platziert werden können (Abb. 1). Die zwei durch einen Balken markierten Zahlen sollen addiert werden.

| 1 | 2 | 3 | 4 | 5 | 6 | 7 | 8 | 9 | 10 |
|---|---|---|---|---|---|---|---|---|---|
| 11 | 12 | 13 | 14 | 15 | 16 | 17 | 18 | 19 | 20 |

*Abbildung 1: Balken auf der Zwanzigertafel*

Nach einer Einführung in das Material im Stuhlkreis durch die Lehrkraft erhalten die Schülerinnen und Schüler Arbeitsaufträge: Sie sollen

- möglichst viele Zahlenpaare finden, die mit einem Balken abgedeckt werden können, und deren Summe berechnen,
- diejenigen Zahlen angeben, die als Summe auftreten können,
- sich gegenseitig Fragen stellen („Die Summe ist 17. Welche Zahlen sind abgedeckt?").

Anschließend steht – wiederum in der Gesamtgruppe – ein Austausch über die Vorgehensweisen an. Leistungsstärkere und schneller arbeitende Schülerinnen und Schüler können dieselben Aktivitäten im Sinne einer Differenzierung stattdessen oder zusätzlich auch mit einem Winkel durchführen, der drei Zahlen überdeckt (Abb. 2).

| 1 | 2 | 3 | 4 | 5 | 6 | 7 | 8 | 9 | 10 |
|---|---|---|---|---|---|---|---|---|---|
| 11 | 12 | 13 | 14 | 15 | 16 | 17 | 18 | 19 | 20 |

*Abbildung 2: Winkel auf der Zwanzigertafel*

Im Rahmen dieser Lernumgebung können die Schülerinnen und Schüler *inhaltsbezogene mathematische Kompetenzen* erwerben, die sich unter die Leitideen *Zahlen und Operationen* sowie *Muster und Strukturen* subsumieren lassen: Sie orientieren sich im

Zahlenraum bis 20, addieren zwei oder drei Zahlen und suchen Zahlzerlegungen, erkennen und nutzen Zahl- und Aufgabenbeziehungen und beschreiben Muster in Zahlen- und Aufgabenfolgen.

Dabei können die Schülerinnen und Schüler aber auch *allgemeine mathematische Kompetenzen* erwerben. So stellt das Finden aller 28 Zahlenpaare, die mit einem Balken abgedeckt werden können, oder die Beantwortung der Frage, welche Zahlen als Lösung auftreten können, in Klasse 1 oder 2 jeweils ein mathematisches Problem dar, denn die Lösung ist weder auf den ersten Blick ersichtlich noch gibt es ein festgelegtes Lösungsverfahren. Dadurch werden folgende Aktivitäten angeregt:

- Sie beschreiben eigene Lösungswege und vollziehen Lösungswege anderer nach – sie *kommunizieren über Mathematik*.
- Sie begründen die Richtigkeit einer Lösung oder eines Lösungswegs oder widerlegen sie – sie *argumentieren mathematisch*.
- Sie erstellen eine Tabelle, um alle Lösungen bzw. Ergebnisse systematisch aufzuschreiben – sie *nutzen eine für die Mathematik typische Darstellung*.
- Sie erkunden die Situation und finden durch Probieren (planlos oder gezielt) einzelne Beispiele, sie suchen nach Grenzfällen (Lage des Balkens ganz links bzw. rechts, größte bzw. kleinste Summe), sie entwickeln einen Lösungsplan und schreiben in systematischer Weise alle Zahlenpaare bzw. -tripel auf – sie *lösen ein mathematisches Problem*.

Auf der Grundlage dieses Beispiels lässt sich das Konstrukt allgemeine mathematische Kompetenzen einordnen: Es handelt sich insoweit um *allgemeine* mathematische Kompetenzen, als dass sie nicht an bestimmte mathematische Inhalte gebunden sind, aber auch und insbesondere um *mathematische* Kompetenzen, weil sie charakteristische *mathematische* Tätigkeiten beschreiben, im Unterschied zu allgemeinen (etwa sozialen und personalen) Kompetenzen, die natürlich im Mathematikunterricht ebenfalls von Bedeutung sind.

An obigem Beispiel lassen sich zentrale Grundsätze für die Förderung allgemeiner mathematischer Kompetenzen erkennen: Ihr Erwerb kann nur an konkreten Inhalten geschehen, geht also einher mit dem Aufbau inhaltsbezogener Kompetenzen. Er benötigt substanzielle mathematische Lerngelegenheiten, das heißt für die Schülerinnen und Schüler wirkliche (inner- oder außermathematische) Probleme, die eine Lösungsvielfalt ermöglichen (sowohl in Bezug auf die Lösungswege als auch hinsichtlich der Ergebnisse) und damit echte Kommunikations- und Argumentationsanlässe liefern. Die Entwicklung allgemeiner mathematischer Kompetenzen kann deshalb dauerhaft nur im sozialen Austausch geschehen und erfordert ein Lernen voneinander und miteinander. Ferner können allgemeine mathematische Kompetenzen auf verschiedenen Niveaus angeregt werden – insbesondere auch schon in der Grundschule.

### 3    Ursprünge und Einflussfaktoren

Die Frage nach dem Ursprung des Konstrukts allgemeine mathematische Kompetenzen ist nur schwer zu beantworten. In den Erläuterungen zu den Bildungsstandards (KMK 2004c) werden – bezogen auf Mathematik – drei Quellen genannt.

> *„Wichtige Grundlagen für die Arbeitsgruppen waren die Standards der amerikanischen Mathematikdidaktikervereinigung (NCTM), [...] im Rahmen von Large-Scale-Untersuchungen wie PISA erarbeitete Kompetenzstufen sowie die von der*

*Bundesregierung in Auftrag gegebene Klieme-Expertise („Zur Entwicklung nationaler Bildungsstandards')." (KMK 2004c, S. 15).*

Die mittelbaren oder unmittelbaren Einflussfaktoren innerhalb der Mathematikdidaktik reichen jedoch deutlich weiter zurück. Im Folgenden werden deshalb wesentliche ideengeschichtliche Anknüpfungspunkte aufgezeigt (es geht nicht um die bildungspolitischen Prozesse), ohne dass vollständig geklärt werden kann, ob und wie sie zusammengewirkt haben. Diese Darstellung erhebt weder den Anspruch auf Vollständigkeit noch darf sie als Kausalkette von Einflussfaktoren missverstanden werden.

## 3.1 Gegenbewegungen zur Neuen Mathematik

Die sog. Neue Mathematik, die als Reformbewegung des Mathematikunterrichts in den 1960er und 1970er Jahren darauf zielt, das traditionelle Rechnen durch die Beschäftigung mit mathematischen (überwiegend algebraischen) Strukturen zu ersetzen, kann als Höhepunkt und gleichzeitig Endpunkt einer langen Entwicklung hin zu einer Formalisierung in der Fachwissenschaft Mathematik und im Mathematikunterricht gesehen werden. Prägend für diese Entwicklung ist ein französisches Autorenkollektiv, das unter dem Pseudonym Nicolas Bourbaki ab 1934 über 40 Bücher publiziert. Sein Ziel ist eine einheitliche, lückenlose, systematische und axiomatische Darstellung aller zentralen Gebiete der reinen Mathematik (die angewandte Mathematik wird nicht behandelt). Wesentlich sind eine mengentheoretische Fundierung und das Ausblenden jeglicher Intuition, was sich auch schon bei Hilbert (1899) findet. Aufgenommen werden ausschließlich mathematische Teilgebiete, deren Entwicklung als abgeschlossen gilt.

> *„Bourbaki can only allow himself to write on dead theories, things which have been definitely settled and which only need to be gleaned." (Dieudonné 1970, S. 144).*

Der sog. Bourbaki-Stil, eine knappe und präzise Darstellung mathematischer Lehrbücher in der charakteristischen Abfolge Definition-Satz-Beweis, beeinflusst in der Folge auch mathematische Vorlesungen an den Hochschulen, obwohl schon aus der Bourbaki-Gruppe zumindest rückblickend darauf hingewiesen wird, dass diese Darstellung für die universitäre Lehre nicht angemessen ist. Allerdings ist Bourbaki unter anderem gegründet worden, um die damals empfundene Kluft zwischen der internationalen mathematischen Forschung und den universitären Lehrbüchern in Frankreich zu überbrücken (vgl. Borel 1998, S. 373 ff.).

> *„You can think of the first books of Bourbaki as an encyclopedia of mathematics, containing all the necessary information. That is a good description. If you consider it as a textbook, it's a disaster." (Cartier, zit. nach Senechal 1998, S. 24).*

Die Curriculum-Reformen der 1960er Jahre, die dem Sputnik-Schock von 1957 folgen, sind in Bezug auf den gymnasialen Mathematikunterricht von den strukturmathematischen Ideen der Bourbakisten geprägt, wobei

> *„man in problematischer Weise ,Wissenschaftspropädeutik' und ‚Übernahme universitärer Lehrinhalte' gleichsetzte" (Tietze, Klika & Wolpers 1997, S. 3).*

In dieser Phase werden auch für die Grundschule Curricula entwickelt, die auf Mengenlehre und Logik basieren (exemplarisch: Neunzig & Sorger 1968). Allerdings stößt die Neue Mathematik nicht nur bei Schülerinnen und Schülern sowie Eltern und Lehrkräften auf Widerstand. In der Mathematikdidaktik entwickeln sich seit den 1960er

Jahren Gegenbewegungen (exemplarisch: Freudenthal 1963; Thom 1974), also schon zu einem Zeitpunkt, als die Neue Mathematik in den Schulen noch nicht eingeführt ist.

Die primäre Kritik an der Neuen Mathematik lautet, dass Mathematik als Produkt, als etwas Fertiges und Abgeschlossenes gesehen wird. Gegenentwürfe heben deshalb den Prozesscharakter von Mathematik hervor. So stellt Freudenthal (1973, S. 100) der Neuen Mathematik als „Fertigprodukt" die Auffassung von „Mathematik als einer Tätigkeit" (ebd., S. 115) gegenüber und betont die Bedeutung von „Nacherfindung und Entdeckung" (ebd., S. 116). In der Folge wird das „entdeckende Lernen" (Winter 1989) immer wieder als ein zentrales Prinzip des Mathematikunterrichts beschrieben (auch als „entdeckenlassendes Lehren" bezeichnet; Tietze, Klika & Wolpers 1997, S. 76).

Ein weiterer Kritikpunkt an der Neuen Mathematik zielt darauf, dass formale Begriffe gelehrt werden, während die Begriffsbildung kaum eine Rolle spielt. Damit besteht für die Schülerinnen und Schüler keine Möglichkeit, die Bedeutung von Begriffen (außer- wie innermathematisch) und ihre Sinnhaftigkeit im Unterricht zu erfahren. Es wird zudem weder an Vorerfahrungen angeknüpft noch sind individuelle Denkwege möglich. Als ein Gegenentwurf wird deshalb das genetische Prinzip betont.

> „Eine Darstellung einer mathematischen Theorie heißt genetisch, wenn sie an den natürlichen **erkenntnistheoretischen Prozessen der Erschaffung und Anwendung von Mathematik** ausgerichtet ist." (Wittmann 1974, S. 97; Hervorhebungen im Original).

Obwohl das genetische Prinzip mit unterschiedlichen Akzentuierungen formuliert wird (unter anderem: Wittenberg 1963; Wagenschein 1968; Wittmann 1974), steht dahinter ein gemeinsamer Ansatz.

> „Gemeinsam ist [...] die Auffassung, dass die Mathematik nur über den Prozess der Mathematisierung richtig verstanden und erlernt werden kann, **nicht** als Fertigfabrikat. (Wittmann 1974, S. 98; Hervorhebungen im Original).

### 3.2 Modellieren und Problemlösen als prozessbezogene Aspekte von Mathematik

Losgelöst von den strukturbetonten Zwängen der Neuen Mathematik werden mit *Modellieren* und *Problemlösen* zwei prozessbezogene Aspekte von Mathematik für den Unterricht aller Schulstufen wieder betont. Während das traditionelle Sachrechnen, seit jeher ein fester Bestandteil des Mathematikunterrichts, im Sinne einer unmittelbaren Lebens- und Berufsvorbereitung auf die direkte Anwendbarkeit von Mathematik im Alltag zielt, steht beim Modellieren der Prozess des Anwendens von Mathematik – idealisiert ausgedrückt im Modellierungskreislauf mit den wechselweisen „Übersetzungen" zwischen Realität und Mathematik – im Vordergrund; insbesondere werden typische Aktivitäten wie Mathematisieren, Interpretieren und Validieren betont (Blum 1985; Kaiser-Messmer 1989). Grundlegende Ansätze zum Problemlösen beziehen sich wiederum darauf, dass die übliche, kompakte und deduktive Darstellung mathematischer Ergebnisse in keiner Weise den vorausgehenden Arbeitsprozess widerspiegelt, sondern dass mathematisches Arbeiten per se als Problemlösen betrachtet werden kann.

> „The **result** of mathematical thinking may be a pristine gem, presented in elegant clarity as a polished product (e. g., as a published paper). Yet the path that leads to that product is most often anything but pristine, anything but a straightforward chain of logic from premises to conclusions." (Schoenfeld, 1994, S. 58; Hervorhebungen im Original).

Die Betrachtung des Arbeitsprozesses in der Fachwissenschaft Mathematik berührt weiter die Frage, wie dort zwischen richtig und falsch entschieden wird, konkret, wann ein Beweis als solcher anerkannt wird.

> *„I tried to portray mathematics as a living, breathing discipline in which truth (as much as we can know it) lives in part through the individual and collective judgements of members of the mathematical community." (Schoenfeld 1994, S. 68).*

Dies richtet wiederum den Blick auf die Bedeutung mathematischen Kommunizierens und Argumentierens, denn entscheidend für die Gültigkeit von Argumenten ist letztlich die soziale Akzeptanz innerhalb der mathematischen Scientific Community, wenngleich über die gemeinsamen Standards und Regeln weitaus höherer Konsens besteht als in anderen Disziplinen (so auch eine ethnographische Studie; Heintz 2000, S. 188 ff.). Insofern spiegelt die Publikation mathematischer Forschungsergebnisse in schriftlicher, extrem knapper und weitgehend festgelegter Form (Definition – Satz – Beweis) nicht den Arbeitsprozess forschender Mathematikerinnen und Mathematiker wider, der sich im Wesentlichen als ein Problemlöseprozess darstellt, bei dem beispielsweise das Explorieren von Zusammenhängen, das Aufstellen und Verwerfen von Vermutungen oder die Suche nach Beispielen und Gegenbeispielen wesentlich sind (ebd., S. 137 ff., S. 177 ff.).

### 3.3 Ansätze zur Verbesserung der Unterrichtsqualität nach TIMSS

Angestoßen durch das eher durchschnittliche Abschneiden der deutschen Schülerinnen und Schüler in TIMSS (Baumert et al. 1997) und die ernüchternden Befunde von TIMSS-Video (Stigler, Gonzales, Kawanaka, Knoll & Serrano 1999; Klieme, Schümer & Knoll 2001), die dem deutschen Mathematikunterricht im internationalen Vergleich attestieren, dass er nur wenig kognitiv aktivierend wirkt (vgl. Abschn. 4.2), entstehen etwa zeitgleich Ansätze zu einer neuen Aufgaben- und Unterrichtskultur, mit jeweils unterschiedlichen Hintergründen und Zielsetzungen. Typische Schlagworte lauten: produktives Üben, aktiv-entdeckendes Lernen, offene Aufgaben oder Aufgaben öffnen (exemplarisch für die Primarstufe: Wittmann & Müller 1990/92; Schütte 1994; für die Sekundarstufen: Herget, Jahnke & Kroll 2001). Im Zuge von SINUS und den Folgeprojekten werden diese Ideen im Laufe der Zeit auch in die Praxis getragen. Besonders deutlich wird der Zusammenhang von allgemeinen mathematischen Kompetenzen und diesen Ansätzen bei Blum, Drüke-Noe, Hartung & Köller (2006, S. 81 ff.), weil dort für die Sekundarstufe I insbesondere Aufgaben als „Aspekte von kompetenzorientiertem Mathematikunterricht" eine zentrale Rolle einnehmen.

### 3.4 NCTM-Standards

Die NCTM-Standards gelten gemeinhin als Vorläufer der deutschen Bildungsstandards. In einer ersten Fassung werden für den Bereich Kindergarten und Grundschule (K–4) zunächst 13 Standards formuliert (NCTM 1989, S. 23 ff.), die noch vergleichsweise stark jahrgangsstufen- und -inhaltsbezogen sind (*mathematics as problem solving, mathematics as communication, mathematics as reasoning, mathematical connections, estimation, number sense and numeration, concepts of whole number operations, whole number computation, geometry and spatial sense, measurement, statistics and probability, fractions and decimals, patterns and relationships*). Die Standards für die höheren Jahrgangsstufen (5–8 und 9–12) sind ähnlich aufgebaut, weisen bezüglich einzelner Aspekte aber doch deutliche Unterschiede auf. In einer späteren Fassung (NCTM 2000, S. 28 ff.) werden zehn Standards aufgeführt, die in dieser Gliederung für alle Jahrgangsstufen (*Prekindergarten through Grade 12*) einheitlich lauten (*number and operation, algebra, geometry, measurement, data analysis and probability, problem solving, reasoning and proof, communication, connections, representation*), aber zusätzlich jahrgangsstufenspezifisch (Pre-K–2, 3–5, 6–8 und 9–12) inhaltlich beschrieben werden. In beiden Fassungen beinhalten die NCTM-Standards sowohl inhaltsbezogene Kompetenzen (*content standards*) als auch allgemeine mathematische Kompetenzen (*process standards*). Sie werden nacheinander gelistet, während sie in den deutschen Bildungsstandards (KMK 2003; 2004a; 2004b) als zwei verschiedene Dimensionen dargestellt werden.

Als eine Zielsetzung der NCTM-Standards werden in der Einleitung Reformbemühungen für den Mathematikunterricht genannt.

> *„The introduction describes a vision for school mathematics built around five overall curricular goals for students to achieve: learning to value mathematics, becoming confident in one's own ability, becoming a mathematical problem solver, learning to communicate mathematically and learning to reason mathematically. This vision addresses what mathematics is, what it means to know and do mathematics, what teachers should do when they teach mathematics, and what children should do when they learn mathematics."* (NCTM, 1989, S. 16).

Gegenüber diesen auf den mathematischen Lehr-Lern-Prozess bezogenen Aspekten spielt der Aspekt der Überprüfbarkeit, der in der öffentlichen Diskussion in Deutschland häufig mit Bildungsstandards assoziiert wird, eine untergeordnete Rolle.

> *„Dem traditionellen, auf Basisfähigkeiten konzentrierten Ansatz stellten die Autoren der NCTM bewusst eine stärker prozessorientierte Sichtweise auf das Mathematiklernen gegenüber. Das Entdecken und Erforschen von mathematischen Verbindungen und Beziehungen sollte ein verständnisbasiertes Lernen ermöglichen. Die NCTM-Standards beinhalten keine Testanforderungen (bis heute hat NCTM keine testbasierten Standards im klassischen Sinne vorgelegt), sondern sie beinhalten eher eine Vision des guten Mathematikunterrichts, sind also Standards für professionelles Handeln von Mathematiklehrern (opportunity to learn-standards). Zugleich legen sie Inhaltsdimensionen des Mathematikunterrichts fest, sind also auch content standards."* (Klieme et al. 2003, S. 33).

### 3.5 Kompetenzmodellierung in PISA

Das Konstrukt der allgemeinen mathematische Kompetenzen ist – nicht nur durch die Personalunion der beteiligten Wissenschaftlerinnen und Wissenschaftler – eng verknüpft mit der Entwicklung eines theoretischen Rahmenmodells für PISA (vgl. für eine Retrospektive Niss 2015, S. 46 ff.). Dieses Modell entsteht schrittweise über einen längeren Zeitraum, unter anderem parallel zu einem Reformprojekt für den Mathematikunterricht in Dänemark (vgl. Niss 2003). So verweist Niss (2015, S. 36 f.) darauf, dass es zahlreiche Ansätze gibt, die in Mathematik mehr sehen als Faktenwissen und Verfahren, nämlich mathematische Aktivitäten. Als Antwort auf die Frage, was die unterschiedlichen mathematischen Teilgebiete gemeinsam haben, um in allgemeiner Weise mathematische Kompetenzen formulieren zu können, greifen weder bestimmte Inhalte (hier wäre mit den natürlichen Zahlen der gemeinsame Kern zu gering) noch die sehr grundlegende Charakterisierung von Mathematik als Wissenschaft von den Mustern, weil diese zu allgemein und auch zu wenig Mathematik-spezifisch wäre.

Stattdessen erweisen sich typisch mathematische Aktivitäten als tragfähige Grundlage eines Kompetenzmodells.

> *„Instead of focusing on content, I choose to focus on mathematical activity by asking what it means to be mathematically competent. What are the characteristics of a person who, on the basis of knowledge and insight, is able to successfully deal with a wide variety of situations that contain explicit or implicit mathematical challenges?" (Niss 2015, S. 39).*

Auf der Suche nach zentralen Komponenten mathematischer Kompetenz schlüsselt Niss (2015, S. 39 ff.) mathematische Aktivitäten auf, ausgehend von der Frage, wodurch sich mathematikhaltige Situationen charakterisieren lassen.

> *„It is a characteristic of mathematics-laden situations that they contain or can give rise to actual and potential questions – which may not yet have been articulated – to which we seek valid answers. So, it seems natural to focus on the competencies involved in posing and answering different sorts of questions pertinent to mathematics in different settings, contexts and situations." (Niss 2015, S. 39).*

In der Folge werden acht prozessbezogene Kompetenzen abgeleitet: *mathematical thinking competency, problem handling competency, modelling competency, reasoning competency, aids and tools competency, communication competency, symbols and formalism competency, representation competency* (ebd., S. 39 ff.), die – wie mehrfach betont wird (ebd., S. 43 f., S. 53) – miteinander verknüpft sind, während sich die Aktivitäten klarer beschreiben und unterscheiden lassen.

> *„It should be underlined that the eight competencies are not mutually disjoint nor are they meant to be. [...] On the contrary, the whole set of competencies has a non-empty intersection. In other words, the competencies do not form a partition of the concept of mathematical competence. Yet each competency has an identity, a ‚centre of gravity‘, which distinguishes it from the other competencies." (Niss 2015, S. 43).*

Diese acht prozessbezogene Kompetenzen werden in das theoretische Rahmenmodell von PISA 2000 übernommen (OECD 1999).

## 4 Welche Rolle spielen allgemeine mathematische Kompetenzen in der Praxis?

Es gibt bislang kaum empirische Befunde dazu, welche Rolle allgemeine mathematische Kompetenzen in der Unterrichtspraxis spielen und in welcher Weise die Bildungsstandards diesbezüglich den Mathematikunterricht verändern konnten. Deshalb werden im Folgenden empirische Studien aus verwandten Forschungsgebieten betrachtet, die – trotz aller gebotenen Vorsicht – Anhaltspunkte diesbezüglich liefern können. So werden zunächst Studien referiert, die die Unterrichtsgestaltung bzw. die dazu benötigten Kompetenzen von Lehrkräften erheben. Weiter wird das Mathematikbild von Lehrkräften sowie Schülerinnen und Schülern als ein (wenngleich distaler) Indikator für die Bedeutung allgemeiner mathematischer Kompetenzen in der Praxis herangezogen.

### 4.1 Unterrichtsgestaltung

Im Rahmen von TIMSS-Video werden typische Verlaufsskripte für den Mathematikunterricht der Sekundarstufe I in Deutschland, Japan und den USA herausgearbeitet (Stigler et al. 1999). Dabei ergaben sich einige Befunde, die auf eine eher untergeordnete Rolle allgemeiner mathematischer Kompetenzen (auch wenn diese Bezeichnung nicht verwendet wird) im Alltag des deutschen Mathematikunterrichts der Sekundar-

stufe I hindeuten, insbesondere im Vergleich zum japanischen. Gemäß den Selbstaus-
künften der videografierten Lehrkräfte über ihre Intentionen zielt der deutsche Mathematikunterricht wesentlich häufiger auf Fertigkeiten und Lösungsverfahren und weniger oft auf mathematisches Denken als der japanische (ebd., S. 46). Empirisch zeigt
sich denn auch, dass im deutschen Mathematikunterricht sowohl von der Lehrkraft als
auch von den Schülerinnen und Schülern deutlich seltener alternative Lösungswege
präsentiert werden als im japanischen (ebd., S. 55). Zudem bleibt die Komplexität von
Anwendungen im Laufe einer Unterrichtsstunde häufig gleich oder nimmt ab, während
sie im japanischen Mathematikunterricht überwiegend zunimmt (ebd., S. 54).

*„Vor allem in Deutschland wurde sehr häufig ein Phänomen beobachtet, das et-
was salopp als ‚Kleinarbeiten komplexer Anforderungen' beschrieben werden
kann [...] Auf diese Weise wird eine komplexe, offene Problemstellung umgeformt
in eine Serie wenig anspruchsvoller, geschlossener Aufgaben."* *(Klieme, Schümer & Knoll 2001, S. 45).*

Die insgesamt ernüchternden Ergebnisse von TIMSS-Video können als Bestätigung
einer damals weithin beklagten Verfahrensorientierung im deutschen Mathematikunterricht gelten. Sie sind dann auch einer der Auslöser für die Bemühungen um eine Weiterentwicklung der Aufgaben- und Unterrichtskultur, die den vorherrschenden fragend-
entwickelnden Unterricht aufbrechen und durch stärker kognitiv aktivierende Arbeitsphasen ergänzen sollte (s. Abschnitt 3.3). Zudem bestätigen sie Befunde der qualitativen mathematikdidaktischen Forschung (sog. Interpretative Unterrichtsforschung), die
im Zuge von Fallstudien – überwiegend in Erarbeitungssituationen – aufzeigen, dass
der Mathematikunterricht häufig ergebnisorientiert abläuft, während konzeptuelles
Verstehen, divergentes Denken oder echtes Problemlösen zu kurz kommen (exemplarisch für frühe Publikationen: Bauersfeld 1978; Voigt 1984).

In einer retrospektiven Längsschnittstudie analysieren Kühn & Drüke-Noe (2014) die
Aufgaben der zentralen Abschlussprüfungen für den Mittleren Schulabschluss in 15
deutschen Bundesländern. Während 2011 weit über 93,1 % der Aufgaben Technisches
Arbeiten erfordern, wird das Argumentieren nur in 14,8 % und das Problemlösen in
36,8 % der Aufgaben verlangt. Auch im Längsschnitt von 2007 bis 2011 zeigen sich
kaum statistisch bedeutsame Veränderungen.

In AnschlussM (Wittmann, Levin & Bönig 2016) wird erhoben, in welcher Weise
Lehrkräfte an Grundschulen allgemeine mathematische Kompetenzen in Situationen
fördern können, die typisch für das Mathematiklernen im Übergang vom Kindergarten
zur Grundschule (und damit im Anfangsunterricht Mathematik) sind. Die computerba-
sierte Testung mittels vier Videovignetten zeigt, dass Grundschullehrerinnen und
-lehrer nur in geringem Maß in vorgegebenen Situationen allgemeine mathematische
Kompetenzen fördern können. Dies bestätigt, dass die Förderung allgemeiner mathematischer Kompetenzen hohe Anforderungen an eine adäquate Lernbegleitung stellt,
und kann darüber als ein Indikator dafür dienen, dass sie im Alltag zu wenig stattfindet.
Auch in der qualitativen Vorstudie tritt schon zutage, dass die allgemeinen mathematischen Kompetenzen nicht im Fokus der Lehrkräfte liegen. Dabei ist Kommunizieren
die am häufigsten genannte prozessbezogene Kompetenz, während die anderen pro-
zessbezogenen Kompetenzen lediglich eine untergeordnete Rolle spielen (vereinzelt
wird das Argumentieren angedeutet).

## 4.2   Bild von Mathematik und Mathematikunterricht

Im Hinblick auf das Bild von Mathematik arbeiten Törner und Grigutsch (1994) an-
knüpfend unter anderem an Schoenfeld (1994) vier Aspekte von Mathematik heraus:
*Formalismus-Aspekt*, *Schema-Aspekt*, *Anwendungs-Aspekt* und *Prozess-Aspekt*. Diese
vier Aspekte schließen einander nicht aus, sondern bilden komplementäre Perspektiven
auf Mathematik ab. In der Fachwissenschaft Mathematik finden sich daher alle diese
Aspekte wieder, und versierte Mathematikerinnen und Mathematiker können diese
Aspekte miteinander vereinbaren und flexibel zwischen den Sichtweisen springen.
Empirisch lassen sich diese vier Aspekte bei Schülerinnen und Schülern ab Klasse 8
(Grigutsch 1996) sowie bei Lehrkräften aller Schulformen der Sekundarstufe nachweisen (Grigutsch, Raatz & Törner 1998). In Klasse 6 zeigt sich diese Ausdifferenzierung
noch nicht, es scheint hingegen zu gelten:

> *„Mathematik ist eben Mathematik"* (Grigutsch 1996, S. 137).

Auffallend ist, dass bei einer Reihe von Schülerinnen und Schülern ab Klasse 8 ein
zusätzlicher empirisch ermittelter Faktor auftritt (*strenge Schema-Orientierung*), der
keinem Aspekt der Fachwissenschaft Mathematik entspricht, sondern ein Bild von
Mathematik beschreibt, das sich in extremer Weise an Beispielaufgaben und zugehöri-
gen Lösungsverfahren orientiert. Dieser Befund besagt weiter, dass prozessbezogene
mathematische Aktivitäten im Bild von Mathematik der befragten Schülerinnen und
Schüler nicht vorkommen, was wiederum ein Indikator dafür ist, dass sie auch in ihrem
damaligen Unterricht keine Rolle spielen.

In TEDS-M (Felbrich, Schmotz & Kaiser 2010) werden die vier Aspekte nach Törner
und Grigutsch (1994) auf zwei reduziert: Mathematik als *statisches System*, was im
Wesentlichen den Schema-Aspekt beschreibt, und Mathematik als *dynamischer Prozess*, was den Prozess-Aspekt von Mathematik umfasst. Zukünftige Grundschullehrerinnen und -lehrer besitzen TEDS-M zufolge eine neutrale Position gegenüber einer
statischen Sichtweise von Mathematik und befürworten eine dynamische (ebd., S. 308
ff.). Im internationalen Vergleich sind nur in der Schweiz die Ablehnung einer statischen Sichtweise und die Zustimmung zu einer dynamischen noch stärker ausgeprägt.
Auffällig ist, dass Studierende mit Mathematik als Fach in geringerem Maße statische
und in höherem Maße dynamische Überzeugungen zeigen und sich damit klarer positionieren als jene, die nicht Mathematik gewählt haben. Dies kann so gedeutet werden,
dass eine intensivere Ausbildung in und Beschäftigung mit Mathematik zu einem stärker prozessorientierten und weniger schemaorientierten Bild von Mathematik führt.
Offen bleiben muss, in welchem Umfang sich diese Zustimmung zu vorgegebenen
Aussagen auch in der Unterrichtspraxis der Befragten widerspiegelt.

Einer Fragebogenuntersuchung von Benz (2012, S. 218) zufolge überwiegt bei Erzieherinnen und Erziehern eine schematische Sicht von Mathematik, während gleichzeitig
konstruktivistische Sichtweisen auf das Lehren und Lernen von Mathematik in hohem
Maße Zustimmung finden. Thiel (2010, S. 112 ff.) legt frühpädagogischen Fachkräften
eine Liste mit 48 Aktivitäten vor und lässt sie auf einer vierstufigen Likert-Skala bewerten, wie stark diese Aktivitäten die Entwicklung des mathematischen Denkens der
Kinder fördern. Auch hierbei ist die geringe Einschätzung allgemeiner mathematischer
Kompetenzen, etwa Problemlösefähigkeiten, auffallend.

## 5    Zusammenfassung und Folgerungen

Auf der Suche nach Einflussfaktoren, die das Konstrukt allgemeine mathematische Kompetenzen geprägt haben, lassen sich zumindest zwei unterschiedliche Perspektiven ausmachen:

- Einerseits eine Auffassung von Mathematik, die prozessorientiert ist: Die allgemeinen mathematischen Kompetenzen bilden letztlich für die Mathematik typische Aktivitäten ab, in einer von konkreten Inhalten abstrahierten und damit inhaltsübergreifenden Formulierung. Auf diese Weise soll die dahinter stehende Auffassung von Mathematik auch für den Mathematikunterricht leitend werden.

- Andererseits auf das Mathematiklernen bezogene Überlegungen: Nur wenn Schülerinnen und Schüler auch die Bedeutung mathematischer Begriffe und Verfahren nachvollziehen und sie vielleicht sogar selbst nacherfinden können, ist ein sinnstiftendes Lernen und ein (über das prozedurale hinausgehendes) Verstehen von Mathematik möglich.

Beide Ansätze widersprechen einander nicht, sondern ergänzen sich. Deutlich wird ferner, dass das Konstrukt allgemeine mathematische Kompetenzen zwar im Zuge der Bildungsstandards nach 2004 erstmals in deutschen Bildungsplänen aufgetaucht ist, aber die dahinter stehenden Ideen durchaus älter sind und sich zahlreiche, heute allgemein anerkannte Prinzipien für den Mathematikunterricht unter die Förderung allgemeiner mathematischer Kompetenzen subsumieren lassen.

Allerdings stellt ein Unterricht, der auf die Entwicklung allgemeiner mathematischer Kompetenzen abzielt, hohe Ansprüche sowohl an die Unterrichtsplanung als auch an die Lernbegleitung – was insbesondere die eher enttäuschenden empirischen Befunde zu erklären vermag. So muss eine Lehrkraft beispielsweise im Unterrichtsgespräch auftretende Lösungswege oder Argumentationen zunächst im Hinblick auf ihr Potenzial einschätzen können und dann gegebenenfalls diese durch eine nicht-direktive, aber dennoch Impulse gebende Gesprächsführung für alle Schülerinnen und Schüler aufgreifen. Als Konsequenz hieraus zeichnet sich eine entsprechende Aus- und Fortbildung von Lehrkräften aller Schulstufen als eine wichtige Aufgabe ab.

*Literatur*

Bauersfeld, H. (1978): Kommunikationsmuster im Mathematikunterricht – Eine Analyse am Beispiel der Handlungsverengung durch Antworterwartung. In: H. Bauersfeld (Hrsg.): Fallstudien und Analysen zum Mathematikunterricht. Hannover: Schroedel, S. 158-170.

Baumert, J. et al. (Hrsg.) (1997): TIMSS. Mathematisch-naturwissenschaftlicher Unterricht im internationalen Vergleich. Deskriptive Befunde. Opladen: Leske + Budrich.

Benz, C. (2012): Attitudes of kindergarten educators about math. In: Journal für Mathematik-Didaktik, 33(2), S. 203-232.

Blum, W. (1985): Anwendungsorientierter Mathematikunterricht in der didaktischen Diskussion. In: Mathematische Semesterberichte, 32(2), S. 195-232.

Blum, W.; Drüke-Noe, C.; Hartung, R. & Köller, O. (Hrsg.) (2006): Bildungsstandards: Mathematik konkret. Sekundarstufe I: Aufgabenbeispiele, Unterrichtsanregungen, Fortbildungsideen. Berlin: Cornelsen Scriptor.

Borel, A. (1998): Twenty-five years with Nicolas Bourbaki, 1949–1973. In: Notices of the AMS, 45(3), S. 373-380.

Dieudonné, J. A. (1970): The Work of Nicolas Bourbaki. In: American Mathematical Monthly, 77(2), S. 134-145.

Felbrich, A.; Schmotz, C. & Kaiser, G. (2010): Überzeugungen angehender Primarstufenlehrkräfte im internationalen Vergleich. In: S. Blömeke, G. Kaiser & R. Lehmann (Hrsg.): TEDS-M 2008. Professionelle Kompetenz und Lerngelegenheiten angehender Primarstufenlehrkräfte im internationalen Vergleich. Münster: Waxmann, S. 297-326.

Freudenthal, H. (1963): Was ist Axiomatik und welchen Bildungswert kann sie haben? In: Der Mathematikunterricht, 9(4), S. 5-29.

Freudenthal, H. (1973): Mathematik als pädagogische Aufgabe. Band 1. Stuttgart: Klett.

Grigutsch, S. (1996). Mathematische Weltbilder von Schülern. Struktur, Entwicklung, Einflussfaktoren. Unveröff. Dissertation. Universität-Gesamthochschule Duisburg.

Grigutsch, S.; Raatz, U. & Törner, G. (1998). Einstellungen gegenüber Mathematik bei Mathematiklehrern. In: Journal für Mathematik-Didaktik, 19(1), S. 3-45.

Heintz, B. (2000): Die Innenwelt der Mathematik. Zur Kultur und Praxis einer beweisenden Disziplin. Wien: Springer.

Herget, W.; Jahnke, T. & Kroll, W. (2001): Produktive Aufgaben für den Mathematikunterricht in der Sekundarstufe I. Berlin: Cornelsen.

Hilbert, D. (1899): Grundlagen der Geometrie. Festschrift zur Feier der Enthüllung des Gauss-Weber Denkmals in Göttingen. Leipzig: B. G. Teubner. http://archive.org/details/grundlagendergeoOOhilb [16.02.2016].

Hirt, U. & Wälti, B. (2008): Lernumgebungen im Mathematikunterricht. Natürliche Differenzierung für Rechenschwache bis Hochbegabte. Seelze-Velber: Klett/Kallmeyer.

Kaiser-Messmer, G. (1989): Aktuelle Richtungen innerhalb der Diskussion um Anwendungen im Mathematikunterricht. In: Journal für Mathematik-Didaktik, 10(4), S. 309-347.

Klieme, E.; Avenarius, H.; Blum, W.; Döbrich, P.; Gruber, H.; Prenzel, M.; Reiss, K.; Riquarts, K.; Rost, J.; Tenorth, H.-E. & Vollmer, H. J. (2003): Zur Entwicklung nationaler Bildungsstandards. Eine Expertise (Bildungsforschung, 1). Bonn: BMBF.

Klieme, E.; Schümer, G. & Knoll, S. (2001). Mathematikunterricht in der Sekundarstufe I: „Aufgabenkultur" und Unterrichtsgestaltung im internationalen Vergleich. In: E. Klieme & J. Baumert (Hrsg.): TIMSS – Impulse für Schule und Unterricht. Forschungsbefunde, Reforminitiativen, Praxisberichte und Video-Dokumente. Bonn: BMBF, S. 43-57.

KMK (2003): Bildungsstandards im Fach Mathematik für den Mittleren Schulabschluss. Beschluss der Kultusministerkonferenz vom 4.12.2003. http://www.kmk.org/fileadmin/veroeffentlichungen_beschluesse/2003/2003_12_04-Bildungsstandards-Mathe-Mittleren-SA.pdf [15.01.2016]

KMK (2004a): Bildungsstandards im Fach Mathematik für den Primarbereich. Beschluss der Kultusministerkonferenz vom 15.10.2004. http://www.kmk.org/fileadmin/veroeffentlichungen_beschluesse/2004/2004_10_15-Bildungsstandards-Mathe-Primar.pdf [15.01.2016]

KMK (2004b): Bildungsstandards im Fach Mathematik für den Hauptschulabschluss. Beschluss der Kultusministerkonferenz vom 15.10.2004. http://www.kmk.org/fileadmin/veroeffentlichungen_beschluesse/2004/2004_10_15-Bildungsstandards-Mathe-Haupt.pdf [15.01.2016]

KMK (2004c): Bildungsstandards der Kultusministerkonferenz. Erläuterungen zur Konzeption und Entwicklung. http://www.kmk.org/fileadmin/Dateien/veroeffentlichungen_beschluesse/2004/2004_12_16-Bildungsstandards-Konzeption-Entwicklung.pdf [05.02.2016]

KMK & IQB (2008/2013): Kompetenzstufenmodell zu den Bildungsstandards im Fach Mathematik für den Primarbereich (Jahrgangsstufe 4). Beschluss der Kultusministerkonferenz (KMK) vom 04.12.2008. Auf Grundlage des Ländervergleichs 2011 überarbeitete

Version in der Fassung vom 11. Februar 2013. https://www.iqb.hu-berlin.de/bista/ksm/ KSM_GS_Mathemati_3.pdf [09.05.2016]

KMK (2012): Bildungsstandards im Fach Mathematik für die Allgemeine Hochschulreife. Beschluss der Kultusministerkonferenz vom 18.10.2012. http://www.kmk.org/fileadmin/veroeffentlichungen_beschluesse/2012/2012_10_18-Bildungsstandards-Mathe-Abi.pdf [15.01.2016]

Kühn, S. M. & Drüke-Noe, C. (2014): Qualität und Vergleichbarkeit durch Bildungsstandards und zentrale Prüfungen? Ein bundesweiter Vergleich von Prüfungsanforderungen im Fach Mathematik zum Erwerb des Mittleren Schulabschlusses. Zeitschrift für Pädagogik 59(6), S. 912-932.

NCTM (1989): Curriculum and Evaluation Standards for School Mathematics. Reston, VA: National Council of Teachers of Mathematics.

NCTM (2000): Principles and Standards for School Mathematics. Reston, VA: National Council of Teachers of Mathematics.

Neunzig, W. & Sorger, P. (1968): Wir lernen Mathematik I. Erstes Schuljahr. Freiburg: Herder.

Niss, M. (2003): Mathematical Competencies and the Learning of Mathematics: The Danish KOM Project. In: A. Gagatsis & S. Papastavridis (Hrsg.): 3rd Mediterranean Conference on Mathematical Education. Athen: The Hellenic Mathematical Society, S. 115-124.

Niss, M. (2015): Mathematical Competencies and PISA. In: K. Stacey & R. Turner (Hrsg.): Assessing Mathematical Literacy. The PISA experience. New York: Springer, S. 35-55.

OECD (Hrsg.) (1999): Measuring Student Knowledge and Skills. A new Framework for Assessment. Paris: Organisation for Economic Co-Operation and Development.

Schütte, S. (1994): Mathematiklernen in Sinnzusammenhängen. Stuttgart: Klett.

Schoenfeld, A. H. (1994): Reflections on doing and teaching mathematics. In: A. H. Schoenfeld (Hrsg.): Mathematical thinking and problem solving. Studies in Mathematical Thinking and Learning. Hillsdale, NJ: Erlbaum, S. 53-75.

Senechal, M. (1998): The continuing silence of Bourbaki – An interview with Pierre Cartier. In: The Mathematical Intelligencer, 20(1), S. 22-28.

Stigler, J. W.; Gonzales, P.; Kawanaka, T.; Knoll, S. & Serrano, A. (1999): The TIMSS Videotape Classroom Study. Methods and Findings from an Exploratory Research Project on Eigth-Grade Mathematics Instruction in Germany, Japan, and the United States. Washington, DC: National Center for Education Statistics. http://nces.ed.gov/pubs99/1999074.pdf [15.01.2016]

Thiel, O. (2010): Teachers' attitudes towards mathematics in early childhood education. In: European Early Childhood Education Research Journal, 18(1), S. 105-115.

Thom, R. (1974): ‚Moderne Mathematik' – Ein erzieherischer und philosophischer Irrtum. In: M. Otte (Hrsg.): Mathematiker über die Mathematik. Heidelberg: Springer, S. 371-401.

Tietze, U.-P.; Klika, M.; Wolpers, H. (1997): Mathematikunterricht in der Sekundarstufe II. Band 1: Fachdidaktische Grundfragen – Didaktik der Analysis. Braunschweig: Vieweg.

Törner, G. & Grigutsch, S. (1994): „Mathematische Weltbilder" bei Studienanfängern – Eine Erhebung. In: Journal für Mathematik-Didaktik, 15(3/4), S. 211-251.

Voigt, J. (1984): Interaktionsmuster und Routinen im Mathematikunterricht. Theoretische Grundlagen und mikroethnographische Falluntersuchungen. Weinheim: Beltz.

Wagenschein, M. (1968): Verstehen lehren. Genetisch – Sokratisch – Exemplarisch. Weinheim: Beltz.

Winter, H. (1989): Entdeckendes Lernen im Mathematikunterricht. Einblicke in die Ideengeschichte und ihre Bedeutung für die Pädagogik. Wiesbaden: Vieweg.

Wittenberg, A. I. (1963): Bildung und Mathematik. Mathematik als exemplarisches Gymnasialfach. Stuttgart: Klett.

Wittmann, E. C. (1974): Grundfragen des Mathematikunterrichts. Braunschweig: Vieweg.

Wittmann, E. C. & Müller, G. N. (1990/92): Handbuch produktiver Rechenübungen. 2 Bände. Klett: Stuttgart.

Wittmann, G.; Levin, A. & Bönig, D. (Hrsg.) (2016): AnschlussM. Anschlussfähigkeit mathematikdidaktischer Praktiken und Überzeugungen von ErzieherInnen und GrundschullehrerInnen. Münster: Waxmann.

*Heike Hahn*

# Nehmen Repräsentationsformen von mathematischen Aufgaben Einfluss auf deren Bearbeitung?

## Zusammenfassung

Mathematik gilt als abstrakt; aber Mathematik ist weit mehr als der Umgang mit symbolischen Darstellungen. Soll mathematisches Verständnis aufgebaut werden, ist die Berücksichtigung verschiedener Repräsentationsebenen und eines Transfers zwischen ihnen unerlässlich. In einer Interviewstudie mit Viertklässlern galt es, den Einfluss einer Darstellungsform auf die Bearbeitungsweise von mathematischen Aufgaben näher zu untersuchen. Dabei interessierte insbesondere der Wechsel zwischen Repräsentationsebenen. Der Beitrag gewährt Einblick in die Studie und stellt ausgewählte Ergebnisse vor.

## 1 Einführung

Mathematiklernen wird heute als ein individueller, aktiver und konstruktiver Prozess im sozialen Kontext gesehen, in dem es für die Schülerinnen und Schüler darum geht, eigene Wissenskonstrukte und individuelle Fähigkeits- bzw. Fertigkeitsnetze aufzubauen (u. a. Schipper 2009, S. 33). Ziel ist es, dass Lernende inhaltliche Vorstellungen von Zahlen, Zahlbeziehungen und Rechenoperationen mit einem jeweils auf Einsicht gründenden Verständnis aufbauen und für weiterführende, vertiefende Untersuchungen wie das Erkennen von Mustern oder Strukturen nutzen. In diesem Zusammenhang spielt das Modell zur Denkentwicklung von Bruner (1974) eine wichtige Rolle. Kern dieses Modells sind die Beziehungen und Übergänge zwischen den Repräsentationsebenen. Nur durch einen Transfer zwischen der enaktiven, ikonischen und symbolischen Repräsentationsebene kann es zu einer aktiven Wissenskonstruktion und einer Vernetzung von Fähigkeiten und Fertigkeiten durch die Schülerinnen und Schüler kommen, die für Mathematiklernen und mathematisches Verständnis gebraucht werden.

In einer Interviewstudie mit Viertklässlern ging es um die Frage, inwiefern unterschiedliche Darstellungsformen einer Aufgabe die Vorgehensweise von Schülerinnen und Schülern im Bearbeitungsprozess beeinflussen. Da das Entdecken, Beschreiben und Verstehen von Mustern und Strukturen in der Mathematik als „Weg zu einem echten Verständnis mathematischer Zusammenhänge" (Götze 2013, S. 25) angesehen wird, wurden für die Studie Aufgaben aus diesem Inhaltsbereich gewählt. Im Weiteren werden - nach einem Exkurs in die theoretischen Grundlagen - einige Schülerergebnisse aus der Interviewstudie präsentiert und kommentiert.

## 2 Zur Entwicklung mathematischen Verständnisses

Für mathematisches Verständnis sind Wissen, Fähigkeiten und Fertigkeiten von Bedeutung. Seit Piaget werden verschiedene Kategorien mathematischen Wissens unterschieden wie prozedurales und konzeptuelles (u. a. Hiebert 1986, S. 6 ff; Gerster & Schulz 2004, S. 31; Stern 1989, S. 24 ff) oder auch logisch-mathematisches und auf

Konventionen beruhendes Wissen sowie formelles und informelles Wissen (Gerster & Schulz 2004, S. 33). Übereinstimmend ist in den Erklärungen zu diesen verschiedenen Facetten von Wissenskategorien, dass für die Entwicklung mathematischen Verständnisses das Herstellen von Beziehungen und Verknüpfungen zwischen ihnen wesentlich ist. Gerade die Verbindungen und Vernetzungen zwischen den konzeptuellen, prozeduralen, formellen oder informellen Wissenselementen sind für das Verstehen mathematischer Inhalte ausschlaggebend. Hierbert betont, dass die Beziehung zwischen konzeptuellem und prozeduralem Wissen „der Schlüssel zum Verständnis vieler Lernprozesse" ist (1986, S. 22). Das stützt ebenso Kaput, wenn er erklärt, dass ein mathematisches Konzept verstanden wird, wenn „im Langzeitgedächtnis ein reichhaltiges Netz an Fakten und Beziehungen gespeichert [ist], die bei Bedarf abgerufen und in einem geeigneten Medium dargestellt werden können" (1994, S. 61).

Beziehungen stehen auch im Verinnerlichungsprozess von Operationen im Zentrum. Im didaktischen Prinzip der operativen Methode (vgl. Aebli 1993, S. 203, 239 ff.) spielen nicht nur die Hauptstufen des handelnden Operationsvollzuges am wirklichen Gegenstand, ihre bildliche Veranschaulichung sowie die ziffernmäßige, algebraische oder sprachliche Darstellung eine wichtige Rolle, sondern deren Zusammenhänge. „Im Prozess der Verinnerlichung gilt daher folgende Regel: *Jede neue, symbolischere Darstellung der Operation muß* [sic!] *mit der vorangehenden, konkreteren in möglichst enge Verbindung gebracht werden.* Das Ziel ist, daß [sic!] sich die symbolischere Darstellung mit der Bedeutung auflädt, die die konkrete Darstellung schon besitzt." (Aebli 1993, S. 239; Hervorhebung im Original).

Im Verinnerlichungsprozess haben Repräsentationen eine zentrale Funktion. Sie können als „Vergegenwärtigungen" interpretiert werden, d. h. sie sind eine Art Modell von etwas Abgebildetem. Aufgabe dieser Abbildungen ist es, Aspekte der Originalwelt in irgendeiner Form wiederzugeben (Palmer 1978, S. 262). Dabei werden eben verschiedene Arten von Repräsentationen unterschieden, die nach Schnotz (2002, S. 65 ff.) in externe und interne untergliedert werden können. Zu den externen Repräsentationen gehören direkt wahrnehmbare oder beobachtbare Elemente wie beispielsweise Worte, Bilder, Gleichungen, Diagramme (Hohn 2012, S. 30). Interne Repräsentationen beziehen sich auf die mentalen Vorstellungen der Lernenden. Sie werden aus dem Wahrgenommenen oder Beobachteten unter Berücksichtigung des Vorwissens individuell gebildet. Bei der Entwicklung von internen Repräsentationen wird zwar von einer strukturellen Ähnlichkeit zwischen der externen Repräsentation und der vom Lernenden intern aufgebauten ausgegangen, mit der schließlich operiert werden kann, dennoch ist die Vorstellung keine Abbildung der Wirklichkeit, sondern eben eine aktive Konstruktion des Individuums (Bönig 1995, S. 42). Trotz struktureller Ähnlichkeit zwischen externer und interner Repräsentation hängt die Umsetzung und Nutzung eines Darbietungsformats immer vom individuellen Vorwissen des Einzelnen ab (Obersteiner 2012, S. 37). Wichtig ist, in einem Lernprozess interne Repräsentationen aufzubauen und den Wechsel zu den externen zu fördern. In diesem Punkt lässt sich eine Verbindung zum Brunerschen Modell der Repräsentationsebenen herstellen, in dem die enaktive, ikonische und symbolische Ebene unterschieden werden. Um diese drei Medien[1] differenzieren zu können, ist es sinnvoll, sie zunächst so zu betrachten, als ob sie äußerlich wären, obgleich darauf hingezielt wird, sie als innerlich zu verstehen (Bruner 1988, S. 27). Aus dieser Annahme folgt, dass die verschiedenen Repräsentationsebenen

---

[1] Bruner verwendet den Terminus „Medien" im Sinne von Repräsentationsebenen (Bruner 1988).

bezogen auf den Unterrichtsprozess in einer dynamischen Funktion als „Mittler" betrachtet werden (Zech 2002, S. 33). Ihr Gebrauch ist vom Denkniveau des Lernenden und insbesondere von der Darstellungsebene, auf der das zu Lernende präsentiert und aufgenommen wird, abhängig (Zech 2002, S. 33). Deshalb sind Repräsentationsebenen nicht nur im Sinne von Handlungsergebnissen zu verstehen, sondern sie müssen im Unterricht zu Aktionsebenen werden, die zur Vermittlung, zur Verständigung, zur Kontrolle und zum Erkenntnisgewinn verwendet werden (Claus 1989, S. 76). In dieser Interpretation sind die verschiedenen Repräsentations- oder Darstellungsformen im Mathematikunterricht eben nicht auf Phasen einer schlichten Vereinfachung der Zugänge zu mathematischen Sachverhalten zu reduzieren, sondern sie dienen der „Konstruktion und [dem] Aufbau klarer, tragfähiger mentaler Vorstellungsbilder" (Krauthausen & Scherer 2007, S. 246). Um die Interpretation der Repräsentationsebenen im Sinne einer methodischen Stufenfolge vom Enaktiven über das Ikonische zum Symbolischen zu verlassen und die Darstellungsweisen als gleichwertig und wechselseitig aufeinander wirkend zu erkennen, sind im Unterricht gerade die Übersetzungen zwischen den Ebenen zum Lernziel zu machen. Diese Fähigkeiten zur Übersetzung, die als intermodaler Transfer bezeichnet werden, sind von entscheidender Bedeutung für die kognitive Entwicklung und den Verständnisaufbau.

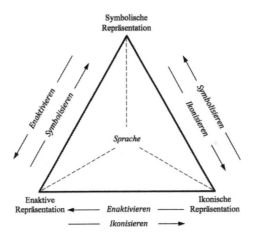

*Abbildung 1: Modell zum Transfer zwischen den Repräsentationsebenen nach Bruner*
*(Stampe 1984, S. 64)*

Das Dreieck (Abb. 1) symbolisiert die Vernetzung der drei Ebenen; die Übergänge sind durch Pfeile veranschaulicht. Zentral ist die Sprache, die zwar auch selbst Teil der symbolischen Repräsentationsebene ist, jedoch darüber hinaus in allen drei Ebenen und bei deren Übergängen eine kommentierende, erklärende, beschreibende Funktion hat (Stampe 1984, S. 64).

Die hohe Bedeutung des Transfers zwischen den Repräsentationsebenen ist für mathematisches Lernen vielfach kommentiert. Stellvertretend und exemplarisch dafür soll auf das von Wittmann 1981 formulierte Prinzip der „Interaktion zwischen Darstellungsformen" (S. 91) oder das von Bauersfeld 1983 genannte Prinzip des „intermodalen Transfers" (S. 36 ff.) verwiesen werden. Auch Duval ist in diesem Zusammenhang zu erwähnen. Er hebt hervor, dass die wahre Herausforderung der mathematischen

Bildung darin besteht, bei den Schülerinnen und Schülern die Fähigkeit zu entwickeln, zwischen den Repräsentationen zu wechseln (2006, S. 128). Ebenfalls betonen Leisen (2005, S. 10) oder Baireuther (1999, S. 53), dass der Wechsel zwischen den Darstellungsformen der Schlüssel zum fachlichen Verstehen und zu fachbezogener Kommunikation ist. Nicht zuletzt konnte im Ergebnis der Arbeit mit Schülerinnen und Schülern, denen das Mathematiklernen schwer fällt, das Symptom der „Intermodalitätsprobleme" (Schipper 2005, S. 21) gefunden werden. Es beschreibt, dass konkrete Handlungen den Kindern nicht automatisch bei der Aufgabenlösung und erst recht nicht bei der „Entwicklung tragfähiger Rechenstrategien" (Schipper 2005, S. 21) helfen. Verständnisfördernd sind die auf erkannten Beziehungen beruhende Wechsel zwischen den Darstellungsebenen in Kombination mit der Sprache, dessen umfassende Funktion sich als Kommentierung, Erklärung, Beschreibung oder als Form einer Handlungsanweisung zeigen kann.

Für mathematisches Verständnis sind das Herstellen von Beziehungen und Verknüpfungen von Wissensbestandteilen und Fähigkeiten fundamental. Einer konstruktivistischen Sichtweise folgend, ist das ein individueller und aktiver Prozess, der vom Lernenden zu leisten ist. Wissen und Fähigkeiten können leichter verankert werden, wenn sie in verschiedenen Repräsentationsebenen verfügbar sind. Die Kompetenz zur Variation in die eine oder andere Form erhöht auch die Flexibilität beim Gebrauch des Wissens und der Fähigkeiten.

## 3 Forschungsmethodisches Vorgehen und Erprobungsaufgaben der Interviewstudie

Aus den im vorherigen Abschnitt erläuterten theoretischen Bezügen folgernd ging es in der Interviewstudie um die Frage, welchen Einfluss verschiedene Repräsentationsformen von mathematischen Aufgaben auf deren Bearbeitung nehmen. Für die Untersuchung wurden Aufgaben aus dem Bereich ´Zahlenfolgen´ gewählt, die zum Inhaltsbereich ´Muster und Strukturen´ gehören. Die Aufgaben wurden so aufbereitet, dass die gleiche Aufgabe in unterschiedlichen Repräsentationsarten vorgelegt wurde.

Im zweiten Schulhalbjahr der vierten Jahrgangsstufe wurde mit sechs leistungsstarken Schülerinnen und Schülern (Note „sehr gut" im Fach Mathematik im Halbjahreszeugnis) einer Grundschule ein leitfadengestütztes Interviewgeführt. Die Einzelgespräche fanden außerhalb des Unterrichts in einem gesonderten Raum statt und wurden videografiert. Transkribierte Videosequenzen bildeten die Grundlage für die Datenauswertung. Die Befragten bekamen die zu bearbeitende Aufgabe in einer unterschiedlichen Präsentationsform (enaktiv, ikonisch, symbolisch) vorgelegt. So wurden den Schülerinnen und Schülern jeweils drei verschiedene Aufgaben in unterschiedlicher Version präsentiert; immer zwei Schüler haben die gleiche Aufgabe in unterschiedlicher Darstellungsform erhalten.

Um das Verständnis der Schülerinnen und Schüler hinsichtlich der Zahlenfolge einschätzen zu können, sind Merkmale nötig. Zur differenzierten Analyse der Schülerergebnisse wurden die von Steinweg (2001) beschriebenen Niveaustufen herangezogen, „anhand deren die Antworten von Schülern nach dem Grad ihres Verständnisses analysiert werden können" (Steinweg 2001, S. 115). Folgende Stufen des Zahlenmusterverständnisses werden unterschieden:

- *Stufe I: Erkennen und intuitives Fortsetzen des Musters*
  Der Schüler bzw. die Schülerin kann intuitiv eine Lösung für die Zahlenmuster-aufgabe finden. Das Produzieren der Lösung setzt die Erkenntnis voraus, „dass es überhaupt ein Muster gibt, gewisse Zahlen in einer Struktur stehen, eine Folge von geometrischen Objekten einer Regelmäßigkeit folgt" (Steinweg 2001, S. 117). Da das Erkennen mental stattfindet, kann diese Stufe nur durch das intuitive Fortsetzen des Musters wahrgenommen werden.

- *Stufe II: Beschreiben des Musters*
  Wurde ein Muster erkannt, kann eine mündliche oder schriftliche Beschreibung abgegeben werden. Dabei wird zwischen exemplarischen und generalisierenden Beschreibungen unterschieden. Exemplarische Beschreibungen orientieren sich an den konkreten Daten oder Objekten. Der Prozess, der das Muster konkret fortsetzt und Teile davon zitiert, wird beschrieben. Generalisierende Beschreibungen versuchen darüber hinaus, eine allgemeine Regel des Fortsetzungsprozesses zu formulieren (Steinweg 2001, S. 117).

- *Stufe III: Erklären des Musters*
  Erklärungen des Musters können am Beispiel oder allgemeingültig vorgenommen werden. Bei Erklärungen am Beispiel werden Teile des Phänomens herausgegriffen und lokal am Beispiel argumentiert. Bei allgemeingültigen Erklärungen stehen das Gesamtbild des Musters und dessen Allgemeingültigkeit im Mittelpunkt. Die globale Erfassung des Musters rückt ins Zentrum und der Blick löst sich vom Prozess des Musteraufbaus (Steinweg 2001, S. 118).

Für die Interviews wurden drei Zahlenfolgenaufgaben gewählt, die jeweils für die verschiedenen Repräsentationsebenen unter Beachtung des Kriteriums der Informationsäquivalenz adaptiert wurden. Alle Aufgaben konnten auf allen Repräsentationsebenen bearbeitet werden. Dies stand den interviewten Schülerinnen und Schülern offen, d. h. sie konnten während der Aufgabenbearbeitung die Repräsentationsebene individuell wechseln. Jeweils vor der Aufgabenbearbeitung wurden die Befragten über die Varianten informiert: *„Du sollst die Aufgabe lösen. Dazu kannst du das Material verwenden* [es lag jeweils zur Aufgabe passendes Material bereit], *dir eine Zeichnung oder Skizze auf das Blatt machen oder eine Rechnung aufschreiben. Löse die Aufgabe so, wie du denkst, dass es für dich am einfachsten ist."* Während des Interviews wurden die Schülerinnen und Schüler angeregt, ihr Vorgehen zu beschreiben bzw. sich kommentierend zu äußern. Nach der Aufgabenbearbeitung sollten sie kundtun, warum sie sich für die von ihnen gewählte Bearbeitungsform entschieden hatten.

Die drei Aufgaben waren jeweils identisch aufgebaut: Zunächst wurde die Situation geschildet. Teilaufgabe a verlangte dann das Erfassen und Fortsetzen des Zahlenmusters, wobei jeweils die ersten 3 Glieder gegeben waren. Es wurde nach dem Wert des fünften Folgegliedes gefragt. In Teilaufgabe b wurde der Frage nachgegangen, beim wievielten Folgeglied ein bestimmter Wert erreicht wird. Im Folgenden wird eine der Erprobungsaufgaben, die „Muggelsteinaufgabe" (Lack 2009, S. 138), mit den entsprechenden Interviewergebnissen vorgestellt.

Die Aufgabenvariation entsprechend der Repräsentationsebenen sah folgendermaßen aus: Bei der *symbolischen* Präsentationsform der Aufgabe wurde den Schülerinnen und Schülern die Textform der Aufgabenstellung vorgelegt.

Nina sammelt Muggelsteine. Sie legt jeden Tag Muggelsteine in ihren Sack. Am ersten Tag hat sie einen Muggelstein in ihrem Sack, am zweiten Tag hat sie schon drei Muggelsteine im Sack, am dritten Tag sechs und so weiter.

a) Wie viele Muggelsteine sind am fünften Tag insgesamt im Sack?
b) Ab dem wievielten Tag würden mehr als 60 Muggelsteine im Sack sein?

Bei der *ikonischen* Präsentationsform der Aufgabe wurden die Situationsbeschreibung in Form einer Abbildung vorgegeben und die Fragen in Textform gestellt.

Nina sammelt Muggelsteine. Sie legt jeden Tag Muggelsteine in ihren Sack.

1. Tag       2. Tag       3. Tag

a) Wie viele Muggelsteine sind am fünften Tag insgesamt im Sack?
b) Ab dem wievielten Tag würden mehr Muggelsteine als im folgenden Sack sein?

Bei der *enaktiven* Präsentationsform der Aufgabe erfolgte die Situationsbeschreibung mit Hilfe von Muggelsteinen, die in Säckchenbilder gefüllt waren. Die Fragen (s. o.) wurden durch den Interviewer genannt.

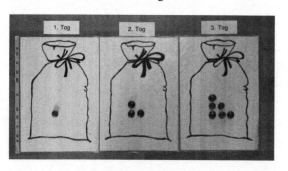

Nicht nur die Aufgabenpräsentation sondern auch die Aufgabenlösung ist auf verschiedenen Repräsentationsebenen möglich. Mit Hilfe der fortgesetzten Addition als Form symbolischen Arbeitens kann der Wert des fünften Folgegliedes ermittelt werden:

$$a_1 = 1$$
$$a_2 = 1 + 2 = 3$$
$$a_3 = 1 + 2 + 3 = 6$$
$$a_4 = 1 + 2 + 3 + 4 = 10$$
$$a_5 = 1 + 2 + 3 + 4 + 5 = \mathbf{15}$$

Durch die Rechnung ergibt sich, dass Nina am fünften Tag 15 Muggelsteine im Sack hat und schließlich am elften Tag mehr als 60 Steine besitzt. Wird die Aufgabe auf ikonischer Ebene bearbeitet, kann die Anzahl der Muggelsteine durch Punkte veranschaulicht und zählend bzw. durch fortgesetzte Addition ermittelt werden. Nutzen die Schülerinnen und Schüler das zur Verfügung stehende konkrete Material, ist eine enaktive Lösungsfindung wieder zählend oder additiv denkbar. Die beschriebenen Bearbeitungsweisen sind für beide Teilaufgaben möglich.

## 4  Auswertung der Schülerinterviews

Die beiden Befragten, denen die Aufgabe auf der enaktiven Repräsentationsebene vorgelegt wurde, verblieben bei dieser. Sie verwendeten das gegebene Material, um die Teilaufgabe a richtig zu lösen. Beide setzten dazu das Muster der Muggelsteine des dritten Tages durch das Anlegen weiterer Steine fort und kamen zählend zum richtigen Ergebnis. Auch Teilaufgabe b wurde in gleicher Weise bearbeitet, wobei ein Schüler aufgrund eines Zählfehlers nicht zur korrekten Lösung gelangte. Für beide Schüler lässt sich einschätzen, dass sie sich auf Stufe I des Zahlenmusterverständnisses befinden, da sie das Muster erkannten und intuitiv fortsetzen konnten. Eine Beschreibung des Musters konnte nicht vorgenommen werden, da beide am Material festhielten. Befragt nach den Gründen für die gewählte Vorgehensweise der Aufgabenbearbeitung teilten sie mit, dass sie mit dem Material arbeiteten, „weil das ja jetzt hier ja eh schon so vorgegeben ist" (Lotzgesell 2015, S. 72).

Die enaktive Form der Aufgabenpräsentation hat in der Interviewstudie keinen Schüler dazu veranlasst, einen Transfer in eine andere Präsentationsform vorzunehmen, sodass die Vorgehensweisen wie folgt veranschaulicht werden können:

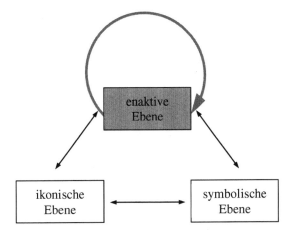

*Abbildung 2: Vorgehensweise zur Aufgabenbearbeitung bei enaktiver Aufgabenpräsentation*

Zwei anderen Schülern wurde die Muggelsteinaufgabe in ikonischer Form vorgelegt. Beide Schüler begannen zunächst damit, die Zahl der Muggelsteine, die jeden Tag im Sack sind, zu zählen. Schließlich beschrieb ein Schüler das Muster wie folgt: „*Weil, ehm – am dritten Tag legt sie drei rein, am zweiten zwei und am ersten Tag einen. Also das habe ich hier gezählt. Das heißt, man muss immer die Tagesanzahl nehmen und das da reinrechnen.*" (Lotzgesell 2015, S. 81). Die sprachliche Erörterung des Bildes half dem Schüler bei der Lösungsfindung, die er schließlich auf symbolischer Ebene vornahm und als Rechenaufgabe notierte: 6 + 4 + 5 = 15. Zur Bearbeitung der Teilaufgabe b skizzierte sich er zunächst das Muster in einer anderen Form:

*Abbildung 3: Skizze des Schülers zur Aufgabenbearbeitung*

In der untersten Zeile jedes Kästchens ist die hinzukommende Anzahl an Muggelsteinen erkennbar. Nach dieser Zeichnung wechselt der Schüler auf die symbolische Ebene und notiert folgende Rechnungen:

$$5. Tag = 15 \ Muggelsteine$$

$$15 + 6 = 21$$
$$21 + 7 = 28$$
$$28 + 8 = 36$$
$$36 + 9 = 45$$
$$45 + 10 = 55$$
$$55 + 11 = 66$$

*Abbildung 4: Rechnung des Schülers*

Somit transferierte er die gegebene ikonische Darstellungsform nach dem erkannten Muster in eine andere Variante der Veranschaulichung und kommt durch die symbolische Bearbeitung zur richtigen Lösung. Sein Zahlenmusterverständnis ist der Stufe II zuzuordnen, weil es ihm gelingt, eine allgemeine Regel zur Fortsetzung zu formulieren: „*Das heißt, man muss immer die Tagesanzahl nehmen und das da reinrechnen.*" (s. o.). Die eigene Skizze hilft ihm, das Muster zu erkennen.

Werden die vorliegenden Aufgabenbearbeitungen betrachtet, wird deutlich, dass hierbei Wechsel zur symbolischen Bearbeitungsebene und zurück zur ikonischen wahrnehmbar sind. Durch diesen Transfer konnte eine andere Qualität des Zahlenmusterverständnisses erreicht werden. Mehrheitlich waren die Befragten in der Lage, für das Muster eine allgemeine Regel anzugeben. Da die Aufgabe auf zwei Ebenen bearbeitet wurde, führte das zu einem tiefgründigeren Verständnis. Die Vorgehensweisen können wie folgt veranschaulicht werden:

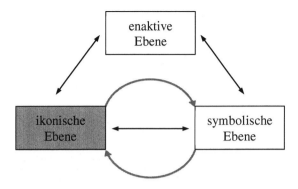

*Abbildung 5: Vorgehensweise zur Aufgabenbearbeitung bei ikonischer Aufgabenpräsentation*

Die beiden Schüler, denen die Aufgabe in Textform vorgelegt wurde, wechselten ebenfalls die Bearbeitungsebene. Exemplarisch wird wieder das Vorgehen eines Schülers beschrieben. Er fertigte zunächst eine Zeichnung an:

*Abbildung 6: Schülerlösung zur Veranschaulichung der Aufgabe*

Für jeden Tag skizzierte er einen Sack mit den Muggelsteinen in Form von Punkten. Dann nahm er das Material und legte für jeden Tag die Anzahl an Muggelsteinen, die hinzukommt, über seine Skizze und sagte: *„Das sind jetzt also die Steine, die dazu kommen, also am zweiten Tag zum Beispiel zwei.“* (Lotzgesell 2015, S. 94). Im weiteren Bearbeitungsprozess ergänzte er seine Zeichnung und notierte seine Beobachtung in einer Tabelle.

*Abbildung 7: Fortsetzung der Schülerlösung aus Abbildung 6*

Durch die parallele Arbeit auf der ikonischen und symbolischen Repräsentationsebene kam der Schüler zügig zur richtigen Lösung der ersten Teilaufgabe. Dazu tat er eine entscheidende Entdeckung kund: *„Hier sieht man jetzt, dass man immer den Tag, den man wissen möchte, mal den nächsten rechnen muss und dann die Hälfte ist dann immer die Zahl der Steine.“* (Lotzgesell 2015, S. 95). Somit umschrieb er die Bildungsvorschrift für Dreieckszahlen und befindet sich somit auf Stufe III des Zahlenmusterverständnisses. Auch zur Bearbeitung von Teilaufgabe b wechselte der Schüler zwischen den Repräsentationsebenen. Schließlich erweiterte er seine Skizze bis zum achten Tag und setzte die Tabelle bis zum zehnten Tag fort. Dann wusste er: *„Also am elften Tag hat sie 66 Steine im Sack und das sind ja mehr als 60.“* (Lotzgesell 2015, S. 96).

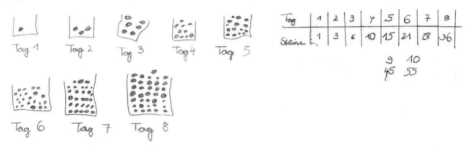

*Abbildung 8: Fortsetzung der Schülerlösung aus Abbildung 7*

Als Grund für die Wandlung der Darstellungsformen gab der Schüler an, dass er sich die Aufgabe *„sonst [...] immer nicht so gut vorstellen kann.“* Außerdem schätzt er die Bedeutung der parallelen Kontrolle seiner Überlegungen *„ ... dann kann ich das immer gleich kontrollieren ...“* (Lotzgesell 2015, S. 96). Mit dem Nachsatz erklärt er einen entscheidenden Vorteil des gleichzeitigen Arbeitens auf zwei Repräsentationsebenen.

Alle interviewten Schülerinnen und Schüler haben die in Textform präsentierte Aufgabe in eine andere Repräsentationsform transferiert und konnten aufgrund einer Skizze bzw. einer Materialhandlung das Muster ermitteln. Die Aufgabenlösung wurde auf der ikonischen oder symbolischen Ebene vorgenommen. Die Befragten begründeten den Transfer damit, dass sie sich die Aufgabe durch die Zeichnung oder mit Hilfe des Materials besser vorstellen können, d. h. zum Erkennen des Musters mussten sie die abstrakte Form der Textaufgabe verlassen. Nachdem ihnen das Muster klar war, konnten sie die Fragen wieder auf einer abstrakten Ebene beantworten.

Die Vorgehensweisen bei der Bearbeitung symbolisch präsentierter Aufgaben lassen sich wie folgt veranschaulichen:

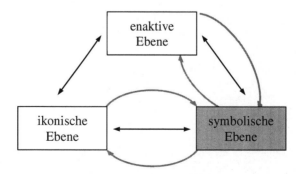

*Abbildung 9: Vorgehensweise zur Aufgabenbearbeitung bei symbolischer Aufgabenpräsentation*

Die Ergebnisse der Interviewstudie legen den Schluss nahe, dass die symbolische Präsentation der Aufgabe zunächst das Erfassen des Sachverhaltes – in diesem Fall des Musters – erschwerte, was zugleich das Motiv bildete, diese Repräsentationsebene zu verlassen und in eine andere zu wechseln. Der Transfer wirkte sich positiv auf die Verständnistiefe des Musters aus, sodass stets höhere Stufen des Zahlenmusterverständnisses erreicht werden konnten.

## 5 Zusammenfassung und Ausblick

Die Analyse und Auswertung der Interviews zeigte Unterschiede zwischen den von den Schülerinnen und Schülern verwendeten Repräsentationsebenen und dem Transfer zwischen ihnen in Abhängigkeit von der Darbietungsform einer mathematischen Aufgabe. Bei einer enaktiven Aufgabenpräsentation übernahmen diese die Schüler und nutzten sie zur Mustererkennung. Diese Bearbeitungsebene war ihnen vertraut und wurde daher als zielführend weiterverwendet. Wurden die Aufgaben ikonisch oder symbolisch als Text präsentiert, waren Wechsel zwischen den Bearbeitungsebenen nötig. Das Verständnis der in Textform vorgelegten Aufgabe fiel den Schülerinnen und Schülern dabei so schwer, dass sie zur Mustererkennung quasi auf eine andere Ebene wechseln mussten, um eine Vorstellung zur Musterfortsetzung entwickeln zu können. Das erscheint wie ein Paradox: Einerseits lässt sich häufig beobachten, dass gerade abstrakte Präsentationen mathematischer Aufgaben für Grundschulkinder sehr schwierig sind und sie an der Bearbeitung hindern; andererseits war genau das für die Viertklässler die Motivation zum Transfer auf eine andere Repräsentationsebene. Es zeigte sich in diesem Zusammenhang, dass ein paralleles Arbeiten auf verschiedenen Ebenen zu einem tieferen Zahlenmusterverständnis führte. Durch den Transfer zwischen den Repräsentationsebenen wurde das Plausibilisieren von Vorgehensweisen oder auch Ergebnissen gefördert, wenn nicht überhaupt erst geschaffen.

Als Transferauslöser konnten bei den Befragten unterschiedliche Mobilisierungsgründe wahrgenommen werden:

- *Verständnis-Motiv „... ich verstehe das nicht ... "*
- *Zeit-Motiv „... das ist zu aufwändig ... "*
- *Plausibilisierungs-Motiv „... ich muss das noch mal überprüfen ... ".*

Im Rückblick auf die Interviewstudie kann festgehalten werden, dass ein tieferes Eindringen in einen mathematischen Inhalt durch einen Transfer zwischen den Darbietungs- und Bearbeitungsebenen unterstützt wird. Für den Mathematikunterricht bedeutet das, dass Aufgaben so konzipiert werden sollten, dass sie einen Transfer zwischen den Repräsentationsebenen anregen, was darstellungsflexible Aufgaben verlangt.

Insgesamt hat die Interviewstudie die Bedeutung der Repräsentationsebenen für den Aufbau mathematischen Verständnisses bestätigt. Ebenso wurde der Wert von vielgestaltigen Aufgabenpräsentationen unterstrichen, die bzgl. ihres Lösungsweges nicht von vornherein auf eine Darstellungs- oder Bearbeitungsform orientieren sollten, weil der Lernwert eben darin besteht, einen Transfer zwischen den Repräsentationsebenen vorzunehmen.

*Literatur*

Aebli, H. (1969): Grundformen des Lehrens: ein Beitrag zur psychologischen Grundlegung der Unterrichtsmethode. Stuttgart: Klett Verlag.

Aebli, H. (1993): Zwölf Grundformen des Lehrens: eine allgemeine Didaktik auf psychologischer Grundlage. Stuttgart: Klett-Cotta Verlag.

Baireuther, P. (1999): Mathematikunterricht in den Klassen 1 und 2. Donauwörth: Auer Verlag.

Bauersfeld, H. (1983): Subjektive Erfahrungsbereiche als Grundlage einer Interaktionstheorie des Mathematiklernens und -lehrens. In: H. Bauersfeld (Hrsg.): Lernen und Lehren von Mathematik. Analysen zum Unterrichtshandeln II. Köln: Aulis Verlag, S. 1-56.

Bönig, D. (1995): Multiplikation und Division: empirische Untersuchungen zum Operationsverständnis bei Grundschülern. Münster: Waxmann Verlag.

Bruner, J. S. (1964): The Course of Cognitive Growth. In: American Psychologist, 19 (2). Washington: American Psychological Association, S. 1-15.

Bruner, J. S. (1974): Entwurf einer Unterrichtstheorie. Berlin: Berlin-Verlag.

Bruner, J. S. (1988): Über kognitive Entwicklung. In: J. S. Bruner; R. R. Olver & P. M. Greenfield (Hrsg.): Studien zur kognitiven Entwicklung. Eine kooperative Untersuchung am „Center for Cognitive Studies" der Harvard- Universität. Stuttgart: Klett Verlag, S. 21-53.

Claus, H. J. (1989): Einführung in die Didaktik der Mathematik. Darmstadt: Wissenschaftliche Buchgesellschaft.

Duval, R. (2006): A Cognitive Analysis of Problems of Comprehension in a Learning of Mathematics. In: Educational Studies in Mathematics, 61 (1-2). Wiesbaden: Springer Verlag, S. 103-131.

Gerster, H. & Schultz, R. (2004): Schwierigkeiten beim Erwerb mathematischer Konzepte im Anfangsunterricht. Bericht zum Forschungsprojekt Rechenschwäche – Erkennen, Beheben, Vorbeugen. Online: http://opus.bsz-bw.de/phfr/volltexte /2007/16/pdf/ gerster.pdf [Zugriff: 18.02.2016]

Götze, D. (2013): Muster und Strukturen. In: Die Grundschulzeitschrift, 27 (268/269). Seelze: Friedrich Verlag, S. 25-29.

Hahn, H. & Janott, S. (2011): Förderung der mathematischen Kompetenz des Darstellens. In: Grundschulunterricht. Mathematik, 58 (2). München: Oldenbourg Verlag, S. 15-18.

Hiebert, J. (1986): Conceptual and procedural knowledge: The case of mathematics. Hillsdale: Erlbaum.

Hohn, K. (2012): Gegeben, Gesucht, Lösung? Selbstgenerierte Repräsentationen bei der Bearbeitung Problemhaltiger Textaufgaben, unveröffentlichte Dissertation, Universität Koblenz-Landau. Online: http://d-nb.info/1028021070/34

Kaput, J. J. (1994): Notations and representations as mediators of constructive Processes. In: E. Glasersfeld (Hrsg.): Radical constructivism in mathematics education. Dordrecht: Kluwer, 53-74.

Krauthausen, G. & Scherer, P. (2007): Einführung in die Mathematikdidaktik. Heidelberg: Spektrum Akademischer Verlag.

Lack, C. (2009): Aufdecken mathematischer Begabung bei Kindern im 1. und 2. Schuljahr. Wiesbaden: Vieweg und Teubner Verlag.

Leisen, J. (2005): Wechsel der Darstellungsformen. Ein Unterrichtsprinzip für alle Fächer. In: Der fremdsprachliche Unterricht. Englisch, 39 (78). Seelze: Friedrich Verlag.

Lotzgesell, J. (2015): Ausgewählte Inhalte zum Transfer zwischen Repräsentationsebenen im Mathematikunterricht der Grundschule. Universität Erfurt (unveröffentlichte Masterarbeit).

Mähler, C. & Stern, E. (2006): Transfer. In: D. H. Rost (Hrsg.): Handwörterbuch Pädagogische Psychologie. Weinheim: Beltz Verlag, S. 782-793.

Obersteiner, A. (2012): Mentale Repräsentationen von Zahlen und der Erwerb arithmetischer Fähigkeiten: Konzeptionierung einer Förderung mit psychologisch-didaktischer Grundlegung und Evaluation im ersten Schuljahr. Münster: Waxmann Verlag.

Palmer, S. E. (1978): Fundamental aspects of cognitive representation. In: E. Rosch & B. L. Lloyd (Hrsg.): Cognition and categorization. Hillsdale: Erlbaum, S. 259-302.

Piaget, J. (1974): Psychologie der Intelligenz. Olten: Walter Verlag.

Schipper, W. (2005): SINUS-Transfer Grundschule. Modul 4: Lernschwierigkeiten erkennen – verständnisvolles Lernen fördern. Kiel: IPN.

Schipper, W. (2009): Handbuch für den Mathematikunterricht an Grundschulen. Braunschweig: Schroedel Verlag.

Schnotz, W. (2002): Wissenserwerb mit Texten, Bildern und Diagrammen. In: L. J. Issing & P. Klisma (Hrsg.): Information und Lernen mit Multimedia und Internet: Lehrbuch für Studium und Praxis. Weinheim: Beltz Verlag, S. 65-82.

Stampe, E. (1984): Repetitorium Fachdidaktik Mathematik. Bad Heilbrunn: Klinkhardt Verlag.

Steinweg, A. S. (2001): Zur Entwicklung des Zahlenmusterverständnisses bei Kindern: Epistemologisch-pädagogische Grundlegung. Münster: Lit Verlag.

Stern, E. (1989): Die Entwicklung des mathematischen Verständnisses im Kindesalter. Lengerich u.a.: Pabst

Stern, E. & Möller, K. (2004): Der Erwerb anschlussfähigen Wissens als Ziel des Grundschulunterrichts. In: D. Lenzen & J. Baumert (Hrsg.): PISA und die Konsequenzen für die erziehungswissenschaftliche Forschung. Wiesbaden: VS Verlag für Sozialwissenschaften, S. 25-36.

Wittmann, E. C. (1981): Grundfragen des Mathematikunterrichts. Braunschweig: Vieweg Verlag.

Zech, F. (2002): Grundkurs Mathematikdidaktik. Weinheim: Beltz Verlag.

# Individualisierung und Differenzierung:

# Von der Vermittlung zur Konstruktion

*Hans Brügelmann & Erika Brinkmann*

# Individualisierung und Didaktik

## Eine Beziehung voller Missverständnisse

### Zusammenfassung

„Individualisierung" ist eines der vielen didaktischen Zauberworte, die zwar eine wichtige Forderung an Unterricht signalisieren, zugleich aber in verschiedenen Diskursen sehr unterschiedlich gedeutet werden. Je nachdem, ob Unterschiede in den Lernvoraussetzungen im Fokus stehen, ob das Unterrichtskonzept konstruktivistisch begründet wird oder mit Bezug auf die UN-Kinderrechtskonvention, ergeben sich – auch unterrichtspraktisch – jeweils andere Folgerungen für konkrete Formen der Individualisierung. Von besonderer Bedeutung ist dabei die Balance von Einzelarbeit versus gemeinsamen Aktivitäten und von Lehrersteuerung versus Selbst- und Mitbestimmung der Schülerinnen und Schüler.

## 1 Schule zwischen Standardisierung und Individualisierung

Die bildungspolitischen Ansprüche an Schule sind widersprüchlich. Mit ihren outputbezogenen Bildungsstandards zum Ende der Grundschulzeit und für die Abschlüsse der Sekundarstufe hat die KMK (2003 ff.) bestimmte Leistungsanforderungen für alle Schülerinnen und Schüler vorgegeben – zu erfüllen von allen zu demselben Termin, obwohl die Lernvoraussetzungen schon am Schulanfang um rund drei Entwicklungsjahre auseinanderliegen (vgl. Largo 2009, S. 284). Schon hier deutet sich eine Spannung an zu dem in Richtlinien und Lehrplänen formulierten Anspruch auf Individualisierung des Unterrichts. Darüber hinaus werfen diese Forderungen im Blick auf ihre Steuerungsfunktion im Schulsystem eine Reihe weiterer Fragen auf (vgl. Brügelmann 2005, Kap. 44 ff.; Herzog 2013):

- Lassen sich überhaupt bestimmte Niveaus als „Regel-„ oder zumindest Mindeststandards" bestimmen, die tatsächlich von allen Schülerinnen und Schülern erreicht werden sollen?

- Wer ist deren Adressat und deshalb bei Nichterfüllung zu sanktionieren?

- Welche Nebenwirkungen hat die Beschränkung der Standards und ihrer Überprüfung auf bestimmte (Haupt-)Fächer hinsichtlich der Bedeutung anderer Bereiche im Unterricht?

Hinzu kommt die Anbindung dieser Ansprüche an bestimmte Rechenschaftsformen, nämlich standardisierte Kompetenztests, woraus sich zusätzliche Probleme ergeben (vgl. Brügelmann 2015; Dammer 2015):

- Die Erfassbarkeit komplexer Leistungen durch standardisierte Erhebungs- und Auswertungsformen.

- Die Aussagekraft aufgabenbezogener Leistungen für situationsübergreifende Kompetenzen.

- Die Verlässlichkeit punktueller Tests.

Standards wie Tests unterstellen gleichermaßen die Möglichkeit, Bildungsziele eindeutig formulieren und allgemeinverbindlich vorgeben und objektiv erfassen zu können. Ob sich diese Sicht mit dem Anspruch auf Individualisierung verträgt, hängt davon ab, wie letztere verstanden wird. Mit diesem Begriff werden so unterschiedliche Umgangsweisen mit den Besonderheiten einzelner Kinder etikettiert, dass die durchschnittliche Effektstärke von weniger als 0.25 in Hatties Meta-Meta-Analyse (2013, 234f.) nicht überrascht, aber auch wenig aussagekräftig erscheint.

## 2 Die Mehrdeutigkeit von Individualisierung

Diskussionen über Unterricht leiden immer wieder darunter, dass Schlüsselbegriffe unterschiedlich gebraucht werden (vgl. Bartnitzky et al. 2009, Kap. 9; Brügelmann & Brinkmann 2009, S. 38ff.). So werteten manche Reformpädagoginnen und -pädagogen eine Aktivität schon dann als „selbsttätig", wenn die Schülerinnen und Schüler in irgendeiner Form praktisch tätig wurden, während andere zusätzlich eine selbstständige Denkleistung forderten und dritte sogar ein selbstbestimmtes Handeln voraussetzten. „Entdeckendes Lernen" wiederum bedeutet für die einen, dass Kinder selbstständig eigenen Fragen nachgehen – für andere, dass sie (nur) selbsttätig Schritte nachvollziehen, die Lehrpersonen sich vorher ausgedacht haben (sogenannte „Ostereier-Didaktik").

### 2.1 Individualisierung: ein mehrdimensionales Prinzip

Auch „Individualisierung" ist ein solcher Schlüsselbegriff mit verschiedenen Facetten, wie Ursula Carle (2014, S. 5) in einem Beitrag zur Bedeutung jahrgangsübergreifenden Lernens verdeutlicht:

> „... die gesellschaftlichen, ökonomischen und technischen Veränderungen erfordern eine andere Bildung: gefragt sind autonome Persönlichkeiten, die sich Wissen selbst beschaffen, die in Teams sowie in fachlich begründeten, projektbezogenen Positionen arbeiten und die in demokratischen Strukturen gesellschaftliche Verantwortung übernehmen."

Es sind also ganz unterschiedliche Probleme, auf die Didaktikerinnen und Didaktiker mit diesem Unterrichtsprinzip antworten (vgl. Brügelmann 2005, Kap. 2):

- Individualisierung als Versuch, an den unterschiedlichen Lernvoraussetzungen der Schülerinnen und Schüler anzuknüpfen, selbst wenn der Unterricht im Weiteren für alle die gleichen Schritte vorsieht (vgl. Largo 2009);

- Individualisierung als Eröffnung unterschiedlicher Zugänge zu (eventuell gleichen) Inhalten aus der Einsicht heraus, dass Lernen ein konstruktiver Prozess ist, in dem Schülerinnen unterschiedliche Wege gehen und persönlich geprägte Vorstellungen entwickeln (vgl. Gallin & Ruf 1990; Glasersfeld 1997);

- Individualisierung als Möglichkeit, auch Ziele und Inhalte der eigenen und der gemeinsamen Arbeit mitzubestimmen – in Anerkennung der Bedeutung der Kinderrechte auch für die Schule (vgl. Backhaus et al. 2008; Krappmann & Petry 2016).

Zum zweiten kommen die Vorschläge für einen produktiven Umgang mit den besonderen Bedürfnissen der einzelnen Kinder aus ganz verschiedenen didaktischen und pädagogischen Kontexten. Das hat Konsequenzen, wie jeweils grundlegende Fragen beantwortet werden, z. B. nach dem Verhältnis von

- Steuerung durch die Lehrperson und Entscheidungsmöglichkeiten der Kinder, aber auch
- Einzelarbeit und gemeinsamen Aktivitäten.

### 2.2 Inklusion und Individualisierung

Schon zu Zeiten der Gesamtschuldiskussion in den 1970er-Jahren wurde von interessierter Seite das Missverständnis gepflegt, gemeinsamer Unterricht bedeute Gleichmacherei. Man brauche verschiedene Schulformen, um den unterschiedlichen Begabungen und Bedürfnissen verschiedener Kinder(gruppen) gerecht zu werden. Diese Annahme ist doppelt falsch.

Zum einen unterschätzt sie die *inter*individuellen Unterschiede – und überschätzt zugleich deren Trennschärfe. Gliedert man Kinder in drei oder vier Leistungsgruppen und stellt jeder einzelnen „passende" Aufgaben, wird in den Ergebnissen sofort die interne Heterogenität der Gruppe sichtbar. Dem entsprechen dann auch die starken Überlappungen von Leistungsverteilungen, z. B. zwischen Gymnasium, Real- und Hauptschule, wie sie sich etwa bei PISA sehr deutlich gezeigt haben (vgl. Baumert et al. 2003, 64ff.). Zum anderen verkennt die „Schubladentheorie" die *intra*individuellen Unterschiede (vgl. Largo 2009, S. 285f.): Fachbezogen (z. B. Mathematik versus Sprachen) haben Kinder nur selten ein homogenes Profil, das es rechtfertigen könnte, sie einer bestimmten Leistungsgruppe zuzuordnen, und auch die sonderpädagogischen Fachrichtungen werden den sehr individuellen Ausprägungen und Kombinationen von Beeinträchtigungen nicht gerecht.

Damit wird deutlich, dass eine organisatorische Differenzierung – z. B. in Form des dreigliedrigen Schulsystems – nicht ausreicht, um den individuellen Unterschieden gerecht zu werden. Umgekehrt schließt ein gemeinsamer Unterricht die Möglichkeit individuellen Lernens nicht aus – macht im Gegenteil die Heterogenität und damit die Notwendigkeit unterschiedlicher Lernangebote nur noch schärfer sichtbar.

### 3 Differenzierung „von oben" oder Individualisierung „von unten"

Die Einsicht in die „Verschiedenheit der Köpfe" (Herbart) ist nicht neu. Sie wird aber sehr unterschiedlich interpretiert. Unumstritten sind die erheblichen Unterschiede schon am Schulanfang (vgl. für die schriftsprachlichen Vorerfahrungen schon: Rathenow & Vöge 1982; für Mathematik: Hengartner & Röthlisberger 1995). Wie erwähnt, betragen diese Unterschiede für alle Kompetenzbereiche schon am Schulanfang mehrere Entwicklungsjahre. Dennoch hört man in Lehrerzimmern immer wieder, man müsse die Schülerinnen und Schüler erst einmal „auf den gleichen Stand" bringen – um dann gemeinsam fortfahren zu können. Eine Erwartung, die oft auch von Elternseite geäußert wird. Angesichts der großen Spannbreite ist das aber ein hoffnungsloses Unterfangen. Die empirischen Befunde zur Leistungsentwicklung sprechen denn eher auch für eine Öffnung der Schere oder einen „Karawanen-Effekt", also gleich bleibende Unterschiede (vgl. Brügelmann 2005, Kap. 9; Largo 2009, S. 18ff., 292). Was kann die Schule angesichts dieser Situation tun?

Ausdruck des Bemühens um eine bessere Passung des Unterrichts auf die unterschiedlichen Lernvoraussetzungen ist die verbreitete Praxis, für die Übungsphase z. B. drei Arbeitsblattstapel bereitzustellen, um nicht nur dem Durchschnitt, sondern auch besonders leistungsstarken und leistungsschwachen Schülerinnen und Schülern Aufgaben angemessener Schwierigkeit bieten zu können. Die Lösungsdifferenzen innerhalb jeder der drei Gruppen zeigen allerdings, dass dieses Konzept einer Differenzierung „von oben" durch eine entsprechend genauere Diagnose und daran anschließende Auffächerung der Förderangebote verfeinert werden müsste, um tatsächlich dem einzelnen Kind gerecht zu werden. Dies würde jedoch jede Lehrperson im Alltag überfordern – es sei denn, sie greift auf kleinschrittig konzipierte Lernprogramme für Computer zurück, wie sie schon in den 1960er-Jahren entwickelt wurden (vgl. etwa Correll 1966).

In einem derart „programmierten Unterricht" können die Schülerinnen und Schüler ihr Arbeitstempo selbst bestimmen, auch wenn der einzelne an die vorgegebene Aufgabenfolge gebunden ist. Aber durch deren Kleinschrittigkeit und die Reaktion des Programms auf falsche Lösungen *„werden ihm Mißerfolge (und dadurch Schwächungen seines Lernverhaltens und seiner Motivation) erspart, indem die Lernmaschine die Lernaufgaben in systematisch entwickelten, genau der Lernkapazität des Schülers angepaßten Lernschritten darbietet, die genauso groß sind, daß sie der Schüler ‚gerade noch' vollziehen kann, ohne zu straucheln."* (a. a. O., 14; Rechtschreibung des Originals; vgl. als aktuelles Beispiel das Förderprogramm INTRAACTplus von Jansen et al. 2007 und die Kritik bei Brügelmann 2009) Dieses Vorgehen gründet auf dem Ansatz der „operanten Konditionierung" im Anschluss an Skinner und folgt der Annahme, „… daß es besser ist, Fehler zu vermeiden, als sie nachträglich zu korrigieren" (a.a.O., S. 16). Diese Prämisse ist aus erkenntnis- wie lerntheoretischer Sicht seit den 1970er-Jahren zunehmend in Frage gestellt worden (vgl. die Beiträge zu Voß 1996; 2002 und Abschnitt 4.).

Grundschulpädagogisch wird vor allem das mechanistische Verständnis von Unterricht moniert. Kinder würden bei dieser Differenzierung von oben als bloße Objekte behandelt: Je feiner das Diagnose-Förder-Programm gesponnen werde, desto weniger Raum bleibe ihnen, zu lernen, sich selbst zu organisieren (vgl. etwa die Kritik des u. a. in Rügen erprobten *Response-to-Intervention-Modells* sonderpädagogischer Förderung bei Schumann 2013). Als Alternative bietet sich eine Individualisierung von unten an (vgl. Brügelmann & Brinkmann 2009, S. 131ff.). Beispielsweise kann ein Wochenplan Kindern Wahlmöglichkeiten eröffnen, nicht nur für die Reihenfolge und das Tempo, in dem sie zugewiesene Aufgaben bearbeiten, sondern auch für die Entscheidung, welche Aufgaben sie sich aus einem Pool mit unterschiedlichen Schwierigkeiten zutrauen. Diese Art der Öffnung beschränkt sich allerdings auf die organisatorische Ebene des Unterrichts. Inhalte und Wege des Lernens bleiben für alle gleich – von der Lehrperson oder dem Schulbuch vorgegeben. Insofern ist dies ein eher formales Verständnis von Individualisierung, das keine Folgen für die Art der Aufgaben und ihre didaktische Qualität hat.

## 4    Vom Singulären über das Divergierende zum Regulären

Behavioristische Konzepte wie das von Skinner betrachten die Unterschiede zwischen Kindern nämlich nur als graduelle Differenzen im Umfang von Kenntnissen und Fertigkeiten: Einige Schulanfängerinnen und Schulanfänger kennen nur wenige Buchstaben, andere mehr; „Rechenkönig" werden die Kinder, die im Kopf 1x1-Aufgaben schneller lösen als andere. Bei Schwierigkeiten kann sich Förderung deshalb darauf beschränken, die Unterweisung zu vereinfachen und Übungen zu intensivieren.

Konstruktivisten wie Glasersfeld (1997) stellen diese quantitative Sicht von Kompetenzunterschieden in Frage. Im Anschluss an Piaget (z. B. 1954; 1980) sehen sie Lernen als eine Entwicklung kognitiver Strukturen, die aus der individuellen Auseinandersetzung mit der gegenständlichen und sozialen Umwelt erwachsen und die immer eine persönliche Deutung der Welt einschließen. Hierbei kommt es zu qualitativen Veränderungen von Konzepten und Strategien, wie sie in Form typischer Entwicklungsschritte – z. B. zur Rechtschreibentwicklung (vgl. May 1995; Brinkmann 1997, Kap. 2) – beschrieben werden können.

Heuristisch haben solche Phasen- oder Stufenmodelle einen großen Wert, weil sie bei der Bestimmung von Anforderungen bzw. der Auswahl von Aufgaben helfen, Kindern den individuell passenden nächsten Schritt zu ermöglichen. Aber schon Piaget (1954, S. 23) relativierte den Status dieser Stadien, da die Entwicklung sich nicht treppenartig in klare Stufen trennen lasse und

> „...überdies nicht geradlinig ist und deren allgemeine Richtung sich nur bei einer Schematisierung der Dinge und Vernachlässigung der die Einzelheiten unendlich komplizierenden Schwankungen herausarbeiten lässt."

Veränderungen der Rechtschreibstrategie, die sich etwa im Halbjahresvergleich typisierend als generalisierbare Schrittfolge beschreiben lassen (vgl. May 1995), erweisen sich in Mikroanalysen über zwei, drei Wochen hinweg als ein dem Außenstehenden oft zufällig erscheinendes Oszillieren zwischen verschiedenen Schreibweisen, die sich erst allmählich auf eine reproduzierbare Lösung einpendeln, wobei sich Entwicklungen in verschiedenen Dimensionen überlagern (vgl. Brinkmann 2003, Brinkmann u. a. 1994).

Eine didaktische Konzeption, die sich diesem Sachverhalt stellt, haben Gallin & Ruf (1990; 1999) ausgearbeitet. Für sie bedeutet Individualisierung eine qualitative Öffnung der Aufgaben. Ihnen ist zwar wichtig, dass die Lehrperson den Gegenstand für sich selbst in systematischer Weise klärt, aber diese Sachlogik („das Reguläre") gibt nicht den Weg vor, wie sich ein Neuling den Sachverhalt aneignet, ja, sie kann diese Aneignung empfindlich stören. Gallin & Ruf geht es allerdings nicht um ein zufälliges Lernen durch Erfahrung (oder gar um ein naives durch bloßes Tun). Das Nachdenken über das eigene Denken (heute „Metakognition" genannt) ist zentral für ihren Ansatz. Sie fördern dieses „Lernen des Lernens" u. a. durch die Einführung von „Reisetagebüchern", einer Art kontinuierlichem Protokoll, in dem die Schülerinnen und Schüler ihre Versuche zur Lösung von Problemen für sich und für das Gespräch mit anderen dokumentieren. Der Weg führt nicht vom (didaktisiert) Einfachen schrittweise zur Begegnung mit der Komplexität des Faches oder alltäglicher Anforderungen. Kinder entwickeln ihr Denken und Können vielmehr durch die individuelle Konzentration auf die Auseinandersetzung mit fachlichen „Kernideen" und durch den sozialen Austausch über unterschiedliche Sichtweisen in der Gruppe. Sie bilden persönliche Hypothesen, diese arbeiten sie in Auseinandersetzung mit der gegenständlichen Welt und im kritischen Gespräch mit anderen ab, um auf diesem Weg den Sinn etablierter Konventionen zu erkennen oder ihre eigenen Vorstellungen und Verfahrensweisen zumindest in den Kontext von, z. B. fachlichen, Traditionen einordnen können.

Mit diesem Ansatz vermeiden Gallin & Ruf, was Buhrow (1999) zu Recht als „Individualisierungsfalle" beschrieben hat: die Reduktion von Lernen auf die sozial isolierte

Auseinandersetzung mit Inhalten – z. B. über das bloße Abarbeiten von Arbeitsblättern. Aber auch der Umgang mit dem Mathematik-Material von Montessori (2015) ist in dieser Hinsicht eindimensional. „Austausch unter Ungleichen" ist dagegen der Titel der „interaktiven Didaktik" von Gallin & Ruf (1999), die insofern eine sehr viel größere Nähe zur kooperativen Pädagogik von Freinet (1980) hat. Auch Freinet geht es um die Anerkennung der persönlichen Erfahrung, aber auch um ihre Entwicklung im Austausch mit anderen. „Individualisierung" bekommt damit eine tiefere Bedeutung: Unterricht als Raum der respektvollen Begegnung und Bereicherung von Personen aus unterschiedlichen Milieus und Generationen.

## 5    Selbst- und Mitbestimmung im Unterricht

Auf dieser Ebene werden die beiden in 3. und 4. diskutierten Spannungen auf höherem Niveau aufgelöst: über die Möglichkeit zur Wahl individueller Vorhaben und zur Mitwirkung an gemeinsamen Vorhaben.

Demokratisierung der Schule wird gemeinhin verstanden als Beteiligung von Schülerinnen und Schülern an der Regelung des sozialen Zusammenlebens. Klassenräte und Schülerparlamente bieten einen institutionellen Rahmen für die Mitwirkung der Kinder und Jugendlichen an Entscheidungen. Nimmt man die UN-Kinderrechts-konvention von 1989 ernst, reicht das nicht aus (vgl. zur wechselvollen Geschichte der Kinderrechte die hilfreichen Überblicke bei Carle 1998; 2014). In ihrem Manifest „Kinderrechte, Demokratie und Schule" machen Krappmann & Petry (2015) drei Gedanken stark:

- Schule ist nicht nur ein Ort fachlichen Lernens, sondern auch ein Raum für die Entwicklung der Persönlichkeit und damit für soziales und politisches Lernen des einzelnen (z. B. §§ 4, 17ff., S. 68 des Manifests).
- Schule soll aber nicht nur auf die Zukunft demokratischer Bürgerinnen und Bürger vorbereiten – sie ist als öffentliche Institution auch selbst auf die Einhaltung der Kinderrechte verpflichtet (z. B. §§ 10, 15, 16, 42, 69-70).
- Auch für die Ausgestaltung des Fachunterrichts selbst folgt aus den Kinderrechten der Anspruch einer stärkeren Selbst- und Mitbestimmung der Kinder bei Entscheidungen über Ziele, Themen und Lernwege (z. B. §§ 36ff.).

Was bedeutet das konkret?[1] A. S. Neill (1969, 23) schrieb in seinem Anfang der 1970er-Jahre sehr einflussreichen Buch über das Internat „Summerhill": *„Wir haben keine neuartigen Lehrmethoden; wir sind der Ansicht, dass der Unterricht an sich keine große Rolle spielt."* Er fuhr dann fort, dass es ebenfalls keine Rolle spiele, wie eine Schule bestimmte Inhalte vermittele. Denn: *„Ein Kind, das sie lernen will, lernt sie jedenfalls – gleichgültig, nach welcher Methode..."* (ebda. ).

Entsprechend konventionell war und ist der meiste Unterricht in Summerhill. Die Selbstbestimmung der Kinder erschöpft sich darin, zu entscheiden, ob sie hingehen oder nicht, pointiert: ob bzw. wo sie sich fremdbestimmter Belehrung unterwerfen. Neills Sichtweise ist problematisch. Auch wenn man den Willen hat, etwas Bestimmtes zu lernen, macht es einen Unterschied, ob man sinnvolle Unterstützungs- und Hilfsangebote erhält (z. B. in Form von selbstständig zu nutzenden „Werkzeugen" wie einer Anlauttabelle zum selbstständigen Schreiben), die Einsichten in das zu Lernende er-

---

[1] Die folgenden Überlegungen stammen teilweise aus: Brinkmann, E. (2008): „Demokratische Grundschule" – Anmerkungen aus einer fachdidaktischen Sicht. In: Backhaus & Knorre (2008, 222 ff.)

möglichen, oder ob man häppchenweise etwas serviert bekommt, das irgendwann zu einer komplexen Fähigkeit zusammenwachsen soll.

Der große Fortschritt in der Grundschuldidaktik der 1980er- und 1990er-Jahre bestand darin, dass Kinder nicht mehr Teilleistungen auf Vorrat lernten, um sie dann später mal für sinnvolle Handlungen nutzen zu dürfen. Neue Konzepte des Schriftspracherwerbs (vgl. die Beiträge zu Brinkmann 2015) zeichnen sich beispielsweise dadurch aus, dass Kinder von Anfang an lesen und schreiben dürfen, was ihnen wichtig ist, aber eben auch auf dem Niveau, das ihnen möglich ist. Sie lernen lesen, *indem* sie lesen, und sie lernen schreiben, *indem* sie schreiben – mit der bereits erwähnten Anlauttabelle als Werkzeug, das es ihnen ermöglicht, sich selbstständig die Laut-Buchstaben-Beziehung unserer Schrift zu erschließen und damit das zu Papier zu bringen, was ihnen persönlich wichtig ist und es anderen mitzuteilen. Das hat John Dewey (1964) im Kern mit „Projektmethode" gemeint: aus Erfahrung lernen („learning by doing"), indem man individuell oder gesellschaftlich bedeutsame Probleme bearbeitet. Aber das bedeutet Fehlertoleranz und Respekt dafür zu entwickeln, dass die „Welt im Kopf" (Fischer 1985) bei verschiedenen Menschen unterschiedlich ist.

Sowohl die Relativität wissenschaftlicher Erkenntnis als auch der Eigenwert des kindlichen Denkens schränken den Wichtigkeits- und Richtigkeitsanspruch eines kanonisierten Schulwissens ein (vgl. Glasersfeld 1997). Der gängige Einwand: Wird damit nicht beliebig, was in der Schule passiert, und gibt es nicht Konventionen, ohne deren Beherrschung gerade Kinder aus bildungsfernen Familien in ihren Berufs- und Lebenschancen benachteiligt bleiben?

An dieser Stelle kann die Einsicht entlasten, dass verschiedene Menschen auch an demselben Inhalt Unterschiedliches lernen – dieselbe Einsicht wiederum können sie aus ganz unterschiedlichen Erfahrungen gewinnen. Die Fixierung eines Inhaltskanons ist also weder nötig noch ist sie eine Garantie für gleiche Lernmöglichkeiten.

Was aber unterscheidet Schule dann von einem Markt beliebiger Möglichkeiten? Hilfreich ist hier eine zweite Formel (s. oben Abschnitt 4): Schule nicht als Ort der Belehrung oder gar der Bekehrung „von oben", sondern als Forum der Begegnung von Kulturen und Generationen zu sehen. Menschen können ihr Potenzial nicht im luftleeren Raum entwickeln, allein durch Entfaltung eines, wie Maria Montessori missverständlich formuliert, „inneren Bauplans". Notwendig sind Anregung, Konfrontation, Modellierung, um Erweiterung des Denkens und der Handlungsmöglichkeiten herauszufordern und zu unterstützen, jedoch ohne Festlegung auf ein richtiges Wissen. Der „ethische Imperativ" Heinz von Foersters „Handle stets so, dass du die Anzahl der Möglichkeiten vergrößerst!" (in: Simon 1988, S. 33), ist insofern das einzige formale Kriterium, das eine Maßnahme im Vergleich zu einer anderen als pädagogisch wertvoller ausweisen kann.

Der Anspruch einer demokratischen Schule kann sich also weder darin erschöpfen, die Kinder vorzubereiten auf ihre Zukunft als „demokratische Bürger", noch darin, den Kindern die Freiheit zu bieten, in der Schule Angebote der Belehrung zu verwerfen oder sich ihnen zu unterwerfen. Die Schule muss auch Formen der Sacherfahrung ermöglichen, die den Eigenwert des kindlichen Denkens allgemein und des Denkens des einzelnen Kindes im Besonderen respektieren und dementsprechende Unterstützungsangebote zur eigenständigen Aneignung bereitstellen.

Es bleibt ein Problem: Kompetenzen wie das Lesen- und Schreibenkönnen sind Voraussetzungen für Selbstständigkeit und Partizipation – im privaten wie im öffentlichen Bereich. Wenn einerseits Schriftsprache so wichtig ist, wenn man andererseits Kinder nicht lesen und schreiben „machen" kann (und darf...), dann muss die Schule sich mit aller Kraft darum bemühen, diese Tätigkeiten auch für die Kinder attraktiv zu machen, die bisher keinen Zugang zu den Schriftwelten hatten. Insofern macht die methodisch kleine Differenz, ob Lehrerinnen und Lehrer Aufsätze zu vorgegebenen Themen schreiben lassen oder ob Kinder eigene Geschichten schreiben dürfen, ob alle Kinder Stücke aus demselben Text (vor)lesen müssen oder ob sie sich ihre Lektüre selbst auswählen und den anderen vorstellen dürfen, pädagogisch einen großen Unterschied dafür, was „Individualisierung" für Kinder konkret bedeutet. Die Forderung nach einer demokratischen Grundschule muss also Konsequenzen haben bis in die Fachdidaktiken hinein, wenn sie nicht nur schöner Rahmen für eine weiterhin fremdbestimmte Aneignung des notwendigen Weltwissens bleiben soll.

*Literatur*

Backhaus, A. & Knorre, S. (Hrsg.) (2008): Demokratische Grundschule - Mitbestimmung von Kindern über ihr Leben und Lernen. Universi Verlag: Siegen.

Bartnitzky, H. u. a. (Hrsg.) (2009): Kursbuch Grundschule. Beiträge zur Reform der Grundschule, Bd. 127/128. Grundschulverband: Frankfurt. Grundschulverband: Frankfurt.

Baumert, J. u. a. (Hrsg.) (2003): PISA 200. Ein differenzierter Blick auf die Länder der Bundesrepublik Deutschland. Max-Planck-Institut für Bildungsforschung: Berlin.

Brinkmann, E. (1997): Rechtschreibgeschichten – Zur Entwicklung einzelner Wörter und orthographischer Muster über die Grundschulzeit hinweg. Universi Verlag: Siegen (2. Aufl. 2002).

Brinkmann, E. (2003): „Farrat da war nichz Schwirich...": In: Brinkmann, E. u. a. (Hrsg.) (2003): Kinder schreiben und lesen. Beobachten – Verstehen – Lehren. DGLS-Jahrbuch „Lesen und Schreiben" Bd. 10. Deutsche Gesellschaft für Lesen und Schreiben. Fillibach-Verlag: Freiburg, S. 147-154.

Brinkmann, E. (Hrsg.) (2015): Rechtschreiben in der Diskussion – Schriftspracherwerb und Rechtschreibunterricht. Beiträge zur Reform der Grundschule, Bd. 140. Grundschulverband: Frankfurt.

Brinkmann, E. u. a. (1994): Rechtschreibmuster organisieren sich. Rechtschreibschwierigkeit und ortografische Richtigkeit von Lisas ersten 1800 Wörtern. In: Brügelmann & Richter (1994, 87-92).

Brügelmann, H. (2005): Schule verstehen und gestalten – Perspektiven der Forschung auf Probleme von Erziehung und Unterricht. Libelle: CH-Lengwil.

Brügelmann, H. (2009): Warnung vor didaktischen Allaussagen und pädagogischen Heilsversprechen! Gutachten zum Leselehrprogramm IntraActPlus. Kurzfassung für Grundschulzeitschrift, 23. Jg., H. 225.226, 26-27.

Brügelmann, H. (2015): Vermessene Schulen – standardisierte Schüler. Zu Risiken und Nebenwirkungen von PISA, Hattie, VerA & Co. Beltz: Weinheim/ Basel.

Brügelmann, H. & Brinkmann, E. (2009): Öffnung des Anfangsunterrichts. Theoretische Prinzipien, unterrichtspraktische Ideen und empirische Befunde. Arbeitsgruppe Primarstufe/ Universität. Universi Verlag: Siegen (1. Aufl. 2008).

Brügelmann, H. & Richter, S. (Hrsg.) (1994): Wie wir recht schreiben lernen. Zehn Jahre Kinder auf dem Weg zur Schrift. Libelle Verlag: CH-Lengwil (2. Aufl. 1996).

Brügelmann, H. u. a. (Hrsg.) (1995): Am Rande der Schrift. Zwischen Mehrsprachigkeit und Analfabetismus. DGLS-Jahrbuch Bd. 6. Libelle Verlag: CH-Lengwil.

Burow, O.-A. (1999): Die Individualisierungsfalle. Kreativität gibt es nur im Plural. Klett-Cotta: Stuttgart.

Carle, U. (1998): 75 Jahre Rechte der Kinder. Was haben drei Generationen aus den Forderungen der 20er Jahre gemacht? In: Carle/ Kaiser (1998, 12-23).

Carle, U. (2013): Jahrgangsübergreifendes Lernen. Worauf kommt es an? In: Grundschulzeitschrift, 27. Jg., Nr. 270, 4-5.

Carle, U. (2014): Herzlichen Glückwunsch zum Kinderrechte-Geburtstag. In: Grundschule aktuell, Nr. 127, 3-5.

Carle, U. & Kaiser, A. (Hrsg.) (1998): Rechte der Kinder. Schneider Hohengehren: Baltmansweiler.

Correll, W. (Hrsg.) (1966): Programmiertes Lernen und Lehrmaschinen. Westermann S9: Braunschweig (1. Aufl. 1965).

Dewey, J. (1964): Demokratie und Erziehung. Westermann: Braunschweig (3. Aufl.; 1. Aufl. 1916).

Fischer, E. P. (1985):Die Welt im Kopf. Ekkehard Faude: Konstanz.

Freinet, C. (1980): Pädagogische Texte. Mit Beispielen aus der praktischen Arbeit nach Freinet. Rororo 7367: Reinbek.

Gallin, P. & Ruf, U. (1990): Sprache und Mathematik in der Schule. Auf eigenen Wegen zur Fachkompetenz. Illustriert mit sechzehn Szenen aus der Biographie von Lernenden. Verlag Lehrerinnen und Lehrer Schweiz: Zürich (Neuauflage Friedrich/ Kallmeyer: Seelze 1998).

Gallin, P. & Ruf, U. (1999): Dialogisches Lernen in Sprache und Mathematik. Bd. 1: Austausch unter Ungleichen. Grundzüge einer interaktiven und fächerübergreifenden Didaktik. Kallmeyer: Seelze.

Glasersfeld, E. v. (1997): Wege des Wissens. Konstruktivistische Erkundungen durch unser Denken. Auer: Heidelberg.

Hattie, J.A.C. (2013): Lernen sichtbar machen. Überarbeitete deutschsprachige Ausgabe von „Visible Learning" besorgt von Wolfgang Beywl und Klaus Zierer. Schneider Hohengehren: Baltmannsweiler (engl. 2009).

Hengartner, E. & Röthlisberger, H. (1995): Rechenfähigkeit von Schulanfängern. In: Brügelmann u. a. (1995, 66-86)

Herzog, W. (2013): Bildungsstandards. Eine kritische Einführung. Kohlhammer: Stuttgart.

Jansen, F. u. a. (2007): Lesen und Rechtschreiben lernen nach dem IntraActPlus-Konzept. Springer: Heidelberg.

KMK (2003 ff.): Die Bildungsstandards. Download: http://www.kmk.org/bildung-schule/qualitaetssicherung-in-schulen/bildungsstandards/dokumente.html

Krappmann, L. & Petry, C. (2016): Worauf Kinder und Jugendliche ein Recht haben. Kinderrechte, Demokratie und Schule: Ein Manifest. Debus-Verlag: Schwalbach.

Largo, R. (2009): Schülerjahre. Piper: München.

May, P. (1995): Kinder lernen rechtschreiben: Gemeinsamkeiten und Unterschiede guter und schwacher Lerner. In: Balhorn, H. & Brügelmann, H. (Hrsg.) (1995): Rätsel des Schriftspracherwerbs. Neue Sichtweisen der Forschung. „Auswahlband Theorie" der DGLS-Jahrbücher 1-5. Libelle: CH-Lengwil, S. 220-229 [Nachdruck aus: Brügelmann/ Balhorn (1990, S. 245-53)].

Montessori, M. (2015): Praxishandbuch der Montessori-Methode. Hrsg. v. H. Ludwig. Herder: Freiburg (3. Aufl.; Vorfassung 1922; engl. 1914).

Neill, A.S. (1969): Theorie und Praxis der antiautoritären Erziehung. Das Beispiel Summerhill. Reinbek: rororo (49. Aufl. 2002).

Piaget, J. (1954): Das moralische Urteil beim Kinde. Rascher: Zürich (frz. 1932).

Piaget, J. (1980): Das Weltbild des Kindes. Klett-Cotta im Ullstein-Taschenbuch 39001: Frankfurt u. a. (frz. 1926).

Rathenow, P. & Vöge, J. (1982): Erkennen und Fördern von Schülern mit Lese-/ Rechtschreibschwierigkeiten. Westermann: Braunschweig (Vorf.: Erkennen und Fördern lese-recht-schreibschwacher Schüler. HILF: Wiesbaden 1980).

Schumann, B. (2013): Statt RTI: Inklusive Bildung braucht inklusive Diagnostik. Download: http://bildungsklick.de/a/88459/inklusive-bildung-braucht-inklusive-diagnostik/

Simon, F. B. (Hrsg.) (1988): Lebende Systeme. Wirklichkeitskonstruktionen in der systemischen Therapie. Springer: Berlin/ Heidelberg.

Voß, R. (Hrsg.) (1996): Die Schule neu erfinden. Systemisch-konstruktivistische Annäherungen an Schule und Pädagogik. Luchterhand: Neuwied (4. überarb. Aufl. 2002).

Voß, R. (Hrsg.) (2002): Unterricht aus konstruktivistischer Sicht. Die Welten in den Köpfen der Kinder. Luchterhand: Neuwied.

*Ekkehard Marschelke*

# Mein Curriculum sind die Kinder – die Kinder sind die Quelle meiner Kraft

## Zusammenfassung

Im Folgenden sind einige ausgewählte Konzepte beschrieben, die das persönliche Wachsen, die Potenzialentwicklung, den Aufbau von Leistungskompetenz sowie die Förderung von sozialer Integration in der Grundschule erleichtern und unterstützen können.[1]

## 1 Einführung

Von dem Standpunkt Ursula Carles aus: *„Mein Curriculum sind die Kinder"* geht es darum, die Potenziale und Basisqualifikationen der Kinder zu erkunden, die Entwicklung von Kompetenzen zu organisieren und die Entfaltung in konkretem Handeln zu coachen; das gilt für jedes einzelne Kind und verlangt einen Grundstock an Einzelunterricht und Gruppenunterricht (nicht nur für hochbegabte oder für Kinder mit einer Behinderung) und andere Sonderformen (z. B. Homeschooling, Internat, Schulklinik). Positive soziale Erfahrungen in den didaktischen Beziehungen, in der Lerngemeinschaft und in der demokratischen Schule sollen Defizite und Abweichungen ausgleichen, damit die Potenzialentfaltung fortschreitet. In der Fülle von Gegenentwürfen zur Jahrgangsklasse gibt es einen gemeinsamen Faktor: Die *pädagogische* Situation wird prinzipiell als *one-to-one Konstellation* definiert; das heißt, sie besteht tatsächlich nur als individualisierte Beziehung. Und sie wird faktisch durch beide Beteiligten eingerichtet, ausgebaut und umgestaltet. (Eine Gemeinschaft der Lernenden zu schaffen ist eine ganz andere Aufgabe.) Dieses Prinzip kann zwar sehr unterschiedlich gehandhabt werden, aber es hat unumstößliche Grundlagen, mit denen jede Realisierung kompatibel bleiben muss. Diese Grundlagen sind: Erstens: Das autopoietische Gesetz unserer biologischen Entwicklung. Zweitens: Die zur Bewegung bestimmte Auslegung unseres Nervensystems. Drittens: Die auf Kooperation ausgerichtete Struktur unserer Existenz. Viertens: Die auf Autonomie verpflichtete innere Führung der Person (Selbstkompetenz). Ich will diese vier Grundlagen veranschaulichen anhand von vier Grundsätzen für die didaktische Individualisierung unter den Stichwörtern *„Intake"*, *„Bewegung"*, *„Vertrauensbeziehung"*, *„Innere Führung"*; die zahlreichen Implikationen z. B. für Bildungsphilosophie oder Schulpolitik stelle ich zurück; einige Anregungen für die Praxis aber füge ich bei.

## 2 Erster Grundsatz: Intake statt Input

Das biologische Prinzip der Vermehrung durch Samen besteht darin, dass das Potenzial im Samen ausreicht, mit dem Wachstum zu einem neuen Individuum zu beginnen, sobald gewisse Bedingungen gegeben sind (z. B. Feuchte, Wärme, Temperatur) und

---

[1] Anmerkung: Da jede Aussage so oder so schon oftmals geschrieben worden ist, gebe ich keine Quellen an.

mit dem Wachstum fortzufahren, wenn gewisse Ressourcen verfügbar sind (z. B. Licht bzw. Energieträger, Konstruktionsstoffe). Ein Beispiel ist die Nidation: Hier entnimmt der werdende Organismus dem Versorgungsangebot das, was er braucht. In der Systemtheorie spricht man vom „*intake*". So verfährt das Individuum grundsätzlich auch in anderen Funktionsbereichen, ganz gleich, welche weiteren Regelungen gelten. Entscheidend ist, dass die Situation, in der sich das Individuum aufhält, den nachgefragten Intake enthält. Denn andernfalls stoppt das Wachstum, die Funktion ist unterbrochen und das Individuum geht ein oder es zieht von dannen – und findet vielleicht in einer anderen Situation das Gesuchte.

Die nächst komplexere Form ist die Initiative, ein Schlüsselimpuls: für sich zu sorgen, die essenziellen Intakes zu beschaffen, Störgrößen abzuwehren, die Situation zu wechseln oder die Situation zu ändern (input). Darin realisiert sich der Zwang: frei zu sein und frei zu bleiben oder unterzugehen; fehlt davon etwas, geht das Leben schief. Bei den biologischen Funktionen sieht man das sofort ein: einatmen, essen, trinken; und auch bei den Funktionen des Handelns: beobachten, fragen, verstehen. Doch wie steht um diese Einsicht im Hinblick auf das Lernen, z. B. beim Suchen, Experimentieren, Abwarten, Wertschätzen, Lieben, Geborgensein?

Intake, Initiative, Freiheit sind zugleich Voraussetzung für die Gestaltungskraft bei Interaktion, Kooperation, Lebensführung. Systematische Beschneidung fesselt die Person, provoziert Widerstand (Freiheitskampf, Gewalt, Flucht) oder lähmt. Politische, religiöse, pädagogische, didaktische Systeme müssen sich diesbezüglich detailliert rechtfertigen (welche Inputs in die Situation gewährleisten den individuellen Intake, welche behindern ihn, welche vergiften ihn, welche gängeln, entmündigen etc.).

Wenn ein neu geborenes Baby schreit, organisiert es seine Versorgung durch den Einsatz unterschiedlichen Schreiens (z. B. wegen Schmerz, Hunger, Einsamkeit, Wärme, Lage, Bewegung, Entsorgung, Orientierung).

Ein Kind braucht die Situationen, in denen es Erfolg hat damit, für sich zu sorgen, und solche, in denen es die Personen, Einrichtungen, Materialien, Spielräume findet, die es braucht, und sie so beeinflussen kann, dass es sich entwickeln und ein erfülltes Leben führen kann. Besonders wichtig sind Erlebnisse der polarisierten Aufmerksamkeit (Flow), weil sie integrieren – und spüren lassen, was weiterführt bzw. die Entwicklungsspirale stärkt (sammeln, differenzieren und integrieren, neues organisieren, Autonomie gewinnen).

Das Erfolgserlebnis beginnt damit, dass es dem Baby oder Kind gelingt, die Mutter zu veranlassen, das Richtige zu besorgen (nicht bloß Windeln und Futter). Es geht weiter damit, die Beeinflussungspotenz zu erweitern, das beginnt mit dem Lächeln, und wenn es der Mutter die Zunge zum Gaudium herausstreckt (und sie dasselbe macht, in dem Glauben, sie hätte dazu angestiftet); oder es vergnügt sich an einem Mobile und studiert dabei ernsthaft sein Einflussmuster.

Die Entwicklung der wirksamen Intelligenz hängt von der gelebten Initiative ab, ebenso von der Vertrauensbeziehung und der von der Bezugsperson beschützten Autonomie. Die Kompetenz „Initiativ sein" (mit dem Mut, etwas zu riskieren) ist eng verbunden mit der Bewegungsentwicklung (krabbeln, greifen, tragen, manipulieren), denn nur Wiederholung bzw. Training schafft Bewegungsmuster mit Performanzerwartung. Sie dienen zugleich als Modelle für alle Handlungsmuster in Beruf und Alltag, in Probier- und Leistungssituationen.

Noch ein Aspekt erscheint mir bemerkenswert: Die Vollständigkeit eines Verhaltens oder Handelns erst erlaubt es zu bewerten und damit nutzbare Erfahrung zu machen. Bewegung schließt ab mit Ruhe, Initiative endet mit der Handlung, Lernen kommt im Erwerb des Handlungsmusters zum Ziel, ein Projekt mit der Präsentation oder Produktnutzung. Als Begleitqualifikation braucht Initiative Beharrlichkeit (also nicht nur Präsenz, sondern auch die Vision), Engagement und Zuversicht.

Für das didaktische Handeln erwächst daraus ein ziemlich massives Problem: die relative Planlosigkeit. All das bereit zu halten, was weiterführt, kann heute nicht mehr mit vorbereiteten Umgebungen und didaktischen Materialien gelingen. Das Arsenal (an Personen und Situationen) ist umfassend zu dimensionieren, es kann vielleicht erweitert werden durch Kooperation mit älteren Schülern, Handwerkern, Künstlern, Ehrenamtlichen. Man kann vielleicht auch erwarten, dass die Schülerinnen und Schüler selbst ihre Vorstellungen und Ideen einbringen, wie sie an die Dinge herankommen, die sie brauchen, um zu wachsen. Wesentlich ist ein passendes Aufgabenverständnis, weil die Hoheit für die Aufgabenstellung an den Lernenden zurückgeht und damit die erforderliche didaktische Beratung erweitert, welche genaue Beobachtung, individuelle Einfühlung, Begleitung, Mitverantwortung zur Grundlage hat, damit die lernende Person, ihr Verhalten und ihre Botschaft verstanden werden können (zuhören statt belehren, beraten statt benoten).

## 3    Zweiter Grundsatz: Sich bewegen statt stillsitzen

Sehr anschaulich hat Henri Laborit (1914-1995) zur Evolution gesagt, dass die Pflanzen die Sonnenenergie etc. umwandeln, die die Tiere sich aneignen. Damit die Tiere sich im Raum bewegen können, um an die Pflanzen heranzukommen, brauchen sie ein Nervensystem und ein Bewegungssystem. Die primäre Aufgabe des Nervensystems ist es, das Bewegungssystem zu organisieren; es ist nicht nur für die Bewegung im Raum zuständig, sondern auch für die meisten Organfunktionen: für den Kreislauf, den Wimpernschlag und die basale Oszillation des Auges (damit zwischen den Amplituden die Sehzellen nachgeladen werden können), für die elektrischen Potenziale in Neuronen, die Hormonsekretion, die Peristaltik – für Liebe, Schweiß und Tränen.

Schwere Behinderungen und schwerste Erkrankungen gehen einher mit schweren Störungen der Bewegung, gefolgt von Störungen des Wahrnehmens, des Kommunizierens und damit der Beziehungen. Andreas Fröhlich lehrt, solche Störungen mithilfe *Basaler Stimulation* zu unterlaufen, um die psychischen Funktionen zu reaktivieren. Die weittragenden Erkenntnisse hierzu besagen: schon mit feinster Stimulation zur Bewegung kommen Rehabilitierungen in Gang.

Wenn im Unterricht nichts geht oder nicht richtig in Gang kommt, empfiehlt es sich abzubrechen, neu anzusetzen, mit Bewegung zu arbeiten. Die Historie bietet unübersehbar viele Vorschläge dazu. Von aktuellem Nutzen scheinen mir besonders das Laufen (*one mile*), Tanzen, künstlerisches Gestalten, Elemente der Alltagsversorgung (Kochen, Körperpflege, Reinigungsarbeiten), Singen, Sprechen, szenisches Spiel einerseits und folgerichtig das andere Ende des Kontinuums: Ruhe, Stille, Verweilen, in Resonanz treten, Meditation, Imagination, beziehungsweise grobmotorische Aktivitäten (Möbel, Sand, Garten). Wichtig kann es sein, gewisse Nebeneffekte einzuplanen, was tröstet, was stärkt, was verwöhnt, was ablenkt – was leicht in die Selbstversorgung mit hinübergenommen werden kann. Die leitende Idee dabei ist, die Basis wiederzufinden. Ein ganz einfaches Beispiel ist, (im Stehen) auf einem großen Malkarton liegende Achten ∞ zu ziehen, mit Finger, Kreide, Bleistift, bis das Gefühl auftritt, die Spitze sei ein Teil der Hand – ein guter Übergang zu zeichnen, malen, modellieren.

Nun eignen sich Bewegungen besonders gut, durch slow down, blow up, analytisches Zergliedern (vgl. flow chart) das bewusste Wahrnehmen sonst souverän übergangener Details zu üben und Zusammenhänge von mehreren Bewegungszügen zu beachten (co-motions). Diese Weise, die Komplexität einer Bewegung ins Bewusstsein zu heben, ist kostbar; sie schafft bzw. bekräftigt zugleich im Unbewussten spezielle Verarbeitungsmuster quasi in Verlängerung der von der Evolution vorbereiteten Konzepte. Die Präzisierung und Beschleunigung jener automatischen Analyse folgt unverzüglich. Jeder kann das leicht ausprobieren, z. B. beim Beobachten von Vögeln. Lehrkräfte selbst spüren den Gewinn sehr schnell, weil sich ihre Schüler-Beobachtung optimiert.

Man kann nun noch die Beobachtung bei sich selbst auf die eine Bewegung begleitenden (oder von ihr ausgelösten) Empfindungen, Gefühle, Gedanken ausdehnen, um die Bewegungskomplexität immer besser zu verstehen: Es juckt, ich kratze; es brennt oder blutet, das stillt oder macht Angst; Tim stürzt, die Wut auf den Verursacher macht ihn bärenstark. Das allzu knapp Erzählte kann Stück für Stück analysiert werden, fehlende Passagen und Angaben lassen sich imaginieren. Schließlich kann (systematisch) reflektierend die damit gewonnene Erfahrung namhaft gemacht und in künftiges Handeln eingeflochten werden (feed forward).

Auch wenn es riskant erscheint: Kinder sollten dazu angehalten werden, Träume zu erzählen (schriftlich im Tagebuch, mündlich im Vertrauen); sie lernen dabei, klare Unterscheidungen zu finden zwischen den Vorstellungen aus dem Wachsein, Träumen, Einschlafen bzw. Aufwachen, Wünschen sowie aus Vision, Fiktion, Fantasiewelt je nach Herkunft bzw. Erzeuger (Autor, Text, Film, Video, Spiel…); und sie lernen, dass wir mit mehreren Systemen arbeiten, von denen das Wachbewusstsein nur soviel ist wie der Schaum auf dem Kamm einer Welle über einem sturmgepeitschten Meer. Es ist lebenswichtig und für das persönliche Wachsen notwendig, mit dem Unbewussten intensiv zu kooperieren.

Noch ein Aspekt: Weltweit beachtet wurde der Versuch, Grundschulkinder durch Langlauf zu fördern; einmal die Woche eine Meile, Profi-Pulsmessgerät am Arm, um im gesunden Bereich von 120 bis 160 zu bleiben. Im landesweiten Mathematik-Test überragend, wird dazu erklärt, die so organisierte Anstrengung löse im Gehirn die Ausschüttung von Wachstumshormonen aus, welche das Behalten und Verstehen triggern (man kann nur verstehen, was man behalten hat).

Die Lust am Gestalten wirkt evolutionär. Eine basale Weise ist es, eine natürliche Bewegung zu verändern, z. B. so, dass sie eine Botschaft analog ausdrückt (ein „Ah", ein Ruf; ein Armheben, ein Tanz) und umgekehrt, eine Botschaft mithilfe verschiedener Bewegungen zu übermitteln (einen Gruß, eine Ablehnung). Das gleiche kann versucht werden mit einfachsten Zeichen auf Papier, mit einer Taste auf dem Klavier etc. (*minimal art*).

Und noch eins: Natürlich hat es die Evolution des Menschen gewaltig beschleunigt, dass er nicht in der Savanne im Kreis lief, bis sich die Savanne verändert, sondern dass er diese Umgebung (Umwelt, Mitwelt) verließ und sich nomadisierend, auswandernd, landnehmend extremem Anpassungsdruck aussetzte; oft ist es um des Fortschritts willen sehr ratsam, so zu verfahren: Wie anders könnten die ruhenden Potenziale sichtbar gemacht werden.

## 4 Dritter Grundsatz: Vertrauensbeziehung statt Klassengeist

Individualisierung in der Grundschule läuft nur so gut, wie die didaktische Beziehung zum Einzelnen es ermöglicht. Ein Kollegium z. B. hatte im Februar wegen unerträglicher Verhaltensabweichungen beschlossen, zunächst durch etwa ein 15-Minuten-Gespräch pro Monat mit jedem Schüler herauszufinden, was da im Gang ist. Ende Juni entschied man, das erwogene Projekt ruhen zu lassen, weil die Störungen erträglich schienen. Die Einsicht, ganz vergröbert formuliert, war: Wer sich beachtet, ernst genommen, verstanden fühlt, gibt der Vernunft gern eine Chance.

Die Lehrer-Schüler-Beziehung beginnt, sobald die Lehrkraft für die Person Interesse empfindet und zeigt; dann folgt das Interesse an der Schülerin bzw. am Schüler („Wie hast du das geschafft?"). Dabei handelt es sich natürlich nicht nur um die sachliche Lösung der gestellten Aufgabe, sondern auch um die Bewältigung der Situationen (Interaktion, Stress, Anstrengung) – zumal wenn gesundheitliche, häusliche, und andere Belastungen (oder Vorteile) mit bedacht werden. Es geht nicht um Schonung von Weicheiern, schon gar nicht um Lob, sondern um Anerkennung.

Beziehung lebt aus der Präsenz im Verbund mit Authentizität, Empathie, Akzeptanz, d.h. ganz hier und ganz der Person zugewendet. Das Interesse liegt vor allem auf den Begleitprozessen zur Lernarbeit, um die Lernberatung zu fundieren; denn Lerntechniken kommen erst langsam nach und nach auf den Plan.

Das Kollegium einer Grundschule in Köln Porz hatte folgerichtig ein neues Konzept geschaffen; jeder Anfänger, jede Anfängerin bekam zunächst eine Patin oder einen Paten aus dem zweiten Jahrgang in der Klasse; nach den ersten Tagen übergab die Lehrerin dem Anfänger einen Jahresordner. Er enthielt alle Aufgaben, zu denen in der Regel das Patenkind anleiten konnte. Neben den Gruppensituationen hatte die Lehrerin jede Woche für jedes Kind fast 20 Minuten Zeit für Einzelgespräche und Einzelunterricht.

Natürlich steckt in solcher Beziehungsgestaltung das pädagogische Risiko missbrauchbarer Offenheit und Vertrautheit, denn Präsenz reduziert das Abgrenzungsverhalten, sie erleichtert Synchronisierungen, Berührungen einerseits, doch andererseits auch die Bekräftigung von Eigenständigkeit und territorialer Sicherheit („mein Platz"), Einhaltung von Zusagen, Verschwiegenheit; das Gefühl von Sicherheit und Unterstützung, das Gefühl von Können und Einfluss, das Spüren der nutzbaren Stärken. Hilfreich ist, wenn die Worte genau gewählt und die Rede gut formuliert ist, wenn Ich-Aussagen von fachlichen Beurteilungen unterschieden sind, wenn „Ich habe verstanden" auch genau das heißt – und wenn korrekt reflektiert wird.

Das Gehirn ist auf Kooperation angelegt. Dafür ist eine angemessene Vertrauenslage nötig. Das zeigt sich sofort bei gewissen didaktischen Arrangements z. B. mit Imagination (geführte Imagery), Reflexion, Meditation, Improvisation, etwa wenn „Entspanne dich" oder „Schließe bitte deine Augen" angesagt wird. Bei der Einführung ist eine fachlich solide Führung nötig, bei der Entlassung in den eigenständigen Gebrauch eine solide Kontrolle.

Kinder können häufig nur im Vergleich, der einen Unterschied anzeigt (der einen Unterschied macht) mit anderen feststellen, dass sie persönlich gewachsen sind. Überlegenheit zu erreichen ist ein Grundtrieb; man sollte ihn sozusagen hemmungslos nutzen, indem man ihn in Spiel und Sport lenkt: Es ist didaktisch wertvoll, dem Kind das Vergnügen zu erschließen, sich gesteigert zu haben!

Kinder können häufig nicht überblicken, dass eine Kompetenz (z. B. die Klasse mit Mineralwasser zu versorgen) nicht nur Wissen und Können, sondern auch Verantwortung und Bewältigung der Belastungen (und der persönlichen Veränderungen) umfasst. Sie brauchen deshalb immer eine nachfragbare Coachfunktion, jemanden, der gegebenenfalls auch erklärt, warum die Verantwortung begrenzt und die Belastung geteilt wird. Unter dieser Bedingung ist es effektiv, Kindern Aufgaben für die Gemeinschaft zu übertragen, sozusagen als Modelltraining für Projekte auf eigne Rechnung.

Kinder können häufig erst durch Erfahrungen mit künstlerischem Arbeiten und Gestalten spüren und an Produktionen feststellen, dass sie sich und wie sie sich durch eigenes Tun und Lernen verändern und entwickeln – und wie sich das anfühlt. Ein brauchbares Arrangement stammt von Andreas Gerstner. Er setzte Malkarton-Streifen 11 x 44 cm mit einer schemenhaften Ghost-Figur („Wesen von" ca. 10 x 22 cm; tilgt die Angst vor dem leeren Blatt) ein, jede Woche; schlaue Themenvorschläge; bald hatte ein Kind eine Galerie von reflektierbaren Darstellungen bzw. Selbstdarstellungen entfaltet. In der Fortbildung erwies sich das im Anfangsarrangement als ein Segen, es löste die angestauten Lernlähmungen.

Die systematische Reflexion dient der Herstellung von Erfahrungen in drei Schritten: 1. Was ist passiert (gearbeitet, gelernt worden)? 2. Was war die Folge (Erlebnis, Ergebnis, Gedanken)? 3. Was bedeutet das (für mich, für andere, künftig)? Aus einem Erlebnis wird Erfahrung oder subjektive Erkenntnis. Im Austausch mit anderen können intersubjektive Erkenntnisse geschaffen werden, die im Gruppenleben zum Tragen kommen. Manchmal ist es hilfreich, eine vierte, manchmal therapeutisch wirkende Frage, zu stellen: die Frage nach dem „Warum"? Warum passierte das? Warum erlebte ich das? Warum bewertete ich das so und so?

## 5  Vierter Grundsatz: Innere Führung statt Fremdbestimmung

Wir Menschen haben in uns ein mehrfach verschachteltes, seltsam vernetztes, nicht-hierarchisches Führungssystem; es ist unglaublich flexibel, enorm lernfähig, insgesamt sehr effektiv. Es ist unsystematisch aufgebaut, folgt also nicht einer Idee, sondern es ist offenbar wild gewachsen unter den Anforderungen des Überlebenszwecks: Es besteht (1) aus einem umfassenden genetischen (und epigenetischen) Programm, das die Autopoiesis organisiert; und (2) aus einem unglaublich detailliert arbeitenden biologischen Regelungssystem für den lebendigen Organismus mit Sitz im Hirnstamm; dazu kommt (3) das kaum vorstellbar potente Unbewusste, bestehend aus lauter ziemlich klugen Schaltungen zur Regelung aller dem Grunde nach bewusstseinsfähigen Prozesse; und (4) das bewusste Spüren, Wahrnehmen, Empfinden, Fühlen, Entscheiden, Denken. Das Letztere ist vergleichsweise winzig, es ruht auf den vorangehenden riesigen Systemen auf.

Das Wachsen und Ordnen der bewussten inneren Führung hat Vorrang (Ich-Stärke, Selbstsicherheit, Selbstgefühl, emotionale Stabilität) für ein human gedachtes Leben. Bevor das Kind beginnt, sich selbst zu reflektieren, um herauszufinden, welche Person es ist und welche es werden möchte, muss dafür das Gerüst stehen und das Werkzeug zur Hand sein. Was soll das heißen? Irgendwer muss dem Kind diese Werkzeuge erschließen: Die Kunst des Reflektierens, des Meditierens, des Imaginierens und sich Integrierens. Mit kleinen Sachthemen läuft das ungemein gut, dann sollten Körperthemen folgen, Themen zur Lebensführung, zur Person-Entwicklung.

Nichts davon ist dem Kind fremd; alles Leben ist Problemlösen: Die bewusste Innere Führung ist immer schon in gewissem Umfang gewachsen und genutzt worden. Also geht es um Systematisierung bzw. zuverlässige Anwendung. Wenn man sich klar macht, dass im Individuum immer schon das genetisch vorgeordnete Programm und die retikuläre Regelung zur Führung des biologischen Organismus in Funktion ist, die bis zum Muttermal am Hals genau die Organsysteme aufbaut und auf Nanogramm genau die Blutbestandteile regelt, dann kann man auch einsehen, dass die Organfunktionen in jedem Individuum neu erfunden worden sind, z.B. die Kooperation von Labyrinth, Gehirn, Bewegung und dass kein Individuum dem andern gleicht, nicht einmal Blut gleicht dem anderen.

Für jede der zahlreichen Entwicklungsaufgaben, die sich dem Kind stellen, braucht es eine weitere Komponente zur bewussten inneren Führung. Das Prinzip wird schon realisiert bei der Entscheidung des Fötus, das intrauterine Leben zu beenden und zu diesem Zweck ein Wehen stimulierendes Hormon auszuschütten. Es gibt kein Ende dieses Musters, nur immer neue Zuschnitte (die codierten Schreie des neu geborenen Kindes nach Versorgung, die beharrlichen Versuche des Kleinkinds zu stehen, zu gehen, zu laufen, zu hüpfen, zu greifen, zu zeigen, zu sprechen). Das Grundmuster ist genetisch vorgeordnet, es wird im Unbewussten ausgeführt. Hierzu zählen etwa die Schritte des Reflektierens (z. B. bei der Fehlerkorrektur); durch gezielte Übungen soll es differenzierter, effektiver und absichtlich einsetzbar gemacht werden. Je besser so ein Werkzeug in der Hand liegt, desto anspruchsvoller können die Ziele gewählt werden. Und das heißt: Je präziser gecoacht wird, desto zuverlässiger entwickelt sich das autopoietische Verhalten. Man findet derzeit keinen besseren Schutz gegen Verführung, Ausbeutung, Verirrung, Dehumanisierung. Schwierig dabei ist nur, geeignetes Lehrpersonal zu rekrutieren. Ein brauchbarer Indikator für den Erfolg beim Aufbau der bewussten inneren Führung ist die Zunahme der *emotionalen Stabilität* (einschließlich der Geduld mit sich selbst) – die zugleich erfolgreiche Lehrkräfte auszeichnet.

Es bietet sich an, gewisse Aufgabenstellungen bzw. Projekte bearbeiten zu lassen, um Gelegenheiten zu schaffen, die genannten Werkzeuge der bewussten inneren Führung zu kultivieren, z. B. zu spielen oder zu demonstrieren, wie ein Unfall zustande kommt (Schubsen) und zu reflektieren, um die Erkenntnis bzw. Erfahrung zu erfassen. Probleme lösen (Risikovermeidung), imaginieren (aufpassen), meditieren. Dann können Verfahrensübungen zu solidem Können verhelfen: Das heißt, drei bzw. vier Schritte systematischen Reflektierens einzuüben ist wichtig sowie die Herstellung der dazu nötigen Hilfsmittel wie Dokumentation, Tagebuch. Weiterhin sind die Schritte der Imagination bzw. des mentalen Trainings zu gehen: Ein Scenario einrichten – ein Problembild durchspielen – eine Story formulieren – ein Ergebnis dokumentieren und reflektieren, die Schritte der Meditation (z. B. Bodyscan) ausführen. Schließlich geht es darum, die Beobachtungen in ein Selbstgefühl zu integrieren, soziale Konflikte zu analysieren, zu spielen, zu beschreiben, zu deuten, aufzulösen.

Besonders ergiebig und nützlich zur Förderung der bewussten inneren Führung erscheint mir das Themenfeld *Gesundheit*. Denn über Bewegung und Ernährung, über Körpergefühl und Lebensführung erfolgreich Einfluss auf die eigne Existenz zu nehmen, das stärkt. Wenn Kinder ihre Aufmerksamkeit auf das Essen lenken (auf jedes Detail, wie oben gesagt), wenn sie das Verhalten verlangsamen (slow down diet), das Erleben ins Bewusstsein heben (blow up) und mit den ursprünglichen Erwartungen vergleichen (think emotional), die fachlichen Informationen darüberlegen und sich beraten, was sie klären müssen, ist dies möglich. Besonders bei der Abwägung, wer die Führungshoheit übernimmt, brauchen Kinder Hilfen und Ermutigung. Denn innere Impulse prallen allenthalben auf äußere Ansprüche, auf Erwartungen der sozialen Mitwelt und es braucht gute Gründe, klein beizugeben oder sich aufzubürsten.

Von unschätzbarem Wert für die Entwicklung der bewussten inneren Führung ist die Integration der Person beziehungsweise ihrer Kräfte, ihrer Gefühle, ihrer Gedanken und ihrer Bestrebungen mit Hilfe künstlerischer Aktivitäten. Und es erscheint mir ratsam, der Empfehlung der Yehudi Menuhin Stiftung Brüssel zu folgen, praktizierende Künstler einzuladen (Maler, Bildhauer, Pantomimen, Sängerinnen), die den Kindern die Kunst, von der sie leben, zeigen, mit ihnen etwas machen bzw. probieren und die Seele weiten (symbolische Teilhabe). Weitere, die Integration provozierende Aufgabenstellungen, sind Projekttage, Auftritte (Performances), Meditationen zu eher aufwühlenden Sachverhalten.

Am Ende zählt, dass das Kind den Übergang zur weiterbildenden Schule mitentscheidet, seine Gefühle dagegen und dafür versteht, und seine autopoietische Aufgabe als Herausforderung akzeptiert.

## 6 Werkzeuge zur Individualisierung

Kurz gefasst: Wenn die Grundschulkinder ihr persönliches Wachsen jeweils spüren, dann am Vergnügen an ihrer Überlegenheit und an der Beachtung oder Wertschätzung, die sie erfahren – auch an der Zertifizierung. Das kann man von Aufgabenstellungen erwarten, die eine Polarisation der Aufmerksamkeit (flow) ermöglichen.

Grundlage dafür ist eine ordentliche Routine: 1. bei der Wahl bzw. Annahme der Aufgabenstellung das Ergebnis bedenken; 2. den Arbeitsplatz herrichten, die Arbeit vorbereiten bzw. organisieren, die Einstellung stärken; 3. Ausführen, Unterstützung holen, Beratung bei Problemen nachfragen; 4. Ergebnis evaluieren, reflektieren, insbesondere die Abwehr von Störungen. Es ist hilfreich, den Aufbau dieser Routine zu leiten und beim Einzelnen zu coachen. Das ist zumal bei der fortschreitenden Differenzierung dieser Routine nötig; denn jede Aufgabe besteht aus Teilaufgaben, die grundsätzlich die gleiche vierteilige Bearbeitungslinie brauchen.

Das Gefühl, die Aufgabenbearbeitung zu beherrschen, ermutigt, schwierige Inhalte anzugehen, Projekte zu versuchen, komplexere Ziele zu akzeptieren. Das gilt auch für die erwähnten Werkzeuge, die insbesondere das persönliche Wachsen unterstützen können. Sie lohnen ganz besonders den anfänglichen Aufwand bei der Einübung und den nachfolgenden Ergänzungen:

- künstlerische Aktivitäten zur persönlichen Integrierung
- systematische Reflexion zur Gewinnung von Erfahrungen
- bewusstseinsweitende Meditation
- Imagination zur Klärung der Vorstellungen

Das Vermittlungskonzept besteht wie weiter oben erwähnt aus vier Phasen: Hospitieren – Studieren – Probieren – Nutzen. Als Themen eignen sich kleine Problemstellungen, die die Kinder angehen, z. B. aus den Bereichen Sport, Gesundheit, Gestalten.

Die Auswahl dieser vier Werkzeuge begründe ich mit dem Erfordernis, das Heranwachsen der bewussten inneren Führung zu stärken. Mit den folgenden kurzen Skizzen erlaube ich mir, die Aufmerksamkeit nochmal auf diese Konzepte zu richten:

*Künstlerische Aktivitäten:* Am günstigsten ist es, einen Künstler bzw. Artisten bei der Arbeit zu erleben; denn das regt an, sich etwas zeigen zu lassen, etwas zu probieren, sich etwas anzueignen. Eine Sängerin, ein Pantomime, ein Flötist, ein collagierender Künstler kann im Klassenzimmer, ein Artist in der Halle oder draußen, ein Bildhauer in der Werkstatt zeigen, wie er etwas macht und gestaltet. Das Ziel besteht darin, immer wieder, ja regelmäßig etwas zu gestalten, insbesondere auch eigene Befindlichkeiten darzustellen und zu reflektieren.

*Reflexion:* Aus Erlebnissen, Handlungen, auch Lerntätigkeiten entstehen Erfahrungen, indem man das vom Unbewussten schon lange zuvor begonnene Verfahren einsetzt; es besteht aus der Beantwortung von vier Fragen: 1. Was ist geschehen? 2. Was habe ich dabei erlebt? 3. Was bedeutet das? 4. Warum ist das so? Die Frage nach dem „Warum?" erschließt die nächste Systemebene (Warum ist das geschehen, getan, verhindert worden? Warum habe ich diese Empfindungen, Gefühle, Gedanken gehabt? Warum habe ich dem diese Bedeutung für mich, für andre, für die Beurteilung gegeben?). Es empfiehlt sich, immer wieder z. B. im Tagebuch oder im Projektjournal festzuhalten, was passiert ist, damit man sich zur Gewohnheit werden lässt, zur ersten Frage ausschließlich die Fakten und keinerlei Bewertung zu verwenden. Denn so kann ein Fall mehrfach reflektiert, eine Metareflexion probiert und der Unterschied zu intersubjektiven Erkenntnissen aus dem Erfahrungsaustausch oder objektiven Erkenntnissen aus der Forschung erkannt werden.

*Meditation:* Einfacher als z. B. mit dem Autogenen Training kommen Kinder zum Zweck der Entspannung, Beruhigung, Besinnung, Orientierung mit einer kindgerechten Meditation zurecht. Das geeignete Muster folgt der Anwendung „*body scan*". Natürlich kann man mit einer Kerzenflamme anfangen, um die Konzentration zu erspüren und den Gedankenstrom zu beobachten. Die primäre Nutzung liegt in der Bewusstmachung des Eignen: des Körpers und einiger Funktionen, der Empfindungen und einiger Gefühle, der Gedanken und einiger Bestrebungen. Ein sehr wichtiger Effekt ist das Erleben und Halten von Präsenz und was es bedeutet, ganz bei der Sache, ganz bei sich zu sein.

*Imagery:* Die lange Tradition in US-Primary Schools ist hier meist nur als Phantasiereise bekannt geworden. Wichtiger ist, dass sich zu fast allen Lernthemen mit Imaginationen didaktisch sehr viel Individualisierung schaffen lässt. Man fängt mit geführten Imaginationen an und leitet dann an zur eigenständigen Nutzung. Es handelt sich dabei nur um die Verstärkung eines natürlichen psychischen Prozesses (vgl. planen, träumen, erzählen, Story telling). Die Lehrperson arrangiert hierbei vier Phasen: *Erstens:* Die Festlegung des Szenarios, in dem die Imagination sich verändern kann (z. B. Wir brauchen nachher eine Wiese mit Blumen und Insekten, einen Bach und einen großen Obstbaum in der Mitte) sowie Absprachen zum Ablauf (z. B. Jemand kommt herein). Zweitens: Die einleitende Entspannung (z. B. Setze dich bitte wie ich es gezeigt habe; du kannst jetzt deine Aufmerksamkeit auf das richten, was du siehst, hörst, spürst).

Drittens: Die als Text ausformulierte, thematische Imagination mit Beendigungsschleife (z. B. Kehre bitte, wenn du damit fertig bist, hierher zurück). Viertens: Besprechung mit Sicherung der Ziele und mit Feedback (z. B. über Sprechpausen). Die Gruppe der Teilnehmenden sollte deshalb 15 nicht übersteigen.

Nach meiner Beobachtung ist es auch ratsam, das Problemlösen für verschiedene Lern- und Lebensbereiche zu differenzieren und z. B. ein Werkzeug für die Lösung von sozialen Konflikten zu vermitteln, einschließlich gewisser Denk- und Sprechmuster (z. B. Ich-Aussagen), gewisser Verstehensmeldungen, Versöhnungsgesten und Respektmarker.

*Markus Peschel*

# Offenes Experimentieren – Individuelles Lernen

## Aufgaben in Lernwerkstätten

### Zusammenfassung

Offenes Experimentieren ist eine Forderung zur Veränderung des Experimentierens im Sachunterricht hin zu eigenen Erkenntnissen der Kinder und grenzt sich gegenüber dem üblichen „Versuche durchführen" in der Grundschule ab. Im Gegensatz dazu werden beim Offenen Experimentieren vor allem Selbstkonstruktionsprozesse bei Kindern angeregt, prozessorientierte Kompetenzen sowie die eigene Beobachtung und der kommunikative Austausch in den Mittelpunkt der Auseinandersetzung gerückt. Dass herkömmliche Versuchsanleitungen hierfür nicht genügen, ist offensichtlich und erfordert die Neukonstruktion von Aufgaben, die es den Kindern erlauben, sich weitgehend selbständig und eigenaktiv Lerninhalte mittels verschiedener Methoden zu erschließen. Ein geeignetes Setting, in dem dieses Experimentieren und die entsprechenden Aufgaben ein hohes Wirkungspotential entfalten, sind Lernwerkstätten.

## 1    Entwicklung des Experimentierens im Sachunterricht der Grundschule

Ohne auf die grundsätzlichen historischen Begründungen der Sachunterrichtsdidaktik eingehen zu wollen, ist festzustellen, dass die naturwissenschaftliche Auseinandersetzung schon seit Comenius (1658/2014) multimedial (im damaligen Sinne als Anreicherung von Texten mit Bildern und methodisch insbesondere im Hinblick auf die Beobachtung) geführt wird.

Aus entwicklungspsychologischer Perspektive und kindheitspädagogischer Sicht wurde auf den Sachunterricht die Idee vom Nahen zum Fernen übertragen und konzentrische Kreise um die Welt der Kinder entwickelt, die diese nach und nach erfahren durften; im Sinne der Pädagogik auch ganzheitlich, was u. a. Begriffe bzw. Schulfächer wie „Heimatkunde" hervorbrachte. In dieser Auseinandersetzung mit der Heimat der näheren und ferneren Umgebung waren die Lerninhalte der Jahrhundertwende (wohlgemerkt 19./20. Jdt.) damit weitgehend erfüllt. Diese Heimatkunde wurde zumeist mit naturwissenschaftlichen Themen wie Astronomie (auch schon eine antike Wissenschaft) angereichert. Lerninhalte waren dann z. B. Naturbegegnungen mit den verschiedene Bächen und Flüssen in der Umgebung, die dann mit Namen auswendiggelernt werden mussten.

Die Sachunterrichtsdidaktik der 1970er Jahre war geprägt durch den Einfluss der Fachdidaktiken der weiterführenden Schulen (vgl. Kaiser 2014, Richter 2009), die die Grundschule als grundlegendes Feld der weiterführenden Fächer samt propädeutischer Grundlegung erkannt haben und frühzeitig weiterführende Methodiken in die Grundschule transportieren wollten. Dies mündete in methodisch ausgereifte, stark angeleitete sowie hypothesengesteuerte Verfahren, die versuchten, die Generierung von Wissen in der Auseinandersetzung mit Experimenten zu vermitteln. Die Versuchsanleitungen waren ausgefeilt und die Experimente didaktisch so optimiert, dass nur wenige Schwierigkeiten bei der Durchführung auftreten konnten. Insofern war es nahezu sicher, dass die Kinder auf dem gewünschten Weg zu den gewünschten Ergebnissen kamen und dann einen (meist vorformulierten) Merksatz benennen konnten, der als gesicherte Erkenntnis in den Heften der Kinder notiert wurde. Nahezu alle naturwissenschaftlichen Didaktiken haben seitdem versucht, naturwissenschaftliche Erkenntnismethoden in die Grundschule zu transportieren, was beim Experimentieren zu einer Verkürzung führte, die ich als *„Frage-Zeichnung-Antwort-Schema"* bezeichnen möchte. Diese Verkürzung auf eine Frage mit einer passenden Antwort legt einen Experimentierprozess nahe, in dem ein Experiment immer aufbauend auf einer Frage bzw. Hypothese erfolgt, die dann direkt durch das Experiment beantwortet wird. Das *Frage-Zeichnung-Antwort-Schema* suggeriert einen Experimentierprozess, der jedoch nicht mit „Forschen" im eigentlichen Sinne gleichgesetzt werden kann. Wenn diese Handlungsabläufe aber soweit verinnerlicht werden, dass Schüler Experimentieren und Forschen in der Art erleben und eben nicht ungerichtet oder ohne Hypothese gearbeitet werden kann, wird das Experiment verkürzt und vieler seiner Chancen beraubt.[1] Leider gehen auch aktuelle Handreichungen oder „Forscher"hefte in dieser Art und Weise vor und sprechen vom Forschen, obwohl sie damit augenscheinlich nur handlungsorientiertes Vorgehen beim „Versuche durchführen" meinen; insofern: Frage, Zeichnung, Antwort.

Dieses angeleitete und zielgerichtete Experimentieren vernachlässigt explorative Näherungsformen, die Beobachtung als Grundlage der Erkenntnis sowie die Wichtigkeit des Austauschens über Beobachtungen, u. a. durch Diskussion mit anderen Kindern bzw. „Forschern", um gemeinsam zu einer (vorläufig gesicherten) Erkenntnis zu gelangen. Zudem ist das hypothesenprüfende Verfahren nicht geeignet, kindliche Fragen zuzulassen, denn auf nicht intendierte und ggf. spezifische Fragen oder undifferenzierte Planung existiert eben nicht ein bestimmtes beantwortendes Experiment.

Dabei ist m. E. das Explorieren ein wesentlicher Teil vieler Experimentierprozesse. Fragen bzw. bestimmte Hypothesen entwickeln sich teilweise erst in der explorativen Auseinandersetzung mit einem Phänomen. Eine Frage oder auch Hypothese kann den Erkenntnisprozess dann weiterführen und ausdifferenzieren, determiniert aber das Experiment nicht schon zu Beginn. Einige wenige didaktische und neuere Auseinandersetzungen mit dem Experimentieren im Sachunterricht (Wedekind 2013, Peschel, M. 2013) bauen hingegen auf vielfältige, nicht geplante und ausdifferenzierte Erkenntniswege und stellen z. B. die Frage bzw. Hypothese nicht mehr so prominent in den Mittelpunkt des Erkenntnisprozesses, sondern erlauben auch andere Näherungen der Kinder an Phänomene aus der belebten oder unbelebten Natur. Welche Fragen ergeben sich Kindern beim Betrachten eines Phänomens oder eines Lebewesens? Welche Ideen zum Beobachten oder Experimentieren kommen ihnen? Welche davon sind (in wessen Augen!) zielführend und welche sind Umwege, welche Sackgassen? Wie kann die Lehrperson entscheiden, welche methodische Näherung an das Objekt zu einem befriedigenden Ergebnis (für die Kinder) führt? Hier ist eine hohe Fachexpertise notwendig (vgl. z. B. Wittmann 1996), wenn nicht Fehlwege des Lehrers von den Kindern be-

---

[1] Es wird zudem suggeriert, dass Experimente immer eindeutig sind, immer funktionieren und die Antwort unmittelbar aus der zentralen Beobachtung gefolgert werden kann. Aber auch scheitern, umplanen und zufällige Erkenntnisse in einem Nebenprozess gehören zum Experimentieren dazu, wie viele Forscher bestätigen können.

schritten werden sollen. Fehlwege der Kinder zuzulassen ist aus pädagogischer bzw. didaktischer Sicht teilweise sogar wünschenswert (Reusser 2012).

Die Lehrperson muss ihre Rolle als Begleitung beim Experimentieren in diesem offenen Setting verändern, da ein Lerngegenstand eine vielfältige Auseinandersetzung erlaubt. Wenn bestimmte Vorgehensweisen und Methoden sowie ein klares Ziel nicht mehr im Vorfeld feststehen, kann nicht ein „Königsweg" vermittelt, sondern individuelle Lernwege und Erkenntnisse im Sinne der eigenen Konstruktion der Kinder müssen berücksichtigt werden. Dabei muss einerseits der Lernende entscheiden, wie er vorgehen möchte, andererseits sollte der Lehrende ihn dabei begleiten und Umwege, ggf. auch Frustrationen, in Kauf nehmen und zwar so, dass die Lernenden zu eigenen Erkenntnissen gelangen.

Diese neue Rolle der Begleitung stellt besondere Anforderungen an Ausbildung und Methodik von angehenden Lehrkräften im Sachunterricht. So stellt z. B. Wedekind (2016) die Lernwerkstatt*arbeit* als Prinzip bzw. besondere Form der Auseinandersetzung mit Kinderfragen in den Mittelpunkt der Unterstützungsszenarien. In dieser Form der Arbeit fungiert der Lehrende als Begleiter und Unterstützer, der den Kindern Instrumente und Materialien zur Verfügung stellt, ihnen hilft ihre Erkenntnisse zu reflektieren und zu kommunizieren, aber das Dozieren oder Anleiten als Lehrmethoden weitgehend vermeidet. Gleichzeitig sorgt die Lehrperson für eine geschützte und anregungsreiche Umgebung, indem sie darauf achtet, dass weder die Kinder noch die Versuchsobjekte Schaden erleiden.[2]

Diese veränderten Ansprüche an die Rolle der Lehrenden und der methodischen Näherung mittels experimentierenden Vorgehens kann – in Bezug zu grundschulpädagogischen Überlegungen zu Offenem Unterricht (Peschel, F. 2010) – als *Offenes Experimentieren* (Peschel, M. 2010) bezeichnet werden. Um Offenes Experimentieren[3] zu verwirklichen, muss ein Phänomen, eine Idee der Kinder oder eine (un)bestimmte Frage Ausgangspunkt ihres Erkenntnisweges werden. Es scheint auf den ersten Blick keine große Veränderung zu dem o.g. hypothesenprüfenden Verfahren zu sein, denn auch dabei kann eine Frage der Kinder Ausgangspunkt der Auseinandersetzung sein. Der Unterschied besteht aber u. a darin, dass die Frage noch nicht fixiert, ausdifferenziert oder als These elaboriert sein muss, damit die Auseinandersetzung mittels Experiment beginnen kann. Das Kind kann ein Phänomen betrachten, beobachten wie es sich verändert oder mit Material hantieren, ergo explorieren. Durch die – meist intensive und individuelle – Auseinandersetzung ergeben sich weitere neue Fragen, die z. T. durch ein Experiment oder auch durch Nachdenken gelöst werden können. Weitere Ideen und Fragen entstehen durch die Kommunikation mit anderen Kindern und regen die intensive Auseinandersetzung mit dem Phänomen weiter an, so dass ggf. gemeinsam weiter geforscht wird. Dass die Kinder hierbei Unterstützung und Hilfe benötigen,

---

[2] So ist es z. B. von Interesse für die Kinder, ob Schnecken schwimmen können. Dies sollte jedoch sorgsam begleitet werden, denn ein zu frühes Eingreifen ist nicht gut für den Lernprozess der Kinder und ein zu spätes Eingreifen lässt die Schnecke ertrinken. Hier wären Näherungen angebracht: Können wir eine Schnecke beobachten, die ins Wasser kriecht? Wo geht die Schnecke hin, wenn sie auf einer „Insel" ist?

[3] Obwohl das Adjektiv „offen" in Experimentierphasen – wie benannt – eigentlich unnötig ist – denn Experimentieren ist per se offen –, verweist der Begriff auf eine methodische und inhaltliche Veränderung (vielleicht sogar Verlagerung) von Experimentierprozessen und Erkenntnissen hin zu dem Lernen der Kinder durch Experimentieren.

ist obsolet, aber es geht im Sinne Wedekinds (2015) darum, dass diese Hilfen eben erstens angefragt werden sollten (das Kind also sein Bedürfnis nach Unterstützung artikuliert) und zweitens die Hilfe soweit reduziert sein muss, dass die Kinder den Erkenntnisweg weitgehend alleine gehen können.[4]

## 2 Lernwerkstatt

### 2.1 Entwicklung der Lernwerkstätten

Die Lernwerkstätten, die es seit 1981 offiziell (wieder[5]) gibt und die sich in Teilen auf reformpädagogische Ansätze beziehen, ermöglichen es, dass die Kinder eben solchen oben skizzierten Selbstlernkonstruktionen nachgehen und sich Lerninhalte durch eigenes und Offenes Experimentieren selbst erschließen. Dabei wird der Werkstattbegriff (vgl. Reichen 1988) vielfältig gebraucht, teilweise sogar strapaziert.[6] Zudem ist die Lernwerkstättenbewegung meist aus didaktischem oder pädagogischem Interesse entstanden und findet sich in erster Linie in der Lehrerbildung wieder.[7] In einem fachwissenschaftlich orientierten, universitären Diskurs sind Lernwerkstätten, die im Grunde meist überfachlich arbeiten, eher unbedeutsam für die wissenschaftlichen Fakultäten.

Dies ist zwar eine grundlegende Problematik, gleichzeitig aber auch eine Möglichkeit für Fächer, die eben nicht einer universitären Fakultät oder Wissenschaftsdisziplin zugehörig sind, wie der Sachunterricht. In diesen Querschnittsfächern, die sich meist fächerübergreifend oder mehrperspektivisch verstehen, liegt die besondere Chance, auf die Vorstellungen und Lernideen der Kinder gerade nicht nur zielgerichtet aus einer Fachperspektive zu antworten, sondern vielperspektivisch oder mehrdimensional lernen zu können; eben orientiert an der Lebenswelt der Kinder und einem „ganzheitlichen" (im Sinne Kahlerts vielperspektivischen) Verständnis (Kahlert 2009).

Schülerlabore sind im Gegensatz zu Lernwerkstätten meist aus MINT-Initiativen entstanden und versuchen den Mangel an naturwissenschaftlichen, mathematischen, informatischen oder ingenieurtechnischen Inhalten in der Schule zu kompensieren, indem

---

[4] Eine mögliche Hilfestellung bei der Frage „Warum brennt das nicht?" oder bei dem Phänomen, dass Papier sich schneller entzünden lässt als ein Holzstück, wäre nach der Idee des GOFEX (s. u.): „Was hast Du denn beobachtet? Was beobachtest Du, wenn Du es länger ins Feuer hältst? ..., wenn ..." – also das Zurückspiegeln des Phänomens auf die Handlungen der Kinder sowie die Betonung des Beobachtungsprozesses und der Kommunikation der gemachten Beobachtungen.

[5] Das „wieder" bezieht sich auf neuere Bestrebungen, unter dem Begriff „Lernwerkstatt" eine reformpädagogisch orientierte Arbeit in der Lehrerausbildung an den Universitäten etablieren wollen. Dabei gibt es vielfältige Bezüge zu den Druckereien Freinets oder zu den Materialkonzeptionen im Sinne Montessoris und einen Einbezug von außerschulischen, lebensweltlichen Lernräumen der Umgebung.

[6] Der Begriff Lernwerkstatt wird leider häufig verwendet, da er innovativ und pädagogisch orientiert scheint. Leider wird vieles, was nicht frontal und lehrerzentriert angelegt ist, schon als Werkstatt bezeichnet. Auch viele Symposien oder Tagungen präsentieren sich unter diesem Schlagwort; es ist eben kein geschützter Begriff.

[7] Aktuell gibt es wieder eine deutliche Bewegung in der theoretischen Auseinandersetzung mit Lernwerkstätten. Dies ist der Initiative „Hochschullernwerkstätten" (www.lernwerkstatt.info) mit jährlichen Tagungen sowie einer Sammlung der Ergebnisse dieser Tagungen in der Reihe „Lernen und Studieren in Lernwerkstätten" (www.klinkhardt.de) geschuldet. Obwohl es Lernwerkstätten in der Praxis seit vielen Jahrzehnten gibt, ist eine theoretische und empirische Auseinandersetzung mit den Lernpotentialen bislang universitär weitgehend unberücksichtigt geblieben. Lernwerkstätten wurde lange Zeit als „reformpädagogischer Quatsch" oder als Rückbesinnung auf überholte Werte bezeichnet.

Lernumgebungen aufgebaut werden, in denen Aspekte, die in der Schule meist unberücksichtigt bleiben, mit den Kindern bearbeitet werden können (vgl. Haupt u. a. 2013). Im Gegensatz zu Schülerlaboren, die das naturwissenschaftliche Experimentieren im Fokus haben, sind Lernwerkstätten, die zumeist überfachlich organisiert sind und einen direkten pädagogischen Auftrag haben, weniger fachorientiert und verstehen sich vornehmlich auf pädagogischer und didaktischer Ebene als innovativ.[8] Die Ausgangslage ist dennoch ähnlich: Ein Mangel wird identifiziert, der mit einem zusätzlichen Angebot an außerschulischen (Lern-)Orten behoben werden soll. Bei den Schülerlaboren liegt der besondere Fokus auf MINT-Aktivitäten, die sich häufig am klassischen Experimentieren orientieren. Zudem ist eine differenzierte Fachbezogenheit der verschiedenen Schülerlabore zu identifizieren, die sich meist durch die Nähe zu einer Fakultät bzw. zu einem Lehrstuhl der Universität oder zu industriellen Partnern ergibt, die das Schülerlabor tragen und mit Inhalten sowie Personal bedienen.

Das Grundschullabor für Offenes Experimentieren, das an der Universität des Saarlandes betrieben wird, versucht, die Besonderheiten der beiden Initiativen Schülerlabore und Lernwerkstätten bestmöglich zu verknüpfen. Das GOFEX hat Bezüge zu Naturwissenschaften, also auch den Begriff „Labor" im Namen. Es versteht sich aber als Ort der Öffnung von Lernwegen, wo die Kinder Erkenntnisse auf verschiedenen Wegen, in einem kommunikativen Prozess mit reduzierter Unterstützung seitens der Lehrenden generieren und nicht nur Wissen erwerben, sondern vor allem methodische Kompetenzen entwickeln.[9] Es verfolgt insgesamt mehrere Ziele auf unterschiedlichen Ebenen, die sich im GOFEX als Module steigender Öffnung abbilden, in denen eine zunehmende Kindorientierung und weitergehende Vermeidung von vorgefertigten Methoden und Inhalten stattfinden.

## 2.2 Lernwerkstattarbeit

Auf der einen Seite ist der Raum als Lernwerkstatt eine Bedingung für diese „neuen" Arten des Lernens, denn der Raum gestaltet hierbei die Lernprozesse mit. Auf der anderen Seite ist das Augenmerk in der Lernwerkstattarbeit aber vornehmlich auf die Lehrer-Lerner-Beziehung bzw. die Lehr-Lern-Konzeption und die Frage nach der Initiierung bzw. Begleitung von Lernprozessen zu legen.[10]

Wenn von einem konstruktivistischen Lernverständnis ausgegangen wird, so können Lerninhalte und Lernprozesse von außen nur indiziert, aber nicht determiniert werden (Arnold 2007). Das heißt, dass zwischen Lehren (Instruktion) und Lernen (Konstruktion) sorgsam vermittelt werden muss und die Verlagerung zu einem konstruktivistischen Lernverständnis ein wichtiger Aspekt bei der Begleitung ist.

---

[8] Dass es hierbei Überschneidungen, Einzelbeispiele und abweichende Konzeptionen gibt, ist deutlich. Es soll hier jedoch versucht werden, die „grobe Linie" zu skizzieren, um Abgrenzungen und Ausdifferenzierungen überhaupt zu ermöglichen.

[9] Inwieweit bei diesem Prozess weitere Kompetenzen durch z.B. den Einsatz von neuen Medien gewonnen werden können, hängt davon ab, welche Methoden die Kinder in ihrem Lernprozess nutzen können. Das GOFEX bietet auch medial eine Fülle an Möglichkeiten durch eine sehr gute Ausstattung.

[10] Lernen ist subjektiv und damit individuell (vgl. Holzkamp 1995). Nachdem es lange Forschungen zu den besten Lehr- bzw. Lernmethoden gab, hat sich der „gemäßigte Konstruktivismus" als Lerntheorie der Vermittlung durchgesetzt (vgl. Giest 2002, Möller 2002, Arnold 2007). Die Art und Intensität der Mäßigung im „gemäßigten Konstruktivismus" ist dabei m.E. einer der Schwachpunkte in der Argumentation zwischen Instruktion und Konstruktion, denn je nach Ausprägung dieser Mäßigung kann der Konstruktivismus soweit reduziert werden, dass instruktive Maßnahmen überwiegen.

Da Lernwerkstätten zumeist auch Ausbildungsstätten, z. T. für die zukünftigen Lehrkräfte, sind, ist hierbei einerseits der Lernprozess der Schüler in der Auseinandersetzung mit der Sache bzw. ihren Ideen und Vorstellungen Teil der Lernwerkstattarbeit. Andererseits aber sind die Studierenden Teil des sensiblen Gebildes aus Lernkonstruktionen, das eine Abkehr vom üblichen Bild des lehrerorientierten Vermittelns in der Schule leisten soll. Man muss hier also die Lehr-Lern-Intention in Lernwerkstätten auf zwei Ebenen beachten und das Lernen der Kinder parallel zum Lernen der Studierenden berücksichtigen.[11] Somit sind die stetige Reflexion und Adaption an Lernprozesse zentrale Elemente der Lernwerkstattarbeit.

## 3    Aufgaben als Mittel der Vermittlung

Für die Vermittlung in konstruktiven Lernsettings gibt es verschiedene Angebote, wobei in der Schule zumeist auffordernde Anlässe zu finden sind. „Aufgaben können Angst machen oder Langeweile verursachen. Idealerweise lösen sie aber einen Lernfluss aus." (Koch 2015). Aufgaben haben zwar im Sachunterricht eine geringere Bedeutung als z.B. in Mathematik. Dabei wird jedoch übersehen, dass es zwischen der Originalbegegnung und der daraus ableitbaren Zielintention des Lernens einen Vermittler benötigt. Entweder ist dies die Lehrperson, die aus einem definierten Ziel eine didaktische Intervention generiert, die den Schüler dazu befähigen bzw. beauftragen soll, in eine bestimmte Richtung weiterzudenken oder weiterzuarbeiten. Oder der Schüler übernimmt initiativ die Zielformulierung, die er aber in einem Klassenkontext kommunikativ mit der Zieldimension bzw. Lehrintention aushandeln muss.

In diesem Sinne ist die Auseinandersetzung mit einzelnen Lerninhalten häufig auf die Formulierung von Aufgaben fokussiert, die allerdings unterschiedliche jeweils intendierte Lernziele/-dimensionen und Merkmale beinhalten. So ist zunächst einmal die Aufgabenqualität von besonderer Bedeutung, denn sie erlaubt eine weitergehende, zielgerichtete Auseinandersetzung mit Lerninhalten (wobei die Aufgabe nicht zwangsläufig einen klaren Verlauf intendieren muss, sondern auch offen gestellt sein kann, so dass mehrere Lernwege und –ziele möglich sind). Die Qualität der Aufgabe erfolgt somit vor allem über Faktoren der Stimmigkeit, also der Passung zwischen Lernzielen, Methoden der Aneignung und der konsequenten „Darreichung" in Form von Text sowie Bild im Hinblick auf diese intendierten Ziele und Methoden.

### 3.1   Gute Aufgaben zum Experimentieren

Bei den Überlegungen, was eine gute Aufgabe im Sachunterricht und speziell zum Experimentieren ausmacht, sind zwei größere Anforderungen zu skizzieren (Peschel 2011): 1. Die Aufgabe soll ein eigenständiges Bearbeiten bzw. Lernen ermöglichen. Und 2. Die Aufgabe soll die Entwicklung von fachlicher Kompetenz ermöglichen. Also ist die Generierung von Aufgaben einerseits an den Lernenden gebunden und andererseits auf den Lerninhalt bezogen. Beide Bereiche müssen sich allerdings wechselseitig ergänzen. Zu den Merkmalen von guten Aufgaben im Sachunterricht gehören demnach (vgl. Peschel, M. 2012):

---

[11] Zudem müsste auch noch der Lernprozess der anleitenden Personen, der Betreiber der Lernwerkstatt, der Professorinnen und Professoren usw. berücksichtigt werden, denn Lernprozesse wirken immer bidirektional, wenn sie sorgsam reflektiert werden, wie es ja Element der Lernwerkstatt(arbeit) ist.

- Fachliche Richtigkeit der Aufgabe.[12]
- Gestaltung der Aufgabe in Form und Text (Schriftgröße, Quantität und Qualität).
- Bilder und Zeichnungen passend bzw. ergänzend zum Text (Entlastung).
- Aufmerksamkeit auf den Titel der Aufgabe, damit die Beobachtung nicht schon vorweggenommen wird. Ein Titel sollte eher weggelassen werden, bevor er Beobachtung oder Ergebnis vorweg nimmt.
- Keine Frage/Hypothese als Ausgangspunkt bei offenen Aufgaben und Konzentration auf Beobachtungsprozesse.
- Weitere fächerübergreifende Aspekte, z. B. die Betonung von Spracharbeit[13] oder Mediales Lernen.
- Gestützte Hilfestellungen, auf die Kinder bei Bedarf zurückgreifen können und dabei gleichzeitig nicht auf Hilfe der Lehrperson angewiesen sind.

Ferner sollten die Aufgaben im Sachunterricht – ausgehend von einem vielperspektivischen Sachunterricht (vgl. Tänzer & Lauterbach 2010) – eben nicht nur auf das Experimentieren (als Methode) bezogen sein, sondern ein Themengebiet vielperspektivisch bearbeiten. Daher ist die Generierung von übergreifenden Fragestellungen (vgl. Schmid et al. 2013), die es erlauben, vielperspektivisch an einen Lerngegenstand, ein Thema oder ein Phänomen heranzugehen, von einem übergeordneten Interesse. Was kostet eine Kilowattstunde? erlaubt z.B. eine vielperspektivische Näherung über eine Vielzahl von Fragen, bei denen Elektrizität nur ein Aspekt ist. Bei der Auseinandersetzung mit einer solchen Fragestellung ist dann das Experiment zu einem Teilthema eine Erkenntnismethode unter anderen. Ergänzt werden sollten diese Aufgaben um gestufte Hilfestellungen, damit nicht nur die Lehrperson helfend unterstützen muss, sondern in der Aufgabe selbst Weiterführungsmöglichkeiten für Kinder nutzbar sind. Gute Aufgaben bieten also auf der einen Seite eine größtmögliche Freiheit, um eigenständig an den Lerninhalten zu arbeiten, und schaffen andererseits mögliche Unterstützungs- bzw. Weiterführungsformate, die es erlauben, dass die Kinder sich auch ohne externe Unterstützung seitens der Lehrperson weitestgehend selbständig mit dem Lerninhalt auseinandersetzen. Dabei sollten Hilfen zunächst weitergehend reduziert sein und die Schüler erst auf Nachfrage und erst zum „richtigen" Zeitpunkt weiterführende Hilfen erhalten können.

Dieses Setting entsprechend zu entwickeln und Lehrkräfte dazu zu befähigen, solche Formate zu entwerfen und im Unterricht einzusetzen, ist eine der Aufgaben der modernen Sachunterrichtsdidaktik. Es sind somit m. E. drei zentrale Konstruktionsmerkmale guter Aufgaben im Sachunterricht zu beachten:

1. Die Aufgabe erlaubt eigenständiges, selbständiges und autarkes Lernen: Hieraus folgt, dass sie nicht trivial sein darf, die durchzuführenden Einzelschritte weitge-

---

[12] Dies schließt auch sprachliche Exaktheit ein. Beispiele: „Der schwimmende Magnet" meint meist eine magnetisierte Nähnadel o. ä., die auf einem Stück Korken liegt und somit nicht untergeht, nicht aber einen schwimmenden Magneten. „Der Wasserkreislauf" suggeriert, dass es nur einen Kreislauf gibt, der Wasser vom Ozean in die Berge transportiert. „Der Geist in der Flasche" ist nie ein Geist u.v.a.m.

[13] Es bietet sich an, die Spracharbeit beim Experimentieren zu betonen, denn einerseits können Wortschatz und Wortdifferenzierungen ausgebaut werden, da eine sprachliche Exaktheit meist aus den Beobachtungen resultieren muss. Andererseits ist das Experiment eine gute Chance, eine intensive Spracharbeit – insbesondere in heterogenen Klassen – zu betreiben.

hend bekannt sind oder reines Üben indiziert. Die Aufgabenstellung wird ergänzt um gestützte Hilfen, die es den Lernenden erlauben, weitgehend eigenständig und ohne direkte oder persönliche Unterstützung der Lehrperson an dem Thema weiterzuarbeiten. Hierbei ist es vor allem wichtig, dass die Lehrperson sich bei der Begleitung der Bearbeitung der Aufgaben zurücknimmt, um den o. g. Prozess nicht durch Unterbrechungen, die aufgrund mangelnder Aufgabenkonstruktion notwendig sind, zu stören. Dies bedeutet, dass die Aufgabe in sich verständlich, bearbeitbar und ggf. mit Hilfen gestützt ist.[14]

2.  Die Aufgabe ist fachlich sowie sprachlich korrekt und so konzipiert, dass sie den Beobachtungsprozess und die Lösung nicht durch Wortwahl, Zeichnungen oder direkte Hilfen vorwegnimmt.[15] Da der Lehrperson oder dem Konstrukteur der Aufgaben meistens die Lösung bekannt oder ein bestimmtes Ergebnis sehr wichtig ist, werden oftmals die Beobachtungsprozesse, die die Kinder evtl. auf andere, ggf. weiterführende Ideen oder in „Sackgassen" führen, verkürzt.[16] Dabei werden Lernchancen – häufig zu früh – torpediert, was den Kindern signalisiert, dass es in einem Experimentierprozess auf eine Frage genau eine Antwort geben muss.

3.  Die Aufgabe ist vielperspektivisch angelegt und schließt mittels einer übergeordneten Fragestellung ein Thema vielperspektivisch auf. [17]

Ein Beispiel mag dies verdeutlichen: „Was schwimmt? Was sinkt?"[18] könnte in eine übergeordnete Fragestellung eingebettet werden: „Wo kommt unser Kakao (alternativ: Kraftstoff, Öl, Zucker etc.) her?" Die Frage nach dem „Woher" beinhaltet fast zwangsläufig auch die Frage nach dem „Wie" und damit z. B. der Transportwege oder Arbeitsbedingungen. Die Transportwege, der Einzelumschlag und die zunehmende Verlagerung auf Containerlösungen beinhalten auch den Transportweg über die Ozeane und die großen Handelsrouten mittels Schiffen und Containerfrachtern, die wiederum fast zwangsläufig zu einer Auseinandersetzung mit Vorstellungen von Auftrieb, Dichte und Antrieb führen. Ferner sind historische Handelsrouten und Transportlösungen ebenso inkludiert wie die politische oder soziale Abhängigkeit von Kaffee, Kakao oder Brennstoffen. Die Alternative Bahn vs. Schiff erlaubt weitergehende Betrachtungen

---

[14] Wenn z. B. das Material schon umfassend und kompliziert zusammen zu stellen ist, die Lehrperson immer wieder involviert werden muss, weil kleinste Schwierigkeiten den Lernprozess aus der Verantwortung der Schüler geben oder Elemente „abgesegnet" oder „betreut" werden müssen, so verlagert sich der Fokus wieder weg von den Schülern auf die Lehrperson.

[15] Eine an sich banale Forderung, die aber an Bedeutung gewinnt, wenn man verschiedene Aufgaben, die angeboten werden, analysiert.

[16] Dies ist m. E. der größte Mangel an Aufgaben, die eben nicht den Beobachtungsprozess der Kinder fördern, sondern etwas anderes anstreben: „Das solltest Du beobachtet haben, um zu genau der Aussage x, die zu der o. g. Frage y passt, zu kommen."

[17] Dies ist eine (neue) Forderung im Sachunterricht, der per se vielperspektivisch angelegt ist. Diese Forderung ist aufgrund bestimmter spezialisierter Themen häufig nicht erfüllt. Die Vielperspektivität (vgl. Tänzer & Lauterbach 2010, Schmid et al. 2013) erlaubt es aber, die (ganzheitlichen-vielperspektivischen-umfassenden) Sichtweisen der Kinder auf eine Sache im Blick zu behalten.

[18] Es bieten sich weiterführende Differenzierungen an, die auch sprachliche Grundlagen betreffen: Sind die Begriffe „schwimmen" und „sinken" sinnvoll gewählt? Was bedeutet schwimmen/sinken in der Umgangssprache? Was in der Fachsprache? Wie ist schwimmen definiert? Schwimmen ist vielfältig besetzt: Das Kind, das sich im Wasser bewegt, die Büroklammer auf der Wasseroberfläche, das Schiff im Hafen, das Schiff auf dem Weg zwischen zwei Häfen, das U-Boot, das Floß usw. Ob das Thema Auftrieb und Dichte überhaupt in eine mehr als phänomenologische Betrachtung in der Grundschule gehört, sei weiter zu diskutieren.

und auch die Frage nach Nachhaltigkeit in diesem komplexen Gebiet ist ständig zu berücksichtigen, denn die Analyse beinhaltet immer wieder ökonomische, ökologische und politische Randbedingungen und Lösungen. Die „einfache" Frage, welche Dinge schwimmen und sinken, wird so zu einem komplexen Thema der Nachhaltigkeit und des persönlichen Umgangs mit Rohstoffen.

Darüber hinaus gehört zu dieser komplexen Idee von Aufgaben auch ein starker kommunikativer Austausch, da nicht jeder alle Themenbereiche bearbeiten kann. Auch die Erarbeitung des differenzierten und vielperspektivischen Themas sollte zunächst kommunikativ vollzogen werden.

## 4   Fazit

Die in diesem Artikel vorgestellte Form bzw. Idee der Aufgabenentwicklung ist m. E. ein wichtiges und innovatives Entwicklungs- und Forschungsfeld im Sachunterricht, da bisherige Aufgabenformate entweder monoperspektivisch (z. B. Schwimmen und Sinken in einer naturwissenschaftlichen Perspektive) oder additiv (Regenbogenlied zur Auseinandersetzung mit dem Thema Wetter) konstruiert sind. Letztlich werden die Kinder durch ihre Beiträge zu einem interessanten Themengebiet immer vielperspektivisch arbeiten, da ein Thema immer sehr unterschiedliche Näherungen und Methodiken erlaubt. Die Chance im Sachunterricht ist genau das Zulassen dieser Komplexität.

Lernwerkstätten haben hierfür ein großes Potential, denn sie sind einerseits meist fächerübergreifend bzw. vielperspektivisch angelegt und unterstützen andererseits mit einer kindorientierten Methodik den Lernprozess der Kinder. Inwieweit hierbei Aufgaben entwickelt bzw. eingesetzt werden können und welches Potential an guten Aufgaben hierbei entstehen kann, werden zukünftige Forschungen zeigen.

*Literatur*

Arnold, R. (2007): Ich lerne, also bin ich: Eine systemisch-konstruktivistische Didaktik. Heidelberg: Carl-Auer-Systeme Verlag.

Giest, H. (2002): Entwicklungsfaktor Unterricht. Landau: Verlag Empirische Pädagogik e.V.

Haupt, O.; Domjahn, J.; Martin, U.; Skiebe-Corrette, P.; Vorst, S.; Zehren, W. & Hempelmann, R. (2013): Schülerlabor – Begriffsschärfung und Kategorisierung. MNU 66/6, S. 324-330.

Holzkamp, K. (1995): Lernen: Subjektwissenschaftliche Grundlegung. Frankfurt: Campus Verlag.

Kahlert, J. (2009): Der Sachunterricht und seine Didaktik. Stuttgart: UTB Verlag.

Kaiser, A. (2014): Neue Einführung in die Didaktik des Sachunterrichts. Baltmannsweiler: Schneider Verlag Hohengehren.

Koch, A. (2015): Alles Freie zum Lernen nutzen. In: Schulblatt AG/SO, H. 3, S. 34.

Möller, K. (1999). Verstehendes Lernen im Sachunterricht - Wie kommt es, dass ein Flugzeug fliegt?. In: R. Brechel (Hrsg.): Zur Didaktik der Physik und Chemie. Probleme und Perspektiven. Alsbach/ Bergstraße: Leuchtturm, S. 164-166.

Möller, K. (2001). Konstruktivistische Sichtweisen für das Lernen in der Grundschule? In: H.-G. Roßbach, K. Nölle & K. Czerwenka: Forschungen zu Lehr- und Lernkonzepten für die Grundschule (Jahrbuch Grundschulforschung. Bd. 4). Opladen: Leske und Budrich, S. 16-31.

Möller, K. (2002). Technisches Lernen in der Grundschule - Wege zum konstruktiven Denken im Sachunterricht. In: Grundschule, 34(2), S. 51-54.

Peschel, M. (2009): „Der Begriff der Offenheit beim Offenen Experimentieren". In: D. Höttecke (Hrsg.): „Chemie- und Physikdidaktik für die Lehramtsausbildung." Berlin: LIT, S. 268-270.

Peschel, F. (2010). Offener Unterricht. Band 1: Idee, Realität, Perspektive und ein praxiserprobtes Konzept zur Diskussion. Teil I: Allgemeindidaktische Überlegungen. Baltmannsweiler: Schneider Verlag Hohengehren.

Peschel, M. (2010): Grundschullabor für Offenes Experimentieren - Grundschultransfer. In: H. Giest & D. Pech (Hrsg.): Anschlussfähige Bildung im Sachunterricht. Bad Heilbrunn: Klinkhardt, S. 49-56.

Peschel, M. (2012). Gute Aufgaben im Sachunterricht. Offene Werkstätten = Gute Aufgaben? In: J. Kosinar & U. Carle: Aufgabenqualität in Kindergarten und Grundschule. Grundlagen und Praxisbeispiele. Baltmannsweiler: Schneider Verlag Hohengehren. S. 161-172.

Peschel, M. (2013). GOFEX - Ort des Lehrens und Lernens. In: E. Wannack, S. Bosshart, A. Eichenberger, M. Fuchs, E. Hardegger & S. Marti (Hrsg.): 4- bis 12-Jährige. Ihre schulischen und außerschulischen Lern- und Lebenswelten. Münster: Waxmann Verlag, S. 260-269.

Peschel, M. (2015). Offenes Experimentieren aus Sicht der Experimentierenden. In: H. Fischer, H. Giest & M. Michalik: Bildung im und durch Sachunterricht. Bad Heilbrunn: Klinkhardt i.V.

Peschel, M. & Hermann, C. (2010): Materialnutzung im Sachunterricht – Einflüsse des Materials auf die physikalischen Anteile des Sachunterrichts. In: D. Höttecke (Hrsg.): Chemie- und Physikdidaktik für die Lehramtsausbildung. Berlin: LIT.

Reichen, J. (1988): Lesen durch Schreiben. Wie Kinder selbstgesteuert lesen lernen. H. 1. Zürich: SABE Verlag.

Reusser, K. (2012): Fehler bieten der Lehrperson Fenster ins Denken der Schüler. In: Schulblatt des Kantons Zürich, 12(1), S. 12-14.

Richter, D. (2009): Sachunterricht - Ziele und Inhalte: Ein Lehr- und Studienbuch zur Didaktik. Baltmannsweiler: Schneider Verlag Hohengehren.

Schmid, K.; Trevisan, P.; Künzli David, Ch.; Di Giulio, A. (2013): Die übergeordnete Fragestellung als zentrales Element im Sachunterricht. In: M. Peschel, P. Favre & Ch. Mathis (Hrsg.): SaCHen unterriCHten. Beiträge zur Situation der Sachunterrichtsdidaktik in der deutschsprachigen Schweiz. Baltmannsweiler: Schneider Verlag Hohengehren, S. 41-54.

Tänzer, S. & Lauterbach, R. (Hrsg.) (2010): Sachunterricht begründet planen: Bedingungen, Entscheidungen, Modelle, Beispiele. Bad Heilbrunn: Klinkhardt Verlag.

Wedekind, H. (2016). Das Kinderforscherzentrum HELLEUM - Eine Lernwerkstatt für naturwissenschaftlich-technische Bildung in der frühen Kindheit. In: S. Schule, D. Bosse & J. Klusmeyer (Hrsg.): Studienwerkstätten in der Lehrerbildung - Theoriebasierte Praxislernorte an der Hochschule. Wiesbaden: Springer VS, S. 205-219.

Wedekind, H. (2013): Lernwerkstätten in Hochschulen – Orte für forschendes Lernen, die Theorie fragwürdig und Praxis erleb- und theoretisch hinterfragbar machen. In: H. Coenen & B. Müller-Naendrup: Studieren in Lernwerkstätten. Potentiale und Herausforderungen für die Lehrerbildung. Wiesbaden: Springer VS, S. 21-29.

Wittmann, E.. (1996). „Offener Mathematikunterricht in der Grundschule – vom FACH aus". In: Grundschulunterricht, H. 43, S. 3-7.

# Anschlussfähige Bildungsprozesse im Elementar- und Primarbereich:

# Von der Kinderbetreuung zur frühkindlichen Bildung, pädagogischen Professionalisierung und jahrgangsübergreifenden Schuleingangsphase

*Wassilios E. Fthenakis*

# Paradigmenwechsel in der Pädagogik der frühen Kindheit: Die sozialkonstruktivistische Wende

## Zusammenfassung

Bildungssysteme stehen gegenwärtig vor den größten Herausforderungen in ihrer Geschichte. Sie haben einen Transformationsprozess zu vollziehen, der ihre Bildungsphilosophie, die theoretischen Grundlagen, die Bildungsziele, die Grundprinzipien pädagogischen Handelns, den methodisch-didaktischen Ansatz und nicht zuletzt die gesamte Architektur des Bildungsverlaufs betrifft. Ein paradigmatischer Wandel führt zu einer Neuorientierung der Bildungssysteme: Wissensvermittlung wird nach wie vor für relevant erachtet, der Schwerpunkt liegt jedoch auf der Stärkung kindlicher Entwicklung und kindlicher Kompetenzen, wie nie zuvor. Und weil kindliche Kompetenzen sich früh entwickeln, wird die Bedeutung früher Bildung international als das Fundament gelingender individueller Bildungsbiographien betrachtet. Zugleich besteht die historische Chance, Bildungssysteme nicht von oben nach unten, wie bislang, sondern von unten nach oben, von der frühen Kindheit und entlang eines lebenslang organisierten Bildungsprozesses, neu zu entwerfen (Fthenakis 2014).

## 1 Einführung

Im Rahmen einer solchen Kompetenzorientierung kommt der Sprache, generell der kommunikativen Kompetenz, eine Schlüsselrolle zu. Folgt man der Theorie von Lovejoy (1981), dann waren es kommunikative Prozesse, die in der phylogenetischen Entwicklung zwischen Eltern und Kindern stattfanden, die die Entwicklung des kindlichen Gehirns stimulierten, was wiederum zu intelligenten Handlungen und schließlich zur Dominanz des Homo Sapiens mittels des zweckvollen Gebrauchs von Werkzeugen und einer erhöhten Adaptabilität geführt haben. Diese inzwischen durch zahlreiche paläontologische Funde unterstützte Position wurde auch durch ontogenetisch fokussierende Studien des Ehepaares Hanus und Mechthild Papoušek am Max-Planck-Institut für Psychiatrie in München untermauert. Diesen zufolge wird der Qualität der Kommunikation und Interaktion zwischen Mutter bzw. Vater und Kind zentrale Bedeutung beigemessen und sie sind für die weitere Entwicklung des Kindes in hohem Maße prognostisch relevant (Papusek 2008).

Es ist deshalb mehr als selbstverständlich, dass der kommunikativen Kompetenz innerhalb der kompetenzorientierten Curricula weltweit ein besonderer Stellenwert eingeräumt wird; sie bildet innerhalb der entwicklungspsychologischen Forschung der letzten Jahrzehnte einen beliebten Forschungsgegenstand (Friederici & Thierry, 2008; Höhl & Pauen, 2014; Pauen, 2012; Röder, Naumann & Tracy, 2015; Sambanis, 2013).

Im Rahmen dieses Beitrags werden zwei Aspekte behandelt, die für die weitere Sprachforschung und für die Stärkung kommunikativer Kompetenz von Bedeutung sein können: die theoretischen Grundlagen, auf denen wir aufbauen, und der methodisch-didaktische Ansatz, den wir einsetzen, um kindliche Sprachkompetenz früh und effizient zu stärken. An beiden Aspekten soll der Paradigmenwechsel in der Frühpädagogik angedeutet werden.

## 2 Paradigmenwechsel in der theoretischen Debatte: Vom Konstruktivismus zum Sozialkonstruktivismus und die zentrale Bedeutung der Interaktion

In der zweiten Hälfte des 20. Jahrhunderts dominierten in der Psychologie und Pädagogik konstruktivistische Ansätze (Gerstenmaier & Mandl 2000; O´Connor 1998; Oerter & Noam 1999). Innerhalb dieser Richtung lassen sich drei Strömungen unterscheiden: der radikale Konstruktivismus, der soziale Konstruktivismus sowie eine Variante, die die mentale Konstruktion von Realität in pädagogischen Anwendungsgebieten in den Mittelpunkt stellt. Im radikalen Konstruktivismus stellt jegliche Wahrnehmung eine Konstruktion des Individuums dar (z.b. Glasersfeld 1996). Jedem Subjekt ist ausschließlich die eigene Realität zugänglich. Wahrnehmung erfolgt über das Gehirn als einem operational geschlossenen System. Demnach gibt es kein Abbild der äußeren Realität, sondern lediglich Konstruktionen, die durch die Struktur des kognitiven Systems determiniert sind. Betrachtet man die Entwicklung innerhalb der Frühpädagogik der letzten Jahre, insbesondere die theoretischen Positionen, die den neueren Bildungsplänen zugrunde liegen, so stellt man eine Abkehr von diesem Paradigma fest. Vielmehr dominieren sozialkonstruktivistische Positionen und soziale Theorien der Kindheit. Poststrukturalistische Ansätze gewinnen zunehmend an Bedeutung. Die Gemeinsamkeit postmoderner konstruktivistischer Ansätze wird darin gesehen, dass sie die Vorstellung ablehnen, Wissen sei im Individuum lokalisierbar. Lernen und Verstehen werden als genuin soziale Aktivitäten aufgefasst; kulturelle Aktivitäten und Werkzeuge werden als integrale Bestandteile der geistigen Entwicklung betrachtet (Palincsar 1998). Das Interesse der kognitiven und pädagogischen Psychologie an postmodernen konstruktivistischen Perspektiven geht auf einen Paradigmenwechsel zurück, der als „soziokulturelle Revolution" beschrieben wurde (Voss, Wiley & Carretero 1995). Wurden intellektuelle Fähigkeiten und Lernen vorher aus einer auf das Individuum bezogenen Perspektive betrachtet, so hat sich in der Folge zunehmend die Auffassung durchgesetzt, dass intellektuelle Fähigkeiten durch Interaktion entwickelt und erworben werden. Denken, Lernen und Wissen sind aus dieser Perspektive nicht nur sozial beeinflusst oder geformt, sondern als genuin soziale Phänomene zu behandeln (Rogoff 1979). Gemeinsam ist den sozialkonstruktivistischen Ansätzen somit, dass es hierbei nicht das isolierte Individuum ist, das in Auseinandersetzung mit der physikalischen Welt Wissen konstruiert, sondern es geht um den von Anfang an in soziale Zusammenhänge eingebetteten ganzen Menschen, der soziale Bedeutung entschlüsselt und mit anderen ko-konstruiert.

Im dritten konstruktivistischen Bereich, welcher die aktuelle Theoriebildung und Forschung im Bereich der Lernpsychologie prägt, werden Positionen eines kognitiven und eines sozialen Konstruktivismus verbunden. Einige Autoren greifen zur Formulierung ihrer Prinzipien gleichermaßen auf Piaget wie auf Wygotski zurück, ohne diese in ein widersprüchliches Verhältnis zu stellen (Jonassen 1994). Es soll in Erziehungseinrichtungen eine Gemeinschaft von Lernenden gefördert sowie ein Umfeld geschaffen werden, in dem Kinder lernen, Formen des Arbeitens und Denkens zu entwickeln, mit denen sie sich in Lerngemeinschaften Sachgebiete erschließen. Langfristig geht es darum, sowohl Inhalte tiefgreifend zu verstehen, als auch Methoden des Lernens zu erwerben (Brown 1997). Eine Verbindung zwischen individuell verankertem und sozial eingebettetem Bildungsprozess wird angestrebt.

## 3 Zwei Argumentationslinien im Rahmen sozialkonstruktivistischer Sichtweisen

Die sozialkonstruktivistische Konzipierung von Bildungsprozessen wird im frühpädagogischen Feld in zwei Argumentationslinien begründet: Erstens wird in einer empirischen Begründung auf die belegte Effektivität ko-konstruktiver Bildungsprozesse verwiesen, zweitens in einer gesellschaftspolitischen Begründung auf die Notwendigkeit, in einer diversen, komplexen Gesellschaft Bildungsprozesse in ihrem soziokulturellen Kontext zu analysieren und zu gestalten.

### 3.1 Die Effektivität ko-konstruktiver Bildungsprozesse

Die grundsätzliche Bedeutung, die der Sozialkonstruktivismus der gemeinsamen, ko-konstruktiven Entwicklung von Wissen und Sinnverstehen beimisst, wurde für den Bereich der Frühpädagogik eindrücklich empirisch belegt: Als eines der deutlichsten Ergebnisse der Forschung über frühe Bildungsprozesse zeigte sich in verschiedenen internationalen Studien, dass die Qualität der Interaktion zwischen Fachkraft und Kind entscheidend für die Bildungsprozesse des Kindes ist (im Überblick siehe Mitchell, Wylie & Carr 2008). Insbesondere hat es sich als günstig erwiesen, wenn sowohl die Fachkräfte als auch die Kinder aktiv an der Gestaltung von Bildungsprozessen beteiligt sind. Dies zeigt sich daran, dass entsprechende Merkmale der Interaktion in positivem Zusammenhang mit der kognitiven und sozial-emotionalen Entwicklung stehen. Hierzu zählen gemeinsame Denk- und Sinnkonstruktionsprozesse zwischen Erwachsenen und Kindern, Denkanregungen, in denen offene Fragen durch die Fachkräfte gestellt werden, Feedback, das zur Reflexion anregt sowie der Wechsel zwischen von Fachkräften und von Kindern initiierten Aktivitäten, aber auch zwischen stärker instruktiv angelegten Interaktionen einerseits und freiem Spiel andererseits (Siraj-Blatchford, Sylva, Muttock, Gilden & Bell 2002). Lernsettings, in denen Fachkräfte in der Interaktion eine weniger aktive Rolle übernehmen, haben sich als vergleichsweise weniger effektiv für die kognitive Entwicklung erwiesen (Mitchell et al. 2008).

### 3.2 Gesellschaftspolitische Begründung: Die Kontextualisierung von Wissen und Bildung

Seit den 1990er Jahren wird in der Diskussion um frühe Bildung und das Verständnis von Bildung allgemein ein Unbehagen mit dem Bildungskonzept der Moderne formuliert, und es wird aufgezeigt, wie die Begrenzungen dieses Bildungskonzepts überwunden und wie in einem postmodernen Paradigma neue Sichtweisen eröffnet werden können (z. B. Cannella 2002; Dahlberg 2004; Fthenakis 2003): In einer postmodernen Gesellschaft, die von schnellem Wandel, Komplexität sowie Pluralität der Lebensformen und kultureller Hintergründe ihrer Mitglieder gekennzeichnet ist und in der universelle Wahrheiten an Bindungskraft verlieren, werden auch die Bildungskonzepte der Moderne, wie etwa die Vermittlung „objektiven", „universell geltenden" Wissens, zunehmend in Frage gestellt. Bildung in der Postmoderne stehe vielmehr vor der Herausforderung, Diversität, Multiperspektivität und Ambivalenz anzuerkennen und in Bildungsprozessen einen konstruktiven, bereichernden Umgang mit diesen Bestimmungsmerkmalen der Postmoderne zu entwickeln.

Sozialkonstruktivistische Ansätze decken sich in hohem Maße mit dieser postmodernen Auffassung von Kultur und Gesellschaft: Wissen wird nicht als absolut und universell gültige Repräsentation einer Wirklichkeit außerhalb von Kultur und Gesellschaft verstanden, sondern als soziale Konstruktion von Wirklichkeit, die an kulturelle, historische und soziale Kontexte gebunden ist (Zielke 2004).

## 4 Sozialkonstruktivistische Sichtweisen in der Soziologie der Kindheit

In der Soziologie der Kindheit finden zunehmend sozialkonstruktivistische Sichtweisen Eingang, und sie werden vor allem als Handwerkzeug rezipiert, um die sozial geschaffenen Wirklichkeiten kritisch zu analysieren, die das Feld der Frühpädagogik und das Handeln darin prägen. In derartigen Arbeiten wurde beispielsweise die soziohistorische Bedingtheit des Verständnisses von Kindheit, Entwicklung und Lernen sowie deren Folgen für die Organisation des Bildungswesens herausgearbeitet (z. B. Cannella 2002; Dahlberg 2004; Dahlberg, Moss & Pence 1999).

Aus dieser soziologischen Perspektive ist die Analyseeinheit nicht das Individuum und die sozialen Konstruktionsprozesse, in denen es Wissen und Verständnis entwickelt, sondern die soziale Konstruktion des kulturellen Kontextes, in den dieser Prozess eingebettet ist. Unter Rückgriff auf ideologiekritische Arbeiten und Methoden wie die Diskursanalyse Foucaults (Foucault 2005/1969) werden vorherrschende gesellschaftliche Praktiken im pädagogischen Bereich kritisch hinterfragt. In derartigen Analysen wurden das in der Pädagogik bislang dominierende Bild von Kindheit und von Entwicklung als individuellem Prozess nunmehr als sozial konstruierte „dominierende Diskurse" beschrieben (vgl. Cannella 2002; Dahlberg 2004). Diese Ansätze verstehen sich als gesellschaftskritische und emanzipatorische Beiträge, insofern sie die Machtverhältnisse, die durch dominante Diskurse etabliert werden, offenlegen (dekonstruieren) und damit einen neuen Blick auf scheinbar unverbrüchliche soziale Realitäten ermöglichen.

## 5 Sozialkonstruktivistische Sichtweisen in der Entwicklungspsychologie und Erziehungswissenschaft

Zum anderen wird die sozialkonstruktivistische Konzipierung eines kontextuell eingebetteten und sozial ausgehandelten Wissenserwerbs als mögliche Antwort auf die neuen Anforderungen an die frühpädagogische Praxis aufgegriffen. Dabei wird darauf verwiesen, dass Fachkräfte zunehmend in Lernsettings mit hoher soziokultureller Diversität arbeiten und aufgefordert sind, den soziokulturellen Hintergrund der Lernenden einzubeziehen. Für diese Aufgabe bieten sozialkonstruktivistisch geprägte Modelle der Entwicklung und des Lernens einen geeigneten konzeptuellen Rahmen. Insbesondere wird betont, dass die sozialkonstruktivistische Sicht eine Einengung des Blicks auf Entwicklung als individuellem Prozess überwinden kann, die durch eine starke Orientierung an der konstruktivistischen Entwicklungstheorie Piagets im frühpädagogischen Feld teilweise noch vorherrscht (z. B. Anning, Cullen & Fleer 2009; Vadeboncoeur 1997).

Aus dieser psychologisch-erziehungswissenschaftlichen Perspektive werden die Bildungsprozesse des Individuums in den Blick genommen. Diese werden - häufig unter Bezugnahme auf die soziokulturelle Theorie Wygotskis (z. B. Wygotski 1978) - als soziale Prozesse verstanden, die in einen spezifischen kulturellen Kontext eingebettet sind. Die Entwicklung von Wissen und Verständnis wird in aktuellen Varianten der soziokulturellen Theorie als Transformationsprozess (und nicht als unidirektionale Übermittlung) begriffen, an dem Kind (bzw. lernende Person) und Erwachsener (bzw. lehrende Person) aktiv beteiligt sind. Von erziehungswissenschaftlicher Seite werden an diesem Verständnis orientierte pädagogisch-didaktische Konzepte vorgeschlagen (z. B. Edwards 2005; Moll & Whitmore 1993; Rogoff 1998; Vadeboncoeur 1997).

Beide Perspektiven basieren auf einem gemeinsamen Grundverständnis von Wissen und sind eng aufeinander bezogen. Sie setzten jedoch ihre eigenen Akzente und sind mit unterschiedlich weitreichenden Forderungen für eine Neuorientierung im Bildungsbereich verbunden. In der Tendenz sind die soziologischen Ansätze in ihren Schlussfolgerungen und Forderungen radikaler: Sie gehen über eine beschreibende Analyse gesellschaftlich akzeptierter Überzeugungen und Wissensbestände als soziale Übereinkünfte hinaus, indem sie diese als „Machtdiskurse" in Frage stellen, die soziale Ungleichheit und bestehende Machtverhältnisse festigen. Zugleich verbindet sich mit dieser Position häufig die Verbesserung der Lebensverhältnisse der sozialen Gemeinschaft als Ziel von Bildung (Cannella 2002; Vadeboncoeur 1997).

Psychologisch-erziehungswissenschaftliche Beiträge mit sozialkonstruktivistischer Prägung teilen häufig zwar den kritischen Blick auf „dominante Diskurse" im frühpädagogischen Feld – vor allem hinsichtlich der Dominanz am Individuum zentrierter Entwicklungstheorien –, ihre Empfehlungen für die Gestaltung von Bildungsprozessen verstehen sie aber mehrheitlich als Ergänzungen der vorherrschenden Praxis und als Erweiterung der Perspektiven und Handlungsmöglichkeiten von Fachkräften und nicht als unvereinbaren Gegenentwurf zu verbreiteten Theorien und Praktiken (z. B. Edwards 2005; Moll & Whitmore 1993; Richardson 1997; Ryan & Grieshaber 2005).

Sozialkonstruktivistische Ansätze sind, insgesamt betrachtet, nicht einheitlich. Das Gemeinsame an ihnen ist das Verständnis von Wissen als soziale Konstruktion. Der sozialkonstruktivistische Wissensbegriff grenzt sich gegenüber einem solchen Wissensverständnis ab, wie es auch in kognitivistischen Theorien in der Psychologie und Pädagogik dominiert. Er ist als Gegenentwurf zu diesen Ansätzen zu verstehen, die kognitive Prozesse und Strukturen, verstanden als intrapsychische Prozesse, sowie deren Entwicklung zu ihrem Gegenstand erklären und die Bedeutung der (sozialen) Umwelt vernachlässigen (Gergen 1997; Palincsar 1998; Potter, Edwards & Wetherell 1993, s. auch Zielke 2004).

Diesem individualisierten Wissensbegriff der kognitiven Psychologie stellt der Sozialkonstruktivismus einen diskursiven Wissensbegriff gegenüber: Dieser versteht das Individuum als von Grund auf sozial und in kommunikative Prozesse eingebunden. Soziale Interaktionen werden dabei nicht lediglich als ein Weg gesehen, (individuell verfügbares) Wissen zwischen Individuen auszutauschen oder Lernprozesse zu fördern, sondern als fundamental bedeutsam für die Entstehung von Wissen und Verständnis: Individuen sind prinzipiell nur in Interaktionszusammenhängen in der Lage, etwas zu wissen und zu handeln (Zielke 2004, S. 208), Interaktionen „transportieren" nicht lediglich Wissen, sondern sie konstituieren es: „Nichts ist in den Köpfen, was nicht zuvor zwischen ihnen war! - das ist das Credo" (Laucken 1998, S. 337).

Der diskursive Wissensbegriff des Sozialkonstruktivismus stellt zudem die Existenz von repräsentationalen Beziehungen zwischen einer (anscheinend objektiv gegebenen) Realität und unserem Verständnis dieser Realität in Frage. Der erkenntnistheoretischen Sicht des Sozialkonstruktivismus zufolge spiegeln Wissen und sprachliche Begriffe nicht die „reale Welt" in objektiver Weise, sondern stellen immer nur eine von vielen Arten dar zu beschreiben und zu verstehen, was in der „Außenwelt" vor sich geht (Zielke 2004, S. 212): Begriffe, Sinnsysteme und Theorien, mit deren Hilfe wir die

Welt beschreiben und verstehen, sind nicht bedingt durch „das, was ist", sondern sie entstehen im Rahmen von sozialen Beziehungen und Austauschprozessen. In solchen Diskursen entwickeln soziale Gemeinschaften eine geteilte Sprache von Bedeutungen, eine gemeinsame Weltinterpretation, die die Wirklichkeit nicht lediglich beschreibt, sondern als sozial geteilte Wirklichkeit erschafft. Wissen und Weltverständnis werden in dieser Sicht als spezifisch für einen bestimmten lingualen und kulturellen Kontext angesehen, ein universell gültiges Verständnis über eine Wirklichkeit, die unabhängig von Kultur und Gesellschaft existiert, gibt es demzufolge nicht.

## 6 Das sozialkonstruktivistische Grundverständnis von Lernen und Entwicklung

Versteht man im Sinne des Sozialkonstruktivismus Wissen als soziale Konstruktion, folgt daraus ein Verständnis von Lernen und Entwicklung, das in gleicher Weise wie der Wissensbegriff die soziale Eingebundenheit des Individuums betont. In diesem Sinne wird jedes Lernen als grundlegend sozialer Prozess, als „soziales Lernen" verstanden. Lernen und Entwicklung werden in sozialkonstruktivistischen Entwicklungstheorien im Wesentlichen als eine zunehmend kompetente Teilnahme an sozialen Praktiken der jeweiligen Kultur sowie ein zunehmendes Verständnis für diese Praktiken konzeptualisiert.

Ein weiterer Aspekt, unter dem aus sozialkonstruktivistischer Sicht jede Tätigkeit des Kindes als sozial verfasst zu betrachten ist, besteht darin, dass auch die physikalische Umwelt ihren Sinn erst durch soziale Deutungen und Sinnkonstruktionen erhält. Objekte der physikalischen Umwelt gewinnen ihre Bedeutung nicht allein durch ihre physikalischen Eigenschaften, sondern durch ihren Gebrauch in einem spezifischen kulturellen Kontext. In diesem Verständnis ist auch die Exploration der dinglichen Umwelt immer mit sozialen Lernprozessen und sozialen Konstruktionen verbunden.

### 6.1 Das Individuum in sozialkonstruktivistischer Sicht

In der sozialkonstruktivistischen Literatur werden zu der Frage der individuellen Identität teilweise radikale Positionen vertreten. Der Sozialpsychologe Kenneth Gergen versteht Begriffe wie „das Selbst", „Individuum" und „Identität" als soziale Konstruktionen. Unser Erleben von uns selbst als eine von der Umwelt abgegrenzte und zeitlich konsistente Einheit fasst er als subjektive Illusion auf (Gergen 1990, 1997; Gergen, Gloger-Tippelt & Berkowitz 1990). Diese Position wird stark kritisiert. Insbesondere aus Sicht der Psychologie und Pädagogik wird eingewendet, dass diese Wissenschaften sich in der radikalen Position Gergens ihren eigenen Gegenstand – das Individuum – „wegdefinieren" (z. B. Laucken 1998; Zielke 2004). Davon abweichend vertritt der soziale Interaktionismus eine andere Position, die in der Unterscheidung zwischen „I", „Me" und „Self" zum Ausdruck gebracht wird (Mead 1934).

Nach der Dialogical Self Theory (DST) (Hermans & Kempen 1993; Hermans & Hermans-Konopka 2010) wird das Selbst als „ausgeweitet" betrachtet, das bedeutet, Einzelpersonen und gesellschaftliche Gruppen im Allgemeinen sind als „Positionen" im Selbst vereinigt. Als Ergebnis dieser Ausweitung umfasst das Selbst nicht nur interne, sondern auch externe Positionen. Vor dem Hintergrund der Grundannahme des erweiterten Selbst existiert der andere nicht einfach außerhalb des Selbst, sondern er ist vielmehr ein intrinsischer Teil des Selbst. Dies gilt nicht nur für den realen, sondern auch für den imaginierten Anderen. Eine wichtige theoretische Folgerung besteht darin, dass grundlegende Prozesse, wie innere Konflikte, Selbstkritik, innere Harmonie oder Selbstreflexion in verschiedenen Bereichen des Selbst stattfinden: im internen Bereich, zwischen dem internen und dem (erweiterten) externen Bereich und im externen Bereich. Zwischen dem inneren Selbst und der Außenwelt besteht ein gradueller Übergang. Nach der DST wird angenommen, dass das Selbst interne und externe Selbst-Positionen umfasst. Wenn einige Positionen des Selbst andere zum Schweigen bringen oder unterdrücken, gewinnen monologische Beziehungen die Oberhand. Wenn, im Gegensatz dazu, Positionen in ihrer Unterschiedlichkeit und Veränderlichkcit (innerhalb und zwischen den internen und externen Bereichen des Selbst) anerkannt und akzeptiert werden, entstehen dialogische Beziehungen, mit der Möglichkeit weiterer Entwicklung und Erneuerung des Selbst und des anderen als zentrale Bestandteile der Gesellschaft im Allgemeinen.

Das sozialkonstruktivistische Verständnis von Wissen als sozial vereinbartes System von Bedeutungen beansprucht gleichermaßen Gültigkeit für Alltagswissen wie für wissenschaftliches Wissen. Auch wissenschaftliche Theorien, Erklärungen und Vorhersagen werden als Ergebnis von sozialen Aushandlungsprozessen verstanden, durch die eine wissenschaftliche Gemeinschaft die soziale Realität erst schafft, die sie vorgeblich objektiv untersucht (Gergen 1994)

*6.2   Individuum zentrierte Entwicklungstheorien als „dominante Diskurse"*

Auch wissenschaftliches Wissen wird somit als kontextspezifisch und wertgeladen verstanden. Kritisch hinterfragt wird insbesondere, in welcher Weise wissenschaftliche Diskurse mit der Legitimation universeller Gültigkeit und Objektivität die soziale Praxis einer Gemeinschaft prägen und als „dominante Diskurse" (Foucault 2005) auch Macht ausüben. Im Bereich der Frühpädagogik wird aus diesem Blickwinkel die Vorherrschaft einer am Individuum zentrierten, de-kontextualisierten Entwicklungspsychologie kritisch diskutiert. Diese Kritik wird insbesondere in Bezug auf das Konzept der Developmentally Appropriate Practice (DAP) (Bredekamp & Copple 1997, NAEYC 2009) geäußert, das die Curricula der frühen Bildung vor allem im angelsächsischen Raum entscheidend bestimmt hat. Das Konzept DAP sei einseitig an der am Individuum zentrierten konstruktivistischen Entwicklungstheorie Piagets orientiert und beziehe den soziokulturellen Kontext von Lernen und Entwicklung nicht mit ein. Dies wird für die pädagogische Praxis in verschiedener Hinsicht als problematisch bewertet: Zum einen wird gegen das Konzept eingewendet, es trage nichts zur Lösung der Problemstellung bei, dass Kinder aus wirtschaftlich schwachen Familien und aus Minderheitenkulturen im Bildungssystem systematisch von akademischem Erfolg ausgeschlossen werden (Goffin 1996); vielmehr habe die einseitige Orientierung auf am Individuum zentrierte, de-kontextualisierte Entwicklungstheorien dazu geführt, dass der soziokulturelle Kontext von Lernen und Entwicklung in der Forschung, aber auch in Konzepten für die Praxis, systematisch vernachlässigt wurde (Anning, Cullen & Fleer 2009; Janzen 2008; Ryan & Grieshaber 2005).

## 7   Lernen und Entwicklung als soziokulturelle Prozesse

Transformations- und Partizipationsansätze der Entwicklung beziehen sich u. a. auf die soziokulturelle Theorie Wygotskis (z. B. Wygotski 1987, 1979; s. auch Miller 1993) und verstehen sich als ihre Weiterführung. Insbesondere wird der Grundgedanke Wygotskis aufgegriffen, dass individuelle kognitive Fähigkeiten ihren Ursprung in soziokulturellen Aktivitäten haben. Diesem Ansatz zufolge findet kognitive Entwicklung statt, indem das Individuum lernt, mit kulturellen „Denkwerkzeugen" umzugehen (beispielsweise mit der Sprache oder Mathematik). In soziokultureller Perspektive wird das Kind als Einheit mit seinem sozialen Kontext gesehen. Diese Einheit zwischen Person und sozialer Umwelt wird durch das Konzept der Aktivität hergestellt, das sich auf Individuum und Kontext gleichermaßen bezieht. Allerdings interpretieren aktuelle Vertreterinnen und Vertreter der Transformations- und Partizipationsansätze Wygotskis Begriffe in größerem Maße als dynamische, transaktionale Konstrukte, als wechselseitige Prozesse als es bei Wygotski selbst der Fall war: Das Individuum wird weder als passiver Rezipient des sozialen Umfeldes gesehen, dessen Regeln und Wissensbestände es im Laufe der Sozialisation internalisiert, noch als autonomer Konstrukteur seines individuellen Weltverständnisses. Vielmehr wird die Beziehung zwischen Individuum und sozialem Kontext als Transformation und als sich verändernde Partizipation des Individuums an soziokulturellen Aktivitäten konzipiert. Diesen wesentlichen Aspekt von Lernen und Entwicklung hat Rogoff (1990) in ihrem Konzept der „gelenkten Partizipation" (guided participation) ausgearbeitet. Lave und Wenger (1991) explizieren ihn im Rahmen ihres Konzepts der „legitimierten peripheren Partizipation" (legitimate peripheral participation). Rogoff (1998, S. 692) verdeutlicht diese Perspektive auf Lernen und Entwicklung am hypothetischen Beispiel einer Untersuchung zur Lesekompetenz: In einer solchen Studie würden in Transformations- und Partizipationsansätzen Fragen untersucht wie: Welche Transformationen durchläuft die Art und Weise, in der Kinder Buchstaben entschlüsseln? Welche Transformationen finden in bestimmten Situationen, bei bestimmten Arten von Texten, im Rahmen einer bestimmten soziokulturellen Einbettung der Aktivität, mit einer bestimmten Art der sozialen Unterstützung statt? Diese und ähnliche Variablen der Lesesituation werden dabei nicht als „Störvariablen" betrachtet, die für eine „objektive" Erhebung der Lesekompetenz möglichst ausgeschaltet werden sollten. Sie werden vielmehr als untrennbarer Bestandteil des Prozesses des Lesen Lernens genau erfasst. Der Prozess, die jeweilige konkrete Aktivität, würde bewusst in die Evaluation der Entwicklung von Lesekompetenz aufgenommen.

## 8 Paradigmenwechsel in pädagogisch-didaktischen Konzepten

Die hier angedeuteten theoretischen Positionen eröffnen weitere Perspektiven sowohl für die Forschung als auch für die frühpädagogische Praxis: Bildung wird als sozialer Prozess definiert, der stets in einen sozialen und kulturellen Kontext eingebettet ist. Die soziale Interaktion stellt den Schlüssel zur Sicherung von hoher Bildungsqualität dar. Und da man soziale Interaktionen verändern kann, bietet diese Perspektive die Chance einer Optimierung von individuellen Bildungsverläufen und einer Steigerung der Effizienz von Bildungssystemen, was bisherige Ansätze, wenn überhaupt, nur begrenzt geboten haben.

### 8.1 Der methodisch-didaktische Ansatz der Ko-Konstruktion

Betrachtet man die bislang angewendeten didaktischen Modelle, dann lassen sich seit der Mitte des vorigen Jahrhunderts drei Richtungen erkennen:

- Lernen wurde als Resultat und in Abhängigkeit von geeigneten und erfahrenen Denk- und Verhaltensmodellen betrachtet. Dieses wurde in der Person des Lehrers als Spezialisten verkörpert. Es handelt sich um ein vertikales Modell der Beziehung, in dem die Bedeutung der Interaktion mit Ausnahme von Tutoring eher gering eingeschätzt wird.

- Später haben konstruktivistische Theorien gezeigt, dass im Bildungsprozess unterschiedliche Wissensquellen und Erfahrungen eine Rolle spielen und dass der Lehrer die Rolle des Organisators von Beziehungen übernehmen muss. Hier entfalten sich die Ansätze von Piaget (1987) und Ausubel (1968): Diesen Ansätzen zufolge erzeugt Wissen Realität, aber dessen Erwerb wird durch die interpretative Fähigkeit des Kindes bestimmt. Das Kind erwirbt somit, gemäß seiner aufeinanderfolgenden und universellen Entwicklungsstadien, in Abhängigkeit von seiner sozialen Herkunft und intrinsischen Motivation, basierend auf dem Stadium, in dem es sich gerade befindet und in einer Weise, die durch seinen kognitiven Ausgangspunkt bestimmt ist. Es handelt sich hier um ein trianguläres Modell der Beziehung zwischen Wissen, Fachkraft und Kind.

- Vor nicht allzu langer Zeit und als Folge eingehender Untersuchungen des Zusammenhangs zwischen Wissen und Bedeutung, vorrangig unter dem Einfluss der Sowjetischen Schule, fokussierten sozial-konstruktivistische Ansätze des Lernens auf die Analyse der Beziehung zwischen Bedeutung und Sinn einerseits und Wissen andererseits, was zu der Erkenntnis führte, dass die dialogischen und kommunikativen Aspekte von Interaktionen näher betrachtet werden sollten. Generell zeigten die transkulturellen oder interkulturellen Studien (Zittoun, Mirza & Perret-Clermont 2007), dass fundamentale Elemente der Kultur den Kontext für eine erfolgreiche psychische Entwicklung des Individuums darstellen. Im Gegensatz zur Theorie von Piaget betrachten die soziokulturellen Ansätze den menschlichen Verstand als sozial und kulturell bedingt (Wygotski, Luria & Leontiev 1988) und die soziale Interaktion als wesentlichen Bestandteil menschlicher Entwicklung und der kognitiven Prozesse des Individuums. Zittoun, Mirza & Perret-Clermont (2007) ordnen die soziokulturellen und kultur-historischen Ansätze in der Folge von Piaget in vier unterschiedliche Perspektiven: Der Fokus liegt

  - auf Erzählungen und kulturellen Arbeiten (Brunner 1960, 1983, 1990),

  - auf Aktivitäten als einem zentralen Konzept in der Analyse von Kultur und Denken (Schribner & Cole 1981; Wertsch 1991, 2002; Rogoff 1981, 1990, 1995, 1998, 2003; Schribner 1984),

  - auf den semiotischen Prozessen (Valsiner 2000; Abbey 2006; Lawrence & Valsiner 2003) und

  - auf dialogischen Prozessen, wobei zwischen Autoren unterschieden wird, die sich der Analyse diskursiver Prozesse widmen und solchen, die sich mit dem Verstehen von und den Veränderungen in Gruppenprozessen befassen (Pontevorvo 2004; Clot 1999; Muller & Perret-Clermont 1999).

In der Informationsgesellschaft von heute stellen der Zugang zu Informations- und Wissensnetzwerken, das Wissen, wie man eine Auswahl bezüglich der Vielzahl verfügbarer Elemente trifft, sowie die kritische Analyse ausgewählter Elemente mit dem Ziel ihrer Anwendung, wesentliche Kompetenzen für effektives Handeln in vielen sozialen Sphären dar. Zudem hängt die Demokratisierung der Informationsgesellschaft auch davon ab, dass alle Kinder diese Kompetenzen entwickeln. Nicht zuletzt besteht in den Gesellschaftsformen von heute ein wachsender Bedarf an Dialog als Möglichkeit, unterschiedliche Aspekte des Lebens auszuhandeln und als Mittel zum Aufbau von Koexistenz in verschiedenen sozialen Sphären zu nutzen. Dieses Phänomen, das als „dialogische Wende" der Gesellschaften beschrieben wurde (Flecha, Goméz & Puigvert 2003), hat auch die pädagogische Psychologie (Racionero 2011; Racionero &

Padro´s 2010) beeinflusst mit der Folge, dass Interaktion und Dialog in den Mittelpunkt aktueller Lerntheorien gestellt und interaktive Lernwelten konzipiert werden, die darauf eingehen, wie Menschen in dialogischen Gesellschaften lernen. Diese Entwicklung wird freilich gegenwärtig durch moderne Technologien massiv begleitet und verstärkt.

Vor dem Hintergrund solcher Entwicklungen und als Konsequenz der Implikationen sozial-konstruktivistischer Ansätze ist es folgerichtig, dass ein anderer Ansatz, der der Ko-Konstruktion, bei der Organisation von Bildungsprozessen herangezogen wird. Die Definition dieses Ansatzes, wonach Lernen durch Zusammenarbeit stattfindet, ist einfach, die Konsequenzen, dessen Implementation jedoch gravierend, sowohl für die Schulorganisation als auch für die Gestaltung von Bildungsprozessen. Beides gemeinsam, die theoretische und die methodisch-didaktische Neuorientierung verändern gegenwärtig Bildungssysteme tiefgreifend.

Mittels Ko-Konstruktion wird Wissen generiert und Sinn konstruiert, indem Kinder und Fachkräfte gemeinsam diesen Prozess gestalten. Es handelt sich um einen pädagogisch-didaktischen Ansatz, der keine passiven Partner vorsieht: Kinder und Fachkräfte gestalten gemeinsam und aktiv den Lern- und Bildungsprozess, was zu einer Veränderung der Qualität der Fachkraft-Kind-Beziehung führt. Eine zentrale Kategorie dieses Ansatzes stellt die soziale Interaktion dar: Die Ko-Konstruktion, die auf sozialkonstruktivistische Ansätze zurückgreift, sieht den wesentlichen Faktor für die Konstruktion des Wissens in der sozialen Interaktion. Demnach lernen Kinder die Welt zu verstehen, indem sie sich mit anderen austauschen und Bedeutungen untereinander aushandeln. Dies impliziert auch, dass die geistige, sprachliche und soziale Entwicklung durch die soziale Interaktion mit anderen gefördert wird.

Fachkräfte können mit Kindern Wissen ko-konstruieren, indem sie stärker die Erforschung von Bedeutung als den Erwerb von Fakten fokussieren. Für den Erwerb von Fakten müssen Kinder beobachten, zuhören und sich etwas merken. Die Erforschung von Bedeutung dagegen heißt, Bedeutungen zu entdecken, auszudrücken und mit anderen zu teilen ebenso wie die Ideen anderer anzuerkennen. Die Entwicklung einer Diskursivität in der Gruppe ist genuiner Bestandteil ko-konstruktiv organisierter Bildungsprozesse.

Die Erforschung von Bedeutungen ist somit ein ko-konstruktiver Prozess, in dem Kinder und Erwachsene in einer Gemeinschaft ihr Verständnis und ihre Interpretation von Dingen miteinander diskutieren und verhandeln. Mit Erwachsenen Bedeutungen zu ko-konstruieren hilft Kindern zu lernen, wie man gemeinsam mit anderen Probleme löst. Ko-Konstruktion ist deshalb eine wichtige Interventionsmethode, um das aktuelle Verständnis- und Ausdrucksniveau in allen Entwicklungsbereichen der Kinder zu erweitern. Dieser Prozess ist besonders nachhaltig, wenn Fachkräfte die Kinder dazu anregen, durch eine Vielzahl von Medien auszudrücken, wie sie die Welt begreifen.

Durch die Ko-Konstruktion von Bedeutung lernen Kinder, dass die Welt auf viele Arten erklärt werden kann, Bedeutungen miteinander geteilt und untereinander ausgehandelt werden, ein Problem oder Phänomen auf viele Weisen gelöst werden kann, Ideen verwandelt, ausgeweitet und ausgetauscht werden können, ihr Verständnis bereichert und vertieft werden kann und dass die gemeinsame Erforschung von Bedeutungen zwischen Erwachsenen und Kindern aufregend und bereichernd ist.

Ko-Konstruktion wird durch den Einsatz von Gestaltung, Dokumentation und Diskurs unterstützt. Gestaltung (z. B. Bilder) und Dokumentation (z. B. Aufzeichnungen und Notizen der Fachkraft) ermöglichen es Kindern, ihre eigenen Ideen auszudrücken und sie mit anderen zu teilen. Ebenso wird es ihnen dadurch ermöglicht, die Ideen anderer kennenzulernen.

Der Diskurs schließlich ist der Prozess, in dem mit den Kindern über die Bedeutungen gesprochen wird, wo Bedeutungen ausgedrückt, geteilt und mit anderen ausgehandelt werden, während jeder versucht, die Gestaltungen und Dokumentationen der anderen zu begreifen. Fachkräfte sollten dabei auf die Theorien der Kinder, ihre Vermutungen, Widersprüche und Missverständnisse achten und diese diskutieren. Dadurch können sie sicherstellen, dass sie die Kinder bei der Erforschung der Bedeutungen unterstützen und nicht die bloße Vermittlung von Fakten fördern.

Der Diskurs bildet demnach das Kernstück der Ko-Konstruktion. Dieser geht bekanntlich auf Sokrates zurück und hat in Theorien des zwanzigsten Jahrhunderts eine Neubelebung erfahren, wie z. B. in der Theorie des dialogischen Unterrichts nach Paulo Freire (1985; Freire & Macedo 1987) oder in der Theorie des dialogischen Handelns nach Jürgen Habermaß (1987, 1984), um nur zwei zu nennen.

Die neuere Entwicklung von Dialog als Werkzeug der Theoriebildung von Unterricht und Lernen wurde durch Michail Bakthins Schriften (Bakhtin, 1984, 1986) zur Sprache angeregt. Für zahlreiche Lerntheoretiker wurde der Zugang zu Bakhtins Theorie durch das Buch von Wertsch (1991) vermittelt, der sich in seiner Darlegung der zentralen vermittelnden Rolle der Sprache im Lernprozess auf Bakhtin und Wygotski bezieht. Durch eine Neuinterpretation zentraler Gedanken von Wygotski im Lichte von Bakthins Aussagen zu Sprache und Dialog erweiterte Wertsch die das Lernen betreffenden theoretischen Perspektiven, indem er nachwies, wie Kinder Sprache und Texte zur Konstruktion ihres Verstehens von Konzepten einsetzen.

Bakhtins Schriften zur inhärenten Wechselwirkung („Dialogicality") von Sprache und Denken haben unser Bewusstsein bezüglich der vermittelnden Rolle von Sprache und Zuhören bei Lerntätigkeiten geschärft. Bakhtins Standpunkt betreffend Dialog geht über die Auffassung hinaus, dass verbale Interaktion lediglich die Form von Gespräch, ein Geben und Nehmen sowie Austausch aufweist. Er lokalisierte den wesentlichen Aspekt des Denkens im dialogischen Sprechen zwischen zwei Personen oder zwischen einem Sprecher und einem realen oder imaginierten Zuhörer, ohne die die Äußerungen oder Gedanken einer Person keinen Sinn machen könnten (Hicks 2000). Sogar individuelles Denken sei in dem Sinn dialogisch, als dass alles Denken durch Aneignung und Gebrauch sozialer Formen von Sprache geschehe, welche von den Akzenten, Werten und Einstellungen vormaliger Sprecher und Sprachgemeinschaften durchdrungen sind.

Das Konzept des dialogischen Lernens ist weitgehend untermauert durch die bereits angedeuteten Theorien und verbindet die wesentlichen interaktionistischen und dialogischen Beiträge aus Psychologie, Anthropologie, Soziologie, Pädagogik, um zu erklären, wie Menschen in den dialogischen Gesellschaften von heute am besten lernen können. Dialogisches Lernen findet statt, wenn sich folgende Prinzipien in der sozialen Interaktion entwickeln: gleichberechtigter Dialog, kulturelle Intelligenz, Transformation, instrumentelle Dimension, Erschaffung von Bedeutung, Solidarität und Gleichwertigkeit der Unterschiede.

## 8.2 Merkmale dialogischen Lernens

Gleichberechtigter Dialog bedeutet, dass die Aussagen und Vorschläge jedes Teilnehmers, unabhängig von ihrem Status, Alter, Beruf, Geschlecht, sozialer Klasse, Bildungsniveau, gleichermaßen beachtet und gewürdigt werden. Es muss kein Konsens erzielt werden und es gibt keine richtigen oder falschen Antworten. Aussagen werden jedoch entsprechend der „Gültigkeit ihres Gedankenwegs" bewertet. Somit bleibt die Diskussion für neue Ideen und Interpretationen offen, um vordefinierten und vorab festgelegten Strukturen entgegenzuwirken. Gleichberechtigter Dialog erfordert eine aktive Teilnahme der Lernenden. Die Entwicklung kommunikativer Fähigkeiten hilft dabei, Informationen auszuwählen und zu verarbeiten und trägt zur Stärkung einer kritischen Haltung bei.

Den Teilnehmerinnen und Teilnehmern wird es zudem gestattet, ihre kulturelle Intelligenz (Flecha 2001), d. h. ihre unterschiedlichen schulischen, praktischen und kommunikativen Fähigkeiten bei der Konstruktion von Wissen einzusetzen. Dies geschieht in Lernumgebungen, in denen drei Bedingungen umgesetzt werden:

- interaktive Selbstkompetenz,

- kultureller Transfer (von nicht schulischen Kompetenzen zum schulischen Setting), und

- dialogische Kreativität (neues Wissen, resultierend aus dem Dialog, in dem die Fähigkeiten jedes Teilnehmers genutzt werden).

Das Konzept der kulturellen Intelligenz zielt darauf ab, Defizittheorien zu beseitigen und zu betonen, dass alle Menschen die Fähigkeit besitzen, sich über Diskriminierung hinwegzusetzen. Durch den Austausch verschiedener Standpunkte und Problemlösungsstrategien, geleitet von Validitätsansprüchen, entsteht Transformation auf zwei Ebenen: intra- und interpsychologisch. Intrapsychologisch, weil im Dialog vorhandenes Wissen umgestaltet und erweitert wird. Interpsychologisch, weil das gemeinsame Wissen bzw. das Ergebnis der Beiträge aller Teilnehmer im Dialog darstellt ist, was einen neuen Wissenstand erzeugt. Generell zielt dialogisches Lernen auf Transformation in persönlicher und soziokultureller Hinsicht ab und nicht auf Adaptation.

Transformation macht die Betonung der instrumentellen Dimension des Dialogs als Mittel zur Erzeugung von Wissen erforderlich. Die instrumentelle Dimension nimmt auf die Aspekte des Schulwissens Bezug, die erforderlich sind, um Zugang zur Informationsgesellschaft zu ermöglichen (Apple & Beane 2007). Sie beinhaltet den Erwerb des instrumentellen Wissens und der nötigen Fertigkeiten, um an der heutigen Gesellschaft zu partizipieren. Statt mit Hilfe vorher festgelegter Lernmethoden wird dies durch praktische Aktivitäten und einen auf angemessene Weise eingesetzten dialogischen Rahmen angestrebt.

Die Teilnahme an dialogischem Lernen erweist sich als wichtiges Instrument der Meinungsbildung und der Erschaffung von Bedeutung (Elboj & Puigvert 2004). In Anbetracht zahlreicher Lebensformen ist es schwierig, ein einziges Lebensmodell zu entwerfen, und für die Schulen ist es schwierig zu entscheiden, welche Werte gefördert werden sollen. Üblicherweise wollen – auch in der Schule – dominante Gruppen ihre Werte und Vorstellungen in den Vordergrund stellen, was Bedeutungskrisen erzeugt. Gleichberechtigter Dialog bietet den Raum, in dem Bedeutungen außerhalb der bürokratischen und informationstechnologischen Systeme geschaffen oder wieder hergestellt werden können, was letztlich neue Perspektiven eröffnet. Dies wiederum steht im Zusammenhang zum Prinzip der Solidarität. In dialogischen Lernumgebungen teilen die Teilnehmer ihr Wissen zum Nutzen aller Gruppenmitglieder.

Alle genannten Aspekte werden somit vom Prinzip der Gleichwertigkeit der Beiträge im dialogischen Prozess begleitet. Dieses Prinzip bricht mit der Handlungsunfähigkeit, die kultureller Relativismus den Angehörigen unterschiedlicher kultureller Gruppen auferlegt hat, indem die Machtbeziehungen innerhalb der eigenen kulturellen Gruppe wie auch in Relation zur dominanten Kultur verfestigt werden. Im dialogischen Lernen erzeugt jede Person neues Verständnis, das Leben und die Welt betreffend, reflektiert über die eigene Kultur und die der anderen, gewinnt somit größere Wahlfreiheit im Hinblick auf die Gestaltung seines Lebens und seiner Beziehungen zu anderen und schafft Respekt gegenüber unterschiedlichen Lebensweisen (Giddens 1995). Dialogisches Lernen unterstützt somit die Position, dass es eine Vielfalt von Lebensentwürfen gibt. Ein Ziel dabei besteht darin, die gängigen gesellschaftlichen Regeln und Ansichten verstehen zu lernen, um Wege der Inklusion zu finden.

Die sieben Prinzipien des dialogischen Lernens hängen miteinander zusammen, obwohl jedes gleichzeitig für sich besteht. In jedem Prinzip treffen Bedeutung, Lebenserfahrungen, Emotion, Kognition, Kultur und weitere Elemente aufeinander, unter Mitwirkung verschiedener Personen, außerhalb von Schule und Unterricht, mit denen die Schüler interagieren. Auch dies unterscheidet dialogisches Lernen von vormaligen Konzeptionen des Lernens und des Unterrichts. Aus der Perspektive des dialogischen Lernens muss das Netzwerk aus Interaktionen und Beziehungen, das jeden Schüler umgibt als starker „Lerngenerator", betrachtet werden, der nicht mehr, wie im konstruktivistischen Ansatz, stabil und lediglich triangulär ist (Piaget 1969, 1987). Die Entwicklungsverläufe von Schülern sind in komplexe Netzwerke eingebettet, die bei der Gestaltung des Unterrichts als Raum, der Intersubjektivität fördert, verstanden und berücksichtigt werden müssen.

Als Beispiel für die Umsetzung dieser Prinzipien können Schulen genannt werden, die am „Learning Communities Project" (Melo 2009), einem Projekt zu unterrichtsbezogener und sozialer Transformation teilnehmen. Diese setzen eine Reihe von „Successful Educational Actions" (SEAs) ein, unter denen sich auch interaktive Gruppen finden. Durch die Organisation des Unterrichts in interaktiven Gruppen konnten die schulischen Leistungen wie auch die sozialen Beziehungen der Schüler verbessert werden. Vergleichbare Erfolge zeigten sich auch in Lerngemeinschaften in Brasilien und Paraguay (INCLUD_ED, 2011). Die Forschungsergebnisse bestätigen, dass die Teilnahme an interaktiven Gruppen, die von Erwachsenen und Kindern aus der Gemeinschaft angeleitet werden, die sich in der Klasse aufhalten, um die Interaktion der Schüler hinsichtlich des Lehrstoffs zu fördern, instrumentelles Lernen begünstigt, respektvolle Koexistenz verbessert, das schulische Selbstkonzept der Lernenden fördert und gleichzeitig günstige Bedingungen für Lernen und Lehren schafft. Diese Ergebnisse stimmen mit den Befunden anderer Studien zu dialogischem Lernen in interaktiven Gruppen (Racionero 2011) und den Daten im Vergleich zu nicht inklusivem und nicht dialogischem Unterricht (INCLUDE_ED Consortium, 2009) überein.

Der Prozess der Ko-Konstruktion wird oft als eine Möglichkeit präsentiert, den Kindern ein größeres Gewicht bei der Gestaltung von Lernprozessen in den Einrichtungen zu geben. Dies ist aber in einem großen Ausmaß von der aktiven Ausdrucksfähigkeit der Kinder abhängig, sodass das Schweigen schnell weniger wertgeschätzt wird. Es sollte deshalb immer im Auge behalten werden, dass auch das Schweigen eine eigene Form des Ausdrucks sein kann. Weiterhin kann die kulturelle und ethnische Identität von Kindern den Prozess der Ko-Konstruktion beeinflussen. Dabei spielt das bisher entwickelte Selbstbewusstsein, das nötig ist, um die eigenen Sichtweisen anderen gegenüber zu vertreten, eine wichtige Rolle. Besonders Kinder, die sich in zwei kulturellen Gruppen bewegen, haben leicht die Befürchtung, in keiner der beiden sozialen Gruppen bestehen zu können und entwickeln dadurch ein geringeres Selbstvertrauen. Sie scheuen sich häufig, sich gegenüber anderen auszudrücken, die nicht ähnliche Erfahrungen gemacht haben. Zudem können diese Kinder kulturspezifische Ausdrucksweisen verwenden, die nicht immer erkannt bzw. richtig interpretiert werden.

Ko-Konstruktion kann die Entwicklung von Selbstvertrauen fördern, indem die Kinder ermutigt werden, ihre individuelle Meinung auszudrücken und auch, indem Erwachsene Interesse an ihrer Meinung zeigen und diese wertschätzen. Zudem vermittelt Ko-Konstruktion die Bereitschaft, die Sichtweisen anderer zu verstehen und zu respektieren, wodurch das Bewusstsein und die Wertschätzung von Unterschiedlichkeit (Diversität) wachsen. Kinder können außerdem gezielt ermutigt werden, ihr Verständnis zu kulturellen Unterschieden herauszufinden und auszudrücken.

Da bei Konflikten in der Regel Jungen diese eher durch körperliche Gewalt und Aggression lösen wollen, Mädchen dagegen mittels Sprache, Argumentation und Verhandlung, ziehen sich Mädchen in gemischt-geschlechtlichen Gruppen leicht zurück. Dies würde aber dazu führen, dass im ko-konstruktivistischen Prozess die Jungen dominieren und nur die Bedeutungen der Jungen Gehör finden. Fachkräfte können einen Ausgleich fördern, indem sie Mädchen dazu ermuntern, Bedeutungen zu konstruieren. Zudem können Fachkräfte mit Jungen daran arbeiten lassen, ihre Meinungen stärker sprachlich auszudrücken.

In Gruppen mit Kindern mit unterschiedlichen Fähigkeiten kann Ko-Konstruktion zu einem bereichernden Prozess werden, wenn den Kindern eine große Spannbreite von Möglichkeiten angeboten wird, sich ihren spezifischen Fähigkeiten entsprechend auszudrücken. So sollten Kinder, die mit der Sprache Schwierigkeiten haben, besonders ermutigt werden, sich über Bilder, Musik, oder Bewegung auszudrücken. Fach- und Lehrkräfte unterstützen Kinder darin, Achtung gegenüber der Diversität zu entwickeln, indem sie die verschiedenen Wege sich auszudrücken, wertschätzen und mit den Kindern über die unterschiedlichen Arten die Welt wahrzunehmen und zu erleben, sprechen.

Während der letzten Jahre wird mit Nachdruck auf den Lernprozess und dessen Ausgestaltung fokussiert. Bei der Stärkung von Kompetenzen, über die Organisation von Bildungsprozessen, und dies gilt in besonderer Weise für die Stärkung kommunikativer Kompetenz, erweisen sich bestimmte Ansätze als besonders bedeutsam wie z. B. die „Situated Cognition-Bewegung", die „Guided Participation (Rogoff 1990), das „Responsive Teaching" (Strehmel 2008), die „Learning Communities" (auch online), Communities of Practice", The „Reflective Practitioner" (Schon 1983), der Ansatz von Youniss (Yates & Younis 1998) über „symmetrische" und „komplementäre Reziprozität", „Substained shared thinking" (Sylva, Melhuish, Sammons, Siraj-Blatchford, & Taggart 2003), das Schalenmodell von Siraj-Blatchford, face-to-face Interaktion als pädagogische Intervention und nicht zuletzt „dialogisch entwickelte Interaktionsprozesse" – Das dialogische Prinzip (z. B. dialogisches Lesen) bieten konkrete Chancen für die Stärkung von Sprachkompetenz.

Das dialogisch organisierte Lesen bildete in den letzten Jahren einen zentralen Gegenstand empirischer Forschung, zuerst im angelsächsischen Sprachraum (Whitehurst, Arnold, Epstein, Angell, Smith & Fischel 1994; Arnold, Lonigan, Whitehurs & Epstein 1994; Bus, van Ijzendoorn & Pellegrini 1995; Lonigan & Whitehurst 1998; Hargrave & Sénéchal 2000), jetzt zunehmend auch in Europa (Ennemoser, Kuhl & Pepouna 2013). Diesen Studien zufolge kann auch eine relativ kurzfristige Intervention bei Nutzung des dialogischen Lesens zu überraschenden Ergebnissen führen: Kinder, bei denen anfänglich ein Rückstand in ihrer sprachlichen Entwicklung gegenüber Gleichaltrigen festgestellt worden war, könnten durch diesen Ansatz der Leseförderung in kürzester Zeit (6 Wochen) ihre sprachlichen Fähigkeiten auf das Niveau der Vergleichsgruppe verbessern. Der Wortschatz der Kinder wurde erweitert, neue Begriffe und deren Bedeutung wurden erlernt. Grammatikalische Strukturen und Sprache in ihrem Kontext wurden verstanden (Whitehurst, Arnold, Epstein, Angell, Smith & Fischel 1994; Lonigan & Whitehurst 1998). Vergleichbare Ergebnisse lieferten weitere Studien, wie die Pilot-Interventionsstudie von Mohs & Kornheuer (2014) und Cohen & Kramer-Vida (2012). Auch die Meta-Analyse von Mitchell, Wylie & Carr (2008), die Ergebnisse der EPPE-Studie in Großbritannien und die Nationale Untersuchung zur Bildung, Betreuung und Erziehung in der frühen Kindheit (Tietze, Becker-Stoll, Bensel, Eckhard, Haug-Schnabel, Kalicki, Keller & Leyendecker 2012) bestätigen die Bedeutung der Interaktion und die Überlegenheit der Ko-Konstruktion, verglichen zu allen anderen didaktisch-pädagogischen Ansätzen. Eine solche Orientierung in Theorie und Praxis wird uns helfen, der Herausforderung einer hohen kommunikativen Kompetenz und hoher Bildungsqualität für alle Kinder gerecht zu werden.

*Literatur*

Abbey, E. (2006): Perceptual uncertainty of cultural life: becoming reality. In: Valsiner, J. & Rosa A.R. (Eds.) Handbook of sociocultural psychology. Cambridge: Cambridge University.

Anning, A.; Cullen, J. & Fleer, M. (Eds.) (2009): Early childhood education. London: SAGE.

Apple, M.W. & Beane, J. (Eds.) (2007): Democratic Schools: Lesson in powerful edu-cation. Portsmouth, NH: Heinemann.

Arnold, D.H.; Lonigan, C.J.; Whitehurst, G.J. & Epstein, J.N. (1994): Accelerating language development through picture book reading : Replicating and extension to a video-tape training format. Journal of Educational Psychology, 86, 235-243.

Ausubel, D.P. (1968): Educational psychology: a cognitive view. New York: Holt, Rinehart and Winston.

Bakhtin, M.M. (1984): Problems of Dostojevsky´s poetics (C. Emerson, Trans and Ed.). Minneapolis: University of Minnesota Press.

Bakhtin, M.M. (1986): Speech Genres and other late essays (V.W. McGee, Trans.). Austin, TX: University of Texas Press.

Brown, A. (1994): The advancement of learning. Educational Researcher. 4-12.

Bruner, J.S. (1960): The process of education. Cambridge, Mass.; London: Harvard University Press.

Bruner, J.S. (1983): In search of mind: essays in autobiography. New York: Harper and Row.

Bruner, J.S. (1990): Acts of meaning. Cambridge: Harvard University Press.

Bus, A.G.; van Ijzendoorn, M.H. & Pellegrini, A.D, (1995): Joint book reading makes for success in learning to read: A meta-analysis on intergenerational transmission of literacy. Review of Educational research, 65(1), 1-21.

Canella, G.S. (2002): Deconstructing early childhood education: social justice revolu-tion. New York: Peter Lang.

Cohen, L.E. & Kramer-Vida, L. (2012): Using dialogic reading as professional de-velopment to improve students' English and Spanish vocabulary. NHSA Dialog,15(1), 59-80.

Clot, Y. (1999): Avec Vygotsky. Paris: La Dispute.

Dahlberg, G. (2004): Kinder und Pädagogen als Co-Konstrukteure von Wissen und Kultur. In: Fthenakis, W. E. & Oberhuemer, P. (Eds.): Frühpädagogik international. Bildungsqualität im Blickpunkt. VS Verlag für Sozialwissenschaft. 13-30.

Dahlberg, G.; Moss, P. & Pence, A. (1999): Beyond quality in early childhood education and care: Postmodern perspectives. London: Routledge Falmer.

Edwards, J. S.(2005): Knowledge management systems as business processes. International Journal of Knowledge and Systems Sciences, 2(1)

Elboj, C. & Puigvert, L. (2004): Interaction among ´other women´: Personal and social meaning. Journal of Social Work Practice, 18(3), 351-364.

Ennemoser, M.; Kuhl, J. & Pepouna, S. (2013): Evaluation des Dialogischen Lesens zur Sprachförderung bei Kindern mit Migrationshintergrund. Zeitschrift für Pädagogische Psychologie, 27 (4), 229-239.

Flecha, R. (2001) (Eds.): Successful educational actions for inclusion and social cohesion in Europe. INCLUD-ED Consortium. University of Barcelona. Heidelberg: Springer.

Flecha, R.; Goméz, J. & Puigvert, L. (2003): Contemporary Sociological Theory. New York: Peter Lang.

Foucault, M. (1969): The archaeology of knowledge. (Publ. London: Routledge, 1972).

Foucault, M. (2005): Analytik der Macht. Frankfurt/ M.: Suhrkamp.

Freire, P. (1985): The politics of education: culture, power and liberation. South Hadley, Mass.: Bergin & Garvey.

Freire, P. & Macedo, D. (1987): Literacy: reading the word & the world. South Hadley, Mass.: Bergin & Garvey.

Fthenakis, W.E. (2003): Zur Neukonzeptualisierung von Bildung in der frühen Kindheit. In: W. E. Fthenakis (Hrsg.): Elementarpädagogik nach PISA. Wie aus Kindertagesstätten Bildungseinrichtungen werden können. Freiburg: Herder, S. 18-37.

Fthenakis, W.E. (Hrsg.) (2014): Frühpädagogische Ausbildungen international. Reformen und Entwicklungen im Blickpunkt. Köln: Bildungsverlag EINS.

Gergen, K. (1994): Toward Transformation in Social Knowledje. Sage Publications.

Gergen, K. J. (1997): The place of the psyche in a constructed world. Theory and Psychology, 7, 723-746.

Gergen,K.J.; Gloger-Tippelt, G. & Berkowitz, P. (1990): The cultural construction of the developing child. In: Semin, G.R. & Gergen, K. J. (Eds): Everyday understanding. Social and scientific implications. London: Sage, 108-129.

Gerstenmaier, J. & Mandl, H. (2000): Konstruktivistische Ansätze in der Psychologie (Forschungsbericht Nr. 123). München: LMU, Lehrstuhl für Empirische Pädagogik und Pädagogische Psychologie.

Giddens, A. (1995): Konsequenzen der Moderne. Berlin: Suhrkamp.

Goffin, S.G. (1996): Child development and early childhood teacher preparation: Assessing the relationship – A special collection. Early Childhood Research Quaterly, 11 (2), 117-133.

148

Habermas, J. (1984): The theory of communicative action. Vol. I: Reason and the rationalization of society. Boston: Beacon Press (O.V. 1981).

Habermas, J. (1987): The theory of communicative action. Vol. II. Lifeworld and sys-tem: A critique of functionalist reason. Boston: Beacon Press.

Hargrave, A. & Sénéchal, M. (2000): A book reading intervention with preschool children who have limited vocablaries: the benefits of regular reading and dialogic reading. Elesvier Science Journal, 15(1). 75-90.

Hermans, H.J.M. & Kempen, H.J.G. (1993): The dialogical Self: Meaning as movement. San Diego, CA: Academic Press.

Hermans, H.J.K. & Hermans-Konopka, Q. (2010): Dialogical Self Theory. Positioning and Counter-Positioning an a Globalizing Society. Cambridge: University Press

Hicks, D. (2000): Self and other in Bakhtin´s early philosophical essays: Prelude to a theory of prose consciousness. Mind, Culture and Activity, 7(3), 227-242.

INCLUDE_ED Consortium. (2009): Actions for success in schools in Europe. Brussels: European Commission.

INCLUD_ED Consortium (2011): Strategies for inclusion and social cohesion in Europe from education. Final Report. Brussels: European Commission.

Janzen, J. (2008): Teaching English language learners in the content area. American Educational Research Association, 78(4), 1010-1038.

Jonassen, D.H. (1994): Thinking technology: Towards a constructivist design mod-el. Educational Technology, 34 (4), 34-37.

Laucken, U. (1998): Zur Befreiung des psychologischen Denkens vom biologischen Reduktionismus. Psychologische Beiträge, 40, 139-158.

Lave, J. & Wenger, E. (1991): Situated learning: legitimate peripheral participation. Cambridge: University Press.

Lawrence, J. & Valsiner, J. (2003): Making personal sense. An account of basic internalisation and externalisation processes. Theory and Psychology. 13 (6), 723-752.

Lonigan, C.J. & Whitehurst, G.J. (1998): Relative efficacy of parent and teacher involvement in a shared-reading intervention for preschool children from low-income backgrounds. Early Childhood Research Quaterly, 13 (2), 263-290.

Lovejoy, C.O. (1981): The origin of man. Science (New Series), Vol. 211, No. 4480, 341-350.

Mead, G. H. (1974): Mind, self and society. From the standpoint of a social behaviorist. Chicago: University Press. (Original erschienen 1934).

Mead, G.H. (1934): Mind self and society. Chicago: University of Chicago Press.

Mello, R.R. (2009): Communidades de Aprendizagem: apostana qualidade da apredi-zagem, na igualdade de diferencias e na democartizacao da gestao da escola. Sao Paulo: FAPEP & CNPq.

Miller, P. (1993): Theorien der Entwicklungspsychologie. Heidelberg: Spektrum.

Mitchell, L.; Wylie, C. & Carr, M. (2008): Outcomes of early childhood education: Literature Review – Report to the Ministry of Education. Wellington New Zealand: Ministry of Education.

Mohs, K. & Korntheuer, P. (2014): Dialogisches Lesen als Möglichkeit der Sprachförderung im Vorschulalter. München: ISES VIII.

Moll, L.C. & Whitmore, K. (1993): Vygotsky in educational practice. In: Forman, E.; Minich, N. & Stone, C.A. (Eds.): Contexts for learning: Sociocultural dynamics in children´s development. New York: Oxford Press, 19-42.

Muller, N. & Perret-Clermont, A.-N. (1999): Negotiating identities and meanings the transmission of knowledge: analysis of interactions in the context of a knowledge exchange network. In: Bliss, J.; Säljö, R.; Light, P. (Eds.): Learning Sites, social and technological resources for learning. London: Pergamon, 47-60

O`Connor, M.C. (1998): Can we trace the "efficacy of social constructivism"? Review of Research in Education, 23, 25-71.

Oerter, R. & Noam, G. (1999): Der konstruktivistische Ansatz. In: Oerter, R.; von Hagen, C.; Röper, G. & Noam, G. (Hrsg.): Klinische Entwicklungspsychologie. Ein Lehrbuch, Weinheim: Psychologie Verlagsunion, 45-78.

Palincsar, A.S. (1998): Social constructivist perspectives on teaching and learning. Annual Review of Psychology, 49, 345-375.

Papousek, M. (2008): Vom ersten Schrei zum ersten Wort. Anfänge der Sprachentwicklung in der vorsprachlichen Kommunikation. Bern: Hans Huber.

Piaget, J. (1969): Nachahmung, Spiel und Traum. Die Entwicklung der Symbolfunktion beim Kind. Stuttgart: Klett-Cotta.

Piaget, J. (1987): Possibility and Necessity (Vol. 2): The role of necessity in cognitive development. Minneapolis: University of Minnesota Press.

Pontecorvo, C. (2004): Thinking with others: the social dimensions of learning in families and schools. In: Perret-Clermont, A.-N. et al. (Eds.). Joining society: social interactions and learning in adolescence and youth. New York/ Cambridge: University Press, 227-240.

Prawat, R. S. (1996): Constructivism, modern and postmodern. Educational Psychologist, 31, 215-225.

Racionero, S. (2011): Egalitarian dialogue and instrumental dimension. Two principles of dialogic learning in the classroom. International Psychology, Society and Education, 2(1), 61-70.

Racionero, S. & Padrós, M. (2010): The dialogic turn in educational psychology. Revista de Psicodidáctica, 15 (2), 143-162.

Richardson, V. (1997): Constructivist teaching and teacher education: theory and practice. In: Richardson, V. (Ed.): Constructivist teacher education: Building new understandings. Washington DC: Falmer Press, 3-14.

Rogoff, B. (1981): Schools and the development of cognitive skills. In: H.C. Triandis & A. Heron (Eds.): Handbook of cross-cultural Psychology (Vol. 4). Boston: Allyn & Bacon, 233-294.

Rogoff, B. (1990): Apprenticeship in thinking. New York: Oxford.

Rogoff, B. (1995): Observing sociocultural activity on three planes: Participatory, appropriation, guided participation and apprenticeship. In: Wertsch, J.V.; Del Rio, P. & Alvarez, A. (Eds.): Sociocultural studies of mind. Cambridge: University Press. 139-163.

Rogoff, B. (1998): Cognition as a collaborative process. In: Damon, W.; Kuhn, D. & Siegler, R.S. (Eds.): Handbook of child psychology: Cognition, perception and language. New York: Wiley, 679-744.

Rogoff, B. (2003): The cultural nature of human development. New York: Oxford University Press.

Ryan, S. & Grieshaber,S.J. (2005): Shifting from developmental to postmodern practices in early childhood teacher education. Journal of Teacher Education, 56 (1), 34-35.

Schoen, D.A. (1983): The reflective practitioner. New York: Basic Books.

Scribner, S. (1984): Studying working intelligence. Cambridge, MA: Harvard University Press.

Scribner, S. & Cole, M. (1981): The psychology of literacy. Cambridge, MA: Harvard University Press.

Siraj-Blatchford, S.; Sylva, K.; Muttock, S.; Gilden, R. & Bell, D. (2002): Researching effective pedagogy in the early years. Research Report No. 356. Department of Educational Studies. University of Oxford: Queen´s Printer.

Strehmel, P. (2008): Frühe Förderung in Kindertageseinrichtungen. In: Petermann, F. & Schneider, W. (Hrsg.): Angewandte Entwicklungspsychologie. Enzyklopädie der Entwicklungspsychologie, Bd. 7, Göttingen: Hogrefe, 205-236.

Sylva, K.; Melhuish, E.; Sammons, P.; Siraj-Blatchford, I. & Taggart, B. (2003):The effective provision of pre-school education (EPPE) Project: Findings from the pre-school period. Research Brief No: RBX15-02. London: University of London.

Tietze W.; Becker-Stoll, F.; Bensel, J.; Eckhard, A.G.; Haug-Schnabel, G.; Kalicki, B.; Keller, H. & Leyendecker, B. (Hrsg.) (2012): NUBEK – Nationale Untersuchung zur Bildung, Betreuung und Erziehung in der frühen Kindheit. Forschungsbericht. Weimar/ Berlin: Verlag das Netz.

Vadeboncoeur, J. (1997): Child development and the purpose of education: A historical context for constructivism in teacher education. In: Richardson, V. (Ed.): Constructivist teacher education: Building new understandings. Washington DC: Falmer Press, 15-37.

Valsiner, J. (2000): Culture and human development. London/ Thousand Oaks: Sage.

Voss, J.F.; Wiley, J. & Carretero,M. (1995): Acquiring intellectual skills. Annual review of Psychology, 46, 155-181.

Wygotski, L.S. (1979): Denken und Sprechen. Frankfurt a. M.: Fischer (Original erschienen 1934).

Wygotski, L.S. (1987): Thinking and speech. In: Rieber, R.W. & Carton, A.S. (Eds.): The collected works of L.S. Vygotsky: Vol. 1. Problems of general psychology. New York: Plenum Press. (Original work published 1934), 39-285.

Wygotski, L.S.; Luria, A.R. & Leontiev, A.N. (1988): Linguagem, desenvolvimento e aprendizagem. Sao Paulo: Editora da Universidade de Sao Paulo.

Wertsch, V. (1991): Voices of the mind. A sociocultural approach to mediated action. Cambridge MA.: Harvard University Press.

Wertsch, V. (2002): Voices of collective remembering. New York: Cambridge University Press.

Whitehurst, G.J.; Arnold, D.S.; Epstein, J.N.; Angell, A.L.; Smith, M. & Fischel, J.E. (1994): A picture book reading intervention in day care and home for children from low-income families. Developmental Psychology, 30 (5), 679-689.

Yates, M. & Younis, J. (1998): Community service and political identity development in adolescence. Journal of Social Issues 54 (3), 492-512.

Zielke, B. (2004): Kognition und soziale Praxis. Der soziale Konstruktivismus und die Perspektiven einer postkognitivistischen Psychologie. Bielefeld: Transcript.

Zittoun, T.; Mirza, N.M. & Perret-Clermont, A. (2007): Quando a cultura é consid-erada nas pesquisas em psicologia do desenvolvimento. Educar, Curitiba, 30, 65-76.

*Sonja Howe, Diana Wenzel-Langer & Anika Wittkowski*

# Anschlussfähige Bildungsprozesse im Elementar- und Primarbereich: Von der Kinderbetreuung zur frühkindlichen Bildung und pädagogischen Professionalisierung

### Zusammenfassung

Im ersten Teil des Beitrages fragt Sonja Howe, inwieweit die Zuordnung von Betreuung, Erziehung und Bildung zu verschiedenen Handlungsfeldern der Pädagogik der frühen Kindheit noch zeitgemäß ist. Sie legt dar, wie diese Dimensionen ineinander greifen und zu unterschiedlichen Schwerpunktsetzungen im Elementar- und Primarbereich geführt haben, die auf ein neues Verständnis der Aufgaben von Kindergarten und Grundschule als Lebensorte von Kindern zielen.

Daran anschließend stellt Anika Wittkowski dar, wie durch die Implementierung der Bildungspläne die Diskussion um das Verständnis des frühkindlichen Bildungsauftrages neu entfacht wurde. Sie zeigt verschiedene Problemfelder bei der Umsetzung des Bildungsauftrages und der Bildungspläne auf und bespricht, wie Anschlussfähigkeit als Forderung eines systemintegrativen Bildungsauftrags eine Annäherung der Institutionen Kindergarten und Grundschule ermöglichen könnte.

Diana Wenzel-Langer setzt sich mit Entwicklungen in der Zusammenarbeit mit Eltern auseinander und arbeitet den Wandel sowie die Besonderheiten der Beziehung zwischen Professionellen und Eltern als Experten ihrer Kinder heraus. Abschließend werden Perspektiven für eine zukunftsfähige Bildungsarbeit in Kindergarten und Grundschule formuliert.

## 1 Die Zuordnung von Betreuung, Erziehung und Bildung zu verschiedenen Handlungsfeldern der Pädagogik der frühen Kindheit

Die „Trias von Betreuung, Erziehung und Bildung" wird im Elementarbereich seit vielen Jahren als Begründung ihrer pädagogischen Konzepte herangezogen. Es stellt aber einen Widerspruch dar, einerseits die Trias als Basis und Begründung der Konzepte heranzuziehen, dies aber zugleich in der beruflichen Praxis deutlich zu vernachlässigen. Historisch betrachtet wurde in Deutschland die Betreuung, Erziehung und Bildung von Kindern mit der Gliederung der Berufe als ein Nacheinander einer aufsteigenden Abfolge („Kinderpfleger/-in, Erzieher/-in, Lehrer/-in") im kindlichen Lebenslauf konzipiert und organisiert (vgl. BMFSFJ 2005, S. 48). In den letzten 15 Jahren ist hier Bewegung ins Feld gekommen. Der PISA-Schock löste u. a. im Elementarbereich den verstärkten Fokus auf die frühe Bildung eines Kindes aus. Zugleich wurde mit dem erhöhten Ausbau von Ganztagsangeboten im Primarbereich und der zunehmenden Überführung der Horte in den „Ganztag" sichtbar, dass auch Schule sich stärker dem Zusammenspiel von Betreuung, Erziehung und Bildung stellen muss. Die Trias von Betreuung, Erziehung und Bildung bestimmt aktueller denn je die innere Verwobenheit der beruflichen Praxis von Elementar- und Primarpädagoginnen und -pädagogen. Die Ausbildung von pädagogischen Fachkräften muss auf alle Dimensionen dieser Trias

Einfluss nehmen. Eine gemeinsame Ausbildung von Elementar- und Primarpädagoginnen und -pädagogen auf Hochschulniveau ist hierbei eine Entwicklung, die sowohl der Trias als auch den erhöhten und veränderten Anforderungen in beiden Handlungsfeldern gerecht werden könnte.

## 1.1 Zusammenhang von Betreuung, Erziehung und Bildung

Die Trias von Betreuung, Erziehung und Bildung bildet die entscheidende Gestaltungsressource für ein gelingendes Aufwachsen von Kindern (Becker-Stoll & Spindler 2009; Grossmann & Grossmann 2008; Rauschenbach 2009). Dabei ist die Familie das einzige soziale System, in dem das Kind als ganze Person Bezugspunkt für Kommunikation und Aktivitäten ist. In allen anderen Systemen, wie etwa Schule und Kindergarten, ist es nicht in dieser konsequenten Weise die ganze Person, die Bezugspunkt der Kommunikation ist, sondern es sind Teilaspekte (Liegle 2006, S. 52). Nach Liegle gilt z. B. für die Schule, dass sie durch ihre Orientierung am Bildungs- und Leistungsprinzip objektivierbare, personenunabhängige Kriterien ins Zentrum rückt (ebd.) und damit die Person als Ganzes vernachlässigt. Die Trias von Betreuung, Erziehung und Bildung betont hingegen das Kind als ganze Person als Adressat der pädagogischen Bemühungen zu verstehen, in der alle Aufgabenbereiche von Betreuung, Erziehung und Bildung untrennbar miteinander verwoben sind.

## Betreuung

Unter Betreuung wird innerhalb dieses Zusammenspiels die gesamte Pflege, Fürsorge und der Schutz des Kindes (vgl. Textor 1999, S. 531) verstanden. Dabei geht es neben der „umfassenden Sorge für das leibliche auch um das seelische Wohl bzw. Wohlbefinden der Kinder" (Wissenschaftlicher Beirat für Familienfragen beim BMFSFJ 2008, S. 9). Damit umfasst Betreuung weitaus mehr als nur die Pflege und Gesundheitsfürsorge, nämlich auch die „emotionale Zuwendung und soziale Anerkennung" (ebd., S. 9) gegenüber dem Kind. Eine hohe Qualität der Betreuung ist als „unabdingbare Voraussetzung nicht nur für das physische und emotionale Wohlbefinden der Kinder, sondern auch für die Anregung und Aufrechterhaltung ihrer Bildungsbereitschaft und Lernfähigkeit erwiesen" (ebd., S. 9; vgl. Ahnert 2004). Grossmann (Grossmann & Grossmann 2008) und Ahnert (2004, 2010) weisen auf die Erfahrung zuverlässiger emotionaler Bindungen hin, die für eine positive Entwicklung des Kindes insbesondere in den ersten Jahren von unverzichtbarer Bedeutung sind. Damit wird Betreuung zu einem wichtigen Bestandteil der kindlichen Entwicklung. Der Aufbau einer sicheren Bindung vermittelt Schutz und Vertrauen, erleichtert die emotionale Bewältigung belastender Situationen, fördert positive soziale Orientierungen und Kompetenzen und bietet die emotionale Basis für die Explorationsfreude des Kindes, mithin auch für nachhaltige Bildungsprozesse (Wissenschaftlicher Beirat für Familienfragen beim BMFSFJ 2008, S. 9).

Auch in den Institutionen hängen die Bildungserfahrungen eines Kindes in den ersten Jahren von den Gesprächen zwischen pädagogischer Fachkraft und Kind, der Beachtung und liebevollen Aufmerksamkeit gegenüber den Bedürfnissen des Kindes und seiner Erfahrung an Beziehungsstabilität und Handlungskontinuität ab (vgl. Rauschenbach 2009). Der Aufgabenbereich „Betreuung" bedeutet für die Entwicklung des Kindes vor allem Fürsorge sowie Pflege und Schutz. Die Befunde der Bindungsforschung (vgl. Grossmann & Grossmann 2008; Ahnert 2004, 2010) zeigen die enorme Bedeutung des Aufbaus einer Bindung zwischen Bezugsperson und Kind, die sich durch

Fürsorge und Pflege des Kindes entfaltet und die als elementar für die kindliche Entwicklung gilt. Die Betonung der Beziehung zum Kind seitens der Bezugsperson und ihre Bemühungen um eine tiefe Bindung gehören damit zu den wesentlichen, unverzichtbaren Kennzeichen des Schwerpunktes Betreuung innerhalb der Trias. Die Verwobenheit von Bindung und Bildung wird bei Kindern in den ersten drei Jahren sichtbar. „Sie lernen vor allem von Menschen in sozialen Interaktionen und durch emotionale Beziehungen zu ihnen. Deshalb hängt der Ertrag früher Bildungsprozesse von Beziehungs- und Bindungsprozessen ab" (Ahnert 2010, S. 247). Ohne eine sichere Bindung sind Kinder in diesem Alter in ihren Explorationsbedürfnissen gehemmt, d. h. diese Kinder sind Bildungsimpulsen gegenüber weniger aufgeschlossen und offen. Es wird also die enorme Bedeutsamkeit der Zuwendung seitens der pädagogischen Fachkraft deutlich, die neben der körperlichen Versorgung und Pflege des Kindes den Aufbau von Beziehung und Bindung beinhaltet.

*Erziehung*

Erziehung als zweites Element der Trias hat gegenüber Betreuung einen zielführenden Charakter in den pädagogischen Ambitionen. Mit Erziehung ist die Entwicklung und Ermöglichung der Ich-Identität, einem wertbasierten Habitus, einer impliziten, vorbewussten, mentalen wie verhaltensmäßigen Wegemarkierung der Lebensführung zu verstehen. „Als positiv beurteilte Persönlichkeitseigenschaften sollen hervorgerufen, gefördert und stabilisiert werden, während negativ bewertete Charakteristika beseitigt oder geschwächt werden sollen. Das Gute soll unterstützt, schlechten Gewohnheiten und Einflüssen entgegengewirkt werden." (Textor 1999, S. 530).

Erziehung umschreibt die Gesamtheit der erzieherischen Maßnahmen und Aktivitäten der Bezugspersonen im Umgang mit dem Kind. Erziehung umfasst das Vorleben und die Vermittlung von Regeln, Normen und Werten, welche die Fortsetzung (und Erneuerung) von Kultur und Gesellschaft in der Generationenfolge gewährleisten sollen. Durch die Erziehung in den ersten Lebensjahren werden die lebenslang wirksamen Grundlagen der Persönlichkeitsentwicklung gelegt. Die Aufgaben der Erziehung verlangen auf Seiten der Erwachsenen ein hohes Maß an Einfühlungsvermögen, Wissen sowie Beziehungs- und Erziehungskompetenzen (vgl. Böcher 2010, S. 355; Wissenschaftlicher Beirat für Familienfragen beim BMFSFJ 2008, S. 9).

Erziehung fördert demnach die Grundeigenschaften der Persönlichkeit eines heranwachsenden Menschen und sein Werteverständnis. Grundlegende Sichtweisen wie Lebensbejahung, Optimismus, Offenheit und Bindungsfähigkeit haben durch das erzieherische Verhalten der Bezugspersonen hier ihren Ausgangspunkt. Auch Eigenschaften des Erwachsenenalters wie die Bereitschaft zur Selbsterhaltung durch eigene Anstrengung, Arbeitswilligkeit, Ausdauer, Zuverlässigkeit, Sorgfalt und Verantwortungsbewusstsein werden durch die Erziehung entscheidend geprägt. Werthaltungen, Gewissen, der Sinn für Gutes und Schönes, Taktgefühl und Rechtsempfinden sowie Selbstdisziplin und Rücksichtnahme sind weitere Eigenschaften, die durch Erziehung das Kind auf ein Leben in der Gemeinschaft bzw. Gesellschaft vorbereiten sollen (vgl. Jaszus 2008, S. 23 f; Textor 1999, S. 530).

*Bildung*

Als drittes Element der Trias bezeichnet Bildung „den Aufbau von handlungsrelevanten individuellen Kompetenzen" (Rauschenbach 2009, S. 94).

*„Bildung ist immer ein Prozess, der sich im Gegensatz zur Erziehung am Menschen selbst vollzieht. Im Prozess der Bildung geht es um die Entfaltung einer eigenen Persönlichkeit, Individualität und deren Ausgestaltung. Diese Selbstentfaltung geschieht nur durch eine aktive Auseinandersetzung mit der Welt durch die Person selbst."* *(Böcher 2010, S. 355; vgl. Textor 1999).*

In diesem lebenslangen Prozess entwickelt der Mensch seine geistigen, kulturellen und lebenspraktischen Fähigkeiten und erweitert seine personalen und sozialen Kompetenzen. „In dem, was Menschen unter Bildung verstehen, spiegelt sich ihr Selbst- und Weltverständnis wider" (Böcher 2010, S. 355; vgl. Rauschenbach 2009).

Dazu zählen auch die Entwicklung und Schulung „innerer Kräfte" sowie die Aneignung von Kenntnissen und das Erschließen der Welt (materiale Bildung). Im Bildungsprozess werden Kompetenzen im Bereich Sprache, Kulturtechniken, (Natur- und Geistes-) Wissenschaft, Technik und neue Informationstechnologien, aber auch ästhetische und künstlerische Fähigkeiten erworben. Die kritische Auseinandersetzung mit Bildungsinhalten und Bildungsgütern, deren Veränderung und Abwandlung aufgrund eigener Denkprozesse und Handlungen erfolgt, gehört ebenso zum Verständnis von Bildung. Dieser Definition zufolge dient Bildung sowohl der Entfaltung des inneren Mensch-seins und der eigenen Individualität (Bildung als Selbstzweck) als auch zur gesellschaftlichen Nützlichkeit, was durchaus eine kritische Haltung zur Gesellschaft und die Handlungsbereitschaft zu deren Weiterentwicklung beinhaltet (Textor 1999).

*„Bildung dient in ihrer gesellschaftlichen Funktion der Reproduktion und dem Fortbestand der Gesellschaft, der Sicherung, Weiterentwicklung und Tradierung des kulturellen Erbes, der Herstellung und Gewährleistung der gesellschaftlichen und intergenerativen Ordnung, der sozialen Integration und der Herstellung von Sinn."* *(Bundesministerium für Familie, Senioren Frauen und Jugend (BMFSFJ) 2005, S. 31).*

Der Anspruch von Bildung besteht demnach auch darin, den einzelnen Menschen zu befähigen, sich Zumutungen und ungerechtfertigten Ansprüchen der Gesellschaft zu widersetzen.

Die Dimensionen von Erziehung und Bildung sowie Betreuung greifen untrennbar ineinander und ihre innere Verwobenheit wird sichtbar. Die Trias bildet demnach eine Gestaltungsressource für das Aufwachsen von Kindern, in der alle Dimensionen gleichermaßen eine bedeutsame Rolle spielen. So ist die Versorgung des kleinen Säuglings mit Nahrung, seine Körperpflege, die Kommunikation sowie weitere Interaktionen mit ihm stets auch mit Bildungsimpulsen verknüpft (vgl. Jurczyk 2012, S. 47). „Lernen und Care (also Fürsorge bzw. Pflege) im umfassenden Sinn können nicht voneinander getrennt werden." (ebd.). Wirksame Bildungsaktivitäten sind in alltägliche Handlungen und Situationen eingebunden. Dagegen sind ausdrückliche Bildungsaktivitäten wie etwa das Vorlesen eher die Ausnahme. D. h. Bildung in den ersten Jahren eines Kindes findet auf sehr unterschiedliche Weise statt und hängt vom Engagement und der Kompetenz der Bezugspersonen ab. Dies bedeutet auch, dass die Weichen für die Zukunftschancen von Kindern unterschiedlich gestellt werden (Jurczyk 2012). Das Kind entwickelt sich und lernt in sozialen Bezügen. Als bedeutsam für eine gesunde Entwicklung des Kindes gelten daher die Interaktionserfahrungen des Kindes innerhalb seines sozialen Beziehungsgeflechts. In keiner anderen Lebensphase sind die menschlichen Entwicklungsprozesse so eng mit Bildungsprozessen verflochten und so nachhaltig wirksam wie in den ersten Lebensjahren (vgl. BMFSFJ 2005, S. 103). Diese Erkenntnis führt seit Anfang der 1990er Jahre zu einer fachlichen Debatte über den Stellenwert und vor allem über die Gestaltung von Bildungsprozessen in den ersten Jahren eines Kindes, also um frühkindliche Bildungsprozesse (vgl. Becker-Stoll & Nagel 2009; Carle & Metzen 2006; Carle & Wenzel 2007; Deutsches Jugendinstitut München 2012).

Der Aufwertung des Bildungsaspektes in den ersten Jahren eines Kindes stehen auch kritische Positionen gegenüber. Es wird befürchtet, dass die Aufgaben von Erziehung und Betreuung gegenüber den Aufgaben von Bildung unterbewertet und vernachlässigt werden. Bensel und Haug-Schnabel kritisieren, dass seit PISA und der Einführung von Bildungsplänen der Bildungsauftrag oberste Priorität in den pädagogischen Bemühungen darstellt und der Diskurs über Erziehung und Betreuung in den Hintergrund gerückt sei (vgl. Bensel & Haug-Schnabel 2012, S. 4). Sie betonen, dass Erziehung, Bildung und Betreuung jeweils für sich eine eigene Bedeutung und eine eigene pädagogische Herausforderung beinhalten. Die Dimensionen stellen ihnen zufolge „dreierlei und doch eins dar" (ebd.).

Für das Aufwachsen von Kindern in Institutionen geht es um die Gestaltung dieser Trias von Betreuung, Erziehung und Bildung, bei der alle Dimensionen ihre Berücksichtigung finden. Die Ausgestaltung dieser Trias setzt eine professionelle Responsivität und Reflexionsbereitschaft der Fachkräfte voraus, das Kind als ganze Person zu begreifen. Dem widerspricht die bisherige Ausbildung und Ordnung der pädagogischen Berufe in Deutschland, die eine Zergliederung dieser Trias hervorruft und die Aufgabenfelder zu beruflichen Handlungsfeldern mit ihrem spezifischen Blick auf das Kind transferiert.

*1.2 Ausbildung und Ordnung pädagogischer Berufe in Deutschland - Zergliederung von Betreuung, Erziehung und Bildung*

Die Trias von Bildung, Betreuung und Erziehung wird im Rahmen der Kindertagesbetreuung schon seit vielen Jahren als Begründung für ihre pädagogischen Konzepte herangezogen (vgl. BMFSFJ 2005, S. 45 ff.; Bildungspläne der Bundesländer für die frühe Bildung in Kindertageseinrichtungen). Die Besonderheit und den Eigensinn dieses Konzepts zu konkretisieren und auszuweisen, wird dabei jedoch bislang vernachlässigt (ebd., S. 47). So geht auch der Länderbericht zur „Politik der frühkindlichen Betreuung, Bildung und Erziehung in der Bundesrepublik Deutschland" zwar auf ein „sozialpädagogisches Bildungskonzept" ein und stellt einen ganzheitlichen pädagogischen Ansatz als wichtigen identitätsbildenden Faktor von Kindertageseinrichtungen in Abgrenzung zur Schule dar, verweist aber zugleich auch auf die „Vernachlässigung der Bildung in dem Dreiergespann aus Betreuung, Bildung und Erziehung" (OECD 2004, S. 24) für Kinder in vorschulischen Einrichtungen. Der 12. Kinder- und Jugendbericht kommt darüber hinaus zu dem Ergebnis, dass es einen Widerspruch darstellt, einerseits die Trias als Basis und Begründung vieler Konzepte heranzuziehen, zugleich in der Praxis aber nicht konsequent umzusetzen (BMFSFJ 2005, S. 47). Stattdessen wird die Trias bezogen auf ihre Dimensionen in berufliche Handlungsfelder getrennt und Betreuung, Erziehung und Bildung in einer aufsteigenden Abfolge im kindlichen Lebenslauf konzipiert und organisiert: auf Betreuung folgt Erziehung und auf Erziehung folgt die Bildung des Kindes (vgl. BMFSFJ 2005, S. 48). Anstelle einer pädagogischen Ausgestaltung des Zusammenhangs aller drei Dimensionen werden demnach immer noch Betreuung und Pflege als besondere Aufgabe und Herausforderung in der frühen, besonders in der vorsprachlichen Phase des Kindes, Erziehung als Einübung von Regeln und Verhaltensweisen in der darauf folgenden Kleinkindphase, insbesondere im Vorschulalter, sowie schließlich Bildung als spezifische Aufgabe der Schule bzw. ab dem Schulalter verstanden und in der institutionellen Realität umgesetzt (vgl. BMFSFJ 2005, S. 47). Dieser impliziten Ordnung folgend heißt es weiter, dass auch die Ausbildung und Organisation der entsprechenden Angebote im öffentlichen Bildungs- und Erziehungswesen bislang hierarchisch geregelt sind:

So sind *Kinderpflegerinnen und -pfleger* (Zugangsvoraussetzung: Hauptschulabschluss) die auf niedrigstem Niveau Ausgebildeten und die am geringsten Bezahlten; sie werden vor allem für die unter Dreijährigen und damit für *Betreuung* und Pflege ausgebildet[1]. Im Kindergarten übernehmen überwiegend an Fachschulen und damit auf mittlerem Bildungsniveau ausgebildete *Erzieherinnen und Erzieher* die *Erziehung* der Kinder[2]. Im Vordergrund stehen die Einübung des sozialen Umgangs miteinander und grundlegende kulturelle Kenntnisse und Techniken. Nach wie vor ist die Bezahlung den von ihnen erbrachten Leistungen nicht angemessen. Ab dem Schulalter sind die an Hochschulen ausgebildeten und finanziell besser gestellten *Lehrerinnen und Lehrer* für die Aufgabe der systematischen Vermittlung des Lehrstoffes und damit für die Frage der *Bildung* verantwortlich (sie werden z. B. auch besser bezahlt als die pädagogischen Mitarbeiterinnen und Mitarbeiter, die in der Schule für Betreuungs- und Erziehungsaufgaben zuständig sind) (vgl. BMFSFJ 2005, S. 47; Carle 2000, S. 197).

Die Berufsbezeichnungen des jeweils zuständigen Fachpersonals verstärken diese implizite Sichtweise des Nacheinanders der Trias von Betreuung/ Pflege, Erziehung und Bildung durch die Bezeichnung „Kinderpfleger/-in, Erzieher/-in, Lehrer/-in" (vgl. Wissenschaftlicher Beirat für Familienfragen beim BMFSFJ 2008, S. 47 f.).

Dieser beruflichen Zuordnung der Trias von Betreuung, Erziehung und Bildung stehen die gesellschaftlichen Veränderungen der letzten fünfzehn Jahre gegenüber. Ausgelöst durch den PISA-Schock hat sich das Verständnis von Bildung grundlegend verändert. Bildung ist zu einem Schlüsselthema geworden und dies in Politik wie in den Medien und der Öffentlichkeit gleichermaßen. Dabei ist die frühkindliche Bildung ebenfalls in den Fokus gerückt. Der Rechtsanspruch auf einen Betreuungsplatzes für Kinder unter drei Jahren[3] und der Ausbau von Ganztagsplätzen in Kita und Schule führen zu einem enormen gesellschaftlichen Diskurs sowie zu einem beruflichen Aufbruch im Elemen-

---

[1] Inzwischen werden in einigen Bundesländern (z. B. Niedersachsen und Bremen) keine Kinderpflegerinnen und -pfleger mehr ausgebildet. In Bremen werden sie berufsbegleitend zur Erzieherin bzw. zum Erzieher weiterqualifiziert.

[2] Die Ausbildung von Erzieherinnen und Erziehern ist in das berufliche Ausbildungssystem eingeordnet und gilt als Weiterbildung im Anschluss an eine Erstausbildung, in der Regel eine Ausbildung an Berufsfachschulen zur Sozialpädagogischen Assistenz.

[3] Am 1. August 2013 trat der Rechtsanspruch auf einen Betreuungsplatz ab dem vollendeten ersten Lebensjahr in Kraft. Aus einem Betreuungsanspruch wurde dieser Anspruch im Prozess seiner Umsetzung zu einem Förderanspruch: „Ein Kind, das das erste Lebensjahr vollendet hat, hat bis zur Vollendung des dritten Lebensjahres Anspruch auf frühkindliche Förderung in einer Tageseinrichtung oder in Kindertagespflege" (Sozialgesetzbuch (SGB), Achtes Buch (VIII), Kinder- und Jugendhilfe). Ursprünglich als Maßnahme zur „Vereinbarkeit von Familie und Beruf" ins Leben gerufen, zeigt der veränderte Titel dieser Maßnahme „Beschluss zum Ausbau der frühkindlichen Bildung" (vgl. KMK 2004) bereits eine deutlich andere Akzentuierung und Gewichtung hin zur Stärkung früher Bildungsprozesse bei Kindern.

tar- und Primarbereich verbunden mit neuen didaktischen Konstruktionen und Konzepten.

Die Bemühungen um die Implementierung frühkindlicher Bildungskonzepte in die Rahmenpläne der Bundesländer, der U-3 Ausbau und die Fortführung des Ganztagsschulausbaus fordern in ihrer pädagogischen Umsetzung ein Zusammenspiel von Betreuung, Erziehung und Bildung weitaus stärker als dies in der Vergangenheit der Fall war. Das Nacheinander der Aufgaben in den Handlungsfeldern der Elementar- und Primarpädagogik beginnt sich langsam zu verändern oder gar aufzulösen. Die Trias von Betreuung, Bildung und Erziehung kommt in seinem ganzheitlichen Verständnis zum Tragen und die untrennbare Verwobenheit wird mit Blick auf das Kind als ganze Person spürbar. Die vormals getrennten Aufgaben der Trias werden als Gesamtaufgabe aller pädagogischen Akteure erkennbar.

Während in der Vergangenheit die ersten Lebensjahre eines Kindes nicht in dem Maße als „relevante Bildungszeit" angesehen wurden wie dies neuere Konzepte aufweisen, wird inzwischen mit dem Ausbau von Ganztagsschulen der Betreuungs- und Erziehungsaspekt in Schulen relevant(er), der vormals Familie und Hort „zugeordnet" war.

Ausgelöst durch den PISA-Schock erfuhr Bildung neue Aufmerksamkeit (vgl. Friederich 2011, S. 10). PISA hob mit seinen Befunden hervor, dass der vorschulischen Zeit sowie der Familie als Bildungsort eine zentrale Bedeutung im Bildungsprozess von Kindern zukommt (vgl. Rauschenbach 2009, S. 122) und dies in Deutschland verglichen zu anderen europäischen Ländern vernachlässigt wird (Baumert 2006). Die PISA-Studie zeigt deutlich auf, dass die erfolgreicheren Länder dem Elementarbereich mehr Beachtung schenken (Baumert & Schümer 2001). Verglichen mit anderen europäischen Ländern werden dort Kinder im vorschulischen Bereich von auf Hochschulniveau ausgebildeten Fachkräften betreut, erzogen und gebildet. Zugleich zeigen Untersuchungen zur Qualität der Arbeit von Erzieherinnen und Erziehern ernüchternde Ergebnisse (vgl. Beitrag von G. Koeppel). Seit dem Ausbau der Grundschulen zu Ganztagsgrundschulen arbeiten in den Grundschulen Lehrkräfte und Erziehende zusammen, es begegnen sich also ehemals getrennte pädagogische Berufe und ihre ehemals getrennten Aufgabenbereiche von Betreuung, Erziehung und Bildung berühren sich. D. h. mit dem Ausbau der Grundschulen zu Ganztagsgrundschulen rücken die Dimensionen der Betreuung und Erziehung in den Fokus von Schule.

*1.3  Veränderte Anforderungen an pädagogische Fachkräfte*

Die veränderte Sichtweise hinsichtlich der Bedeutung der kindlichen Entwicklung in den ersten Lebensjahren und ihrer Bildungswirksamkeit führten in den letzten Jahren zu verschiedenen Ansätzen und Konzepten in der Familien-, Bildungs- und Sozialpolitik. Das Thema Bildung avancierte zu einem zentralen gesellschafts- und bildungspolitischen Thema. Das neue Bild vom Kind und das veränderte Verständnis von früher Bildung implizierten eine Neubewertung des pädagogischen Handelns. Lern- und Entwicklungsprozesse des Kindes wurden nunmehr stärker unter dem Fokus von Bildung betrachtet und zugleich Bildung neu konzeptualisiert: Bildung wird als sozialer Prozess definiert, an dessen Gestaltung sich Erwachsene und Kinder aktiv beteiligen. Der gemeinsame Rahmenplan der Länder für die frühe Bildung in Kindertageseinrichtungen (KMK 2004) sowie die auf Länderebene neu konzipierten Bildungspläne sind Beispiele dafür, wie diese veränderten Grundsätze und Prinzipien umgesetzt werden.

Für den Primarbereich gerät mit dem Ausbau der Grundschulen von Halbtagsschulen zu Ganztagsschulen die Lebenswelt von Kindern in den Blickpunkt. Schule hat nunmehr die Aufgabe, sich als Lebensraum zu begreifen, in der das Kind neben Unterricht auch außerunterrichtliche Angebote vorfindet. Vor- und Nachmittage sind zu gestalten, in denen sich das Kind neben gutem Unterricht auch gut betreut fühlt und gerne aufhält. Der Lebensraum Schule erfordert ein Umdenken, der das ganze Kind in den Blick nimmt und sich nicht auf die Dimension Bildung in Form von Unterricht allein beschränkt. Die Trias von Betreuung, Erziehung und Bildung gewinnt damit nicht nur für die Kita, sondern auch für Schule an Bedeutung. Auf Bundesebene wurde mit dem Programm „Zukunft Bildung und Betreuung" der Auf- und Ausbau von Ganztagsschulen in allen Bundesländern unterstützt. Ausgangspunkt für dieses Programm waren die „strukturellen Schwächen des deutschen Bildungssystems", der Wunsch nach „qualitativ hochwertigen und flexiblen ganztägigen Bildungs- und Betreuungsangeboten" für die Vereinbarkeit von Beruf und Familie sowie das Ergreifen von Maßnahmen zur Chancengerechtigkeit, die mit dem Ausbau von Ganztagsschulen das Ziel verfolgten, „durch mehr und bessere individuelle Förderung dazu beizutragen, die Abhängigkeit des Bildungserfolgs von der sozialen Herkunft zu verringern."[4]

Mit weiteren Programmen wie z. B. „Ideen für mehr – ganztägig lernen" der Kinder- und Jugendstiftung wurde versucht, diesen Veränderungsprozess mit seinen spezifischen Herausforderungen für die Schule auf vielen Ebenen zu unterstützen (vgl. BMBF)[5].

Wie bereits dargestellt, finden die Themen frühe Bildung, Chancengerechtigkeit und veränderte Lernkultur verstärkt Eingang in den schulischen und vorschulischen Bereich. Unabhängig davon gerät durch Vergleichsstudien mit anderen europäischen Ländern die Frage des Ausbildungsniveaus von Erzieherinnen und Erziehern in den Blick. Die Ergebnisse zeigen, dass Deutschland im europäischen Vergleich ein unzureichendes Ausbildungsniveau für den Elementarbereich hat. In vielen europäischen Ländern arbeiten in den Kitas Erzieherinnen und Erzieher, die auf Hochschulniveau ausgebildet wurden (vgl. Beitrag von G. Koeppel).

In einem Gesamtblick der aktuellen und vergangenen fachpolitischen Diskussionen um die Aufgaben und Handlungsfelder im Elementar- und Primarbereich wird immer wieder deutlich, dass sich die Aufgabenfelder der Trias von Betreuung, Erziehung und Bildung nur mit gut ausgebildeten Fachkräften begegnen lassen, die dieses Zusammenspiel als Aufgaben mit Blick auf das ganze Kind begreifen und sich nicht auf beruflich zergliederte Zuständigkeiten zurückweisen lassen. Wie eingangs angeführt, ist eine gemeinsame Ausbildung von Elementar- und Primarpädagogen auf Hochschulniveau eine Entwicklung, die sowohl der Trias als auch den erhöhten und veränderten Anforderungen in beiden Handlungsfeldern gerecht werden könnte. Sie kann darüber hinaus das Neben- bzw. Nacheinander der Gliederung der Berufe auflösen und stärker der beruflichen Segmentierung im Interesse des Kindes entgegenwirken.

---

[4] www.ganztagsschulen.org/de/1549.php (Zugriff: 07.03.2016).

[5] www.ganztaegig-lernen.de/Programm/transferforum (Zugriff: 07.03.2016).

## 2 Der frühpädagogische Bildungsauftrag, Bildungspläne und die Frage der Anschlussfähigkeit

Als Ausgangspunkt für die verstärkte Akzentuierung des Bildungsauftrages im Elementarbereich bzw. die Hervorhebung des Bildungsgedankens in pädagogischen Konzepten des Kindergartens sind die PISA-Ergebnisse (Deutsches PISA-Konsortium 2001) sowie die neu entfachte Qualitätsdebatte um die Qualität von Kindergärten (Tietze 1998) anzusehen. Auch internationale Entwicklungen hatten einen Einfluss darauf, dass der frühkindliche Bildungsauftrag bildungspolitisch stärker in den Fokus rückte. Auch wenn man sich einig darüber ist, dass der Kindergarten eine Bildungsinstitution ist, zeigen sich im Diskurs vielfältige Auslegungen des Bildungsgedankens, insbesondere bezogen auf das Verständnis des Bildungsauftrages sowie in den differierenden Bildungsplänen der Bundesländer. Darauf wird nachfolgend näher eingegangen.

### 2.1 Die Bildungsaufträge des Elementarbereichs

Reyer (2015) analysiert drei verschiedene Verständnisse des frühkindlichen Bildungsauftrages, wie diese umgesetzt wurden und aktuell umgesetzt werden bzw. welche Forderungen bezüglich des Bildungsauftrages von verschiedenen Seiten formuliert worden sind. Er sieht aktuell den sozialintegrativen Bildungsauftrag als einzigen „normrechtlich, ordnungspolitisch und in Ausführungsgesetzen definiert" (Reyer 2015, S. 7). Der sozialintegrative Bildungsauftrag legt seinen Fokus auf die Unterstützung von Familien bei der Bewältigung von Aufgaben und Anforderungen, die das Sozialsystem und die Gesellschaft ihnen stellt. Er ist zweipolig angelegt: Zum einen beschreibt er die Betreuung und Sozialerziehung des Kindes, zum anderen übernimmt er familiäre Betreuungsarbeit und bietet somit beiden Elternteilen die Möglichkeit, anderen Aufgaben nachzugehen (ebd.). Historisch betrachtet findet er seinen Anfang in der Entstehung und Verbreitung von Kinderbewahranstalten, Warteschulen etc. zu Beginn des 19. Jahrhunderts[6]. Der eigenständige Bildungsauftrag, der seine Anfänge in der Fröbelbewegung hat (Reyer 2015), betont die Eigenständigkeit des Kindergartens gegenüber der Familie und auch gegenüber der Schule. „Gegenüber der Familie besagt sie, dass der Kindergarten nicht nur einen sozialpädagogischen Betreuungsauftrag habe, sondern auch einen pädagogischen Bildungsauftrag neben der Familie; damit ging die Forderung nach einer Verallgemeinerung des Kindergartenbesuchs einher." (Reyer & Franke-Meyer 2008, S. 889). Laut Reyer & Franke-Meyer (2008) macht die Eigenständigkeitsforderung gegenüber der Familie „kaum noch Sinn, weil der Bildungsauftrag des Kindergartens unstrittig ist" (ebd., S. 901) und durch den quantitativen Ausbau der Kindergartenplätze ab den 1990er Jahren sowie dem Rechtsanspruch auf einen Kindergartenplatz nicht mehr aktuell ist. Die Forderung nach Eigenständigkeit gegenüber der Schule beruht auf der Angst einer Verschulung des Kindergartens, obgleich es von Seiten der Schule „weder in methodisch-didaktischer Hinsicht [...] noch in administrativer Hinsicht Bestrebungen [gab], den Kindergarten dem Schulwesen einzuverleiben" (Reyer & Franke-Meyer 2008, S. 894).

Neben den augenscheinlichen[7] Traditionalisten wie Schäfer (2005) und Liegle (2006), die die Eigenständigkeit des Kindergartens betonen, finden sich auch Reformansätze,

---

[6] Zur genauen Darstellung der historischen Bezüge: siehe u.a. Reyer 2015.

[7] Augenscheinlich aus dem Grund, weil sich sowohl bei Schäfer (2005) als auch bei Liegle (2006) Hinweise auf anschlussfähige Bildungsbereiche und das Prinzip des lebenslangen Lernens (Kontinuität in der Bildungsbiografie) finden (Reyer & Franke-Meyer 2008, S. 900 f.).

die den Bildungsauftrag des Elementarbereichs in Richtung Kontinuität und Anschluss-fähigkeit (weiter-)denken. Auch in den neuen Gesetzesfassungen der Länder sind Hin-weise auf eine Umstellung auf Kontinuität bzw. Anschlussfähigkeit sowie eine Abkehr von einer Reduktion des frühkindlichen Bildungsauftrages auf Schulvorbereitung ent-halten (Reyer & Franke-Meyer 2008). Besonders im Kontext dieser Diskussionen fin-den sich Hinweise auf eine dritte Vorstellung des Bildungsauftrages, der das Bestreben hat, den Kindergarten (nicht nur) organisatorisch als erste Stufe in das Bildungswesen einzuordnen; diese Forderung wird auch durch die passende Bezeichnung „systemin-tegrativer Bildungsauftrag" deutlich (vgl. Reyer 2015, S. 8). Angestrebt wird u. a. ein Wechsel der ministeriellen Zuständigkeit (vom Sozial- zum Kultusministerium), wie er beispielsweise im letzten Jahr in Bremen erfolgt ist. Es wird spannend sein zu beobach-ten, ob in den nächsten Jahren tatsächlich ein Umdenken erfolgt und der Elementarbe-reich (und möglicherweise bereits die Krippe) als erste Bildungsinstitution anerkannt wird. Dass der Elementarbereich jedoch einen Bildungsauftrag hat, ist unumstritten.

## 2.2 Bildungspolitische Maßnahmen zur Neubewertung des Bildungsauftrags im Ele-mentarbereich: Die Implementierung von Bildungsplänen

Im Kontext der erneuten Hervorhebung des Bildungsgedankens stellt die Implementie-rung der Bildungspläne einen „radikalen Veränderungsschritt dar" (Diskowski 2008, S. 48). Grundlage für die Formulierung der Bildungspläne ist der 2004 in Kraft getretene gemeinsame Rahmen der Länder für die frühe Bildung, der den Raum Kindergarten unmissverständlich als Bildungsinstitution anerkennt und die Bildungsarbeit im Kin-dergarten präzisiert. Im Beschluss der Jugend- und Kultusministerkonferenzen (JMK & KMK) heißt es:

> „Der folgende gemeinsame Rahmen über Bildungsziele trägt daher wesentlich zur Verwirklichung der Bildungs- und Lebenschancen der Kinder in den Tages-einrichtungen des Elementarbereichs bei. Aufgabe der Träger und Fachkräfte der Tageseinrichtungen ist es, die konkrete Bildungsarbeit zu gestalten. [...] Die Kindertageseinrichtungen des Elementarbereichs werden heute als unentbehrli-cher Teil des öffentlichen Bildungswesens verstanden. [...] Der Schwerpunkt des Bildungsauftrags der Kindertageseinrichtungen liegt in der frühzeitigen Stärkung individueller Kompetenzen und Lerndispositionen, der Erweiterung, Unterstüt-zung sowie Herausforderung des kindlichen Forscherdranges, in der Werteerzie-hung, in der Förderung, das Lernen zu lernen und in der Weltaneignung in sozia-len Kontexten." (JMK & KMK 2004, S. 2).

Dieser gemeinsame Rahmen ist als Orientierungshilfe zu verstehen, denn die Formulie-rung der Bildungspläne ist Ländersache. Die im Zeitraum von 2002 bis 2006 entstan-denen Bildungspläne für den Elementarbereich, die als normative Vorgaben zu verste-hen sind (Viernickel 2010), zeigen zwar Gemeinsamkeiten, wie etwa die Betonung von Bildungsbereichen, sind aber grundsätzlich eher von Unterschieden geprägt. Nicht nur auf der Ebene des Bildungsverständnisses, sondern auch bezogen auf die Verbindlich-keit, den Umfang und die Zielperspektive differieren sie (vgl. Carle 2010; Diskowski 2008; Hebenstreit 2009; Röhner 2014; Smidt & Schmidt 2012; Zimmer 2010). Es zei-gen sich unterschiedliche Verständnisse von frühkindlicher Bildung in den verschiede-nen Bildungsplänen. So findet man in den Berliner und Hamburger Bildungsplänen Hinweise auf einen modifizierten Situationsansatz. In Bayern hingegen wird ein stark ko-konstruktives Verständnis von kindlichen Bildungsprozessen deutlich und in Sach-sen und Rheinland-Pfalz steht die Selbstbildung des Kindes im Fokus. Es zeigt sich, dass „je nach Autorengruppe, die mit der Erstellung der Bildungs- und Erziehungspläne beauftragt war, [...] unterschiedliche frühpädagogische Konzeptionen erkennbar [sind], die der jeweiligen theoretischen Ausrichtung und Expertise der Verfasser(innen) entsprechen, sodass vielfach auch Mischformen zwischen eher situations- und kompetenzorientierten Curricula zu identifizieren sind" (Röhner 2014, S. 603). Die Bildungspläne folgen also unverkennbar unterschiedlichen Traditionen und gewichten auch frühpädagogische Forschungen und Studienergebnisse höchst divergent.

Während darüber Einigkeit besteht, dass die Bildungspläne normative Vorgaben sind, die die Einrichtungen bei der Formulierung eigener Konzeptionen unterstützen, zeigen sich Unstimmigkeiten hinsichtlich des Grades der Ausführlichkeit. Röhner (2014) besteht auf einer Offenlegung theoretischer Annahmen und Konzepte und betont die Notwendigkeit der Entwicklung einer differenzierten und fachlichen Argumentation. Hebenstreit (2010) hebt zudem hervor: „Von einem Bildungsplan ist zu erwarten, dass er die einzelnen Bildungsbereiche klar begründet, die Ziele eindeutig formuliert und den inhaltlichen Kreis der verpflichtenden Themen beschreibt." (ebd., S. 42). Diskowski (2014) hingegen sieht zu umfangreiche und detaillierte Bildungspläne, die die Fachkräfte möglicherweise vor ein „Umsetzungsdilemma" (ebd., S. 20) stellen, eher kritisch.

Auch die Umsetzung der Bildungspläne gestaltet sich schwierig, denn es fehlt in den meisten Bundesländern eine systematische Steuerung, Begleitung und Evaluation (Zimmer 2010). Es ist nach 10 Jahren immer noch unklar, ob und inwiefern eine Umsetzung der Bildungspläne in den Kindertageseinrichtungen erfolgt (Hoffmann 2014). Aktuell werden von Neuss (2014) drei Modelle zur Umsetzung der Bildungspläne analysiert. Im ersten Modell betont Neuss den Angebotscharakter von Bildungsplänen. Hier wird der Logik der unterschiedlichen Bildungsbereiche gefolgt und die pädagogischen Fachkräfte beschäftigen sich mit der Frage, was sie den Kindern anbieten müssen, um den Vorgaben des jeweiligen Bildungsplans gerecht zu werden. Zu hinterfragen ist, ob durch das starke systematische und gezielte Planen das spontane Aufgreifen und Begleiten von kindlichen Lernprozessen nicht zu kurz kommt. Das zweite Modell zielt auf einen multiperspektivischen Projektzugang, der im Sinne der Ganzheitlichkeit verschiedene Bildungsbereiche berücksichtigt, wobei zu beachten ist, dass spezifische Bildungsziele nicht aus dem Blick geraten (Neuss 2014). Zuletzt legt das dritte Modell die Bildungspläne als Deutungsraster aus. Fachkräfte müssen „in der Lage sein, die kindlichen Selbstbildungsprozesse und die objektiven Bildungsplananforderungen zu verbinden" (Neuss 2014, S. 16). Die Tätigkeiten des Kindes werden also als zu deutendes Material verstanden; die Bildungspläne dienen in diesem Kontext als Deutungsschema. Ob diese Modelle auch in der Praxis vorzufinden sind und mit welcher Gewichtung, ist empirisch noch nicht abgesichert.

Deutlich wird jedoch durch verschiedene Evaluationsstudien (wie die Evaluierung des sächsischen Bildungsplans; Carle et al. 2011), dass die Umsetzung der Bildungspläne höchst unterschiedlich verläuft, nicht nur in den Bundesländern, sondern auch in verschiedenen Einrichtungen eines Bundeslandes. Problemfelder können nicht nur im Finanzhaushalt verortet werden, sondern insbesondere in der unterschiedlichen Ausdifferenzierung und in der anvisierten Zielperspektive der Bildungspläne. Es ist nicht eindeutig, ob die Bildungspläne eine Steuerungsfunktion haben oder ob sie eher als Handlungsempfehlungen zu verstehen sind (vgl. Hoffmann 2010). Auch Diskowski (2008) stellt in Bezug zu den Bildungsplänen fest: Sie sind „eine Vorgabe, die zu beachten ist, die aber selbst kein pädagogisches Handlungskonzept darstellt" (ebd., S. 57).

Ein Perspektivwechsel vom „Was" zum „Wie" wird gefordert und soll den Fokus auf eine Entschleunigung der Implementierung (Hoffmann 2010) richten, die den aktuellen Umsetzungsproblematiken entgegenwirken könnte. Auch weitere Strukturelemente bedürfen einer Reformierung. Zwei bedeutsame Strukturelemente, die u. a. verändert werden müssen, betreffen die Qualitätsentwicklung in der Aus- und Fortbildung sowie das Vorantreiben der flächendeckenden Evaluierung der Praxisentwicklung (Carle 2010; Rabe-Kleberg 2010a; Röhner 2014; Wehrmann 2010). Viernickel (2010) fordert in diesem Kontext eine Verzahnung der Bildungspläne mit den Curricula der Aus- und Weiterbildung frühpädagogischer Fachkräfte, denn die Studie „Schlüssel zu guter Bildung, Erziehung und Betreuung" zeigt unter anderem: „Wesentlich wird die Art und Weise des Umgangs mit den Bildungsprogrammen davon beeinflusst, ob die Fachkräfte deren Kernorientierung überhaupt teilen und sich positiv an ihnen orientieren" (Viernickel & Nentwig-Gesemann 2014, S. 7). Auch sollte überlegt werden, ob ein gemeinsamer Bildungsplan mit Standards (wie es ihn bereits für den Primarbereich gibt) für den Elementarbereich geeignet ist.

Zusammenfassend lässt sich konstatieren, dass die Bildungspläne für den frühkindlichen Bereich höchst unterschiedlich formuliert sind und umgesetzt werden. Ihnen gemeinsam ist, dass sie das Kind als Akteur und Gestalter der eigenen Lern- und Entwicklungsprozesse in den Mittelpunkt rücken. Der Prozess der Implementierung muss in Zukunft noch stärker und systematischer begleitet und evaluiert werden. Auch ist ein Umdenken (bezogen auf den Bildungsauftrag, die Aus- und Fortbildung von pädagogischen Fachkräften, die Wertschätzung der frühkindlichen Arbeit) in Politik und Gesellschaft erforderlich, denn nachhaltige Entwicklung kann nur durch eine „allgemeine Veränderungsbewegung" (Rabe-Kleberg 2010a, S. 43) erreicht werden.

## 2.3 Bedeutsamkeit von Anschlussfähigkeit im aktuellen Diskurs

Im aktuellen frühpädagogischen Fachdiskurs, besonders auch unter dem Anspruch des systemintegrativen Bildungsauftrages des Elementarbereichs, wird vermehrt gefordert, dass die Institutionen Kindertageseinrichtung und Schule anschlussfähig werden. In diesem Kontext wird jedoch nicht nur das nicht eindeutig trennscharfe Konstrukt Anschlussfähigkeit genutzt, sondern auch der Begriff der Kontinuität. Die Diskussion um Anschlussfähigkeit und Kontinuität[8] bezieht sich auf die Zeit des Übergangs vom Kindergarten in die Grundschule (u. a. Faust 2008; Hellmich 2007; JMK & KMK 2004). So wird davon ausgegangen, dass durch einen gewissen Grad an Anschlussfähigkeit der Übergang erfolgreich bewältigt werden kann und gelingende Bildungsprozesse initiiert werden können (Hansel 2010; Hellmich 2007). Relevant dafür ist, dass Bildungsprozesse in den Institutionen Kindergarten und Grundschule Fähigkeiten in verschiedenen Kontexten – sozial, kulturell, kognitiv und emotional – aufbauen. „Erst im Zusammenwirken dieser Fähigkeiten, nicht in einseitiger Akzentuierung, schaffen sie anschlussfähige Bildung." (Hansel 2010, S. 61).

---

[8] Roßbach (2006) verweist darauf, dass nicht nur die Kontinuität im Übergangsprozess zu betrachten sei, sondern auch Diskontinuitäten relevant für die kindliche Entwicklung seien, da sie als entwicklungsfördernde Herausforderungen betrachtet werden können.

Wie genau allerdings die Anschlussfähigkeit gewährleistet werden kann, in welchem Maße sie erfolgen und welche Bereiche sie ansprechen sollte, ist bislang empirisch betrachtet unklar. Theoretische Annahmen hingegen finden sich bei unterschiedlichen Autorinnen und Autoren und werden im Weiteren genauer betrachtet.

Dass die Forderung nach Anschlussfähigkeit nicht erst in den letzten Jahren bedeutsam geworden ist, zeigt sich im Strukturplan für das Bildungswesen des Deutschen Bildungsrates (1970). Dieser fordert, „dass die Lern- und Erziehungsprozesse von Anfang an auf Kontinuität angelegt [...] werden müssen" (Deutscher Bildungsrat 1970, S. 112) und konzipiert somit den Elementarbereich als Teil des Bildungswesens. Reyer (2015) betont, dass es im Laufe der historischen Entwicklung beider Institutionen bereits einige Reformversuche gab, die eine Annäherung von Kita und Grundschule fokussierten. Dazu gehören u. a. die Forderungen des Deutsche-Lehrer-Vereins im Jahr 1850, die die Kinderschulen als Teil der Volksschule etablieren wollten, die Bemühungen des Fröbel Verbandes um 1875 wie auch die Bestrebungen zur Eingliederung des frühkindlichen Bereichs in das Bildungssystem im Rahmen der Reichsschulkonferenz 1920 (vgl. Reyer 2006, S. 212). Anschlussfähigkeit und Kontinuität sowie der Versuch der Systemintegration sind also keine Forderungen der Moderne, sondern werden neu diskutiert.

Insbesondere der gemeinsame Rahmen der Länder für die frühe Bildung betont im aktuellen Diskurs die Sicherung der Anschlussfähigkeit als Zielperspektive in der Zusammenarbeit von Elementar- und Primarbereich (JMK & KMK 2004).

> *„Kindertageseinrichtungen sind Bildungsinstitutionen mit eigenem Profil. Sie legen Wert auf die Anschlussfähigkeit des in ihnen erworbenen Wissens und der erlernten Fähigkeiten und Fertigkeiten und sie gehen davon aus, dass sich die Schule den Prinzipien der Elementarpädagogik öffnet und die Kinder, die vom Elementar- in den Primarbereich wechseln, verstärkt individuell fördert. Einerseits sollen die Kinder aufnahmefähig sein für die Schule und andererseits zugleich die Schule aufnahmefähig für die Kinder. Die Schule setzt die Bildungsarbeit der Tageseinrichtungen auf ihre Weise fort." (JMK & KMK 2004, S. 3).*

Auch Carle (2014) betont, dass Anschlussfähigkeit von zwei Seiten abgesichert sein muss: Einmal muss die Schule auf die Arbeit im Kindergarten aufbauen, zum anderen entwickelt der Kindergarten die Basis für die schulische Arbeit (vgl. ebd., S. 161). Es sollte also ein symmetrisches Verhältnis herrschen, das die Eigenständigkeit und Traditionen beider Einrichtungen berücksichtigt und reflektiert einbindet. „Ein klares Wissen um das Gemeinsame und um das Andersartige ist im Interesse beider Institutionen und sichert Anschlussfähigkeit der hier wie dort initiierten Bildung." (Hansel 2010 S. 63). Um Anschlussfähigkeit zu schaffen, erläutert Speck-Hamdan (2006), dass u. a. ein vergleichbares Grundverständnis von Lernen (aktiv-entdeckend, selbstgesteuert, problemlösend, ko-konstruktiv, individualisiert, ganzheitlich, lebenslang) relevant ist (vgl. ebd., S. 28). Drei Aufgaben können ihrer Ansicht nach die Anschlussfähigkeit herstellen: Differenzierendes und reflektiertes Beobachten, die Gestaltung vielfältiger und anregender Lernumgebungen sowie die angemessene und umfassende Förderung jedes Kindes (vgl. ebd. S. 28 f.; auch Schuler et al. 2016).

Vielfach wird die Herstellung von Anschlussfähigkeit auch mehrperspektivisch betrachtet (Carle 2014; Meyer-Siever 2015; Schuler et al. 2016; von Bülow 2011). Eine Möglichkeit besteht in einer systemischen Betrachtungsweise, die nicht nur die Ebene des Kindes berücksichtigt, sondern auch die Ebene des Fachpersonals und die Ebene der Institutionen einbezieht. Weiterhin kann Anschlussfähigkeit in curricularer Hinsicht, bezogen auf didaktisch-methodische Aspekte und/ oder auch im Kontext pädagogischer Orientierungen diskutiert werden.

Es bietet sich für zukünftige Untersuchungen ein breites Spektrum, denn es „kann festgestellt werden, dass im Kontext von Anschlussfähigkeit zwischen Kindergarten und Schule noch erheblicher Forschungs- und Entwicklungsbedarf auf allen Ebenen besteht" (Carle 2014, S. 168). Auch wenn Anschlussfähigkeit als wichtige Komponente der Zusammenarbeit von Elementar- und Primarbereich angesehen und sie vielfach gefordert wird, sind zum einen die theoretischen Überlegungen teilweise widersprüchlich, zum anderen fehlt die empirische Fundierung (Carle 2014). Hier müssen zukünftige Studien noch stärker ansetzen, um die Erkenntnisse bisheriger Forschungsarbeiten und die theoretischen Annahmen zu stützen, anzupassen oder auch zu revidieren.

## 3 Der Wandel der Elternarbeit zu einer Erziehungs- und Bildungspartnerschaft und deren pädagogische Begründung

Die partnerschaftliche Zusammenarbeit von Eltern und pädagogischen Fachkräften gewinnt im fachpolitischen Diskurs und in der Praxis zunehmend an Bedeutung. Während noch bis vor einigen Jahren die sogenannte Elternarbeit als zusätzliche und nicht unbedingt notwendige Aufgabe pädagogischer Fachkräfte erachtet wurde, ist in den letzten Jahren ein Perspektivwechsel zu beobachten. Im Folgenden soll aufgezeigt werden, warum nicht nur die Begrifflichkeiten sich verändert haben, sondern auch ein Wandel der damit verbundenen Konzepte in der Praxis von Kindertageseinrichtungen notwendig ist.

### 3.1 Verständnis einer Erziehungs- und Bildungspartnerschaft

Angesichts der gesellschaftlich in den Fokus gerückten Heterogenität der Elternschaft stellt die Zusammenarbeit mit Eltern eine wachsende Herausforderung für die Praxis dar (Merkle & Wippermann 2008; Roth 2014; Ruppin & Selzer 2013). Diese wird im aktuellen professionstheoretischen Diskurs aus unterschiedlichen Perspektiven diskutiert und im Folgenden kurz skizziert.

Brandes (2008) bezeichnet Eltern und pädagogische Fachkräfte als „Co-Produzenten" im Erziehungs- und Bildungsprozess des Kindes, der eine enge Zusammenarbeit aller am Prozess Beteiligten erfordert. Der Begriff der „Partnerschaft", der die Gleichwertigkeit und Gleichberechtigung der beiden Seiten und deren gemeinsame Verantwortung beschreibt, wird besonders von Textor (2009, 2006) und Roth (2014) betont, wohingegen Rabe-Kleberg (2010b) in diesem Kontext die Bildungsgemeinschaft in den Mittelpunkt rückt. Stange begreift eine Erziehungs- und Bildungspartnerschaft als „Zieldimension" für die „Kommunikation und Kooperation der Bildungseinrichtung mit Eltern" und betont gleichzeitig, dass aus rechtlichen Gründen häufig ein Ungleichgewicht vorhanden und daher keine klassische Partnerschaft möglich sei (2012, S. 13). Ähnlich argumentieren Cloos und Karner (2010) vor einem ebenfalls sozialpädagogisch orientierten, professionstheoretischen Hintergrund. Eltern und pädagogische Fachkräfte werden als ungleiche Partner begriffen, die aufgrund der Unterschiedlichkeit des Wissens unterschiedliche Kompetenzen besitzen. Damit verbunden sind differierende Sichtweisen, Erwartungshorizonte und Positionen. Cloos und Karner (2010) beziehen sich bei ihrer Begründung auf Oevermann (1996), der ein Arbeitsbündnis zwischen Professionellen und Laien zugrunde legt. Kennzeichnend für ein Arbeitsbündnis ist die Asymmetrie von Rollen und Beziehungen, da Professionelle über Fachwissen verfügen und Eltern Experten ihrer Kinder sind. Die Autoren bezeichnen das Arbeitsbündnis als Dreiecksverhältnis (Professionelle – Eltern – Kind), bei dem Bedingungen und Themen immer wieder neu ausgehandelt werden müssen.

Zusammenfassend lässt sich eine Erziehungs- und Bildungspartnerschaft als wertschätzende, „gleichwertige und gleichberechtigte" (Stange 2012, S. 12) sowie eine auf Dialog und Augenhöhe ausgerichtete Beziehung beschreiben. Nach Stange sind folgende Merkmale kennzeichnend für eine Erziehungs- und Bildungspartnerschaft: Absprachen über gemeinsame Aktivitäten und Austausch über den Bildungsstand der Kinder, Klärung gemeinsamer Bildungsziele und Unterstützung der Eltern in der Erziehungskompetenz und Einbeziehung weiterer Kooperationspartner, Ressourcenorientierung und Partizipation (ebd., S. 14). Diese allgemeine Definition und die beschriebenen Merkmale von Stange zeichnen einen Entwurf einer Erziehungs- und Bildungspartnerschaft, der im theoretischen Kontext verwendet werden kann und eine praktische Umsetzung als Ziel in den Kindertageseinrichtungen innehat.

### 3.2 Argumente für eine Erziehungs- und Bildungspartnerschaft

Im öffentlichen Fachdiskurs werden eine Vielzahl von Begründungszusammenhängen dargestellt, die die Notwendigkeit eines Wandels hin zur Erziehungs- und Bildungspartnerschaft betonen und fordern (vgl. Stange 2012, S. 15 ff). Vier Argumente werden in der Diskussion immer wieder als zentral genannt:

1. Eltern sind die wichtigste Sozialisations- und Erziehungsinstanz der Kinder.
2. Die frühkindliche Bildung hat an Bedeutung für den weiteren Bildungsweg der Kinder gewonnen und dadurch einen höheren Stellenwert bei den Eltern bekommen. Die Betreuung steht nicht mehr im Vordergrund.
3. Vereinbarkeit von Beruf und Familie verlangt mehr Abstimmung zwischen den Bildungs- und Erziehungseinrichtungen und den Eltern.
4. Kinder verbringen stetig mehr Zeit in frühpädagogischen Einrichtungen, umso bedeutsamer ist die Zusammenarbeit mit den Eltern als fester Bestandteil der pädagogischen Arbeit (vgl. Roth 2014, S. 17).

Kontrovers diskutiert werden hingegen die nur wenigen empirischen Erkenntnisse zur Wirksamkeit von Erziehungs- und Bildungspartnerschaften in der Praxis (vgl. Betz 2015, S. 24). Für die Zusammenarbeit mit Eltern, vor allem im alltäglichen Handlungsfeld, gibt es kaum Studien und vor allem keine Evaluationen. Daher kann nicht gesichert davon ausgegangen werden, dass es eine positive Wirksamkeit von Erziehungs- und Bildungspartnerschaften gibt. An dieser Stelle können die vorliegenden wissenschaftlichen Ergebnisse nicht als eindeutiges Argument für eine Erziehungs- und Bildungspartnerschaft angeführt werden.

### 3.3 Herausforderungen für eine Erziehungs- und Bildungspartnerschaft

In der aktuellen Diskussion um einen Ausbau der Zusammenarbeit von Eltern und pädagogischen Fachkräften hin zu einer Erziehungs- und Bildungspartnerschaft in Kindertageseinrichtungen werden häufig nur die Vorteile aufgezeigt. Die Herausforderungen, Probleme und Grenzen einer solchen partnerschaftlichen Beziehung werden hingegen häufig übersehen (Krüger et al. 2012). An dieser Stelle sollen zwei Denkanstöße gegeben werden: Zum einen wird eine Erziehungs- und Bildungspartnerschaft zwar zum Wohle des Kindes geschlossen, aber das Kind an sich ist nicht unmittelbar beteiligt und eingebunden. Des Weiteren bleibt bei den Forderungen nach einem Ausbau der Zusammenarbeit zwischen Eltern und pädagogischen Fachkräften die Thematisierung der Rahmenbedingungen häufig im Hintergrund (vgl. Betz 2015, S. 54). Die Realisierung einer Erziehungs- und Bildungspartnerschaft benötigt für die Umsetzung in der Praxis hingegen eine deutliche Steigerung der Ressourcen, da sie nur mit einem zusätzlichen zeitlichen und finanziellen Aufwand umgesetzt werden kann.

Zusammenfassend kann gesagt werden, dass für eine erfolgreiche Umsetzung einer Erziehungs- und Bildungspartnerschaft in der Praxis alle Beteiligten vom Nutzen überzeugt sein müssen und sich Vorteile davon erhoffen. Daher ist es neben der Erhöhung der Ressourcen von besonderer Bedeutung Transparenz herzustellen und alle Beteiligten (Eltern, pädagogische Fachkräfte und Kinder) mit auf den Weg zu nehmen.

## 4 Das Kind im Blick – Ausblick auf die Arbeit im Elementar- und Primarbereich

Inzwischen besteht Konsens darin, dass es sich beim Kindergarten um ein pädagogisches Handlungsfeld mit explizitem Bildungsauftrag handelt – dies bezeugt nicht nur die Diskussion um eine Anhebung des Ausbildungsniveaus von Erzieherinnen und Erziehern (Stichwort Akademisierung, siehe Beitrag von G. Koeppel). Es zeigt sich u. a. auch seitens der Bildungspolitik in der Stärkung des frühkindlichen Bildungsauftrages, z. B. in Form von Bildungsplänen, und auf der Ebene der wissenschaftlichen Fachdisziplinen, die spürbar mehr Studien und Projekte mit dem Fokus auf den Elementarbereich durchführen. Deutlich wird, dass der gesamte wissenschaftliche und bildungspolitische Diskurs zur Relevanz von frühkindlicher Bildung und Anschlussfähigkeit von diesem Bedeutungszuwachs und der Anerkennung als bedeutsames pädagogisches Handlungsfeld zeugt.

Die komplexen und vielfältigen Aufgabenfelder von Bildung, Betreuung und Erziehung in den Institutionen erfordern daher frühpädagogische Fachkräfte, die systematisch und empathisch ihr professionelles Wissen im Handeln mit Kindern, in der Zusammenarbeit mit Eltern, im Team sowie mit den Institutionen des Umfelds einsetzen, begründen und reflektieren sowie kritisch hinterfragen. Sie müssen diesen Herausforderungen mit ihrer Verwobenheit in den unterschiedlichen Handlungsfeldern kompetent und professionell begegnen. Aus- und Weiterbildung sind gefragt, die Entwicklung der dafür notwendigen Kompetenzen bei den pädagogischen Fachkräften hinreichend anzuregen und zu fördern.

Eine gemeinsame Ausbildung von Elementar- und Primarpädagogen auf Hochschulniveau hat neben einer deutlichen Qualitätsverbesserung im Elementarbereich das Ziel, das Miteinander von pädagogischen Fachkräften verschiedener Schwerpunkte in den pädagogischen Handlungsfeldern zu stärken und mit Blick auf das Kind die Trias als Gestaltungsressource von bestmöglicher Betreuung, Erziehung und Bildung in den Fokus zu nehmen. Die sich aus einer engen Kooperation mit der Grundschulpädagogenausbildung ergebenden Möglichkeiten eröffnen Chancen, in der späteren Berufspraxis Bildungsprozesse im Kindergarten und in der Grundschule kontinuierlich aufeinander aufbauend zu gestalten, was den vermehrten Rufen nach Anschlussfähigkeit und Kontinuität in der Bildungsbiografie Rechnung tragen würde. Behält man „das

Kind im Blick"[9], so kann Bildungsarbeit in Kindergarten und Grundschule mit einem gemeinsamen Bildungsverständnis, „eine[r] gemeinsame[n] Sprache, ein[em] gemeinsame[n] Denken über Lehren und Lernen" (Daiber & Carle 2008, S.75 f.) der Pädagogen gut gelingen. Ein erster Schritt in Richtung einer engeren institutionellen Zusammenarbeit von Kindergarten und Grundschule als Grundlage für die Entwicklung eines gemeinsamen Bildungsverständnisses erfolgte z. B. in Bremen 2015 mit der Übernahme des Fachbereichs Kinder in das Ressort der Senatorin für Kinder und Bildung.

Es bedarf also weiterer Bemühungen, das pädagogische Handlungsfeld von Elementar- und Primarpädagoginnen und -pädagogen mit „Blick auf das Kind" zu einem gemeinsamen Bildungsverständnis weiterzuentwickeln und die Eltern als wichtigste Sozialisationsinstanz im Sinne einer Erziehungs- und Bildungspartnerschaft einzubinden. Ziel sollte es dabei sein, dass sich alle beteiligten Akteure über die Aufgaben von Betreuung, Erziehung und Bildung austauschen und kooperieren. Wünschenswert ist es hierbei, wenn diese gemeinsame Zusammenarbeit stärker aus den gemeinsamen Aufgaben der Trias heraus entstehen und weniger aus der Erfüllung der Pflicht zur Zusammenarbeit.

*Literatur*

Ahnert, L. (Hrsg.) (2004): Frühe Bindung. Entstehung und Entwicklung. München: Reinhardt.

Ahnert, L. (2010): Wieviel Mutter braucht das Kind? Bindung, Bildung, Betreuung: öffentlich und privat. Heidelberg: Spektrum Akademischer Verlag.

Baumert, J. (Hrsg.) (2006): Herkunftsbedingte Disparitäten im Bildungswesen: differenzielle Bildungsprozesse und Probleme der Verteilungsgerechtigkeit. Vertiefende Analysen im Rahmen von PISA 2000. Wiesbaden VS Verlag

Baumert, J. & Schümer, G. (2001): Familiäre Lebensverhältnisse, Bildungsbeteiligung und Kompetenzerwerb. In: Deutsches PISA-Konsortium (Hrsg.): PISA 2000. Basiskompetenzen von Schülerinnen und Schülern im internationalen Vergleich. Opladen: Leske & Budrich, S. 323-407

Becker-Stoll, F. & Nagel, B. (Hrsg.) (2009): Bildung und Erziehung in Deutschland. Pädagogik für Kinder von 0 bis 10 Jahren. Berlin: Cornelsen Scriptor.

Becker-Stoll, F. & Spindler, A. (2009): Wege zur Stärkung von Eltern-Kind-Beziehungen – Eine Herausforderung von Anfang an. In: K. Schneewind (Hrsg.): Familien in Deutschland. Beiträge aus familienpsychologischer Sicht. Berlin: Dt. Psychologen-Verlag, S. 52-57.

Bensel, J. & Haug-Schnabel, G. (2012): Sind Erziehung, Bildung und Betreuung gleichwertig – oder zählt nur noch Bildung? In: Kindergarten heute – das Leitungsheft, H. 4, S. 4-9.

Betz, T. (2015): Das Ideal der Bildungs- und Erziehungspartnerschaft. Kritische Fragen an eine verstärkte Zusammenarbeit zwischen Kindertageseinrichtungen, Grundschulen und Familien. Gütersloh: Bertelsmann Stiftung.

Böcher, H. (2010): Erziehen, bilden und begleiten. Das Lehrbuch für Erzieherinnen und Erzieher. Troisdorf: Bildungsverlag EINS.

Brandes, H. (2008): Selbstbildung in Kindergruppen. Die Konstruktion sozialer Beziehungen. München: Reinhardt Verlag.

Bundesministerium für Bildung und Forschung (BMBF): Ganztagsschulen. URL: http://www.ganztagsschulen.org/ (Zugriff 03.03.2016).

---

[9] Das ist der Titel der ersten deutschen internationalen Tagung zur gemeinsamen Qualifizierung für die Bildungs- und Erziehungsarbeit in Kindergarten und Grundschule. URL: http://www.frueh-paedagogik.uni-bremen.de/tagung/index.html (Zugriff: 08.02.2016).

Bundesministerium für Familie, Senioren, Frauen und Jugend (BMFSFJ) (Hrsg.) (2005): Zwölfter Kinder- und Jugendbericht. Bericht über die Lebenssituation junger Menschen und die Leistungen der Kinder- und Jugendhilfe in Deutschland. Berlin.

Bundesministerium für Familie, Senioren, Frauen und Jugend (BMFSFJ) (Hrsg.) (2008): Bildung, Betreuung und Erziehung für Kinder unter drei Jahren - elterliche und öffentliche Sorge in gemeinsamer Verantwortung. Kurzgutachten des Wissenschaftlichen Beirats für Familienfragen beim BMFSFJ. Berlin. URL: https://www.vamv.de/fileadmin/user_upload/bund/dokumente/Gutachten_wiss_beirat_bmfsfj_Kinderbetreuung.pdf (Zugriff: 11.04.2016)

Carle, U. (2000): „Was bewegt die Schule?" Internationale Bilanz – praktische Erfahrungen – neue systemische Möglichkeiten für Schulreform, Lehrerbildung, Schulentwicklung und Qualitätssteigerung. Baltmannsweiler: Schneider Verlag Hohengehren.

Carle, U. (2010): Curriculare und strukturelle Entwicklungen in Deutschland. Pädagogische und strukturelle Rahmenbedingungen einer Didaktik der ersten Bildungsjahre und der Schuleingangsphase. In: M. Leuchter (Hrsg.): Didaktik für die ersten Bildungsjahre. Unterricht mit 4- bis 8-jährigen Kindern. Seelze: Klett/Kallmeyer, S. 58-70.

Carle, U. (2014): Anschlussfähigkeit zwischen Kindergarten und Schule. In: M. Stamm (Hrsg.): Handbuch Talententwicklung. Theorien, Methoden und Praxis in Psychologie und Pädagogik. Bern: Huber, S. 161-171.

Carle, U.; Košinár, J. & Leineweber, S. (unter der Mitarbeit von Schmidt, D.; Laskowski, R. & Heidepriem, A.-C.) (Hrsg.) (2011): Evaluierung der Umsetzung des Sächsischen Bildungsplans, des Schulvorbereitungsjahres und der Verzahnung mit der Schuleingangsphase. Abschlussbericht der Wissenschaftlichen Evaluation, Universität Bremen. URL: http://www.kita.sachsen.de/download/download_smk/bp_abschlussbericht_2011_07_01.pdf (Zugriff: 08.03.2016).

Carle, U. & Metzen, H. (2006): Abwarten oder Rausgehen. Familienförderung und Elternbildung vor dem anstehenden und (un-)gewollten Perspektivenwechsel. Norderstedt: Books on Demand (Fit für Familie).

Carle, U. & Wenzel, D. (2007): Frühes Lernen. In: Zeitschrift für Bildungsforschung. Interdisziplinäre Online-Zeitschrift, Nr. 4. URL: http://bildungsforschung.org/index.php/ bildungsforschung/article/view/51 (Zugriff: 09.03.2016).

Cloos, P. & Karner, B. (2010): Erziehungspartnerschaft. Auf dem Weg zu einer veränderten Zusammenarbeit von Kindertageseinrichtungen und Familien. In: P. Cloos & B. Karner (Hrsg.): Erziehung und Bildung von Kindern als gemeinsames Projekt. Zum Verhältnis familialer Erziehung und öffentlicher Kinderbetreuung. Baltmannsweiler: Schneider Verlag Hohengehren, S. 169-192.

Daiber, B. & Carle, U. (2008): Der Bachelor of Arts „Fachbezogene Bildungswissenschaften der Universität Bremen. In: U. Carle & B. Daiber (Hrsg.): Das Kind im Blick. Eine gemeinsame Ausbildung für den Elementarbereich und die Grundschule. Baltmannsweiler: Schneider Verlag Hohengehren, S. 56-83.

Deutsches Jugendinstitut (DJI) (Hrsg.) (2012): Der andere Blick auf Bildung. Über die unterschätzten Potentiale außerschulischer Bildung. München

Deutsches PISA-Konsortium (Hrsg.) (2001): PISA 2000. Basiskompetenzen von Schülerinnen und Schülern im internationalen Vergleich. Opladen: Leske + Budrich.

Deutsche Kinder- und Jugendstiftung GmbH (DKJS) (o.J.): Ideen für mehr. Ganztägig lernen. URL: http://www.ganztaegig-lernen.de/. (Zugriff 03.03.2016).

Deutscher Bildungsrat. Empfehlungen der Bildungskommission (1970): Strukturplan für das Bildungswesen. Stuttgart: Klett.

Diskowski, D. (2008): Bildungspläne für Kindertagesstätten - ein neues und noch unbegriffenes Steuerungsinstrument. In: Zeitschrift für Erziehungswissenschaft (11), S 47-61.

Diskowski, D. (2014): "Ja, mach' nur einen Plan...". Anmerkungen zu Chancen und Grenzen der Bildungspläne. In: Theorie und Praxis der Sozialpädagogik (9), S. 19-21.

Faust, G. (2008): Übergänge gestalten - Übergänge bewältigen. In: W. Thole; H.-G. Roßbach; M. Fölling-Albers & R. Tippelt (Hrsg.): Bildung und Kindheit. Pädagogik der Frühen Kindheit in Wissenschaft und Lehre. Opladen: Barbara Budrich, S. 225–240.

Friederich, T. (2011): Zusammenarbeit Eltern- Anforderungen an frühpädagogische Fachkräfte. Eine Expertise der Weiterbildungsinitiative Frühpädagogische Fachkräfte (IFF). München: DJI.

Grossmann, K. E. & Grossmann, K. (2008): Bindungen. Das Gefüge psychischer Sicherheit. Stuttgart: Klett-Cotta

Hansel, A. (2010): Frühe Bildungsprozesse und Anschlussfähigkeit. In: S. Lin-Klitzing; D. Di Fuccia & G. Müller-Frerich (Hrsg.): Übergänge im Schulwesen. Chancen und Probleme aus sozialwissenschaftlicher Sicht (Gymnasium - Bildung - Gesellschaft, Bd. 2). Bad Heilbrunn: Klinkhardt, S. 49-66.

Hebenstreit, S. (2009): Kann ein Kindergartenkind gebildet sein, das Rotkäppchen nicht kennt? Die Bildungspläne der Bundesländer im Vergleich. In: Theorie und Praxis der Sozialpädagogik (6), S. 50-52.

Hebenstreit, S. (2010): Den Wald vor lauter Bäumen wieder sehen. Bildungspläne zwischen Ganzheitlichkeit und wissenschaftlichen Disziplinen. In: Theorie und Praxis der Sozialpädagogik (2), S. 41-43.

Hellmich, F. (2007): Bedingungen anschlussfähiger Bildungsprozesse von Kindern beim Übergang vom Kindergarten in die Grundschule. In: Bildungsforschung 4 (1). URL: http://www.bildungsforschung.org/index.php/bildungsforschung/article/view/59;%20ht tp://www.pedocs.de/volltexte/2014/4626;%20http://nbn-resolving.de/urn:nbn:de:0111-opus-46266 (Zugriff 07.03.2016).

Hoffmann, H. (2010): Ein essayistischer Ausblick. Zukunftsstrategien - Das "Was" ist klar, das "Wie" stimmt skeptisch. In: H. Hoffmann; U. Rabe-Kleberg; I. Wehrmann & R. Zimmer (Hrsg.): Starke Kitas - starke Kinder. Wie die Umsetzung der Bildungspläne gelingt. Freiburg: Herder, S. 115-123.

Hoffmann, H. (2014): Ziele unerreichbar? Bildungspläne zwischen politischer Euphorie und quälendem Alltag. In: Theorie und Praxis der Sozialpädagogik (9), S. 22-23.

Jugendministerkonferenz & Kultusministerkonferenz (JMK & KMK) (2004): Gemeinsamer Rahmen für die Bildung in den Kindertagesstätten des Elementarbereichs. URL: http://www.kmk.org/fileadmin/Dateien/veroeffentlichungen_beschluesse/2004/2004_ 06_04-Fruehe-Bildung-Kitas.pdf (Zugriff 16.02.2016).

Jaszus, R. (2008): Sozialpädagogische Lernfelder für Erzieherinnen. Stuttgart: Holland + Josenhans.

Jurczyk, K. (2012): Plädoyer für den Eigensinn im Privaten. In: DJI Impulse (04), S. 46-48.

Konferenz der Kultusminister der Länder in der Bundesrepublik Deutschland (KMK) (2004): Gemeinsamer Rahmen der Länder für die frühe Bildung in Kindertageseinrichtungen. URL: www.kmk.org/fileadmin/veroeffentlichungen_beschluesse/2004/2004_06_03-Fruehe-Bildung-Kindertageseinrichtungen.pdf (Zugriff: 05.11.2015)

Krüger, R.; Henschel, A.; Schmitt, C. & Eylert, A. (2012): Grenzen von Erziehungs- und Bildungspartnerschaften. In: W. Stange; R. Krüger; A. Henschel & C. Schmitt (Hrsg.): Erziehungs- und Bildungspartnerschaften. Grundlagen und Strukturen von Elternarbeit. Wiesbaden: Springer VS, S. 486-499.

Liegle, L. (2006): Bildung und Erziehung in früher Kindheit. Stuttgart: Kohlhammer.

Merkle, T. & Wippermann, C. (2008): Eltern unter Druck. Selbstverständnisse, Befindlichkeiten und Bedürfnisse von Eltern in verschiedenen Lebenswelten (Studie der Konrad-Adenauer-Stiftung, hrsg. von C. Henry-Huthmacher und M. Borchard). Stuttgart: Lucius & Lucius.

Meyer-Siever, K. (2015): Wunsch und Wirklichkeit: Kooperation aus der Perspektive von ErzieherInnen und GrundschullehrerInnen eingebettet in Arbeitsbedingungen ihres beruflichen Alltags. Eine repräsentative Untersuchung am Beispiel von zwei Bundesländern. URL: http://suche.suub.uni-bremen.de/remote_access.ph?http3A%2F%2Fnbnresolving.de%2Furn%3Anbn%3Ade%3Agbv%3A46-00104800-18 (Zugriff: 07.03.2016).

Neuss, N. (2014): Die Bildungsbereiche von den Kindern aus denken?! Drei Modelle zur Umsetzung der Bildungspläne. In: Theorie und Praxis der Sozialpädagogik (9), S. 14-18.

Oevermann, U. (1996): Theoretische Skizze eincr revidierten Theorie professionalisierten Handels. In: A. Combe & W. Helsper (Hrsg.): Pädagogische Professionalität. Untersuchungen zum Typus pädagogischen Handelns. Frankfurt am Main: Suhrkamp Taschenbuch Verlag, S. 70-182.

Organisation for Economic Cooperation and Development (OECD) (2004): Die Politik der frühkindlichen Betreuung, Bildung und Erziehung in der Bundesrepublik Deutschland. URL: http:// http://www.oecd.org/germany/33979291.pdf (Zugriff: 11.04.2016).

Rabe-Kleberg, U. (2010a): Vom Programm zum Prozess. Über notwendige Reformschritte in der frühkindlichen Bildung. In: H. Hoffmann; U. Rabe-Kleberg; I. Wehrmann & R. Zimmer (Hrsg.): Starke Kitas - starke Kinder. Wie die Umsetzung der Bildungspläne gelingt. Freiburg: Herder, S. 41-50.

Rabe-Kleberg, U. (2010b): Bildungsgemeinschaft? Überlegungen zu einem ungeklärten Verhältnis von Erzieherinnen und Eltern. In: K. Meiners; R. Staege & G. Schäfer (Hrsg.): Kinderwelten – Bildungswelten. Unterwegs zur Frühpädagogik. Berlin: Cornelsen, S. 65-82.

Rauschenbach, T. (2009): Zukunftschance Bildung. Familie, Jugendhilfe und Schule in neuer Allianz. Weinheim u. a.: Juventa-Verlag.

Reyer, J. & Franke-Meyer, D. (2008): Muss der Bildungsauftrag des Kindergartens „eigenständig" sein? In: Zeitschrift für Pädagogik 54 (6), S. 888-905. URL: http://www. pedocs.de/volltexte/2011/4383/pdf/ZfPaed_2008_6_Reyer_FrankeMeyer_Muss_der_Bildungsauftrag_D_A.pdf (Zugriff 08.02.2016).

Reyer, J. (2006): Einführung in die Geschichte des Kindergartens und der Grundschule. Bad Heilbrunn: Klinkhardt.

Reyer, J. (2015): Die Bildungsaufträge des Kindergartens. Geschichte und aktueller Status. Weinheim: Beltz Juventa.

Röhner, C. (2014): Bildungspläne im Elementarbereich. In: R. Braches-Chyrek; C. Röhner; H. Sünker & M. Hopf (Hrsg.): Handbuch Frühe Kindheit. Opladen: Barbara Budrich, S. 601-613.

Roßbach, H.-G. (2006): Institutionelle Übergänge in der Frühpädagogik. In: L. Fried & S. Roux (Hrsg.): Pädagogik der frühen Kindheit. Weinheim und Basel: Beltz, S. 280-292.

Roth, X. (2014): Handbuch Bildungs- und Erziehungspartnerschaft. Zusammenarbeit mit Eltern in der Kita. Freiburg: Herder.

Ruppin, I. & Selzer, S. (2013): Soziale Ungleichheiten von Kindheit – Anforderungen an professionelles Handeln in Kindertageseinrichtungen. In: C. Förster; K. Höhn & S. Schreiner (Hrsg.): Kindheitsbilder – Familienrealitäten. Prägende Elemente in der pädagogischen Arbeit. Freiburg: Herder, S. 128-137.

Schäfer, G. E. (Hrsg.) (2005). Bildung beginnt mit der Geburt. Ein offener Bildungsplan für Kindertageseinrichtungen in Nordrhein-Westfalen (2., erw. Aufl.). Weinheim: Beltz.

Schuler, S., Bönig, D., Thöne, B., Wenzel-Langer, D. & Wittkowski, A. (2016): Anschlussfähigkeit von Kindergarten und Grundschule. In: G. Wittmann; A. Levin & D. Bönig (Hrsg.): AnschlussM. Anschlussfähigkeit mathematikdidaktischer Überzeugungen und Praktiken von ErzieherInnen und GrundschullehrerInnen. Münster: Waxmann, S. 19-39.

Smidt, W. & Schmidt, T. (2012): Die Umsetzung frühpädagogischer Bildungspläne. Eine Übersicht über empirische Studien. In: Zeitschrift für Sozialpädagogik 10 (3), S. 244-255.

Speck-Hamdan, A. (2006): Neuanfang und Anschluss: zur Doppelfunktion von Übergängen. In: D. Diskowski; E. Hammes-Di Bernado; S. Hebenstreit-Müller & A. Speck-Hamdan (Hrsg.): Übergänge gestalten. Wie Bildungsprozesse anschlussfähig werden. Weimar: Verlag Das Netz, S. 20-31.

Stange, W. (2012): Erziehungs- und Bildungspartnerschaften – Grundlagen, Strukturen, Begründungen. In: W. Stange; R. Krüger; A. Henschel & C. Schmitt (Hrsg.): Erziehungs- und Bildungspartnerschaften. Grundlagen und Strukturen von Elternarbeit. Wiesbaden: Springer VS, S. 12-39.

Textor, M. (1999): Bildung, Erziehung, Betreuung. In: Unsere Jugend (12), S. 527-533. URL: http://www.kindergartenpaedagogik.de/127.html (Zugriff: 07.03.2016).

Textor, M. (2006): Die Zusammenarbeit mit Eltern – Formen und Angebote. In: M. Textor (Hrsg.): Erziehungs- und Bildungspartnerschaft mit Eltern. Gemeinsam Verantwortung übernehmen. Freiburg: Herder, S. 34-63.

Textor, M. (2009): Eltern im Kindergarten. Ziele, Formen und Methoden. Norderstedt: Book on Demand.

Tietze, W. (Hrsg.) (1998): Wie gut sind unsere Kindergärten? Eine Untersuchung zur pädagogischen Qualität in deutschen Kindergärten. Neuwied, Berlin: Luchterhand.

Viernickel, S. & Nentwig-Gesemann, I. (2014): Bildungsprogramme als Orientierung, Korsett oder Zumutung? Ergebnisse aus dem Forschungsprojekt "Schlüssel zu guter Bildung, Erziehung und Betreuung". In: Theorie und Praxis der Sozialpädagogik (9), S. 4-8.

Viernickel, S. (2010): Die Fachkraft-Kind-Relation. Schlüssel zu guter Bildung, Erziehung und Betreuung? In H. Hoffmann; U. Rabe-Kleberg; I. Wehrmann & R. Zimmer (Hrsg.): Starke Kitas - starke Kinder. Wie die Umsetzung der Bildungspläne gelingt. Freiburg: Herder, S. 61-74.

von Bülow, K. (2011): Anschlussfähigkeit von Kindergarten und Grundschule. Rekonstruktion von subjektiven Bildungstheorien von Erzieherinnen und Lehrerinnen. Bad Heilbrunn: Julius Klinkhardt.

Wehrmann, I. (2010): Die Zukunft beginnt heute. Zentrale Forderungen für die frühkindliche Bildung und die Umsetzung der Bildungspläne. In: H. Hoffmann; U. Rabe-Kleberg; I. Wehrmann & R. Zimmer (Hrsg.): Starke Kitas - starke Kinder. Wie die Umsetzung der Bildungspläne gelingt. Freiburg: Herder, S. 19-34.

Zimmer, R. (2010): Bildungspläne zwischen Verbindlichkeit und Beliebigkeit. In: H. Hoffmann; U. Rabe-Kleberg; I. Wehrmann & R. Zimmer (Hrsg.): Starke Kitas - starke Kinder. Wie die Umsetzung der Bildungspläne gelingt. Freiburg: Herder, S. 11-18.

172

*Angela Bolland & Amrei Langstädtler*

# Schultüten im Winter – ein Lehrforschungsprojekt zur Praxis von Bildungspartnerschaften

**Bremer Lehramtsstudierende evaluieren einen Modellversuch zur halbjährlichen Einschulung**

**Zusammenfassung**

Seit Einführung der Grundschule starten - bislang fast ohne Ausnahme - jeden Sommer ca. 700.000 Erstklässlerinnen und Erstklässler in Deutschland in ihren neuen Lebensabschnitt als Schülerinnen und Schüler. Die Bremer Grundschule am Buntentorsteinweg bietet seit dem Schuljahr 2010/11 einen zweiten Einschulungstermin zum Halbjahreswechsel an und bemüht sich damit, der sich signifikant unterscheidenden Entwicklungsreife von Kindern zwischen fünf und sechs Jahren besser gerecht werden zu können. In diesem bundesweit bislang nur selten erprobten Modell der halbjährlichen Einschulung gibt es seitdem Kinder, die ihre Schultüten im Winter erhalten. Der Modellversuch und seine Evaluation werden im vorliegenden Beitrag vorgestellt.

## 1 Einführung

Hintergrund für den Modellversuch stellt eine Gesetzesänderung dar: § 53 des Bremischen Schulgesetzes legt fest, dass der Beginn der Schulpflicht auch im Land Bremen nun stichtagsabhängig ist, d.h. dass alle Kinder, die bis zum 30.6. eines Jahres ihr sechstes Lebensjahr vollendet haben, eingeschult werden müssen. Eine bis dato mögliche Zurückstellung entfällt damit, – ungeachtet der Tatsache, dass manche Kinder zum offiziellen Einschulungszeitpunkt möglicherweise entwicklungspsycho-logisch noch gar nicht als „schulfähig" zu bezeichnen wären.

Betrachtet man die Praxis flexibler Einschulungsverfahren bundesweit, z.B. in dem von Carle wissenschaftlich begleiteten Thüringer Schulversuch (siehe Carle & Berthold 2007), so zeigt sich, dass trotz diverser flexibler Einschulungsmodelle nur vereinzelte Schulen aus lediglich vier Bundesländern den Versuch wagen, eine halbjährliche Einschulung anzubieten: Baden-Württemberg, Hessen, Saarland – und seit dem im Folgenden zu beschreibenden Modellversuch auch eine Schule in Bremen.[1] Die Begründung für diese Zurückhaltung liegt, so ein Ergebnis des Modellprojekts, u.a. an institutionellen Schwierigkeiten im Rahmen von Bildungspartnerschaften.

Schulkarrieren beginnen bereits lange vor dem ersten Schultag. Der Beginn der Schulpflicht mit zeitlich begrenzenden Bestimmungen steht einer positiven Übergangsbewältigung oftmals im Wege.

---

[1] Dieser Modellversuch wurde 2009 von den Studierenden der Forschungswerkstatt bei der Senatorischen Behörde beantragt und ist inzwischen im Schulprogramm dieser Schule fest etabliert, gefördert durch die Robert Bosch Stiftung im Rahmen des Programms „Schul-Labor". Vgl. Grundschule am Buntentorsteinweg, www.024.joomla.schule.bremen.de/unsere-schule/ schulschwerpunkte/zweimaleinschulen [22.02.2016].

*„Ein Übergang ist dann gelungen, wenn größere Probleme fehlen, das Kind emotional, psychisch, physisch und intellektuell gut präsentiert ist und es in die Klassengemeinschaft integriert und entspannt ist. Zudem führt eine Bewältigung des Übergangs nach Filipp zur Erweiterung des Verhaltenspotenzials, Erschließung von Ressourcen, Erweiterung des sozialen Netzes und Erhöhung des Selbstwertgefühls sowie des Wohlbefindens."*

Beelmann (2001) unterscheidet in seiner Typisierung zur Übergangsbewältigung vier Formen, die bei einzuschulenden Kindern vorzufinden sind:

- 30% bezeichnet er als Risikokinder. Sie zeigen bereits vor dem Übergang sogenannte „starke emotionale Reaktionen", wie z.B. übermäßige Ängstlichkeit und beständiges scheues, unsicheres Verhalten im neuen Umfeld, Eltern-Anhänglichkeit, Weinerlichkeit etc. und sind wenig eingebunden in soziale Beziehungen.

- 15% sind übergangsgestresst. Zum Teil wird eine Überbehütung durch die Eltern als Grund angegeben, sie haben jedoch keine der o.g. Probleme vor dem Schulanfang und unterscheiden sich dadurch von den Risikokindern.

- 40% zählen zu den geringbelasteten Kindern, die weder vor noch nach dem Übergang in die Schule diese Probleme haben.

- 15% haben derartige Probleme vor dem Übergang, jedoch keine mehr nach dem Übergang und sind die sogenannten Übergangsgewinner (Beelmann 2000). Zu dieser Gruppe zählen die im Modellprojekt nachträglich eingeschulten „Winterkinder".

Signifikantes Merkmal des Konzepts der flexiblen Einschulung[2] ist das Prinzip des jahrgangsübergreifenden Lernens, bei dem Schülerinnen und Schüler der Klassen 1 und 2 gemeinsam unterrichtet werden und welches in vier parallelen Lerngruppen an der Grundschule am Buntentorsteinweg praktiziert wird. Bereits ab September besuchten unsere sogenannten Winterkinder von sechs Kindertagesstätten des Einzugsgebiets einmal wöchentlich eine der vier Lerngruppen in der Grundschule.[3] Im Regelfall waren die Kinder, die an diesem Modellprojekt teilnahmen, bereits schulpflichtig. Nur in zwei Fällen handelte es sich um „Kann-Kinder".[4] Bei ihrer Februar-Einschulung begegnete den Winterkindern die neue Umgebung somit nicht ganz neu. Sie wurden nach und nach in ein inzwischen gewachsenes soziales Gefüge integriert.

---

[2] Begrifflich muss hier unterschieden werden zwischen diversen Modellen. Die flexible Schuleingangsphase, unter der hauptsächlich das altersgemischte Lernen bzw. jahrgangsübergreifende Lerngruppen gemeint sind, haben nicht unbedingt etwas zu tun mit dem Halbjahreseinschulungsmodell, wie es im Folgenden vorgestellt werden soll. Die halbjährliche Einschulung ist ein institutionell herausforderndes, besonders konsequentes Projektmodell und findet nur in sehr wenigen flexibel gestalteten Schuleingangsphasen statt.

[3] Die halbjährliche Einschulung betraf drei parallele jahrgangsgemischte Lerngruppen, namentlich die Fische, die Delfine und die Pinguine.

[4] Sogenannte „Kann-Kinder" sind diejenigen, die bis zum 30.6. des Einschulungsjahres das sechste Lebensjahr noch nicht vollendet haben. Sie werden auch als „Karenzzeit-Kinder" bezeichnet, da sie erst nach dem 30.6. und bis zum 31.12. des Einschulungsjahres sechs Jahre alt werden. Ihr Einschulungszeitpunkt könnte um ein Schuljahr verschoben werden, was vielen Eltern zu spät erscheint. Bei der halbjährlichen Einschulung existiert für sie nun die Möglichkeit, ihre Kinder nur um ein halbes Jahr später, d.h. im Februar einzuschulen.

## 2  Der Forschungsausgangspunkt - Brisante Fragen und ein gemeinsames Motiv

Die Forschungswerkstatt 2x1 des Studiengangs „Fachbezogene Bildungswissenschaften" der Universität Bremen begleitete und evaluierte diesen Modellversuch. In dem studentischen Lehrforschungsprojekt ging es um den frühzeitigen Einblick in wissenschaftliche Forschungsverfahren, den diagnostischen Blick auf entwicklungsadäquatere Einschulungsverfahren und um institutionelle Anforderungen bei Bildungspartnerschaften zwischen Kindertageseinrichtungen, Schule und Elternhaus.[5]

Ein solches Projektmodell wirft Fragen auf, die aktuell und brisant sind, d.h. die zu beantworten uns in eine innere Aufregung versetzen. Oftmals weisen solche Fragen lern- oder berufsbiografische Bezüge auf und fordern dazu heraus, sich auf einen unsicheren Prozess des Suchens und Findens einzulassen – mit dem Risiko, kein Ergebnis im herkömmlichen Sinne zu erreichen. Forschendes Lernen geht nicht im Alleingang, sondern findet unter ‚Kritischen Freundinnen' an einem generalisierten Thema statt. Erhebungs- und Auswertungs-Instrumentarien (Feldnotizenbögen, Beobachtungsfragebogen, Interview-Leitfragen) wurden im Team diskutiert und prozessbegleitend nachjustiert.[6] Aus Studierendensicht ergab es einen Sinn, sich dafür in sozialwissenschaftliche Erhebungsmethoden einzuarbeiten und adäquate Forschungsinstrumente zu entwickeln. Die *Forschungswerkstatt 2x1* wurde zum Gremium für die inhaltliche, forschungsmethodische und organisatorische Gestaltung. Wöchentlich verhandelten die Forschungsnovizinnen über die Wahl und Entwicklung von Erhebungsinstrumenten, die Anlage eines gemeinsamen Datenstocks bis hin zur Erstellung des Abschlussberichts.

*Abbildung 1: Aufbereitung der Feldnotizen*

67 Studierende begleiteten in wechselnder personeller Zusammensetzung den Modellversuch. Über zweieinhalb Jahre hinweg wurden wöchentlich an zwei Vormittagen 15 nachträglich eingeschulte Kinder[7] beobachtet und die gesammelten Feldnotizen mit Hilfe von Beobachtungsrastern systematisch aufbereitet. Parallel zur studentischen Feldforschung wertete ein Forschungsbegleitungsteam aus 30 Studierenden die bundesweite bildungspolitische Debatte zur flexiblen Schuleingangsphase sowie den aktuellen Forschungsstand aus.

19 Bachelor- und Masterarbeiten bilden die Grundlage für den Abschlussbericht, der den beteiligten Institutionen im Oktober 2012 vorgelegt wurde.

---

[5] Der Forschungswerkstatt 2x1 liegt das hochschuldidaktische Konzept über forschendes und biografisches Lernen von Bolland (2011) zugrunde.

[6] So sind z.B. einige Items für den Beobachtungsfragebogen in Anlehnung an Dorothea Beigels Motorikkonzept, an Cardenas' „Diagnostik mit Pfiffigunde", an die auf Howard Gardners multiplen Intelligenzen aufbauenden „Klugheiten" von Brunner & Rottensteiner sowie an den Entwicklungsstern nach Sickinger entstanden.

[7] Im Folgenden werden die zwei ausnahmsweise vorzeitig eingeschulten Kinder nicht separat erwähnt. Siehe S.1.

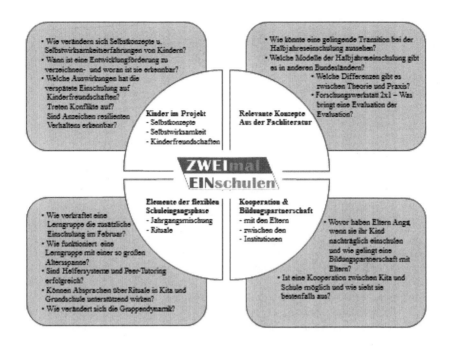

*Abbildung 2: Forschungsfragen im Überblick*

Der Evaluationsauftrag der Grundschule am Buntentorsteinweg bot den Studierenden außergewöhnliche Voraussetzungen. Es gab eine übergeordnete relevante Fragestellung, die mit aktuellen Entwicklungen im Rahmen der flexiblen Schuleingangsphase zu tun hatte. Das Konzept der zweimaligen Einschulung ist am „Runden Tisch Bildung Neustadt" entstanden. Die Beteiligten begründeten die Einführung des Konzepts folgendermaßen: „Die flexible Einschulung soll dem Wohle der Kinder dienen, zu frühe Einschulung vermeiden (Beibehaltung des Karenzzeitstichtages), bei Bedarf Kindern auch im Pflichtschulalter mehr Zeit in der Kindertageseinrichtung ermöglichen, die enge, gleichberechtigte Zusammenarbeit zwischen den Pädagoginnen und Pädagogen der beteiligten Einrichtungen fördern [und] Eltern und Fachkräfte frühzeitig in den Kooperations- und Beratungsprozess einbeziehen" (Grundschule Buntentorsteinweg, Schulschwerpunkte).

Einen Teil der Arbeitsstunden finanzierte die Bremer Bildungssenatorin[8], zumal es landesweit ein öffentliches Interesse an diesem Modellprojekt gab, z.B. von der Zeitschrift Spiegel-Wissen (Schmidt 2011).

---

[8] Für die Datenaufbereitung, Interpretation und Auswertung sind ca. 2500 Arbeitsstunden aufgewendet worden. 650 Stunden sind zuvor in die Datenerhebung in Form von teilnehmender Beobachtung eingeflossen. Weitere 150 Stunden waren für die Erhebung und Auswertung von Interviews sowie die Teilnahme an Sitzungen erforderlich. D.h. es sind vom gesamten Forschungsteam mindestens 3300 Arbeitsstunden aufgewendet worden.

## 3 Winterkinder als Übergangsgewinner – Ergebnisse studentischer Beobachtungen

Die Forschungswerkstatt diente mit den kritischen FreundInnen als regelmäßig zu informierendes Gremium und gleichzeitig als Korrektiv, wenn vorgefertigte subjektive Meinungen einer weitestgehend objektiven Interpretation im Wege standen. Das Interesse an den gegenseitig erhobenen und interpretierten Daten war groß, da das Forschungsfeld aller dasselbe war.

Die nun folgenden, ausgewählten Vorab-Hypothesen des Forschungswerkstatt-Teams sowie die diesbezüglichen Ergebnisse beziehen sich ausschließlich auf studentisch ausgewertete Daten in Bachelor- und Masterarbeiten sowie auf den gemeinsam von der Forschungswerkstatt 2x1 erstellten Abschlussbericht (Abschlussbericht der Forschungswerkstatt 2x1 von 2012). Die studentischen Ergebnisse, die als aussagekräftig hinsichtlich dieses Modellversuchs bezeichnet werden dürfen, weisen jedoch zum Teil deutliche Äquivalenzen zu Erkenntnissen aus neueren wissenschaftlichen Studien auf.

*Entwicklungsadäquatere Möglichkeiten für Winterkinder? Verifiziert:*

Zusammenfassend kann für alle beobachteten Einzelfälle konstatiert werden: Die Winterkinder haben zweifelsohne durch die zeitversetzte Einschulung einen entwicklungsangemeseneren Einschulungszeitpunkt erhalten, als ohne dieses Modellprojekt. In ihrem Lebensalter vollzieht sich Entwicklung bekanntlich oftmals sprunghaft oder eben zäher. Dies bestätigte sich in allen untersuchten Einzelfällen. Im Projekt gab es die Möglichkeit für alle Kinder, ‚zum falschen Zeitpunkt normal zu sein‘. Für diese individuelle Entwicklungsdynamik wurde die halbjährliche Ein-schulung für Eltern und Winterkinder zu einer besonderen Chance (Detaillierte Ergebnisse hierzu finden sich in den Einzelfall-Studien der hier zitierten studentischen Abschlussarbeiten.). Eine um ein halbes Jahr vorzeitige bzw. nachträgliche Einschulung wurde – je nach Entwicklungsstand des einzelnen Kindes – dadurch wie-der möglich.

*Problematische Splittung der Jahrgänge? Falsifiziert:*

Obwohl mit der Halbjahreseinschulung der jeweilige Jahrgang der Einzuschulenden gesplittet wird, erweisen sich die Winterkinder als sogenannte Übergangsgewinner nach Beelmann (zit. n. Neuß 2010 sowie Beelmann 2001). Die Splittung stellte die Zusammenführung der Lerngruppen nicht, wie erwartet, vor besondere Schwierigkeiten.

*Leistungsanforderungsschwierigkeiten? Falsifiziert:*

Die Winterkinder dieses Projekts sind zwar aufgrund ihres Lebensalters und nicht aufgrund besonderer Vorleistungen ausgewählt worden, stehen aber zudem in ihrem Leistungsvermögen nicht zwingend hinter den im August eingeschulten Kindern zurück, die ein halbes Jahr Schulzeitvorsprung aufweisen. Trotz diesbezüglicher Skepsis einiger Eltern, Lehrkräfte und der Bildungsbehörde konnten zwei der Winterkinder bereits nach einer verkürzten Verweildauer von eineinhalb Jahren in die nächsthöhere Lerngruppe (Klasse 3-4) wechseln. In zwei Fällen waren Winterkinder – laut Aussage in einem Lehrerinterview – also leistungsmäßig besser aufgestellt, als die anderen Erstklässler. Für die senatorische Behörde ist dies ein unerwartetes und besonders hervorzuhebendes Ergebnis. Aus Forschungsperspektive lässt sich schließen, dass eine längere Verweildauer in den Kindertageseinrichtungen eine Chance für nachträglich eingeschulte Kinder sein kann und in einigen Fällen sogar zusätzliche, nicht anvisierte leistungsmäßige Entwicklungssprünge in der Schuleingangsphase ermöglicht.

*Ungünstige Bedingungen für soziale Eingliederung? Falsifiziert:*

Die bereits aufgebaute soziale Umgebung in den Lerngruppen wird durch das Hinzukommen der Winterkinder nicht gestört, eher beflügelt es die Entwicklung der Winterkinder und wirkt sich positiv auf die regulär eingeschulten Kinder aus. Dies wird u.a. deutlich an den Ergebnissen zu Helferverhalten und Freundschaften unter den Kindern (s.u., vgl. Bachelorarbeit von Adorf 2012).

*Unterstützende Paten- und Helfersysteme? Verifiziert:*

Helfersysteme unter den Kindern erleichtern die Kontaktaufnahme und ermöglichen den Winterkindern, Beziehungen aufzubauen und sich im neuen Umfeld zu orientieren. Die studentischen Beobachtungen ergaben, dass die meisten Interaktionen darin bestanden, dass „Hilfe empfangen" oder „Hilfe geleistet" wurde. Prozentual betrachtet haben sie ungefähr so viel Hilfe empfangen, wie sie auch Hilfe für andere Mitschüler geleistet haben. Nach Krappmann & Oswald lässt Hilfsbereitschaft darauf schließen, dass solche Kinder in sicheren sozialen Beziehungen leben (Krappman & Oswald 1988; zit. n. Bierhoff & Montada 1988, S. 207).

Manche der bereits regulär im August eingeschulten Kinder schlüpften besonders gern in die Rolle von Paten und Helferkindern. Diese sogenannten „little mother's"[9] vereinfachen jüngeren Kindern den Zugang zur Lerngruppe dadurch, dass sie sich mit ihnen befassen, sie betreuen und sich ihrer annehmen (Wagner 1994, S. 78, 82).

Die Individualität der Winterkinder zeigt, dass letztlich nicht nur das Helfersystem zu ihrer Integration geführt hat. Es handelt sich wohl eher um ein Zusammenspiel von Verhaltensweisen, das Vorhandensein bekannter Kinder und bemutternder Mädchen. Dabei scheint das Helfersystem jedoch das Fundament zu bilden (vgl. Masterarbeit von Horst 2013, S. 81).

*Probleme mit Freundschaftsschließungen? Falsifiziert:*

Aus den Helferkontakten resultiert, dass das Helfersystem einen großen Stellenwert hinsichtlich der Schüler-Schüler-Beziehungen im Projekt einnahm. Die von den forschenden Studierenden vermuteten Probleme hinsichtlich Freundschaften stellten sich nicht ein: Winterkinder schließen trotz ihres längeren Verbleibs in der Kindertageseinrichtung und der nachträglichen Einschulung ebenso Freundschaften wie regulär eingeschulte Kinder. Unterschiede ergeben sich eher bezüglich der individuellen Ausprägung des Sozial- und Freundschaftsverhaltens, d. h. es ist individuell vom Kind abhängig, inwieweit es ihm gelingt, sich zu integrieren. Die verschiedenen Kontaktaufnahmen verdeutlichen, dass keine ideale Strategie, Freundschaften zu knüpfen, existiert. Hier entsprechen unsere Beobachtungsergebnisse den Aussagen von Wagner (1994). So konnte an Hand von Beobachtungen zur schülerinternen Kontaktaufnahme, zur Aufgeschlossenheit und zur Suche nach Körperkontakten festgestellt werden, dass die Winterkinder damit individuell unterschiedlich umgehen und unterschiedlich typisiert werden konnten:

- Dina, die fürsorgliche Helferin

---

[9] Vgl. Bezeichnung von McGrew & McGrew (1972) für Mädchen mit bemutterndem Verhalten.

- Enrico, der zurückhaltende Freund
- Franz, der wortreiche Kontaktknüpfer
- Feline, das bemutterte Mädchen (vgl. Fallvignetten in der Masterarbeit von Horst 2013, S. 43-80).

*Hilfreiche Rituale? Verifiziert:*

In Interviews mit den Lehrkräften wurde deutlich, dass diese hauptsächlich auf ihren eigenen Ritualbestand zurückgriffen (z.B. Rituale in der Gleitzeit, Morgenkreis, akustische Signale). Der Einsatz von Ritualen war je nach Unterrichtskonzept unterschiedlich stark ausgeprägt. Es wurden keine neuen Rituale für die Winterkinder eingeführt. Diese hatten keinerlei Berührungsängste, sich in der neuen Umgebung zu orientieren, da ihnen Rituale bereits aus den Kindertageseinrichtungen bekannt waren. Die Beobachtungen in der Grundschule ergaben, dass die Winterkinder zumeist die erfahrenen Kinder imitierten und so unaufgefordert die alltäglichen Rituale übernahmen.

Das Angleichen von Ritualen zwischen Grundschule und Kindertageseinrichtungen stellt eine Erleichterung für das Gelingen des Übergangs dar. Auch eine ähnliche Ritualpraxis in allen Lerngruppen der Grundschule wäre für das Modellprojekt vereinfachender gewesen.

*Zu gering ausgeprägte Resilienzfaktoren bei Winterkindern? Teilweise verifiziert:*

Winterkinder haben in „emotional aufwühlenden Momenten" und in Konfliktsituationen häufiger hilflos agiert, als die im August eingeschulten Kinder (vgl. Masterarbeit von Meyer & Serfass (2012). Deutlich wurde dies u.a. dadurch, dass sie häufiger Hilfe von Mitschülerinnen und Mitschülern in Anspruch genommen haben, bevor sie eine selbstständige Lösung bei Konflikten gesucht haben. Die Hilfe von Lehrkräften wurde hingegen nicht so häufig angefragt (vgl. Bachelorarbeit von Gähl & Walker 2012. Im Forscherdialog wurde darüber diskutiert, ob diese Form des Agierens in Konfliktsituationen eher mit altersspezifischen Entwicklungsfaktoren zusammenhängt oder auf geringe Resilienzfaktoren zurückzuführen ist.

Betrachtet man die Anzahl an vorhandenen Resilienzfaktoren, weisen einige der Winterkinder viele mehr Schutzfaktoren als Risikofaktoren auf, andere hingegen zeigen mehr Risikofaktoren als Resilienzfaktoren (vgl. Bachelorarbeit von Hoddow 2012). In einem Einzelfall führte das Aufzeigen der verstärkt zu beobachtenden Risikofaktoren noch rechtzeitig zu einem Zurückversetzen des Kindes in die Kindertageseinrichtung.

## 4 Bildungspartnerschaften als institutionelle Herausforderungen

Ein Hauptaugenmerk der Forschungswerkstatt lag auf der Erhebung von Daten zur Kooperation der professionell Beteiligten.[10] Eine wichtige Komponente für den Erfolg eines solchen Modellversuchs, die gelingende Kooperation zwischen Kindertageseinrichtungen und Grundschule sowie eine funktionierende Stadtteilarbeit sollte dabei genauer untersucht werden. Dazu sind Interviews, Gesprächsmitschnitte von Sitzungen sowie eine Ratingkonferenz mit allen pädagogischen Fachkräften durchgeführt und ausgewertet worden.

---

[10] Hiermit sind alle pädagogischen Fachkräfte gemeint, d.h. jene in den Kindertageseinrichtungen und in den Schulen sowie die Leitungen der Einrichtungen.

Auf offizielle Nachfrage interviewender Studentinnen bezeichneten alle professionell Beteiligten die Zusammenarbeit zurückhaltend, d.h. als durchschnittlich gut. Gemeinsamer Tenor der Beteiligten war im Nachhinein eine positive Grundhaltung gegenüber dem Projekt und die Bestätigung eines grundsätzlich gelebten Respekts gegenüber der jeweils anderen Berufsgruppe (vgl. Bachelorarbeit von Scholz (2012). Zudem weisen Dokumentenanalysen von Protokollen der Steuergruppensitzungen deutlich auf Problemstellen, u.a. auf bestehende hierarchische Strukturen hin, welche einem Kontakt auf Augenhöhe strukturell im Wege stehen. In der Auswertung der Ratingkonferenz spiegelt sich zusammenfassend folgendes wider:

- Fehlende Zeit für Kooperation
- Fehlendes Interesse an Kooperation
- Mangelnde gegenseitige Wertschätzung
- Unterschiedliche pädagogische Auffassungen

Im Folgenden sollen die Ergebnisse einzeln vorgestellt werden:

*Ertragreicher Kooperationsaufwand? Verifiziert:*

Bedingt durch die stadtteilbezogene Kooperation der Bildungsinstitutionen wurden Steuergruppensitzungen erforderlich, an denen Vertreter und Vertreterinnen der Kindertageseinrichtung und der Lerngruppen, die Schulleitung sowie die studentischen Beobachterinnen und Beobachter teilnahmen. Durch Sitzungstermine und Koordinationsabsprachen unter den Institutionen ergab sich für alle Beteiligten ein zusätzlicher Kooperationsaufwand, der durch positive Ergebnisse zu rechtfertigen war (vgl. Bachelorarbeit von Scholz 2012).

Der für die schleichende Eingewöhnung der Winterkinder anberaumte Wechsel zwischen Grundschule und Kindertageseinrichtung an zwei Wochentagen erwies sich entgegen den Erwartungen als unproblematisch. Einen besonderen Service leisteten die studentischen Beobachterinnen und Beobachter, die die Kinder auf den Wegen zwischen den Einrichtungen begleitet haben.

*Höherer Betreuungsaufwand durch heterogenere Lerngruppen? Teilweise falsifiziert:*

Für die Lehrkräfte stellt die heterogenere Zusammensetzung in den jahrgangsgemischten Lerngruppen keine zusätzliche Belastung, sondern eher eine Entlastung dar. Die erhöhte Betreuungszeit von Seiten der Lehrkräfte für die vereinzelt eingeschulten Winterkinder hielt sich in Grenzen und konnte dazu beitragen, dass die sonst üblichen Krisen beim Übergang in die Grundschule geringer ausfallen. Aus langfristiger Perspektive konnte dieser höhere Betreuungsaufwand gerechtfertigt werden (vgl. Bachelorarbeit von Scholz 2012).

Die Eigenmotivation der Kinder, füreinander zu sorgen, steigt durch das Hinzukommen der Winterkinder. Die im August eingeschulten Kinder erhalten das Angebot, in eine neue Rolle zu schlüpfen: Einige nehmen dieses Angebot in Anspruch und freuen sich, nicht mehr die Neuesten und die Jüngsten zu sein.

Ein deutliches Ergebnis sind die Entwicklungssprünge der nachträglich eingeschulten Winterkinder durch ihre längere Kita-Verweildauer. Die Leistungsunterschiede zwischen den im August eingeschulten Kindern und den Winterkindern im Februar waren teilweise aufgehoben bzw. nur noch marginal erkennbar. Dies ist u. a. auf eine gelungene Förderung in den Kitas zurückzuführen und auf den institutionell gut vorbereiteten Übergang.

*Angemessene Erträge für die Kindertageseinrichtungen? Falsifiziert:*

Für die Erzieherinnen in den Kindertageseinrichtungen bedeutet der vorzeitige Weggang durch die Februar-Einschulungen eine ungünstigere Veränderung in der Gruppenstruktur: Die stabilisierende Funktion der älteren Kinder entfällt und wird durch eine vorzeitige Eingewöhnung neuer, jüngerer Kinder noch erschwert. Für ein eingewöhntes „Maxi-Kind", welches auf Wunsch der Eltern z.B. vorzeitig im Februar eingeschult wird, erhält die Gruppe ein jüngeres, noch nicht eingewöhntes Kind. Das spielt im vorschulischen Alter eine größere Rolle, als vermutet

*Positive Effekte für die beteiligten Eltern? Teilweise verifiziert:*

Laut Aussage interviewter Eltern fällt die Zusammenarbeit mit den Kindertageseinrichtungen besonders positiv aus. Hinsichtlich der Bildungspartnerschaft von Eltern und Schule zeigt sich dagegen in den Datenquellen ein unterschiedliches Bild:

• Die Eltern sind aufgrund ihrer besseren Einbindung in den Modellversuch zufriedener mit dem Übergang ihrer Kinder und sehen ihre Bedürfnisse besser berücksichtigt. Daher können sie ihre Kinder leichter in die Obhut der Lehrkräfte übergeben.

• Einzelne Eltern betonen, dass Rückmeldungen der Lehrkräfte über die Entwicklung der Kinder in den ersten Monaten verbesserungswürdig seien.

• Eltern, deren Kinder entgegen ihrer Wünsche nicht vorzeitig eingeschult wurden, verhalten sich den Institutionen gegenüber ambivalent und suchen Verbündete für die Durchsetzung ihrer Interessen.

• Gemeinsame Projekte, wie ein Mathematik- und Deutsch-Parcours für Kinder und Eltern sowie ein runder Tisch im Stadtteil, haben vom Zeitfaktor her gesehen einen zusätzlichen Aufwand für alle Beteiligten erforderlich gemacht, jedoch gleichzeitig die Kooperation verbessert.

• Die Eltern der regulär im August eingeschulten Kinder wünschten sich nachträglich auch eine derart individuell ausgestaltete Begleitung ihrer Kinder, wie sie es bei den Winterkindern erlebt haben.

*Ungünstige Sonderrolle der Winterkinder in den Einrichtungen? Teilweise verifiziert:*

• Einige Winterkinder genießen ihre Sonderrolle in der schulischen Lerngruppe. Andere Winterkinder wirken durch die Sonderrolle eher verunsichert. Für sie wäre eine gemeinsame Einschulung mit einem weiteren, ihm bekannten Kind aus der Kindertageseinrichtung sinnvoller gewesen. In den Kindertageseinrichtungen sind die Winterkinder stolz, nun die Großen zu sein, die in die Schule kommen. Sie verstehen sich nicht als diejenigen, die es zum Sommer noch nicht geschafft hatten.

Im Einzelfall eines fünfjährigen Jungen, der auf Wunsch der Eltern ein halbes Jahr früher eingeschult wurde, führte die durch Beobachtungen nachweisliche Häufung von Risikofaktoren dazu, dass der Junge nach eindeutigem Votum aller pädagogischen Fachkräfte in die Kindertageseinrichtung zurückversetzt wurde. Neuerdings verhindert allerdings eine Gesetzesänderung diesen Rückgang. Für die Bildungskooperation war die gemeinsame Positionierung eher zuträglich.

## 5    Forschungsreflexion und Forschungserträge für die Praxis

Nach Abschluss des Modellversuchs hat die Forschungswerkstatt u.a. den beteiligten Fachkräften empfohlen, die Qualität der Kooperation weiter zu verbessern. Die Fachkräfte sind sich darin ebenfalls einig. Für Folgejahre mit halbjährlicher Einschulung wird ersichtlich, dass durch den Wegfall der gruppenstabilisierenden Maxi-Kinder und den Zulauf von jüngeren, noch nicht eingewöhnten Kindern mehr Personal in den Kindertageseinrichtungen eingestellt werden müsste und eine Umverteilung der Arbeit vorab zu berücksichtigen wäre. Der Betreuungsaufwand ist höher, d. h. der Erzieher bzw. Erzieherinnenschlüssel müsste entsprechend angepasst werden.

Im Einzelfall gilt es, die Vor- und Nachteile der Halbjahreseinschulung gegeneinander abzuwägen.

- Das Ergebnis der Evaluation hinsichtlich der als negativ einzuschätzenden Sonderrolle einzeln eingeschulter Winterkinder in bestehende Lerngruppen hat die Schule im zweiten Durchgang der Halbjahreseinschulung bereits berücksichtigt. Durch Steuergruppensitzungen mit den forschenden Studierenden beschlossen die pädagogischen Fachkräfte beider Institutionen einen ,natürlicheren Umgang' mit den Winterkindern bei der Begrüßung sowie im Verlauf des Schulvormittags und haben auch die Eltern dazu angeregt. Auf diese Weise konnten die Forschungsergebnisse unmittelbar in die Praxis einfließen.
- Die leistungsmäßig differenzierten Lernangebote, z. B. in Mathematik reichen aus, um allen Kindern einen adäquaten Lernanreiz anzubieten. Es wurde kein zusätzliches Lernmaterial für Winterkinder erforderlich.
- Die Forschungswerkstatt empfiehlt für die Winterkinder der Folgejahre neben der Diagnose von Resilienzfaktoren ein Trainingsprogramm zur Konfliktlösung einzuführen, an dem alle Kinder der Lerngruppen teilhaben können, um sich an einen offenen und kommunikativen Umgang mit Konflikten zu gewöhnen (vgl. Bachelorarbeit von Hoddow, 2012).

Der betriebene zeitliche und personelle Aufwand des studentischen Forschungsteams hinsichtlich Datenerhebung und Auswertung hat sich als ertragreich erwiesen. Im Rückblick auf die mehrjährige Datenerhebungsphase mit integrierter Zwischenauswertung wurde u.a. deutlich, dass das Datenmaterial im Sinne der Grounded Theory als gesättigt bezeichnet werden kann:

- Durch regelmäßige wöchentliche Beobachtungen über einen längeren Zeitraum wurden kaum abweichende Ergebnisse im Vergleich zu den anfänglichen Beobachtungswochen erzielt.
- Signifikante Unterschiede gab es hingegen hinsichtlich der Einschätzungen unterschiedlicher Beobachtungspersonen im selben Forschungsfeld. Die Wahrnehmung, Auffassungsgabe und zeitgleiche Notation der studentischen Beobachterinnen variierte stark. Somit kamen die Beobachterinnen teilweise zu unterschiedlichen Ergebnissen. Diese wurden in kommunikativer Validierung gesondert bearbeitet.
- Während der ersten Zwischenauswertung wurde deutlich, dass der zuvor in der Forschungswerkstatt entwickelte Beobachtungsbogen im Forschungsverlauf erneut hätte angepasst werden müssen. Mehrere Items wurden von allen Beobachterinnen als im Forschungsfeld nicht beobachtbar eingestuft.

- Das mehrgleisige Verfahren der Datenerhebung (drei verschiedene Erhebungsmethoden) ergab weitestgehend übereinstimmende, d. h. an wenigen Stellen unterschiedliche Ergebnisse. Beispielsweise standen Interviewaussagen gegen die Ergebnisse der Dokumentenanalyse aus Tonbandmitschnitten und Beobachtungsprotokollen, und zwar im Hinblick auf den Nachweis hinderlicher hierarchischer Strukturen, die einer Begegnung von Professionellen unterschiedlicher Institutionen ,auf Augenhöhe' im Wege standen. Dies konnte nicht eindeutig nachgewiesen werden. Diesbezüglich wären tiefergehende Auswertungsmethoden im Sinne einer Datentriangulation, z. B. im Rahmen von Masterarbeiten, erforderlich gewesen.

## 6  Forschen heißt Querdenken – Gewohnte Vorstellungen in die Krise führen

Das forschende Studieren in der *Forschungswerkstatt 2x1* hat für das beteiligte Team zu einem vertiefenden Projektstudium geführt und durch die Kontinuitätssicherung dieses Angebots inzwischen eine jahrelange Tradition, von der weitere Studierende gern Gebrauch machen.

- Forschende Zugänge führen Lehramtsstudierende inzidentell, auf indirektem Weg zu einem neuen Blick auf ihre spätere Berufspraxis, der erwartungsgemäße Rollenbilder und Vorannahmen in die Krise führt.

- Eigene Fragen und Beobachtungen der Feldforscherinnen und -forscher sind eine Einladung zum Querdenken, zur kreativen Neuschöpfung und zur Entwicklung pädagogischer und didaktischer Fantasie führen.

- Ein zeitlich hohes Engagement für die Erledigung täglicher Routinearbeiten im Forschungsbüro und im Datenarchiv sowie Durchhaltevermögen und vertiefendes Arbeiten ist für die Studierenden zunächst ungewohnt.

- Für die Novizinnen forschenden Denkens steht ein selbst initiierter, tiefgehender Blick ins Detail im Widerspruch zum eher schnelllebigen, rezeptiven und ergebnisorientierten Studienalltag.

- Das Forschen im Team entstand aus der Notwendigkeit eines gemeinsamen Motivs heraus und wurde trotz aufkeimender Konflikte und hohem zeitlichen Arbeitsaufwand nachträglich als produktiv eingeschätzt.

Lernen im Sinne forschenden Handelns bedeutet Neues zu wagen, Unbeantwortetes offen- und Irritationen zuzulassen. Die Herausforderungen, denen Studierende beim forschenden Lernen begegnen, beinhalten für sie die Möglichkeit, den Dialog mit der Praxis auf dezidiertere Weise aufzunehmen und ihren erweiterten Erfahrungshorizont als forschend Denkende im pädagogischen Alltag mit Kindern wirksam werden zu lassen.

Diese forschende Grundhaltung zukünftiger Lehrkräfte ist eine mögliche Voraussetzung dafür, dass Paradigmenwechsel und neue Entwicklungslinien in Wissenschaft und Forschung sichtbare Konsequenzen für die alltägliche pädagogische Praxis zeitigen.

*Literatur*

Adorf, N. (2012): Beziehungen und Freundschaften zwischen Kindern in jahrgangsübergreifenden Klassen in der Schuleingangsphase. Die Auswirkungen des Projekts „Zweimal

Einschulen" auf die Kontakte der beobachteten Kinder. Bachelorarbeit, Fachbereich 12 der Universität Bremen, unv. Ms.

Beelmann, W. (2001): Normative Übergänge im Kindesalter. Anpassungsprozesse beim Eintritt in den Kindergarten, in die Grundschule und in die weiterführende Schule. Kovac, Köln.

Bolland, A. & Horst, A. (2013): Lehramtsstudierende evaluieren Modellversuch zur halbjährlichen Einschulung. In: Rektor der Universität Bremen (Hrsg.): Impulse aus der Forschung, Das Autorenmagazin der Universität Bremen, Pressestelle, Nr 1-2013, S. 10-13.

Bolland, A. & Forschungswerkstatt 2x1 (Hrsg.) (2012): Abschlussbericht der wissenschaftlichen Begleitung. Der Modellversuch „Zweimal Einschulen" in der Grundschule am Buntentorsteinweg – Ein erfolgreiches Modell für den „flexiblen Schulanfang"?, Fachbereich 12 Universität Bremen, unv. Ms.

Bolland, A. (2011): Forschendes und Biografisches Lernen. Das Modellprojekt Forschungswerkstatt in der Lehrerbildung. Bad Heilbrunn: Klinkhardt.

Carle, U. & Berthold, B. (2007): Schuleingangsphase entwickeln. Leistung fördern. Schneider Verlag Hohengehren.

Hagstedt, H. & Krauth, I.-M. (Hrsg.) (2015): Lernwerkstätten: Potenziale für Schulen von morgen. Beiträge zur Reform der Grundschule Band 137, Frankfurt a.M.: Grundschulverband.

Gähl, H.-K. & Walker, I. (2012): Konflikte zwischen Kindern unter Berücksichtigung der sozial-emotionalen Entwicklung im Rahmen der zweimaligen Einschulung an der Grundschule am Buntentorsteinweg. Masterarbeit im Fachbereich 12 der Universität Bremen, unv. Ms.

Hoddow, J. (2012): Resilienz in der Grundschule. Bachelorarbeit im Modellprojekt zweimalige Einschulung, Fachbereich 12 der Universität Bremen, unv. Ms.

Horst, A. (2013): Zur Schüler-Schüler-Beziehung im Projekt der zweimaligen Einschulung in Bremen. Masterarbeit im Fachbereich 12 der Universität Bremen, unv. Ms.

Kosinar, J. & Carle, U. (Hrsg.) (2012): Aufgabenqualität in Kindergarten und Grundschule. Grundlagen und Praxisbeispiele. Schneider Verlag Hohengehren.

Krappmann, L. & Oswald, H. (1988): Probleme des Helfens unter Kindern; in: Bierhoff, H.-W. & Montada, L. (Hrsg.) (1988): Altruismus. Bedingungen der Hilfsbereitschaft. Göttingen: C.J. Hogrefe, S. 206-222.

Meyer, J. & Serfass, L. (2012): Emotionen und Konflikte am Beispiel der gelebten Praxis in einer jahrgangsgemischten Schuleingangsklasse. Masterarbeit Projekt der zweimaligen Einschulung im Fachbereich 12 der Universität Bremen, unv. Ms.

Neuß, N. (2010): Der Übergang vom Kindergarten in die Grundschule. In: Neuß, N. (Hrsg.): Grundwissen Elementarpädagogik. Ein Lehr- und Arbeitsbuch. Berlin: Cornelsen Verlag, S. 72-81.

Scholz, A. (2012): Zur Wichtigkeit von Kooperation und Bildungspartnerschaft für gelingende Transition – untersucht an Hand des Projektes „Zweimal einschulen" in Bremen, Bachelorarbeit im Fachbereich 12 der Universität Bremen, unv. Ms.

Sickinger, F. (2010): Der Entwicklungsstern zu den Lerndispositionen. In: Freie Hansestadt Bremen. Die Senatorin für Arbeit, Frauen, Gesundheit, Jugend und Soziales (Hrsg.): Bremer individuelle Lern- und Entwicklungsdokumentation. Reihe Frühkindliche Bildung. unv. Ms.

Schmidt, C. (2011): Ansturm der Kleinen. Kinder kommen immer jünger in die erste Klasse, aber nicht alle Schulen sind darauf gut vorbereitet. In: Spiegel „Wissen - Leben – Lernen" Heft 2, S. 36-37.

Wagner, J. (1994): Kinderfreundschaften. Wie sie entstehen – Was sie bedeuten. Berlin u.a.: Springer.

Wieneke, J. (2014): Fragen würdigen und verstehen lernen. In: Hagstedt, H. & Krauth, G. (Hrsg.) (2015): Lernwerkstätten: Potenziale für Schulen von morgen. Frankfurt a.M.: Grundschulverband, S. 20-35.

*Katja Meyer-Siever & Anne Levin*

# Kooperation im Übergang vom Kindergarten zur Grundschule – eine kritische Reflexion

*„Kooperation ist das Feuer der gemeinsamen Gestaltung, denn die Zusammenarbeit Verschiedener birgt unschätzbare Potenziale – ganz besonders in komplexen Systemen." (Carle u.a. 2009, S. 3).*

**Zusammenfassung**

Der folgende Beitrag widmet sich zunächst einer begrifflichen Näherung des Konstrukts Kooperation, um im Weiteren anhand empirischer Ergebnisse gesellschaftliche und bildungspolitische Anforderungen zur kooperativen Zusammenarbeit von Elementar- und Primarbereich kritisch zu hinterfragen. Die vorliegenden empirischen Analysen fußen auf Daten, welche im Rahmen des Verbundprojekts AnschlussM[1] unter der Projektleitung von Frau Prof. Carle mit Hilfe von insgesamt 1525 Erzieherinnen und Erziehern sowie Grundschullehrerinnen und Grundschullehrern gewonnen werden konnten.

## 1 Problemaufriss – Kooperation

*„Kindergarten und Grundschule sollen kooperieren, das ist heute in Deutschland unstrittig" (Carle 2016, S. 5).*

Das vorangestellte Zitat verdeutlicht zwei Aspekte: Zum einen stellt sich Kooperation zwischen elementar- und primarpädagogischen Fachkräften bzw. zwischen Kindergarten und Grundschule nunmehr nicht als optionale Handlungsmöglichkeit dar, sondern vielmehr als obligatorische (An-)Forderung, welche auf verschiedenen Strukturebenen schriftlich fixiert ist – wenn auch auf wenig konsistente Art und Weise. Zum anderen besteht hinsichtlich der geforderten Notwendigkeit von Kooperation im Fachdiskurs ein Konsens.

Dennoch ist eine Diskrepanz zwischen den einerseits schriftlich formulierten Anforderungen sowie dem konsensualen Verständnis der Unerlässlichkeit zur Kooperation zwischen Elementar- und Primarbereich und den andererseits tatsächlich praktizierten Kooperationstätigkeiten erkennbar (vgl. Koslowski 2013, Rathmer 2012). Von zwei getrennten Welten ist gar die Rede (Kreid & Knoke 2011, Kluczniok 2012), und dies obwohl Kindergarten und Grundschule im Leben eines (fast) jeden Kindes zwei aufei-

[1] AnschlussM (Anschlussfähigkeit der mathematikdidaktischen Überzeugungen und Praktiken von ErzieherInnen und GrundschullehrerInnen als Bedingung der Vernetzung von Elementar- und Primarbereich - eine repräsentative Untersuchung in den Bundesländern Bremen und Baden-Württemberg) wurde mit Mitteln des Bundesministeriums für Bildung und Forschung und des Europäischen Sozialfonds der Europäischen Union unter den Förderkennzeichen 01NV1025/ 1026 (Universität Bremen) und 01NV1027/1028 (Pädagogische Hochschule Freiburg) gefördert, Laufzeit 12/2011 bis 11/2013 bzw. Projektverlängerung bis 07/2014.

nander folgende Lebens-, Lern- und Sozialisationsbereiche darstellen (Sechtig u.a. 2014, S. 258, in Anlehnung an Roßbach 2006).

Blickt man auf die von Reyer (2006) konstruierten Verdichtungszonen wird offensichtlich, dass diese defizitäre Problematik bei weitem nicht neu und unbekannt, sondern historisch gewachsen und bewusst ist (ebd., S. 212).

Charakteristika dieser Verdichtungszonen sind u.a. strukturelle Reformen wie beispielsweise 1970 die Einführung eines Strukturplans zur Neuordnung des Bildungswesens (Deutscher Bildungsrat 1970), in dessen Zuge der Kindergarten als Elementarstufe mit eigenem Bildungsauftrag dem Bildungswesen zugeordnet wurde (Carle 2000, S. 194 ff.; Sechtig u.a. 2014, S. 256). Mit dem Verständnis vom Kindergarten als Bildungsinstitution stellten die Jugendministerkonferenz (JMK) und die Kultusministerkonferenz (KMK) einige Jahrzehnte später ihre Beschlüsse zum gemeinsamen Rahmen der Bundesländer für die frühe Bildung im Elementarbereich vor (JMK & KMK 2004), welche anhand der Formulierung von Bildungsplänen auf Länderebene spezifiziert wurden. Unterstrichen wurde damit, dass der Kindergarten nicht nur ein familienergänzendes Betreuungsangebot ist, sondern einen Erziehungs-, Betreuungs- und insbesondere auch einen immanenten Bildungsauftrag innehat.

Festgehalten werden kann, dass die Versuche zur Annäherung der Bildungsinstitutionen Kindergarten und Grundschule trotz unterschiedlicher Voraussetzungen (z.B. ministeriale Zuordnungen, curriculare Vorgaben, unterschiedliche Ausbildungen der Fachkräfte), nicht ohne Erfolg geblieben sind – obgleich deren Nachhaltigkeit noch nicht gänzlich abzusehen ist. Faust u.a. (2011) konstatieren eine fehlende Einheitlichkeit der strukturellen Verankerung und eine fehlende Konsistenz hinsichtlich der Verankerungstiefe kooperativer Anforderungen und Prozesse.

## 2 Kooperation

In den folgenden Unterkapiteln erfolgt eine begriffliche Klärung des Konstrukts Kooperation und nachfolgend eine Definition wesentlicher Gelingensbedingungen. Daran anlehnend werden verschiedene Formen von Kooperation, welche auch als Niveaustufen bezeichnet werden (Gräsel u.a. 2006), sowie Dimensionsebenen von Kooperation zwischen dem Elementar- und Primarbereich beschrieben, um dem Anspruch an Kooperation als „mehrdimensionales Interdependenzgeschehen" (Rathmer 2012, S. 27) gerecht zu werden.

### 2.1 Begriffliche Klärung des Konstrukts

Der Begriff Kooperation stellt sich als mehrdeutiges und mehrdimensionales Konstrukt dar, welches aus verschiedenen Blickwinkeln, auf unterschiedlichen Ebenen und in verschiedenen Settings betrachtet werden kann:

Aus einer arbeitspsychologischen Perspektive wird Kooperation beschrieben als „[…] Tätigkeits- bzw. Arbeitsform […], bei der mehrere einen Auftrag bzw. eine selbstgestellte Aufgabe gemeinschaftlich erfüllen, dazu gemeinsame Zielstellungen verfolgen, eine Ordnung ihres Zusammenwirkens aufweisen und in auftragsbezogenen Kommunikationen miteinander stehen" (Hacker 2005, S. 149).

Aus erziehungswissenschaftlicher Sichtweise kann Kooperation betrachtet werden „[…] als das Zusammenbringen von Handlungen zweier oder mehrerer Personen oder Systeme, und zwar derart, dass die Wirkungen der Handlungen zum Nutzen aller dieser

Personen oder Systeme führen. Das bedeutet: Kooperation ist immer zielgerichtet und sie nützt den Beteiligten" (Carle u.a. 2009, S. 3).

Aus organisationspsychologischer Sicht ist Kooperation „[...] gekennzeichnet durch den Bezug auf andere, auf gemeinsam zu erreichende Ziele bzw. Aufgaben, sie ist intentional, kommunikativ und bedarf des Vertrauens. Sie setzt eine gewisse Autonomie voraus und ist der Norm der Reziprozität verpflichtet" (Spieß 2004, S. 199).[2]

In einer Zusammenschau wird zunächst deutlich, dass Kooperation mit positiven Konnotationen belegt ist, wobei Kooperationsprozesse an sich konfliktbehaftet sein können (Nisbet 2000, S. 389 f.; Spieß 1998, S. 8). Zudem kristallisieren sich folgende Kernbedingungen von Kooperation heraus (vgl. Spieß 2004): 1. Gemeinsame Ziele und Aufgaben, 2. Vertrauen und 3. Autonomie (ebd., S. 199).

Gemeinsame Ziele ergeben sich nach Fussangel (2008) aus der zu erledigenden Aufgabe, wobei für die beteiligten Personen sowohl die Gemeinsamkeit in der Aufgabenbewältigung als auch in den Zielen bewusst und erkennbar sein müssen. Wichtig ist, dass gemeinsame Ziele auch tatsächlich gemeinsam formuliert werden, damit diese u.a. auch im Einklang mit individuellen Zielen stehen und die Zusammenarbeit als nützlich bewertet wird (Gräsel u.a. 2006).

Darüber hinaus stellt neben Klarheit und Transparenz der gemeinsamen Ziele und Aufgaben das gegenseitige Vertrauen der Kooperationsbeteiligten eine weitere grundlegende Voraussetzung für die kooperative Aufgabenbewältigung dar (Gräsel u.a. 2006, S. 208), um damit rechnen zu können, unterstützt und wertgeschätzt zu werden (Edmonson 2003, 1999) und sich der positiven Ausrichtung von Aktionen und Reaktionen der Kooperationspartner gewiss sein zu können (Gräsel u.a. 2006).

Das Erleben von Autonomie in der kooperativen Zusammenarbeit kann jedoch zwiespältig sein – insbesondere zu Beginn einer Kooperation. Dabei ist ein ausgewogenes, allen Beteiligten zuträgliches Verhältnis zwischen der Autonomie der/des Einzelnen zur Autonomie der Gruppe von besonderer Bedeutung. Die Kernbedingung Autonomie wird hierbei verstanden als „ein gewisses Maß an Entscheidungs- und Handlungsfreiheit" (Spieß 1998, S. 16). Dies bedeutet, dass bei gemeinsamen, kooperativen Aufgabenerledigungen die Kooperationspartner über einen gewissen Grad an Handlungs- und Entscheidungsfreiheit verfügen müssen, um so u.a. auch die Motivation zur Beteiligung am Kooperationsprozess aufrecht halten zu können (Spieß 2004). Steigt die Autonomie der einzelnen Beteiligten jedoch zu sehr an, können die Gruppenkohäsion und das Verantwortungsbewusstsein für eine gelingende Kooperation eingeschränkt sein (Gräsel u.a., 2006).[3] Sind die Kooperationspartner bereit, sich auf ihr Gegenüber einzulassen und verschiedene Perspektiven einzunehmen, können sich dagegen neue Handlungs- und Gestaltungsmöglichkeiten eröffnen.

---

[2] Dabei setzt die Definition von Spieß (2004) keine dauerhaft zusammenarbeitenden Arbeitsgruppen voraus, „die sich durch Gruppennormen und ein „Wir-Gefühl" kennzeichnen lassen" (Gräsel u.a. 2006, mit Verweis auf von Rosenstiel 1988, S. 206; Antoni 1994). Diese Offenheit und Flexibilität der Definition lässt es zu, dass diese Kernbedingungen von Kooperation auch auf die kooperative Zusammenarbeit zwischen Elementar- und Primarbereich übertragen werden können.

[3] An dieser Stelle ist der Hinweis wichtig, dass der Autonomiebegriff bei Gräsel u.a. (2006) und Spieß (2004) von der Vorstellung geprägt ist, dass der Lehrberuf eher als Einzelarbeit zu verstehen ist.

## 2.2   Formen kooperativer Zusammenarbeit zwischen Kindergarten und Grundschule

Entlang der zuvor beschriebenen Kooperationsbedingungen können im Folgenden drei grundlegende Formen von Kooperation beschrieben werden (vgl. Gräsel u.a. 2006, in Anlehnung an Little 1990 und Spieß 2004, für die Lehrerkooperationsforschung[4]). Diese können auch als Kooperationsstufen oder -niveaus entsprechend ihrer Zielsetzung und Funktionserfüllung bzw. nach Intensität und Qualität der Kooperation unterschieden werden in

1) Austausch,

2) gemeinsame Arbeitsorganisation (Arbeitsteilung) und

3) Kokonstruktion.

Dabei wird der Austausch als die am einfachsten zu realisierende Form kooperativer Zusammenarbeit, im Sinne der gegenseitigen Versorgung mit Materialien und Informationen, welche die pädagogische Arbeit in den jeweiligen Institutionen betreffen, interpretiert (Gräsel u.a. 2006, S. 209 f.). Diese als ‚low cost'-Kooperation beschriebene Form der Zusammenarbeit (ebd., S. 55), welche weder die Autonomie der einzelnen Kooperationspartner stark einschränkt oder verändert, noch massive Zielinterdependenzen provoziert, wird z.B. im Rahmen gegenseitiger Besuche der Kindergartenkinder und Grundschülerinnen und Grundschüler sowie des Fachpersonals der jeweils anderen kooperierenden Einrichtung umgesetzt (Rathmer u.a. 2011, S. 113). Dabei ist jedoch fraglich, ob diese vergleichsweise eher wenig aufwendige und am häufigsten angewandte Form der Kooperation (Faust u.a. 2011; Tietze u.a 2005) tatsächlich für ein Gelingen nachhaltiger kooperativer Prozesse geeignet ist, insbesondere dann, wenn die Kernbedingungen guter Kooperation (vgl. Kapitel 2.1) wenig tangiert werden und Erzieherinnen und Erzieher sowie Grundschullehrkräfte sich austauschen, ohne dass gemeinsame Absprachen oder Übereinkommen hinsichtlich ihrer Erwartungen und Ziele voraussetzend sind.

Für eine gemeinsame Arbeitsorganisation bzw. eine arbeitsteilige Aufgabenbearbeitung müssen im Vorfeld von den Kooperationsbeteiligten gemeinsam(e) Ziele formuliert werden. Diese, im Vergleich zum Austausch, engere Form der Kooperation setzt zum einen intensivere Absprachen, z.B. bei der Strukturierung von Aufgaben zur Arbeitsteilung, und zum anderen ein höheres Vertrauen voraus (darauf, dass andere Kooperationspartner ihren Teil der Arbeit ebenso erfüllen). Typische Beispiele aus der Praxis für diese Form kooperativer Aktivitäten sind gemeinsam von Erzieherinnen und Erziehern sowie Grundschullehrerinnen und Grundschullehrern gestaltete Aktivitäten wie z.B. Feste, Projekte, gemeinsame Eltern- resp. Informationsabende im Schulübergang.

Sofern pädagogische Fachkräfte gemeinsam neue Aufgaben, Lehr-Lern-Inhalte, Unterrichte, Lösungsmöglichkeiten von Aufgabenstellungen oder eigene Tätigkeiten analysieren, reflektieren und/oder entwickeln, wird von einer intensiven Form der Zusammenarbeit, von Kokonstruktion, gesprochen. Im Rahmen solch einer ‚high cost'-Kooperation (z.B. gemeinsame Fortbildungen von Erzieherinnen und Erziehern sowie

---

[4] Im Projekt AnschlussM (vgl. Kapitel 4) wird diese Unterscheidung der Kooperationsstufen mit Verweis auf Gräsel, Fußangel & Pröbstel (2006) sowie in Anlehnung an das gleichartige Vorgehen im Rahmen der quantitativen Fragebogenuntersuchung des nordrhein-westfälischen Landesprojekt TransKiGs, welches Kooperationsformen und -niveaus zwischen dem Elementar- und Primarbereich analysiert (Rathmer u.a. 2011), übernommen.

Grundschullehrerinnen und Grundschullehrern) beziehen die pädagogischen Fachkräfte in intensiver Zusammenarbeit ihr Wissen und ihre Erfahrungen aufeinander und konstruieren neues Wissen (Gräsel u.a. 2006).

### 2.3 Ebenen von kooperativer Zusammenarbeit zwischen Kindergarten und Grundschule

*„Basis der Kooperation im Feld von Kindertageseinrichtungen und Grundschule ist also in erster Linie kein institutionalisiertes Konstrukt, sondern der Mensch in seiner Profession, der homo paedagogicus." (Rathmer 2012, S. 28).*

Nach Rathmer (2012) wird die konkrete Kooperation in der Praxis durch Einstellungen und Werthaltungen der pädagogischen Fachkräfte zu ihrer Arbeit als auch gegenüber kindlichen Entwicklungsprozessen, durch ihre Motivation und Überzeugungen vom Sinn und Nutzen kooperativer Zusammenarbeit sowie durch ihr Engagement und ihr Fachwissen gestaltet (ebd., S. 28). Auf dieser Ebene der einzelnen Fachkraft kann von individuellen Kooperationsdispositionen ausgegangen werden.

Auf einer nächsten Dimensionsebene beschreibt Rathmer (2012) die intrainstitutionelle Kooperation, bei der es sich um die in den Einrichtungen präsente Kooperationskultur handelt. Es ist davon auszugehen, dass die ersten beiden Bildungsinstitutionen je eigene und damit auch unterschiedliche Kulturen von Kooperation innerhalb der Institution vorweisen. Im Kindergarten wird die kooperative Zusammenarbeit im beruflichen Alltag als geläufig und üblich erlebt (Gernand & Hüttenberger 1989) bzw. als institutionalisierte Arbeitsform verstanden (Dizinger 2015). In der Schule hingegen können vor allem zellulare Strukturen als auch das eher isolierte Arbeiten der Lehrkräfte in ihren Klassenzimmern und eine Berufskultur, die den Lehrberuf immer noch als Einzelarbeit versteht (vgl. Autoritäts-Paritäts-Muster; Herzmann u.a. 2006; Terhart & Klieme 2006) die kooperative Zusammenarbeit der Lehrkräfte erschweren.

In Abgrenzung zur institutionsinternen Kooperationskultur bzw. zur intrainstitutionellen Kooperation beschreibt Rathmer (2012) auf einer nächsten Dimensionsebene die interinstitutionelle Kooperation. Auf dieser Ebene wird die Zusammenarbeit von konkreten Institutionen mitsamt ihren charakteristischen Gegebenheiten und Rahmenbedingungen sowie dem sie charakterisierenden Grad an Berücksichtigung und Umsetzung von gesetzlichen Grundlagen, Beschlüssen der Jugend- und Kultusministerkonferenzen und kulturellen Standards (ebd. S. 48) verortet.

Im Weiteren geht Rathmer davon aus, dass derartige interinstitutionelle Kooperationen eingebettet in ein Netzwerk aus weiteren, am Schulübergang Beteiligten, wie z.B. Fachberatungen und Schulaufsichtsbehörden, Träger, politische und wirtschaftliche Vertreterinnen und Vertreter als auch Berufsgruppen und -verbände aus dem therapeutischen sowie pädagogischen Bereich, stattfinden können (vgl. Netzwerk-Kooperation, Rathmer 2012, S. 28).

Insgesamt werden somit vier Dimensionen der Kooperation zwischen Elementar- und Primarbereich von Rathmer (2012) beschrieben. Nach Meinung der Autorinnen und auch aufgrund der im Projekt AnschlusM (vgl. Kapitel 4) gesammelten Praxiserfahrungen wird eine Dimension, welche auf der Ebene des Fachpersonals anzusiedeln ist, übersprungen. Rathmer geht auch auf die kooperative Zusammenarbeit zwischen Erzieherinnen und Erziehern sowie Lehrerinnen und Lehrern ein, er argumentiert jedoch in dieser Hinsicht auf der Dimensionsebene der institutionsinternen Kooperation. Es fehlt – in Abgrenzung zur intrainstitutionellen und interinstitutionellen Ebene der Kooperation – der Bezug zur Kooperation auf der interpersonellen Ebene. Denn die konkrete Realisierung (und darauf wurde einleitend bereits verwiesen) kooperativer Tätigkeiten vollzieht sich professionsübergreifend zwischen einzelnen Erzieherinnen und Erziehern sowie Grundschullehrerinnen und Grundschullehrern, mit ihrem je eigenen Kooperationsverständnis resp. ihren je eigenen Kooperationsdispositionen sowie eingebunden in ihre jeweiligen institutionsspezifischen Rahmenbedingungen und Kooperationskulturen. Somit erwächst eine Dimensionsebenc der interpersonellen Kooperation, welche sich anhand ihrer konkreten Umsetzungsrelevanz von der interinstitutionellen Kooperation abgrenzen lässt. Die folgende Abbildung (Abb. 1) verdeutlicht die Erweiterung der von Rathmer (2012) vorgeschlagenen Dimensionen (grau hinterlegt sind die in AnschlussM erhobenen Ebenen).

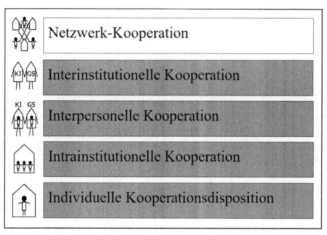

*Abbildung 1: Um die Ebene der interpersonellen Kooperation erweiterte Dimensionen der Kooperation (in Anlehnung an Rathmer 2012, S. 29)*

## 3 Aktueller Forschungsstand

Das Verhältnis des Elementar- und Primarbereichs wird unter dem Aspekt des Übergangs, dem Aspekt der Transition oder/ und unter dem Aspekt der Anschlussfähigkeit diskutiert. National wie auch international (vgl. Athola u.a. 2011; Broström 2006; Margetts 2006, 1999) wurden diesbezüglich zahlreiche Projekte – zum einen mit Schwerpunkt auf eine individuelle Förderung des Kindes und die Bewältigung des Übergangs durch das Kind, zum anderen mit Blick auf die Kooperation der am Übergang Beteiligten – initiiert und wissenschaftlich begleitet (vgl. Arndt & Kipp 2016).

*Nationaler Forschungsstand*

Im Herbst 2005 startete in Hessen und Bayern die Längsschnittstudie BiKS (Bildungsprozesse, Kompetenzentwicklung und Selektionsentscheidungen im Vorschul- und Schulalter). Unter anderem gaben Erzieherinnen und Erzieher sowie Erstklassenlehrkräfte Auskunft zu Kooperationsaktivitäten und zu ihren Einstellungen zur Kooperation. Faust u.a. (2011) stellen als Ergebnisse der mittlerweile in der nächsten Projektphase befindlichen Untersuchung heraus, dass Erzieherinnen und Erzieher im Vergleich zu Grundschullehrkräften die Kooperationsaktivitäten als wichtiger beurteilen (mit Ausnahme von gemeinsamen Festen bzw. Feiern und gemeinsamen Fortbildungen). Die am häufigsten realisierte und gleichzeitig auch von den Fachkräften als am wichtigsten eingeschätzte Kooperationsform ist auf interpersoneller Ebene zu finden: Besuche der Kindergartenkinder in der Schule und der allgemeine Informationsaustausch zwischen Erzieherinnen und Erziehern und Grundschullehrenden.

Ziele des Bremer Projekts ‚Frühes Lernen – Kindergarten und Grundschule kooperieren‘, welches 2003 bis 2005 mit Hilfe von insgesamt vier regionalen Kooperationsverbünden und 25 Einrichtungen (15 Kindergärten inklusive einer Dependance, 9 Grundschulen inklusive drei Dependancen sowie ein Förderzentrum) durchgeführt wurde, waren die Entwicklung von tragfähigen Konzepten in Themenbereichen, die sich an Entwicklungsniveaus orientieren, der Aufbau von Arbeits- und Kooperationsstrukturen in Kooperationsverbünden, der Aufbau und Ausbau der Elternarbeit sowie eine Abstimmung zwischen Kindergarten und Grundschule hinsichtlich ihrer inhaltlichen und pädagogischen Arbeit unter der Überschrift eines übergreifenden Bildungsplanes (Carle & Samuel 2007, S. 225 f.). Neben kooperationsförderlichen Aspekten wie z.B. der Ortsteilbezug der Kooperationsverbünde, stellen Carle und Samuel (2007) Faktoren heraus, die die Beziehung zwischen Erzieherinnen und Erziehern und Grundschullehrkräften konstituieren (ebd., S. 227 ff.). Hierzu zählen die Erwartung von Missachtung, Schuldzuweisung als auch gegenseitiges Fremdsein, Voreingenommenheit bzw. Vorurteile gegenüber der Qualität der Arbeit der jeweils anderen Profession und Berührungsängste, fehlende Kenntnis der kindlichen Entwicklung in spezifischen Bereichen sowie über Methoden der Lernprozessbegleitung im Übergang zur Grundschule. Mit Blick auf die Weiterführung und Optimierung der Kooperationspraxis werden aus den Ergebnissen auch struktur- und prozessbezogene Empfehlungen, wie beispielsweise der Einsatz von Experten und Prozessmoderatoren, gemeinsame Fort- und Weiterbildungen sowie die Abstimmung der Curricula respektive der pädagogischen Konzepte, für die Praxis abgeleitet (Carle & Samuel 2007, S. 234 ff.).

Im Modellprojekt KiDZ (Kindergarten der Zukunft) wurden von 2004 bis 2009 Kindergartenkinder in Bayern gemeinsam von Erzieherinnen und Erziehern sowie Grundschullehrkräften in den Lernbereichen wie Sprache, Mathematik und Naturwissenschaften alltagsintegriert gefördert, indem Kindergartenaktivitäten mit bereichsspezifischen Lern- und Förderangeboten kombiniert wurden (Roßbach u.a. 2010). Neben positiven Effekten im sprachbezogenen und sozioemotionalen Bereich zeigt die Analyse der Ergebnisse (mit Berücksichtigung kleiner Fallzahlen), dass Lehrkräfte dem Modellversuch und damit der kooperativen Zusammenarbeit leicht positiver gegenüberstanden und mit der Teilnahme weniger Beeinträchtigungen verbanden als u.a. Erzieherinnen und Erzieher.

An dem länderübergreifenden Verbundprojekt ‚TransKiGs‘ (Stärkung der Bildungs- und Erziehungsqualität in Kindertageseinrichtungen und Grundschule – Gestaltung des Übergangs) waren von 2005 bis 2009 in den Bundesländern Berlin, Brandenburg, Bremen, Thüringen und Nordrhein-Westfalen insgesamt 340 pädagogische Fachkräfte aus Kindergarten und Grundschule beteiligt. Die Ergebnisse machen u.a. deutlich, dass externe Prozessbegleitungen, gegenseitige Hospitationen, ein Befürworten und die Unterstützung des Trägers und der Schulleitungen sowie gemeinsame Fortbildungen kooperationsförderlich – sowohl intrainstitutionell als auch interinstitutionell – sind (Schmidt 2009).

Das Modellprojekt ‚Bildungshaus 3-10' wurde von 2007/2008 bis 2015 in Baden-Württemberg unter der Leitidee ‚Kindergarten und Grundschule unter einem Dach' an 32 Modellstandorten durchgeführt. Ziel des Modellprojekts ist hierbei die Intensivierung der Kooperation und des fachlichen Austauschs aufgrund räumlicher Nähe sowie die Ermöglichung einer kontinuierlichen, bruchlosen Bildungsbiografie – orientiert an individuellen Potentialen und am individuellen Tempo. Die Bildung von Routinen sowie konsistenten Strukturen zur Implementation kooperativer Zusammenarbeit wurde jedoch durch die „große Variationsbreite beinahe aller Merkmale" (Schneider & Arndt 2016, S. 80) und der damit einhergehenden ständigen Neujustierung der Bildungshausarbeit durch „immer wieder neue Veränderungs- und Anpassungsprozesse" (ebd., S. 182) sowie durch ein anhaltendes Ringen um Passung zwischen kontextueller Lage und Herausforderungen der Bildungshausaufgabe selbst (Koslowski 2016) erschwert.

Im Zusammenhang mit dem 2009 vom Bundesministerium für Bildung und Forschung (BMBF) bekanntgegebenen Förderbereich *Kooperation von Elementar- und Primarbereich* und dem Förderschwerpunkt *Frühkindliche Bildung* wurden deutschlandweit mehrere Projekte, u.a. zur Untersuchung von Formen und Niveaus der Kooperation zwischen Kindergärten und Grundschulen, realisiert. Hierzu zählt auch das Verbundprojekt AnschlussM (Wittmann, Levin & Bönig 2016), dessen Daten die Grundlage für diese Arbeit bilden. Im Folgenden wird die diesem Beitrag zugrunde liegende Untersuchung im Rahmen des Verbundprojekts AnschlussM verortet und hinsichtlich ihrer Untersuchungsschwerpunkte abgegrenzt.

## 4 Empirische Untersuchung

Das Verbundprojekt AnschlussM untersucht die Anschlussfähigkeit von mathematikdidaktischen Überzeugungen und Praktiken von Erzieherinnen und Erziehern sowie Grundschullehrerinnen und Grundschullehrern in Bremen und Baden-Württemberg. Kooperation wird – neben strukturellen und curricularen Abstimmungen – in der Fachliteratur als ein zentrales Mittel der Wahl beschrieben, um Anschlussfähigkeit im Übergang vom Kindergarten zur Grundschule zu gewährleisten und eine bruchlose Bildungsbiographie der Kinder zu ermöglichen (Faust u.a. 2011, S. 40).

Der vorliegende Artikel wertet die im Rahmen der Studie erhobene Wahrnehmung der Kooperation durch die Akteure selbst aus. Die kooperative Zusammenarbeit wird sowohl hinsichtlich ihres IST-Standes bzw. hinsichtlich der Qualität der Kooperationspraxis als auch bezüglich ihres SOLL-Standes bzw. des Wunsches nach Kooperation erfasst. Ziel der Untersuchung ist es, Einflussgrößen auf die Zufriedenheit bzw. auf die Einschätzung der aktuellen kooperativen Tätigkeiten als auch auf den Wunsch nach häufigerer und intensiverer Kooperation herauszufinden. Die so gewonnenen Erkenntnisse über institutionelle Unterschiede können für eine zukünftig effektivere kooperative Zusammenarbeit nutzbar gemacht werden. Ein bundeslandübergreifender Vergleich von elementar- und primarpädagogischen Fachkräften bezüglich ihrer Einschätzung der Ist-Kooperation und Soll-Kooperation existiert bislang nicht. Diesem Forschungsdesiderat soll im Weiteren Rechnung getragen werden.

### 4.1 Design und Stichprobe

Im Rahmen des Verbundprojekts AnschlussM wurden von Anfang 2012 bis Mitte 2013 in den Bundesländern Bremen und Baden-Württemberg insgesamt 1525 Erzieherinnen und Erzieher sowie Grundschullehrerinnen und Grundschullehrer befragt. Vor dem Hintergrund des zuvor geschilderten Untersuchungsziels erwuchs auf der Grundlage dieser repräsentativen Datenbasis die vorliegende Untersuchung, welche zweischrittig angelegt ist: In einer ersten qualitativen Untersuchungsphase wurden, neben der Analyse bundeslandspezifischer elementar- und primarpädagogischer Bildungspläne sowie ausgewiesener Fachliteratur, Gruppendiskussionen (n=59) und Interviews (n=18) mit pädagogischen Fachkräften aus Kindergarten und Grundschule durchgeführt, um z.B. mit Blick auf die Operationalisierung der Konstrukte die begriffliche Struktur des Alltagsdiskurses zu erfassen. Als Ergebnis liegt ein Fragebogen in vierfacher Ausfertigung vor, wobei zwei Versionen inhaltliche und begriffliche Besonderheiten der Bundesländer und zwei Versionen die der Bildungsinstitutionen berücksichtigen.

Bezüglich der Kooperation schätzten 769 Erzieherinnen und Erzieher (Bremen: 111, BaWü: 658) und 756 Grundschulkräfte (Bremen: 127, BaWü: 629) zum einen den IST-Stand, also die Qualität der Kooperationspraxis (z.B. gegenseitige Wertschätzung, Interesse an und Kenntnis von der Arbeit der jeweiligen anderen Bildungsstufe), zum anderen den SOLL-Stand bzw. den Wunsch nach häufigerer und intensiverer Kooperation (z.B. Wunsch nach der Entwicklung einer gemeinsamen Vorstellung zur Bildung und Entwicklung der Kinder) ein. Darüber hinaus wurden u.a. auf der Ebene der interinstitutionellen Kooperation die Anzahl der Hauptkooperationspartner sowie die Kooperationsfrequenz und auf der Ebene der interpersonellen Kooperation verschiedene Formen von Kooperation (Austausch, gemeinsame Arbeitsorganisation, Kokonstruktion) erfasst.

## 4.2 Ergebnisse

Es werden zunächst deskriptive Ergebnisse als auch Gruppenunterschiede sowie Zusammenhänge bezüglich der Skala zur Qualität der Kooperationspraxis (IST-Kooperation) als auch weiterer Skalen und Variablen, welche ebenso der Beschreibung der IST-Kooperation dienen, vorgestellt.

### Qualität der Kooperationspraxis (IST-Kooperation)

Die Tabelle 1 bildet die deskriptiven Ergebnisse zur Einschätzung der Qualität der Kooperationspraxis ab.

| Profession | BaWü | | | Bremen | | |
|---|---|---|---|---|---|---|
| | Häufigkeit (n) | Mittelwert (x) | Standardabw. (s) | Häufigkeit (n) | Mittelwert (x) | Standardabw. (s) |
| Erzieherinnen und Erzieher | 604 | 2.23 | .70 | 91 | 2.89 | .68 |
| Lehrerinnen und Lehrer | 552 | 2.26 | .64 | 106 | 2.78 | .53 |
| Gesamt | 1156 | 2.24 | .67 | 197 | 2.83 | .60 |

*Tabelle 1: Deskriptive Ergebnisse zur Qualität der Kooperationspraxis im Vergleich der Professionen und Bundesländer (1 = stimme völlig zu; 5 = stimme nicht zu)*

Wie Tabelle 1 zu entnehmen ist, sind die pädagogischen Fachkräfte insgesamt mit ihrer Kooperationspraxis weder richtig zufrieden noch gänzlich unzufrieden ($2 \leq x \leq 3$). Dennoch erleben Erzieherinnen und Erzieher sowie Grundschullehrkräfte in Baden-

Württemberg den Umgang miteinander tendenziell wertschätzender und vertrauensvoller, und sie vertreten im Vergleich zu ihren Kolleginnen und Kollegen in Bremen stärker die Meinung, dass eine gemeinsame Vorstellung zur kindlichen Bildung und Entwicklung und ein reger Informationsaustausch die Kooperationspraxis prägen (vgl. Tab. 2). Insgesamt sind die teilnehmenden pädagogischen Fachkräfte in Baden-Württemberg zufriedener mit der Qualität bestehender Kooperationen, der bundeslandspezifische Unterschied zeigt einen moderaten Effekt ($\eta^2 = .09$).

| Quelle der Varianz | df | $F^{a,b}$ | Sig. | Eta-Quadrat $(\eta^2)$ |
|---|---|---|---|---|
| Bundesländer (BL) | 1 | 133.47** | .00 | .09 |
| Päd. Fachkräfte (pFK) | 1 | .44 | .51 | .00 |
| BL*pFK | 1 | 1.87 | .04 | .00 |
| Fehler | 1349 | | | |

[a] zweifaktorielle Varianzanalyse, *p <.05; **p<.01; ***p<.001
[b] Varianzen nicht homogen, daher Adjustierung des Signifikanzniveaus *p <.01; **p<.001

*Tabelle 2: Effekt der Zugehörigkeit zum Bundesland und zur Profession auf Qualität der Kooperationspraxis (n =1353)*

*Kooperationsfrequenz*

Die Abbildung 2 zeigt die Häufigkeit des Austausches mit den Hauptkooperationspartnern, welche als Indiz für die Häufigkeit der kooperativen Zusammenarbeit definiert wird.

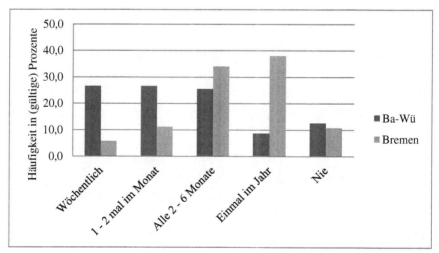

*Abbildung 2: Häufigkeit kooperativer Zusammenarbeit im Bundesländervergleich (BaWü: n=1250 / Bremen: n=223)*

In der Tabelle 3 sind die Mittelwerte und Dispersionsmaße hinsichtlich der Kooperationshäufigkeit nochmals professions- und bundeslandspezifisch widergegeben. Unterschiede auf Bundesländerebene wurden mit Hilfe eines Mann-Whitney-Tests überprüft (U = 85079, p = .000, r = -.25). Demnach tauschen sich Erzieherinnen und Erzieher sowie Grundschullehrerinnen und -lehrer in Baden-Württemberg professionsübergreifend häufiger aus ($x_{Mdn}$ = 2, 1-2 mal im Monat) als ihre Kolleginnen und Kollegen in

Bremen ($x_{Mdn}$ = 3, alle 2-6 Monate). Jedoch ist dieser Unterschied der Bundesländer aufgrund der geringen Effektstärke marginal.

| | Baden-Württemberg | | | | Bremen | | | |
| | Erzieherinnen und Erzieher | | Lehrerinnen und Lehrer | | Erzieherinnen und Erzieher | | Lehrerinnen und Lehrer | |
| Koopera-tionsfre-quenz | Häufigkeit (n) | gültige Proz. (%) | Häufigkeit (n) | gültige Proz. (%) | Häufigkeit (n) | gültige Proz. (%) | Häufigkeit (n) | gültige Proz. (%) |
|---|---|---|---|---|---|---|---|---|
| Wöchent-lich | 127 | 19.9 | 205 | 33.6 | 9 | 8.7 | 4 | 3.4 |
| 1-2 Mal im Monat | 207 | 32.4 | 126 | 20.6 | 8 | 7.7 | 17 | 14.3 |
| Alle 2-6 Monate | 227 | 35.5 | 92 | 15.1 | 39 | 37.5 | 37 | 31.1 |
| Einmal im Jahr | 51 | 8.0 | 58 | 9.5 | 40 | 38.5 | 45 | 37.8 |
| Nie | 27 | 4.2 | 130 | 21.3 | 8 | 7.7 | 16 | 13.4 |
| Gesamt | 639 | 100.0 | 611 | 100.0 | 104 | 100.0 | 119 | 100.0 |

*Tabelle 3: Häufigkeitstabelle – Austausch mit Hauptkooperationspartner nach Profession und Bundesland*

Zu prüfen bleibt, ob die dargestellten bundeslandspezifischen Unterschiede von der Anzahl potentieller Kooperationspartner (Anzahl der abgebenden Kindergärten und Anzahl der aufnehmenden Schulen) im Flächenland Baden-Württemberg und im Stadt-staat Bremen abhängen (vgl. Tab. 4).

*Anzahl der Hauptkooperationspartner*

Aufgrund der in der Tabelle 4 dargestellten deskriptiven Ergebnisse der Gesamtstich-probe kann davon ausgegangen werden, dass kein Unterschied in der benannten Anzahl der Hauptkooperationspartner in Abhängigkeit von der Bundeslandzugehörigkeit vor-liegt. Ein detaillierter Blick in die Daten von Tabelle 4 zeigt jedoch auch, dass insbe-sondere in Baden-Württemberg die Angaben professionsspezifisch differieren.

| Profession | BaWü (n) | Mittel-wert (x) | Standard-abw. (s) | Bremen (n) | Mittel-wert (x) | Standard-abw. (s) |
|---|---|---|---|---|---|---|
| Erzieherinnen und Erzieher | 647 | 1.06 | .28 | 107 | 1.29 | .75 |
| Lehrerinnen und Lehrer | 603 | 2.14 | 1.42 | 121 | 1.29 | 1.16 |
| Gesamt | 1250 | 1.58 | 1.14 | 228 | 1.62 | 1.04 |

*Tabelle 4: Deskriptive Ergebnisse – Anzahl der Hauptkooperationspartner (1-2 Schulen/ Kindergärten; mehr als 6 Schulen/Kindergärten)*

Die inferenzstatistische Analyse belegt, dass Gruppenunterschiede nicht im Vergleich der Bundesländer zu finden, sondern auf der Ebene der pädagogischen Fachkräfte auszumachen sind (vgl. Tab. 5). Grundschullehrkräfte (insbesondere in Baden-Württemberg; $F^{a,b}$ (1, 1248) = 360.62, p = .000, $\eta^2$ = .224) geben eine höhere Anzahl an Hauptkooperationspartnern aus dem Elementarbereich an.

| Quelle der Varianz | Df | $F^{a,b}$ | Sig. | Eta-Quadrat ($\eta^2$) |
|---|---|---|---|---|
| Bundesländer (BL) | 1 | .01 | .94 | .00 |
| Päd. Fachkräfte (pFK) | 1 | 139.49** | .000 | .09 |
| BL*pFK | 1 | 9.75* | .002 | .01 |
| Fehler | 1474 | | | |

[a] zweifaktorielle Varianzanalyse, *p <.05; **p<.01; ***p<.001
[b] Varianzen nicht homogen, daher Adjustierung des Signifikanzniveaus *p <.01; **p<.001

*Tabelle 5: Effekt der Zugehörigkeit zum Bundesland und zur Profession auf die Anzahl der Hauptkooperationspartner (n =1478)*

Es ist davon auszugehen, dass bundeslandspezifische Unterschiede insgesamt nicht auf die Anzahl der Kooperationspartner im jeweiligen Bundesland zurückzuführen sind.

*Kooperationsformen*

Einschätzungen zu Kooperationsformen, welche von den pädagogischen Fachkräften in der Praxis eingesetzt werden, waren durch Mehrfachnennungen im Fragebogen anzugeben. In der Tabelle 6 werden die Häufigkeitsverteilungen der verschiedenen Kooperationsformen (vgl. Kapitel 2.2) abgebildet.

| Kooperations-form | BaWü Häufigkeit (n) | | Gültige Prozente (%) | | Bremen Häufigkeit (n) | | Gültige Prozente (%) | |
|---|---|---|---|---|---|---|---|---|
| | Erz. | Leh. | Erz. | Leh. | Erz. | Leh. | Erz. | Leh. |
| Austausch | 628 | 586 | 98 | 97 | 99 | 112 | 92 | 96 |
| Gem. Arb.org. | 310 | 274 | 48 | 45 | 47 | 27 | 44 | 23 |
| Kokonstruktion | 155 | 202 | 24 | 33 | 17 | 23 | 16 | 20 |
| Gesamt | 643 | 604 | 100 | 100 | 108 | 117 | 100 | 100 |

*Tabelle 6: Deskriptive Ergebnisse – Häufigkeiten der Kooperationsformen aus der Perspektive der Erzieherinnen und Erzieher (Mehrfachnennungen möglich)*

Aus der Tabelle 6 geht eindeutig hervor, dass Erzieherinnen und Erzieher und Grundschullehrkräfte überwiegend in Form des Austausches (im Sinne gegenseitiger Besuche der Kinder und des Fachpersonals in der jeweiligen Institution des anderen Bildungsbereiches) kooperativ zusammenarbeiten. Dabei unterscheidet sich die Häufigkeit des Austausches sowohl von der Häufigkeit gemeinsamer Arbeitsorganisationen als auch der der ‚high cost'-Kooperationsform resp. der Kokonstruktion[5].

---

[5] Die Durchführung eines asymptotischen McNemar-Tests für zwei verbundene Stichproben bei dichotomen, abhängigen Variablen ergab signifikante Unterschiede für die Paarungen Austausch vs. gemeinsame Arbeitsorganisation (p=.000) sowie Austausch vs. Kokonstruktion (p=.000).

Nach der Darstellung der Ergebnisse zur Beschreibung der IST-Kooperation, rücken nun die Ergebnisse der SOLL-Kooperation in den Fokus. Die Skala erfasst Aspekte wie beispielsweise den Wunsch nach gegenseitigen Hospitationen der Fachkräfte, nach intensiverer Kooperation, nach Abstimmung der Materialien oder der Entwicklung eines gemeinsamen Verständnisses über die kindliche Bildung und Entwicklung.

*Wunsch nach Kooperation (SOLL-Kooperation)*

Der Tabelle 7 können die deskriptiven Ergebnisse zur Einschätzung der SOLL-Kooperation professionsspezifisch entnommen werden. Insgesamt stimmen alle Teilnehmenden dem Wunsch nach Kooperation im Durchschnitt eher zu, d.h. alle Werte liegen im positiven Bereich zwischen $x \geq 1$ und $x \leq 3$.

| Profession | BaWü | | | Bremen | | |
|---|---|---|---|---|---|---|
| | Häufig-keit (n) | Mittel-wert (x) | Standard-abw. (s) | Häufig-keit (n) | Mittel-wert (x) | Standard-abw. (s) |
| Erzieherinnen und Erzieher | 606 | 2.25 | .85 | 96 | 2.07 | .69 |
| Lehrerin-nen und Lehrer | 541 | 2.59 | .82 | 115 | 2.16 | .60 |
| Gesamt | 1147 | 2.41 | .85 | 211 | 2.11 | .64 |

*Tabelle 7: Deskriptive Ergebnisse – SOLL-Kooperation (1 = Stimme völlig zu resp. bestehender Wunsch nach Kooperation; 5 = Stimme nicht zu resp. kein Wunsch nach Kooperation)*

Bezüglich der Analyse von Gruppenunterschieden wird deutlich, dass sowohl mit Blick auf das Bundesland als auch auf die Profession signifikante, wenn auch aufgrund der kleinen Effektstärken eher zu vernachlässigende Unterschiede existieren. Die Zugehörigkeit zum Bundesland fällt in diesem Zusammenhang geringfügig bedeutender aus (vgl. Tab. 8).

| Quelle der Varianz | df | $F^{a,b}$ | Sig. | Eta-Quadrat $(\eta^2)$ |
|---|---|---|---|---|
| Bundesländer (BL) | 1 | 25.21** | .00 | .02 |
| Päd. Fachkräfte (pFK) | 1 | 12.25** | .00 | .01 |
| BL*pFK | 1 | 4.15 | .04 | .00 |
| Fehler | 1356 | | | |

[a] zweifaktorielle Varianzanalyse, *p <.05; **p<.01; ***p<.001
[b] Varianzen nicht homogen, daher Adjustierung des Signifikanzniveaus *p <.01; **p<.001

*Tabelle 8: Effekt der Zugehörigkeit zum Bundesland und zur Profession auf die SOLL-Kooperation (n =1358)*

Die pädagogischen Fachkräfte in Bremen äußern eher als ihre Kolleginnen und Kollegen in Baden-Württemberg den Wunsch nach intensiverer und häufigerer Kooperation bzw. wünschen sich stärker gegenseitige Hospitationen, die Entwicklung einer gemeinsamen Vorstellung zur Bildung und Entwicklung der Kinder sowie das gemeinsame Abstimmen der in Kita und Grundschule verwendeten Materialien.

*Korrelationsanalysen – IST-Kooperation*

Im Folgenden wird geprüft, welche Variablen im Zusammenhang mit der Wahrnehmung der Qualität der Kooperationspraxis sowie dem Wunsch nach Kooperation stehen. Die höchsten Korrelationskoeffizienten bzw. die stärksten Zusammenhänge sind insgesamt als auch in der professions- sowie regionsspezifischen Analyse zwischen der Häufigkeit der Kooperation und der Wahrnehmung der Qualität der Kooperationspraxis zu finden (vgl. Tab. 9). Häufige kooperative Zusammenarbeit der pädagogischen Fachkräfte und eine damit einhergehende (resp. zu erwartende) Zunahme der Kenntnis und Vertrautheit (wobei geklärt werden muss, ob sich Kenntnis und Vertrautheit auf die jeweils andere Profession und die jeweils anderen Arbeitsinhalte oder auf strukturelle Abläufe der kooperativen Zusammenarbeit beziehen) gehen mit einer besseren bzw. positiveren Einschätzung der IST-Kooperation einher ($r_{ges}$=.388, p=.000) (vgl. Tab. 9).

| IST-Kooperation | Gesamt | Erzieherinnen und Erzieher | Lehrerinnen und Lehrer | Bremen | BaWü |
|---|---|---|---|---|---|
| | n=1264 | n=659 | n=605 | n=185 | n=1079 |
| SOLL-Koop. | -,203** ,000 | -,233** ,000 | -,182** ,000 | -,100 ,175 | -,183** ,000 |
| Zahl Kooperationspartner | ,032 ,251 | ,030 ,441 | ,030 ,466 | -,094 ,204 | ,049 ,108 |
| Kooperationsfrequenz | ,388** ,000 | ,416** ,000 | ,379** ,000 | ,212** ,004 vs.[a] | ,362** ,000 |
| Austausch | -,120** ,000 | -,093* ,017 | -,162** ,000 | -,062 ,398 | -,121** ,000 |
| gemeinsame Arbeitsteilung | -,251** ,000 | -,225** ,000 | -,283** ,000 | -,091 ,220 | -,253** ,000 |
| Kokonstruktion | -,235** ,000 | -,190** ,000 vs.[b] | -,296** ,000 | -,148* ,044 | -,229** ,000 |

** Die Korrelation ist auf dem Niveau von .01 (2-seitig) signifikant.
* Die Korrelation ist auf dem Niveau von .05 (2-seitig) signifikant.
Grau hinterlegt sind signifikante Koeffizientenunterschiede (vgl. Text).

*Tabelle 9: Korrelationen (Pearson, 2-seitig) – IST-Kooperation (1 = stimme völlig zu, 5 = stimme nicht zu)*

Dabei lassen sich auf der Ebene der Professionen und der Bundesländer signifikante Unterschiede der Zusammenhänge ausmachen. Die Signifikanz der Unterschiede zwischen den Zusammenhängen innerhalb der verschiedenen Gruppen wurde mit Hilfe von z-Transformationen der Korrelationskoeffizienten nach Fisher berechnet (vgl. Bortz & Döring 2006, S. 659; Eid, Gollwitzer & Schmitt 2011, S. 547 f.).

Grundschullehrkräfte, die angeben, ‚high cost'-Kooperationen in Form von z.B. gemeinsamen Fortbildungen durchzuführen, weisen einen stärkeren Zusammenhang auf hinsichtlich ihrer positiven Einschätzungen zur Qualität der Kooperationspraxis als vergleichsweise Erzieherinnen und Erzieher ([b] z = 1.998, p = .023).

Im Vergleich der Bundesländer[6] fällt auf, dass insbesondere in Baden-Württemberg häufige kooperative Zusammenarbeit stärker zusammenhängt mit einer positiven Wahrnehmung der Kooperationspraxis ($^a$ z = -2.045, p = .02).

Ebenso ist aus den korrelativen Analysen zu entnehmen, dass die Kooperationsformen in unterschiedlichen Zusammenhängen mit der IST-Kooperation stehen (Austausch vs. Kokonstruktion: z = 2.985, p = .001; Austausch vs. gem. Arbeitsorganisation: z = 3.412, p = .000; ABER: gem. Arbeitsorganisation vs. Kokonstruktion: z = -.427, p = .335).

*Korrelationsanalysen – SOLL-Kooperation*

Im Vergleich zur IST-Kooperation lässt sich zunächst festhalten, dass es insgesamt weitaus weniger signifikante Zusammenhänge zwischen der SOLL-Kooperation und den in dieser Untersuchung berücksichtigten Variablen gibt.

Die vergleichsweise stärksten Zusammenhänge – insgesamt ($r_{ges}$=-.203, p=.000, n=1264) als auch gruppenbezogen ($r_{Erz}$=-.233, p=.000, n=659; $r_{Leh}$=-.182, p=.000, n=605) – bestehen zwischen dem Wunsch nach Kooperation und der IST-Kooperation. Im Gegensatz zur baden-württembergischen Stichprobe ($r_{BaWü}$=-.183, p=.000, n=1079) lässt sich jedoch diesbezüglich für Bremer Erzieherinnen und Erzieher sowie Grundschullehrende kein signifikanter Zusammenhang nachweisen ($r_{Bremen}$=-.100, p=.175).

Darüber hinaus fällt auf, dass ausschließlich für die Stichprobe der Erzieherinnen und Erzieher gilt, dass häufige kooperative Zusammenarbeit mit einem stärkeren Wunsch nach Kooperation zusammenhängt ($r_{Erz}$=.-.124, p=.001, n=659).

Es lassen sich des Weiteren keine signifikanten Unterschiede zwischen den professions- und bundeslandspezifischen Korrelationskoeffizienten identifizieren.

## 5   Interpretation und kritische Reflexion

Den Autorinnen ist bewusst, dass die hier dargestellten Analysen die verschiedenen Rahmenbedingungen des Flächenstaates Baden-Württemberg und des Stadtstaates Bremens sowie die – zum Teil historisch bedingten – institutionellen Unterschiede als auch verschiedenen Arbeitsbedingungen des Primar- und Elementarbereichs nicht explizit eruieren. Mit Verweis auf umfassendere sowie detaillierte Auswertungen von Meyer-Siever (2015) werden im Weiteren die hier präsentierten Ergebnisse hinsichtlich ihres Aussagegehalts interpretiert.

Im Rahmen der qualitativen Voruntersuchung beschrieben die Teilnehmerinnen und Teilnehmer ihre kooperative Zusammenarbeit als funktionierend. Die Fragebogenuntersuchung beschreibt das Bild einer kooperativen Zusammenarbeit, die ebenfalls positiv von den pädagogischen Fachkräften konnotiert ist. Insgesamt fällt jedoch die Einschätzung der Qualität der Kooperationspraxis nicht per se gut aus. Unklar bleiben an dieser Stelle jedoch zwei Faktoren: Zum einen können gesellschaftliche und bildungspolitische Anforderungen zur kooperativen Zusammenarbeit, welche quasi „von außen" vorgegeben auf der interpersonellen Ebene greifen sollen, die Varianz der Antwortmöglichkeiten künstlich einschränken und das Antwortkontinuum verkürzen. Das

---

[6] Die Ergebnisse der Korrelationsanalysen sind mit Rücksicht auf die unterschiedlichen Stichprobengrößen der Bundesländer und damit möglicher Einflüsse auf die Varianz der Merkmale zu interpretieren.

heißt, ein Ablehnen von institutions- und professionsübergreifender Kooperation stellt somit von Vornherein keine Wahloption dar. Des Weiteren müsste geprüft werden, welche professionsspezifischen Erwartungen und Erfahrungen mit einer als funktionierend bezeichneten Kooperationspraxis verbunden werden. Was genau verstehen Erzieherinnen und Erzieher darunter und welche Assoziationen haben Lehrkräfte? In der Untersuchung von Böhm-Kasper u.a. (2010) geben Lehrkräfte an, dass sie eine interprofessionelle Kooperation hauptsächlich anstreben, um z.B. außerunterrichtliche Angebote und Unterricht zu verknüpfen und um auffällige oder problematische Schülerinnen und Schüler resp. erzieherische Aufgaben an weitere pädagogische Fachkräfte zu delegieren. Es kann davon ausgegangen werden, dass Erzieherinnen und Erzieher anders gefärbte Erwartungen – im Sinne einer individuellen Kooperationsdisposition (vgl. Abb. 1) – an ihre institutions- bzw. professionsübergreifende Kooperation stellen als Grundschullehrende.

Ein *gemeinsames* Formulieren von *gemeinsamen* Erwartungen und Zielen der kooperativen Zusammenarbeit (vgl. Kap. 2.2) sowie eine reflexive und inhaltliche Auseinandersetzung mit dem jeweiligen Kooperationspartner sind jedoch vor dem Hintergrund überwiegend praktizierter ‚low cost'-Kooperationen (z.B. Austausch von Informationen und Materialien im Rahmen gegenseitiger Besuche der Kindergarten- und Schulkinder) nur sehr schwer zu realisieren.

Darüber hinaus lassen die im Vergleich zum Austausch (als einfache und wenig aufwendige Kooperationsform) stärkeren Zusammenhänge zwischen der positiven Wahrnehmung der kooperativen Zusammenarbeit mit intensiveren Formen der Kooperation (welche u.a. mehr Vertrauen in den Kooperationspartner voraussetzen) vermuten, dass sich eine Intensivierung der Kooperation förderlich auf dieselbe auswirkt und sich auch im gewissen Maße auf die Arbeitszufriedenheit und -motivation niederschlägt. Dies bleibt jedoch zu prüfen.

Hinsichtlich der korrelativen Ergebnisse zur SOLL-Kooperation kann der Zusammenhang zwischen häufiger professionsübergreifender Kooperation und dem verstärkt geäußerten Wunsch nach kooperativer Zusammenarbeit darauf hindeuten, dass Erzieherinnen und Erzieher die Kooperation als deutlich gewinnbringender interpretieren als Grundschullehrkräfte (keine Zusammenhänge) und daher diese mehr wünschen. Möglicherweise verbinden Erzieherinnen und Erzieher eine unsicherheitsreduzierende Wirkung bezogen auf die Vorbereitung der Kinder und erhoffen sich mehr von der Zusammenarbeit mit den Lehrkräften.

Zudem überrascht, dass Fachkräfte, welche wenig mit der Kooperationspraxis zufrieden sind bzw. diese qualitativ eher schlechter einschätzen, stärker den Wunsch nach intensiverer und häufigerer Kooperation äußern. Möglicherweise entsprechen die Anforderungen zur Kooperation, welche an die Fachkräfte herangetragen werden und das, was sie in der Kooperationspraxis erfahren und erleben, nicht dem, was sich Erzieherinnen und Erzieher sowie Grundschullehrerinnen und -lehrer von ihrer Kooperation erhoffen und wünschen. Oft bleiben langfristige und etablierte Kooperationsaktivitäten als Konsequenz projektgestützter Implementationen oder Maßnahmen aus.

Vor dem Hintergrund der interpretativen Ausführungen sowie mit Blick auf die in den Verdichtungszonen (vgl. Kap. 1) zusammengefassten stetigen Diskussionen zur Formulierung schriftlicher Anforderungen und Versuche der projektgestützten Implementation kooperativer Zusammenarbeit und auch der damit verbundenen Feststellung, dass eine langfristige Etablierung intensiver Kooperationsaktivitäten bislang nicht absehbar ist, stellt sich die Frage: Was hemmt eine Intensivierung der Kooperation?

Oder ist an dieser Stelle eher zu fragen: *Ist, unabhängig von curricularer und struktureller Abstimmung der Bildungsinstitutionen eine Intensivierung der Kooperation auf interpersoneller Ebene überhaupt sinnvoll und notwendig* – insbesondere aus der Perspektive des Kindes[7]?

Vorausschauend muss geprüft werden, ob der Aufwand bzw. die Energie (personell, finanziell, zeitlich, emotional), welche für ,high cost'-Kooperationen bei den pädagogischen Fachkräften einzufordern wäre, effizienter und effektiver im Rahmen der einrichtungsintegrierten, frühpädagogischen Arbeit und der individuellen Förderung positioniert sind. Diese Gedanken werden gestützt durch Hinweise von Faust u.a. (2012) derart, dass Verhaltens- und Anpassungsprobleme im Übergang keine neuen Begleiterscheinungen oder Konsequenzen des Schuleintritts darstellen, sondern solche sozial-emotionalen Probleme als Symptome von Persönlichkeitsmerkmalen bereits bei Kindern zeitlich relativ stabil sind (ebd., S. 198).

*„Diagnose und Förderung bei besonderem Förderbedarf müssen sehr viel früher einsetzen und sollten von der Frage des Übergangs in die Grundschule abgekoppelt werden." (Carle u.a. 2011, S. 169).*

Entsprechend stellt sich abschließend die Frage, inwieweit das einzelne Kind von einer verbesserten Kooperation zwischen den Institutionen tatsächlich profitieren kann.

*Literatur*

Antoni, C. H. (Hrsg.) (1994): Gruppenarbeit: Konzepte, Erfahrungen, Perspektiven. Weinheim: Psychologie Verlags Union.

Arndt, P. A. & Kipp, K. H. (Hrsg.) (2016): Bildungshaus 3-10: Intensivkooperation und ihre Wirkung. Ergebnisse der wissenschaftlichen Begleitung. Opladen, Berlin, Toronto: Verlag Barbara Budrich.

Athola, A.; Silinskas, G.; Poikonen, P.-L.; Kontoniemi, M.; Niemi, P. & Nurmi, J.-E. (2011): Transition to formal schooling: Do transition practices matter for academic performance? Early Childhood Research Quarterly, 26, S. 295-302.

Böhm-Kasper, O.; Dizinger, V. & Fußangel, K. (2010): Formen der Lehrerkooperation und Beanspruchungserleben an Ganztagsschulen. Schlussbericht; Projektlaufzeit: 01. April 2008 bis 30. Juni 2010. Wuppertal: Univ., Inst. für Bildungsforschung. URL: http://suche.suub.uni-bremen.de/cgi-bin/CiXbase/brewis/CiXbase_search?act=peid& XML_STYLE=/styles/url.xml&peid=B67879846&CID=4145693&index=L&Hitnr=1 &LOG=NOLOG [15.05.2015]

Bortz, J. & Döring, N. (2006): Forschungsmethoden und Evaluation für Human- und Sozialwissenschaftler. Heidelberg: Springer.

Broström, S. (2006): Communication and continuity in the transition from kindergarten to school. In: H. Fabian & A.-W. Dunlop (Hrsg.): Transitions in the Early Years. Debating continuity and progressing for young children in early education. London and New York: Routledge Falmer, S. 52-63.

---

[7] Die Perspektive des Kindes wird im Rahmen empirischer Forschung zur Kooperation im Übergang hinsichtlich der Frage nach Sinn und Nutzen von institutions- und professionsübergreifender Kooperation auf verschiedenen Ebenen (vgl. Kap. 2.3) und in verschiedenen Formen (vgl. Kap. 2.2) vernachlässigt (vgl. Hellmich 2007).

202

Carle, U. (2016): Vorwort. In: G. Wittmann, A. Levin & D. Bönig (Hrsg.): AnschlussM. Anschlussfähigkeit mathematikdidaktischer Überzeugungen und Praktiken von ErzieherInnen und GrundschullehrerInnen. Münster: Waxmann, S. 5-6.

Carle, U. (2000): Was bewegt die Schule? Internationale Bilanz - praktische Erfahrungen - neue systemische Möglichkeiten für Schulreform, Lehrerbildung, Schulentwicklung und Qualitätssteigerung. Baltmannsweiler: Schneider Verlag Hohengehren.

Carle, U.; Koeppel, G. & Wenzel, D. (2009): Kooperation. Chance für bessere Bildung von Anfang an. In: D. Wenzel; G. Koeppel & U. Carle (Hrsg.): Kooperation im Elementarbereich. Baltmannsweiler: Schneider Verlag Hohengehren, S. 3-8.

Carle, U.; Košinár, J. & Leineweber, S. (unter Mitarbeit von Schmidt, D.; Laskowski, R., Heidepriem, A.-Ch.) (2011): Evaluierung der Umsetzung des Sächsischen Bildungsplans, des Schulvorbereitungsjahres und der Verzahnung mit der Schuleingangsphase. Abschlussbericht der Wissenschaftlichen Evaluation. Bremen: Universität Bremen, Arbeitsgebiet Elementar- und Grundschulpädagogik. URL: http://www.kita.sachsen.de/download/download_smk/bp_abschlussbericht_2011_07_01.pdf [18.05.2014].

Carle, U. & Samuel, A. (2007):. Frühes Lernen - Kindergarten und Grundschule kooperieren. Baltmannsweiler: Schneider Verlag Hohengehren.

Deutscher Bildungsrat (1970): Empfehlungen der Bildungskommission. Strukturplan für das Bildungswesen. Stuttgart: Klett.

Dizinger, V. (2015): Professionelle und interprofessionelle Kooperation von Lehrerinnen und Lehrern im Kontext schulischer Belastung und Beanspruchung. URL: https://pub.uni-bielefeld.de/download/2730533/2730536 [15.05.2015].

Edmonson, A. C. (1999): Psychological safety and learning behavior in work teams. Administrative Science Quarterly, 44, S. 350-383.

Edmonson, A. C. (2003): Managing the risk of learning. In: M. A. West; D. Tjosvold & K. G. Smith (Hrsg.): International Handbook of Organizational Teamwork and Cooperative Behavior. West Sussex: Wiley, S. 255-275.

Eid, M.; Gollwitzer, M. & Schmitt, M. (2011): Statistik und Forschungsmethoden. Lehrbuch. Weinheim: Beltz.

Einsiedler, W.; Götz, M.; Hartinger, A.; Heinzel, F.; Kahlert, J. & Sandfuchs, U. (Hrsg.) (2014): Handbuch Grundschulpädagogik und Grundschuldidaktik. Bad-Heilbrunn: Klinkhardt.

Fabian, H. & Dunlop, A.-W. (Hrsg.) (2006): Transitions in the Early Years. Debating continuity and progressing for young children in early education. London and New York: Routledge Falmer.

Faust, G.; Kratzmann, J. & Wehner, F. (2012): Schuleintritt als Risiko für Schulanfänger? Zeitschrift für Pädagogische Psychologie, 26 (3), S. 197-212.

Faust, G.; Wehner, F. & Kratzmann, J. (2011): Zum Stand der Kooperation von Kindergarten und Grundschule. Maßnahmen und Einstellungen der Beteiligten. Journal für Bildungsforschung online, 3 (2), S. 38-61. URL: http://www.pedocs.de/volltexte/2013/5623/pdf/JERO_2011_2_Faust_Wehner_Kratzmann_Zum_Stand_der_Kooperation_D_A.pdf [19.05.2014].

Fried, L. & Roux, S. (Hrsg.) (2006): Pädagogik der frühen Kindheit. Weinheim, Basel: Beltz Verlag.

Fußangel, K. (2008): Subjektive Theorien von Lehrkräften zur Kooperation. Eine Analyse der Zusammenarbeit von Lehrerinnen und Lehrern in Lerngemeinschaften. Dissertation. Wuppertal. URL: http://elpub.bib.uni-wuppertal.de/servlets/DerivateServlet/Derivate-1129/dg0802.pdf [13.05.2015].

Gernand, B. & Hüttenberger, M. (1989): Die Zusammenarbeit von Kindergarten und Grundschule im Bedingungsgefüge ihrer sozialgeschichtlichen Entwicklung, dargestellt am Beispiel des Schulamtsbezirks Darmstadt (Inauguraldissertation). Frankfurt a. M.: Johann Wolfgang Goethe-Universität.

Gräsel, C.; Fußangel, K. & Pröbstel, C. (2006): Lehrkräfte zur Kooperation anregen – eine Aufgabe für Sisyphos? Zeitschrift für Pädagogik, 52 (2), S. 205-219.

Hacker, W. (2005): Allgemeine Arbeitspsychologie. Psychische Regulation von Wissens-, Denkund körperlicher Arbeit. Bern: Verlag Hans Huber.

Hellmich, F. (2007): Bedingungen anschlussfähiger Bildungsprozesse von Kindern beim Übergang vom Kindergarten in die Grundschule. Bildungsforschung, 4, Ausgabe 1. URL: http://www.pedocs.de/volltexte/2014/4626/pdf/bf_2007_1_Hellmich_Bedingungen_ Bildungsprozesse.pdf [12.06.2015].

Herzmann, P.; Sparka, A. & Gräsel, C. (2006): Leseförderung durch professionelle Kooperation. Die Bedeutung des Kompetenzaufbaus bei Lehrkräften. Journal für Schulentwicklung, 10 (3), S. 35-44.

JMK & KMK – Jugendministerkonferenz & Kultusministerkonferenz (2004a): Gemeinsamer Rahmen der Länder für die frühe Bildung in Kindertageseinrichtungen. Beschluss der Jugendministerkonferenz vom 13./14.05.2004 / Beschluss der Kultusministerkonferenz vom 03./04.06.2004. URL: http://www.kmk.org/fileadmin/veroeffentlichungen_ beschluesse/2004/2004_06_04-Fruehe-Bildung-Kitas.pdf [28.04.2015].

Kluczniok, K. (2012): Übergang zwischen Kindergarten und Grundschule. In: C. Rahm & S. Nerowski (Hrsg.): Enzyklopädie Erziehungswissenschaft Online (EEO), Fachgebiet Schulpädagogik. Weinheim, Basel: Beltz Juventa.

Koslowski, C. (2016): Prozessbegleitung im „Bildungshaus 3 – 10". In: P. A. Arndt & K. H. Kipp (Hrsg.): Bildungshaus 3-10: Intensivkooperation und ihre Wirkung. Ergebnisse der wissenschaftlichen Begleitung. Opladen, Berlin, Toronto: Verlag Barbara Budrich, S. 81-94.

Koslowski, C. (2013): Kommunikations- und Kooperationsbarrieren in der interinstitutionellen Zusammenarbeit im Elementarbereich. URL: http://elib.suub.uni-bremen.de/edocs/ 00103341-1.pdf [13.08.2014].

Kreid, B. & Knoke, A. (2011): Bildung gemeinsam gestalten – Kooperation von Kitas und Grundschulen begleiten und unterstützen. In: D. Kucharz; T. Irion, & B. Reinhoffer (Hrsg.): Grundlegende Bildung ohne Brüche. Jahrbuch Grundschulforschung, Band 15. Wiesbaden: VS Verlag für Sozialwissenschaften, S. 99-110.

Kucharz, D.; Irion, T. & Reinhoffer, B. (Hrsg.) (2011): Grundlegende Bildung ohne Brüche. Jahrbuch Grundschulforschung, Band 15. Wiesbaden: VS Verlag für Sozialwissenschaften.

Little, J. W. (1990): The persistance of privacy: Autonomy and initiative in teachers' professional relations. Teachers College Record, 91(4), S. 509-536.

Margetts, K. (2006): Planning transition programmes. In: H. Fabian & A.-W. Dunlop (Hrsg.): Transitions in the Early Years. Debating continuity and progressing for young children in early education. London, New York: Routledge Falmer, S. 111-122.

Margetts, K. (1999): Transition to school: Looking forward. Selected papers from the AECA National Conference, Darwin, July 14 – 17 1999. URL: http://extranet.edfac.unimelb. edu.au/LED/tec/pdf/margetts1.pdf [12.06.2015].

Meyer-Siever, K. (2015): Wunsch und Wirklichkeit: Kooperation aus der Perspektive von ErzieherInnen und GrundschullehrerInnen eingebettet in Arbeitsbedingungen ihres beruflichen Alltags. Eine repräsentative Untersuchung am Beispiel von zwei Bundesländern. URL: http://nbn-resolving.de/urn:nbn:de:gbv:46-00104800-18 [25.02.2016]

Nisbet, R. A. (2000): Cooperation. In: D. L. Sills & R. K. Merton (Hrsg.): International encyclopedia of the social sciences. Social science quotations. New York: Macmillan, S. 384-390.

Rathmer, B. (2012): Kita und Grundschule: Kooperation und Übergangsgestaltung. Konzeptionen. Empirische Bestandsaufnahme. Perspektiven. Münster: Waxmann Verlag.

Rathmer, B.; Hanke, P.; Backhaus, J., Merkelbach, I. & Zensen, I. (2011): Formen und Klima der Kooperation zwischen Kindertageseinrichtung und Grundschule in der Übergangsphase vom Elementar- zum Primarbereich - Ergebnisse aus dem Landesprojekt TransKiGs Nordrhein-Westfalen (Phase II). In: D. Kucharz; T. Irion & B. Reinhoffer (Hrsg.): Grundlegende Bildung ohne Brüche. Jahrbuch Grundschulforschung, Band 15. Wiesbaden: VS Verlag für Sozialwissenschaften, S. 111-114.

Reyer, J. (2006): Einführung in die Geschichte des Kindergartens und der Grundschule. Bad Heilbrunn: Klinkhardt.

Roßbach, H.-G. (2006): Institutionelle Übergänge in der Frühpädagogik. In: L. Fried & S. Roux, (Hrsg.): Pädagogik der frühen Kindheit. Weinheim, Basel: Beltz Verlag, S. 280-292.

Roßbach, H.-G.; Sechtig, J. & Freund, U. (2010): Empirische Evaluation des Modellversuchs „Kindergarten der Zukunft in Bayern – KiDZ" Ergebnisse der Kindergartenphase. URL: https://opus4.kobv.de/opus4-bamberg/files/260/KiDZopus1Ae.pdf [25.02.2016]

Schmidt, K. (2009): Geteilte Einstellung und kooperatives Handeln – Befragung der Akteure des Verbundprojekts TransKiGs. URL: http://www.pedocs.de/volltexte/2010/2794/pdf/ KS4_Einstellungen_kooperatives_Handeln_2009_11_30_Opt_D_A.pdf [12.06.2015].

Schneider, A. & Arndt, P. A. (2016): „Das" Bildungshaus gibt es nicht: Gestaltung der Bildungshausarbeit an den Modellstandorten. In: P. A. Arndt & K. H. Kipp (Hrsg.): Bildungshaus 3-10: Intensivkooperation und ihre Wirkung. Ergebnisse der wissenschaftlichen Begleitung. Opladen, Berlin, Toronto: Verlag Barbara Budrich, S. 61-80.

Sechtig, J.; Schmidt, T. & Roßbach, H.-G. (2014): Vorschulerziehung und Elementarbildung. In: W. Einsiedler; M. Götz; A. Hartinger; F. Heinzel; J. Kahlert & U. Sandfuchs (Hrsg.): Handbuch Grundschulpädagogik und Grundschuldidaktik. Bad-Heilbrunn: Klinkhardt, S. 255-262.

Spieß, E. (Hrsg.) (1998): Formen der Kooperation. Bedingungen und Perspektiven. Göttingen: Verlag für angewandte Psychologie.

Spieß, E. (2004): Kooperation und Konflikt. In: H. Schuler (Hrsg.): Organisationspsychologie. Göttingen: Hogrefe, S. 193-247.

Terhart, E. & Klieme, E. (2006): Kooperation im Lehrerberuf: Forschungsproblem und Gestaltungsaufgabe. Zeitschrift für Pädagogik, 52 (2), S. 163-166.

Tietze, W.; Roßbach, H.-G. & Grenner, K. (2005): Kinder von 4 bis 8 Jahren. Zur Qualität der Erziehung und Bildung in Kindergarten, Grundschule und Familie. Weinheim u. a.: Beltz.

Von Rosenstiel, L. (1988): Organisationspsychologie. Stuttgart: Kohlhammer.

Wenzel, D.; Koeppel, G. & Carle, U. (Hrsg.) (2009): Kooperation im Elementarbereich. Baltmannsweiler: Schneider Verlag Hohengehren.

Wittmann, G.; Levin, A. & Bönig, D. (Hrsg.) (2016): AnschlussM. Anschlussfähigkeit mathematikdidaktischer Überzeugungen und Praktiken von ErzieherInnen und GrundschullehrerInnen. Münster: Waxmann.

*Gisela Koeppel*

# Anschlussfähige Bildungsprozesse im Elementar- und Primarbereich: Zum Prozess der Akademisierung von Elementarpädagogen

*„Das Spektrum des als machbar Erfahrenen hat Einfluss auf die Gestaltung des Künftigen." (Ursula Carle)*[1]

**Zusammenfassung**

Historisch betrachtet hat die Zuordnung des Kindergartens zum Wohlfahrtssystem in der Weimarer Republik zu unterschiedlichen Entwicklungen von Kindergarten und Grundschule einschließlich der Ausbildung der Fachkräfte geführt. Jetzt knapp 100 Jahre später ist eine deutliche Annäherung der beiden Arbeitsfelder z. B. durch erste Schritte der Akademisierung der Frühpädagogik, der (gemeinsamen) Gestaltung des Übergangs in die Grundschule und durch ein neues Verständnis von Bildung, Erziehung und Betreuung erkennbar. Im Beitrag wird der steinige Weg der Akademisierung im frühkindlichen Bereich seit Entstehung des Fröbel'schen Kindergartens beschrieben. Die Änderungen grundlegender gesellschaftlicher Anforderungen an die frühkindliche Bildung und das Recht jedes Kindes auf eine bestmögliche Entwicklung erfordern eine hochschulische Ausbildung der pädagogischen Fachkräfte.

## 1 Von der geistigen Mütterlichkeit zur Professionalisierung der Elementarpädagogin / Kindheitspädagogin – Der steinige Weg der Akademisierung im frühkindlichen Bereich

Die lange Geschichte der Entwicklung des „niederen Lehrberufs"[2] (vgl. Reyer 2006, S. 38-46) zeigt, dass der Prozess der Akademisierung pädagogischer Tätigkeit langwierig und von Rückschlägen bedroht ist. Z. B. wurde die Ablehnung einer universitären Ausbildung der Volksschullehrer u. a. damit begründet, „dass die Volksschule keine wissenschaftlichen Fachlehrer brauche, sondern in erster Linie Erzieher" (Graumann 2014). Gegen erhebliche Widerstände wurde vor ca. 50 Jahren die Ausbildung von Grundschullehrkräften an die Universitäten verlagert (in Baden-Württemberg an Pädagogische Hochschulen). Heute ist es selbstverständlich, dass Grundschullehrkräfte über ein Hochschulstudium (Master Ed.) verfügen.

Die stetig wachsenden Anforderungen an die Erzieherinnen und Erzieher und die Zunahme von Aufgaben in Kindertageseinrichtungen führten bereits zu Beginn der 1990er Jahre zu der nicht mehr überhörbaren Forderung nach einer Ausbildung der Erzieherinnen und Erzieher auf Hochschulniveau wie in anderen europäischen Län-

---

[1] Aus Ursula Carles Habilitationsschrift „Was bewegt die Schule?" Internationale Bilanz – praktische Erfahrungen – neue systemische Möglichkeiten für Schulreform, Lehrerbildung, Schulentwicklung und Qualitätssteigerung (2000, S. 192).

[2] „Niederer Lehrberuf" – im Gegensatz zum Gymnasial-Lehrer und Lehrer an Bürgerschulen (Mittelschulen) (Reyer 2006).

dern. Mit Spannung wurde 2004 die Gründung des ersten hochschulischen Studiengangs an der Alice Salomon Hochschule in Berlin verfolgt. Die Resonanz in der Fachwelt war durchaus unterschiedlich und beflügelte in der Folge die Einrichtung hochschulischer Ausbildung von Erzieherinnen und Erziehern an Fachhochschulen.

### 1.1 Die Anfänge: „Geistige Mütterlichkeit" als Qualifikation für Erzieherinnen und Erzieher

Die Forderung nach einer qualitativ hochwertigen Bildungsarbeit im Kindergarten und einer hochschulischen Ausbildung ist sogar älter als der Fröbel'sche Kindergarten selbst und der Beginn der institutionalisierten Kleinkindpädagogik. Die Forderungen des Deutschen Fröbel-Verbands (Vorläufer des Pestalozzi-Fröbel-Verbands) vor mehr als 100 Jahren nach einer wissenschaftliche Ausbildung und einer Koordination von Kindergarten und Schule (Carle 2000, S. 194 ff.; Faust 2010; Helm 2015, S. 26; von Derschau 1974/1987) zieht sich wie ein roter Faden durch die Geschichte des Kindergartens. Sie wurde immer wieder erhoben, hat aber bisher nicht zu einer grundsätzlichen Wende in Richtung akademische Ausbildung aller Erzieherinnen und Erzieher und einer Verbindung von Kindergarten und Grundschule geführt. Stattdessen führt immer noch die Vorstellung einer „geistigen Mütterlichkeit" als Verbindung von Mütterlichkeit und weiblicher Berufstätigkeit im Kindergarten dazu, dass „durch die strenge Fixierung der Frauen auf die Mütterlichkeit alle Forderungen nach einer weiteren Verbesserung der Ausbildung (und damit auch besseren Bezahlung!) leicht abgewehrt werden konnten. ‚Mütterlichkeit', die entscheidende Qualifikation für den Beruf der Kindergärtnerin, konnte [...] nicht erlernt werden, sondern war den Frauen quasi natürlich mitgegeben" (Konrad 2004, S. 96 f.; vgl. Reyer 2006; von Balluseck 2009).

Als soziales Konstrukt stellt nach Fleßner Mütterlichkeit als Beruf „eine tragende Säule des gesellschaftlichen Emanzipationskonzepts der gemäßigten bürgerlichen Frauenbewegung im wilhelminischen Deutschland" dar (Fleßner 1994, S. 9). „Geistige Mütterlichkeit" war nicht gedacht als Gegenkonzept zur traditionellen Familienrolle der Frau, „sondern [als] Ersatzkonzept, ein Konzept, in das das Paradigma der patriarchalen bürgerlichen Familie tief eingelassen war" (ebd. S. 13). Die Ausbildung in sozialen Berufen geschah in speziellen Einrichtungen der Frauenbildung in Abgrenzung zur Praxisferne der (männlichen) Universität (ebd., S. 14). Rabe-Kleberg bezeichnet diese „Naturwüchsigkeit" als „Achillesferse der Fachlichkeit" (Rabe-Kleberg 2006, S. 95).

Auch wenn der Deutsche Fröbelverein (DFV) und der Allgemeine Deutsche Lehrerinnenverein (ADLV) sich für die Aufnahme des Kindergartens in das Bildungssystem aussprachen, zementierten die Reichsschulkonferenz 1920 und das Reichsjugendwohlfahrtsgesetz 1922 mit der Zuordnung des Kindergartens zur Wohlfahrtspflege bis heute (fast 100 Jahre) eine getrennte Entwicklung von Schule und Kindergarten. Damit etablierte sich auch die Ausbildung auf zwei unterschiedlichen Niveaus (die Fachschulausbildung baut auf dem mittleren Bildungsabschluss auf). In diesem Zusammenhang betont von Balluseck die Besonderheiten des Kindergartens als Teil des Fürsorge- und Wohlfahrtssystems, die auf Grund ihres traditionellen Frauenbildes „ein wesentlicher Grund für die schleppende Professionalisierung des Erzieherinnenberufs" (von Balluseck 2009, S. 3) seien. Mitverantwortlich dafür ist ihrer Ansicht nach die komplexe Trägerstruktur in der gesamten Kinder- und Jugendhilfe, da hier die sehr unterschiedlichen Akteure ihre spezifischen (männlichen) Verbandsinteressen vertreten, im Gegensatz zu den einheitlichen staatlichen Regulierungen im Bildungswesen (ebd.).

Mit der institutionellen Zuordnung des Kindergartens zum Wohlfahrtssystem schloss die restaurative Familienpolitik und Frauenideologie in der BRD nach dem 2. Weltkrieg an die Weimarer Zeit an, mit der Begründung, damit die Defizite familiärer Erziehung im Kindergarten ausgleichen zu können. Die Ausbildung zur Erzieherin bzw. zum Erzieher fand nach Erwerb des mittleren Bildungsabschlusses vollzeitschulisch an Fachschulen statt und wurde als gute Vorbereitung auf die eigene Mutterrolle und Hausfrauentätigkeit gesehen (vgl. Friese 2013, S. 134).

### 1.2 Es kommt Bewegung ins Feld: Der Sputnikschock

Der durch den sog. „Sputnik-Schock" gesellschaftlich sichtbar gewordene Bildungsnotstand (ca. ab 1965) führte u. a. zu intensiven Bemühungen, soziale Benachteiligung durch kompensatorische Erziehung, Herstellung von Chancengleichheit (für Mädchen) und Frühförderung abzubauen. Die Defizite sozial benachteiligter Kinder sollten durch kompensatorische Sprachförderung (Ausschöpfung der Begabungsreserven) ausgeglichen werden. Der Deutsche Bildungsrat war u. a. damit beauftragt, Reformvorschläge für die Struktur des Bildungswesens zu machen und Empfehlungen für eine langfristige Planung auf den verschiedenen Stufen des Bildungssystems auszusprechen.

Im Gutachten des Deutschen Bildungsrats „Begabung und Lernen" von Roth (1969) wird das Kleinkindalter als die „im Blick auf alles spätere Lernen entscheidende Lebensphase" (Konrad 2004, S. 186) bezeichnet. Die Ausgestaltung der Vorschulerziehung sollte danach höchste Priorität erhalten und zu einer bildungspolitischen Herausforderung werden. Der Kindergarten wurde als erste Stufe dem Bildungswesen zugeordnet (Leschinsky 2005). Um den Einfluss sozialer Unterschiede auf die Bildungskarriere zurückzudrängen, sollte der Vorschulbereich gestärkt und mit der Grundschule verzahnt werden. Eine gemeinsame Ausbildung der Erzieherinnen und Erzieher mit den Lehrkräften wurde als sinnvoll erachtet.

Darüber hinaus hielt der Bildungsrat den „Einsatz von Sozialpädagogen als allein voll ausgebildeten Fachkräften im Elementarbereich [für] wünschenswert" (zit. n. Helm 2015, S. 16) zur Erfüllung der anspruchsvollen Aufgaben im Kindergarten. Diese Vorstellungen führten zu einem erneuten Versuch das Qualifikationsniveau der Erzieherinnenausbildung anzuheben. Doch weder die Ausbildung zur Erzieherin bzw. zum Erzieher wurde auf ein hochschulisches Niveau angehoben noch der Kindergarten dem Bildungswesen zugeordnet. Die konservative, traditionelle Vorstellung der „natürlichen Mütterlichkeit als berufliche Kompetenz" setzte sich wiederum durch (vgl. Rabe-Kleberg 2006, S. 95 ff.).

In den folgenden Jahren führte die Neubewertung des Schulanfangs dazu, dass verschiedene Modellvorhaben zur Erprobung unterschiedlicher curricularer Ansätze u. a. zum Übergang vom Kindergarten in die Grundschule durchgeführt wurden. Z. B. sollten in der zweijährigen Eingangsstufe bereits fünfjährige Kinder in den Primarbereich wechseln sowie in Vorklassen und Schulkindergärten von hochschulisch ausgebildeten Sozialpädagogen kompensatorisch auf das schulische Lernen vorbereitet werden. Die Auswertung der Modellversuche 1976 brachte jedoch ernüchternde Ergebnisse, „dass für eine einheitliche organisatorische Zuordnung der Fünfjährigen entweder zum Elementarbereich oder zum Primarbereich keine klaren Anhaltspunkte bestehen" (Abschlussbericht der Bund-Länder-Kommission, zit. n. Konrad 2004, S. 188). Es blieb also alles beim Alten. In Bremen z. B. wurden die von Sozialpädagogen geleiteten Eingangsstufen an verschiedenen Grundschulen, Vorklassen und Schulkindergärten nach und nach aufgelöst. Die Kinder gingen wieder wie bis dahin in den Kindergarten und wechselten mit sechs Jahren in die Grundschule oder wurden zurückgestellt.

Neben einem Ausbau an Kindergartenplätzen wurden in den 1980er Jahren in Bremen nicht nur aus finanziellen Gründen, sondern auch im Zuge der Integration behinderter Kinder in Kindertageseinrichtungen, strukturelle Veränderungen in den Kindertageseinrichtungen vorgenommen. Die altershomogenen Gruppen mit unterschiedlich qualifizierten Fachkräften (Kleinkindgruppe mit 15 Kindern – Kinderpflegerin, Aufbaugruppe – Erzieherin, Vermittlungsgruppe – Sozialpädagogin) wurden in altersgemischte Gruppen umgewandelt, die personell mit Erzieherinnen oder Erziehern besetzt wurden.

In dieser Zeit wuchsen die gesellschaftlichen Anforderungen an die pädagogischen Fachkräfte im Kindergarten spürbar, wie etwa in Bezug auf die Integration behinderter Kinder[3] und in der Zusammenarbeit mit Eltern. Die neuen Anforderungen machten die Kooperation unterschiedlicher pädagogischer und therapeutisch/ medizinischer Professionen notwendig. Gleichzeitig setzten neue pädagogische Konzepte (z. B. Situationsansatz[4] oder die Reggio-Pädagogik[5]) Impulse für die pädagogische Arbeit im Kindergarten in Richtung Bildungsarbeit. Der quantitative Ausbau des Kindergartens hatte zwar eine Ausweitung an Ausbildungsplätzen für Erzieherinnen und Erzieher an Fachschulen zur Folge, die Forderung nach einer qualitativ hochwertigen Pädagogik führte jedoch nicht zu einer Akademisierung der Ausbildung.

Nach der Wiedervereinigung wurde im Zusammenhang mit der Novellierung des §218 im neuen Kinder- und Jugendhilfegesetz (§24 KJHG) das Recht auf einen Kindergartenplatz verankert, ab 1996 sollten alle Kinder im Alter von 3 bis 6 Jahren ein Recht auf einen Kindergartenplatz erhalten. D. h. familien- und arbeitsmarktpolitische Gründe führten im Wesentlichen zum Rechtsanspruch auf einen Kindergartenplatz (2005 §24 SGB VIII, Artikel 1) und 2013 zum Rechtsanspruch für Kinder vom 1. bis 3. Lebensjahr (s. Kinderförderungsgesetz, KiföG). Es folgten ein verstärkter Ausbau an Kindergarten- und Krippenplätzen sowie eine Ausweitung der Betreuungszeiten von ca. 6 Stunden täglich. Inzwischen wird der Kindergarten von ca. 96 % der Kinder im Alter von 3 bis 6 Jahren besucht. Folglich prägt der Besuch eines Kindergartens maßgeblich die Lebenswelt junger Kinder und ermöglicht es Eltern, Familie und Beruf leichter zu vereinbaren. Durch eine Erhöhung der Ausbildungskapazitäten an Fachschulen für Sozialpädagogik wurde versucht, einem drohenden Fachkräftemangel zu begegnen.

Verschiedene Untersuchungen zur Qualität der Erzieherinnen- und Erzieherarbeit in der BRD ergaben eher mittelmäßige Ergebnisse (u. a. Cloos 2001; Dippelhofer-Stiem 2006; Thole & Cloos 2006; Tietze 1998). „Die Forschungslage vermittelt somit ein ambivalentes Bild im Hinblick auf die Qualität der Erzieherinnenausbildung und deren Auswirkungen auf eine frühpädagogische Tätigkeit" (Helm 2015, S. 35). Wie Helm weiter ausführt, zeigen insbesondere die ernüchternden Ergebnisse der Studie von

---

[3] Broschüre des Landesverbandes evangelischer Tageseinrichtungen für Kinder (2015): Teilhabe ist unteilbar. 30 Jahre Integration/Inklusion in evangelischen Kindertageseinrichtungen. http://www.kirche-bremen.de/dateien/KitaBrosch_30J_Integration.pdf (Zugriff 01.03.2016).

[4] http://www.ina-fu.org/ista (Zugriff 25.02.2016).

[5] http://dialog-reggio.de/reggio-padagogik/ (Zugriff 25.02.2016).

Tietze u. a. (1998) zu den pädagogischen Einstellungen und Handlungsansätzen von Erzieherinnen, dass

> *„das Verhalten von Erzieherinnen in der Alltagspraxis als 'pädagogischen Rückzug' der Fachkräfte zugunsten langer Freispielphasen gedeutet [wird]. Neben den eingeschränkten beruflichen Kompetenzen werden Defizite der Erzieherinnen in der Reflexion von Erziehungs- und Bildungsmaßnahmen konstatiert, die sich im Vergleich zu Diplom-Sozialpädagoginnen durch geringe Komplexität von Deutungsmustern, einem weniger differenzierten Sprachstil und eingeschränkten Wissensdomänen äußern."* (Helm 2015, S. 35).

Die Diskussion um die Qualität der pädagogischen Arbeit und damit die Qualität der Ausbildung zur Erzieherin bzw. zum Erzieher riss nicht ab. Eine Akademisierung der pädagogischen Fachkräfte wurde in den Fachverbänden gefordert, denn Vergleiche mit anderen europäischen Ländern (insbesondere Skandinavien und Südtirol) zeigten, dass dort Erzieherinnen auf Hochschulniveau ausgebildet werden (Colberg-Schrader & Oberhuemer 2000). Auf dem Gewerkschaftstag 1993 fasste die Gewerkschaft Erziehung und Wissenschaft den Beschluss „Erzieher/innenausbildung an die Hochschule"[6]. Von Balluseck betont besonders das große Engagement der Organisationen GEW, AGJ und DJI für „eine wissenschaftlich begründete politische Diskussion um die verschiedenen Formen und Orte von Bildung, die Bildung nicht mehr auf formale Bildung in schulischen Instanzen reduzierte, sondern non-formale und informelle Bildung in Familie und Einrichtungen der Kinder- und Jugendhilfe einschloss" (von Balluseck 2009, S. 6).

Auch der OECD Bericht 2004 „Bildung auf einen Blick" attestierte der BRD ein unzureichendes Ausbildungsniveau im europäischen Vergleich (vgl. Förster 2014, S. 14). Trotzdem blieb bei Trägern und in der Politik das Bild der „geistigen Mütterlichkeit" als wesentliche Qualifikation von Erzieherinnen und Erziehern weiterhin vorherrschend und bremste so eine Höherqualifizierung aus. „In den Vorbehalten gegen eine Akademisierung der vorschulischen Berufsprofile artikuliert sich der gesellschaftliche Stellenwert dieses Handlungsfeldes" (Thole & Cloos 2006, S. 69; auch Friese 2013).

In Folge der Pisa-Ergebnisse, der IGLU- und OECD-Studien geriet der Kindergarten vermehrt ins gesellschaftliche Blickfeld und führte zu einer Neubewertung der Bedeutung der frühen Kindheit für Bildungs- und Lernprozesse. Dabei wurde auch die Qualität der pädagogischen Arbeit in Kindertageseinrichtungen und damit die Qualifizierung der pädagogischen Fachkräfte verstärkt unter die Lupe genommen, denn internationale Studien zeigten, dass das Ausbildungsniveau eine erhebliche Rolle für die Qualität der pädagogischen Arbeit spielt. Die Ergebnisse der EPPE Langzeitstudie, der größten und umfassendsten europäischen Langzeitstudie zur Wirksamkeit der frühkindlichen Bildung in England, belegen, dass gut ausgebildete Pädagogen der Schlüssel für eine hohe Qualität von Bildung, Erziehung und Betreuung in Kindertageseinrichtungen sind (Sylva et al. 2010).

---

[6] Langfristig tritt die GEW sogar für eine gemeinsame universitäre Basisqualifikation mit arbeitsfeldbezogener Schwerpunktbildung für Erzieherinnen und Erzieher, Sozialarbeiterinnen und Sozialarbeiter, Sozialpädagoginnen und –pädagogen sowie Lehrerinnen und Lehrer aller Schularten und Schulstufen ein.

## 1.3 Akademisierung des Erzieherinnen- und Erzieherberufs

Begünstigt durch die Studienstrukturveränderungen des Bologna-Prozesses (Einführung gestufter hochschulischer Ausbildungen) wurde die Forderung nach einer hochschulischen Ausbildung von Erzieherinnen und Erziehern verstärkt aufgegriffen und führte 2004 zur Eröffnung des Studiengangs Frühpädagogik an der Alice Salomon Hochschule (ASH) Berlin. Damit beginnt eine beispiellose Entwicklung: Mit unterschiedlichen Schwerpunktsetzungen wurden innerhalb von knapp 10 Jahren ca. 115 frühpädagogische Studiengänge an etwa 90 Hochschulen eingeführt und etabliert; neben grundständigen B.A. Studiengängen gab es auch B.A. Aufbaustudiengänge für bereits ausgebildete Erzieherinnen und Erzieher (vgl. Fuchs-Rechlin et al. 2015; Pasternack 2015). Diese Entwicklung der Studiengänge wurde an vier Hochschulen und einer Universität durch die Robert Bosch Stiftung mit dem Projekt „Profis in Kitas" gefördert. Um die anfänglich unterschiedlichen Berufsbezeichnungen „Erzieherin FH", „Frühpädagogin" oder „Pädagogin der frühen Kindheit" zu vereinheitlichen, wurde auf Vorschlag der BAG BEK[7] von der Jungend- und Familienministerkonferenz 2011 die Berufsbezeichnung „staatlich anerkannte Kindheitspädagogin"/„staatlich anerkannter Kindheitspädagoge" empfohlen.

Neben den bekannten Gründen und Anlässen (u. a. Ergebnisse der Untersuchungen zum Schulleistungsstand, der demografischen Entwicklung etc.) werden von Pasternack (2015) als Ursachen des dynamischen Entwicklungsprozesses zur Professionalisierung der Frühpädagogik unterschiedliche gesellschaftliche Anforderungen an die Akteure der Kinder- und Jugendhilfe genannt: Veränderungen in den Familienstrukturen und im Zusammenleben von Familien, eine Zunahme von Migrationsproblemen, Beteiligungsrechte der Eltern (gesetzliche Änderungen SGB VIII) sowie Organisationsentwicklung und Qualitätsanforderungen. Die geforderte Qualitätssteigerung der frühen Kindheit (auch im Interesse der deutschen Wirtschaft) führt nach seinen Aussagen zu einer ungewöhnlichen „ungeplanten Hochschulreform", gegen „anfängliche politische Widerstände" (Pasternack 2015, S. 14). Er bescheinigt den Hochschulen „Innovationsfähigkeit ohne politischen Anstoß" (ebd., S. 15).

## 2 Die Entwicklung in Bremen

Neben den Pisa-Ergebnissen zeigten die IGLU-Ergebnisse für Bremen ein miserables Bild. Bremen war Schlusslicht bei der Förderung von Kindern aus bildungsfernen Familien. Um diese Lage zu verbessern, wurden im Bereich der Kindergärten, der Familienbildung und der Schulen verschiedenste Maßnahmen zur Verbesserung ergriffen. Z. B. wurde zur Qualitätsentwicklung des Kindergartens unter Beteiligung der Träger von Kindertageseinrichtungen, der Fachschulen für Sozialpädagogik, der Universität sowie der Elternvertretung der „Rahmenplan für Bildung und Erziehung im Elementarbereich" als Grundlage der pädagogischen Bildungsarbeit erarbeitet.

In diesem Gesamtkontext wurde in Kooperation mit den Trägern von Kindertageseinrichtungen, Sozialbehörde und Fachschulen für Sozialpädagogik an der Universität Bremen (vertreten durch Ursula Carle, Helga Krüger, Ilse Wehrmann) das „Weiterbildende Studium Frühkindliche Bildung" für Erzieherinnen und Erzieher sowie Grundschullehrkräfte durch den Landesverband der Evangelischen Kindertagesstätten und

---

[7] BAG BEK: Bundesarbeitsgemeinschaft Bildung und Erziehung im Kindesalter e.V., http://www.bagbek.de/startseite/ (Zugriff 28.02.2016).

das Zentrum für Weiterbildung der Universität Bremen entwickelt, denn „auf den Anfang kommt es an", so der inzwischen weit verbreitete Slogan (BMBF 2007).

Gleichzeitig geriet die Problematik des Übergangs und der Übergangsgestaltung erneut in den wissenschaftlichen Fokus. Unter wissenschaftlicher Leitung von Ursula Carle begann in Bremen das Forschungs- und Entwicklungsprojekt zum Übergang in die Grundschule „Frühes Lernen – Kindergarten und Grundschule kooperieren" (2003 – 2005). Ziel war es, tragfähige Konzepte für die Systematisierung des Übergangs Kindergarten – Grundschule zu entwickeln und die Elternarbeit zu verstärken. Es sollten Arbeits- und Kooperationsstrukturen der beteiligten Kindergärten und Grundschulen aufgebaut sowie die inhaltliche und pädagogische Arbeit durch einen übergreifenden Bildungsplan aufeinander abgestimmt werden.[8]

Entscheidende Erkenntnisse dieses Projekts waren, dass die am Übergangsprozess beteiligten Berufsgruppen in der Lage sein müssen, die individuellen Bildungswege der Kinder zu verstehen, denn „angesichts der Heterogenität der Entwicklungswege und -geschwindigkeiten der Kinder, […] darf Ausbildung sich nicht auf einen engen Zielgruppenbereich von entweder Kindergarten oder Schule beschränken" (Carle & Wehrmann 2006, S. 199). Im Prozess der Zusammenarbeit beider Berufsgruppen wurde deutlich, dass sich durch die Zusammenarbeit gegenseitige Vorbehalte und Abgrenzungen abbauen und eine bessere Verständigung der beiden Professionen erreichen lassen.

Die Umstrukturierung in Bachelor-Master-Studiengänge durch den Bolognaprozess bildete die Grundlage, den Studiengang „Fachbezogene Bildungswissenschaften Elementarbereich, Grundschule und Sekundarschule" im Fachbereich 12 der Universität Bremen 2005 zu entwickeln. Damit gelang es, die alte Forderung Fröbels nach einer gemeinsamen Ausbildung von Fachkräften für den Elementar- und Primarbereich wieder aufzugreifen. Mit dem Schwerpunkt Elementarbereich qualifiziert das B.A.-Studium für die Arbeit im Kindergarten und im Masterstudium für das Berufsziel Grundschullehramt. Die neu gegründete Lehreinheit „Elementarpädagogik" wurde bei der Studiengangsentwicklung eingeführt und durch das Projekt „Profis in Kitas (PiK I und PiK II) der Robert Bosch Stiftung gefördert. Die Reakkreditierung 2010 und die damit erfolgte Umstrukturierung mit der neuen Bachelor-Studiengangsbezeichnung „Bildungswissenschaften des Primar- und Elementarbereichs" 2011/2012 ermöglicht nun eine stärkere Profilierung. In der BRD bietet nur der Bremer Studiengang einen gemeinsamen Abschluss für den Elementar- und Primarbereich und fügt sich so in die internationale Entwicklung zur Höherqualifizierung des Personals von Kindertageseinrichtungen ein (Oberhuemer 2008).

Bei der Entwicklung des Studiengangs sollten die Stärken der reformpädagogisch ausgerichteten forschungsbasierten Ausbildung von Grundschullehrkräften in Bremen zum Aufbau einer entdeckenden und forschenden Grundhaltung der Studierenden genutzt und die Spezifika der frühkindlichen Lebensphasen durch die Lehrenden der Erziehungswissenschaft und der Fachdidaktiken berücksichtigt werden. „Es geht also nicht mehr um die Profilierung und Abgrenzung von Kindergarten und Grundschule, sondern um die Begleitung der Kinder in verschiedenen Lern- und Entwicklungsbereichen" (Carle & Koeppel 2014, S. 116). D. h. eine kontinuierliche Bildungsbiografie der

---

[8] http://www.fruehes-lernen.uni-bremen.de/ (Zugriff: 21.01.2016).

Kinder kann bei entsprechender gemeinsamer Qualifikation der Fachkräfte durch ihre gemeinsame Zielperspektive für einen längeren Bildungsweg, der über ihre jeweilige Institution hinausreicht, deutlich verbessert werden. Um diese neue Qualifikation für Kindertageseinrichtungen attraktiv zu machen, spielten bei der Entwicklung u. a. folgende Aspekte eine wesentliche Rolle:

> *„Das Studium soll für die Arbeit mit den Bildungsplänen, die kindgerechte und fachlich richtige Anleitung von Bildungsprozessen und die Auswahl (Anschaffung) von Bildungsmaterial qualifizieren. [...] Das Studium soll durch eine ‚prozessbegleitende, spielimmanente Schuleingangsdiagnostik‘ die Absolvent/innen befähigen, die Entwicklungsprozesse beim Übergang des Kindes vom Kindergarten in die Grundschule zu begleiten."* (Carle & Koeppel 2014, S. 117).

Insgesamt gesehen ging es den Akteurinnen bei der Einrichtung des Studiengangs B.A. Fachbezogene Bildungswissenschaften des Elementarbereichs, Grund- und Sekundarschule um die „Entwicklung des gesamten pädagogischen Feldes, einschließlich der Forschung" (ebd., S. 118-119).

Von den ca. 200 Studienanfängerinnen pro Jahr wählen etwa 30 Studierende den Schwerpunkt Elementarbereich. Etwa zehn B.A.-Absolventinnen absolvieren jährlich das Anerkennungsjahr im Kindergarten, um mit der staatlichen Anerkennung als Elementarpädagogin B.A. im Kindergarten arbeiten zu können. Derzeit entscheiden sich vier bis fünf Absolventinnen und Absolventen im Jahr ganz bewusst für einen Arbeitsplatz im Gruppendienst einer Kindertageseinrichtung, da sie hier einen größeren Gestaltungsspielraum als in der Grundschule wahrnehmen und für sich nutzen wollen.

Bei der Einführung des Studiengangs „Fachbezogene Bildungswissenschaften" überwogen in Bremen bei einem Großteil der Fachkräfte im Elementarbereich und bei Trägern sowie bei Vertreterinnen der Fachschulen für Sozialpädagogik Skepsis und Ablehnung. Dies hat sich in den 10 Jahren des Bestehens des Studiengangs grundlegend geändert, denn es gelang durch ein System von Informationen (Newsletter, Fachgespräche im Haus der Wissenschaft) zu gemeinsamen Themen der Elementar- und Grundschulpädagogik und durch die Kooperation in Arbeitskreisen mit Träger- und Behördenvertreterinnen die notwendige Transparenz herzustellen. Um die Etablierung des neuen Tätigkeitsfelds und eine Annäherung der Professionen sowie die Akzeptanz des Studiengangs und seiner Absolventinnen und Absolventen zu erleichtern, ergänzten internationale Tagungen zur Elementar- und Grundschulpädagogik[9] die Aktivitäten des Studiengangs.

Im Rahmen der Förderung durch die Robert Bosch Stiftung wurde im PiK II Projekt (2009 – 2011) an der Universität Bremen ein Konzept für den Berufseinstieg im Kindergarten entwickelt und die ersten B.A. Absolventinnen und Absolventen begleitet, da wie Leineweber (2012) darstellt, für „die Berufsgruppe der ElementarpädagogInnen noch kein konkretes Berufsprofil vor[liegt]. Sie gehen in ein Tätigkeitsfeld, das bisher in erster Linie ErzieherInnen und anderen Berufsgruppen vorbehalten war. Zudem ist der neue Abschluss in der Praxis noch weitgehend unbekannt" (Leineweber 2012, S. 3). Um zu verhindern, dass sich die ersten B.A.-Absolventinnen und Absolventen an der vorhandenen pädagogischen Praxis orientieren und sie „die Handlungs- und Deu-

---

[9] http://www.fruehpaedagogik.uni-bremen.de/tagung.html; http://www.aufgabenqualitaet.uni-bremen.de/ (Zugriff: 23.02.2016).

tungsmuster von anderen PraktikerInnen übernehmen, welche dann unverbunden mit den erworbenen theoretischen Wissensvorräten bleiben" (Daiber & Carle 2008, zit. n. Leineweber 2012, S. 3), sollte „gerade der Beginn der beruflichen Entwicklung nicht unreflektiert und zufällig erfolgen [...], sondern [...] eine institutionalisierte Berufseinstiegsphase Unterstützung bieten" (ebd., S. 3). In Abgrenzung zu der Berufsbezeichnung „Frühpädagogin" des weiterbildenden Studiums Frühkindliche Bildung der Akademie für Weiterbildung an der Universität Bremen wurde in Absprache mit der Senatorin für Soziales, Kinder, Jugend und Frauen für die Absolventinnen und Absolventen des Bremer Studiengangs die Berufsbezeichnung „staatlich anerkannte Elementarpädagogin / staatlich anerkannter Elementarpädagoge" gewählt.

Ein weiteres Element in diesem Prozess der Etablierung der neuen Berufsgruppe stellt die Praxismentorenqualifizierung der Akademie für Weiterbildung der Universität Bremen dar. Seit 2007 werden in Bremen Erzieherinnen und Erzieher für die Ausbildung des Berufsnachwuchses in der Praxis weiterqualifiziert und ihr Wissen über die verschiedenen Ausbildungsgänge und -inhalte erweitert und den Entwicklungen im Ausbildungssektor Universität und Fachschule für Sozialpädagogik angepasst. Das Handbuch „Qualifizierung zur Praxismentorin / zum Praxismentor" stellt die Bausteine der Weiterbildung dar.[10]

Nach Daiber & Carle (2008) kann „ein noch nicht existierendes berufliches Tätigkeitsfeld [...] nicht durch die Etablierung eines neuen Studiengangs [...] erfunden werden, sondern es muss systematisch der Boden entwickelt werden, auf dem das neue Samenkorn (Frühpädagog/innen mit universitärem Abschluss) aufgehen und wachsen kann" (Daiber & Carle 2008, S. 65). Aus heutiger Sicht hat das breite Engagement Früchte getragen, da die Erfahrungen der Praxis mit den Absolventinnen und Absolventen des Bremer Studiengangs seit 2009 zeigen, dass ihre spezifische (fach-)didaktische Expertise in beiden Arbeitsfeldern und zum Übergang vom Kindergarten in die Grundschule wahrgenommen und wertgeschätzt wird. Die Aussagen von Kita-Leitungen machen deutlich, dass „die verstärkte Zusammenarbeit mit der Grundschule [...] durch die Elementarpädagog/innen erheblich erleichtert wird." Gleichzeitig tritt das Dilemma von Kita-Leitungen und Trägern offen zutage, wenn sie formulieren: „Inhaltlich würden wir die gerne nehmen!" (Carle & Koeppel 2014, S. 122 f.). Sie sehen die Kompetenzen der B.A.-Absolventinnen und Absolventen als notwendige personelle Bedingung zur Ausgestaltung zukunftsweisender pädagogischer Arbeit (Inklusion, Sprachförderung, Zusammenarbeit mit Eltern etc.) und zur Qualitätsentwicklung, doch es fehlen die entscheidenden Ressourcen und Mittel zur Umsetzung.

Es zeigt sich, dass der erhoffte Mehrwert durch die in Bremen hochschulisch qualifizierten pädagogischen Fachkräfte in der Praxis wahrgenommen und benannt wird: So werden grundlegende Unterschiede in der Art ihres didaktischen Arbeitens und der Herangehensweise gesehen, ein besseres und gezielteres Erkennen der Bedürfnisse der Kinder und dadurch deren angemessene Unterstützung sowie eine bessere Ausarbeitung von didaktischen Angeboten, Medien und Vorhaben. Im Hinblick auf die Zusammenarbeit im Team der Kindertageseinrichtung gab es im Vorfeld Befürchtungen, dass die Elementarpädagogen als Konkurrentinnen und Konkurrenten erlebt werden könnten. Dies hat sich nicht bestätigt, sie werden als Bereicherung der pädagogischen Arbeit

---

[10]  http://www.uni-bremen.de/fileadmin/user_upload/weiterbildung/beruf_dokumente/beruf_sonstiges/ Handbuch_PMQ_web.pdf (Zugriff: 28.02.2016).

und als Ergänzung der Teams wertgeschätzt. Es wird wahrgenommen, dass die Elementarpädagogen Kinder sehr gut und nachhaltig motivieren, zudem können sie sehr gut reflektieren (Carle et al. 2013). Insbesondere beim Übergang vom Kindergarten in die Grundschule zeigt sich, dass die Kooperation mit den Lehrkräften leichter gelingt und eher auf Augenhöhe stattfindet.

## 3  Status quo: Teilakademisierung

Mit der Entwicklung und Etablierung frühpädagogischer Studiengänge waren verschiedene Erwartungen nicht nur in Bezug auf eine Qualitätsverbesserung der unmittelbaren Arbeit mit Kindern verknüpft, sondern auch im Hinblick auf eine Verbesserung der Berufssituation der Fachkräfte (bessere Bezahlung, Aufwertung des Berufs, Karrierechancen, längere Verweildauer im Beruf, ein höherer Männeranteil). Pasternack sieht u. a. zwei positive Effekte: „Zum einen wird eine Mehrheit der frühpädagogischen Akademiker/innen nach Studienabschluss in der Gruppenarbeit tätig, so dass begründet Qualitätseffekte in der unmittelbaren Arbeit mit den Kindern angenommen werden dürfen. Zum anderen haben die Hochschulstudiengänge Karrierechancen eröffnet, die von aufstiegswilligen Erzieherinnen auch wahrgenommen werden" (Pasternack 2015, S. 331). Völlig offen ist jedoch, wie lange diese Kindheitspädagoginnen bei den derzeitigen Rahmen- und Strukturbedingungen tatsächlich im Gruppendienst tätig sein werden.

Nach wie vor wird der überwiegende Teil des pädagogischen Personals für Kindertageseinrichtungen (zu ca. 98 % Erzieherinnen) in der BRD an etwa 620 Fachschulen/ Fachakademien für Sozialpädagogik ausgebildet. Jährlich stehen 3000 frühpädagogischen Absolventinnen und Absolventen der ca. 115 hochschulischen Studiengänge, die für die pädagogische Arbeit in der frühkindlichen Bildung qualifizieren, ca. 25.000 Fachschulabsolventinnen und -absolventen gegenüber. Immer noch haben nur etwa 5% des pädagogischen Personals in Kindertageseinrichtungen einen akademischen Abschluss, d. h. die Realität der heutigen Ausbildungs- und Berufssituation von frühpädagogischen Fachkräften lässt sich höchstens als erster kleiner Schritt in Richtung akademische Qualifizierung, nach Pasternack (2015) als Teilakademisierung des Arbeitsfeldes beschreiben. Selbst die Forderung nach einer auf Hochschulniveau ausgebildeten (Leitungs-)Fachkraft pro Kita ist noch lange nicht erreicht (insbesondere auch im Hinblick auf den Generationenwechsel in den Kindergärten und bei den Trägern), und ihre mögliche Wirkung auf die Qualität der konkreten pädagogischen Arbeit mit Kindern ist höchstens indirekt. Die Forderung nach einer Höherqualifizierung des gesamten Feldes hat nach Thole (2014) mit Verweis auf Sell (2005) und König & Pasternack (2008) wenig an Popularität eingebüßt, ist aber immer noch in weite Ferne gerückt (Wehrmann 2004).

Auch bei den Strukturmerkmalen der Ausbildung der pädagogischen Fachkräfte wird das Dilemma durch Lavieren und letztlich Nichtentscheiden der (Bildungs-)Politik deutlich sichtbar. Fiskalische Gesichtspunkte und das vorhandene (Tarif-)Recht reichen als Argumente für ein Verharren auf traditionellen Positionen nicht aus. Zwischen den Zeilen wird immer noch die „geistige Mütterlichkeit" bemüht, wenn es darum geht, eine Entscheidung für eine Akademisierung des Berufs der Erzieherin oder des Erziehers und insgesamt eine Höherqualifizierung aller pädagogischen Fachkräfte im frühkindlichen Bereich (Kinderpflegerinnen, Sozialassistentinnen eingeschlossen) nicht zu treffen, denn „auch Realschulabsolventinnen und Realschulabsolventen sollen nach wie vor die Chance haben, den Erzieherberuf zu ergreifen. Eine generelle Akademisierung des Erzieherberufes halte ich nicht für notwendig" (Schavan 2008, zit. n. Pasternack 2015, S. 44). Hier werden kurzsichtig mögliche Interessen von jungen Menschen (im Wesentlichen Frauen) benutzt und nicht aus Sicht einer notwendig verbesserungswürdigen Bildungsarbeit im Kindergarten argumentiert (vgl. internationale Studien und NUBBEK-Studie 2012[11]), genauso wenig wie es im Interesse junger Frauen und Männer sein kann, einen immer noch als „typisch weiblich" geltenden Beruf zu ergreifen mit schlechten Arbeitsbedingungen, unsicheren Beschäftigungsstrukturen und geringen Aufstiegschancen. Hier zeigt sich nach wie vor die Problematik der „geistigen Mütterlichkeit".

Zu beobachten ist, dass sich mit der Einführung der akademischen Ausbildung die Problemstellungen verändern und neue Fragestellungen entstehen (z. B. Fragen der Durchlässigkeit und Weiterbildung). Inzwischen werden auf allen Ausbildungsebenen Professionalisierungsprozesse in Gang gesetzt. Zusätzliche Ausbildungsangebote „ergeben sich aus der verstärkten Mehrstufigkeit der Qualifikationen [und somit] auch unterschiedlichen Professionalisierungsgraden oder zumindest -profile" (Pasternack 2015, S. 17). Sie führen u. a. in der Praxis der Kindertageseinrichtung zu neuen Herausforderungen für das Personal in der pädagogischen Arbeit mit Kindern, der Definition ihrer Aufgaben, der Zusammenarbeit in multiprofessionellen Teams und ihrer Kooperation mit Eltern und Institutionen.

Auf Bremen bezogen ist die Situation für die Elementarpädagoginnen und -pädagogen mit beiden Abschlüssen nicht einfach. In Gesprächen wird von ihnen immer wieder betont, wie gerne sie weiter in der Kita arbeiten würden, da sie hier Gestaltungsfreiräume vorfinden und nutzen können. Doch bewirken die tarifliche Einordnung beim Einsatz im Gruppendienst auf Erzieherinnenniveau, die schlechteren Arbeitsbedingungen und Ressourcen gegenüber Lehrkräften in den Grundschulen, dass der überwiegende Teil der Elementarpädagoginnen und -pädagogen mit staatlicher Anerkennung nach dem M.Ed. und dem Referendariat in den Grundschulen als Lehrkräfte tätig sind. Ein kleiner Lichtblick bleibt: Sie sind als Grundschullehrkräfte die kompetenten Partnerinnen und Partner beim Übergangsprozess vom Kindergarten in die Grundschule. Sie kennen aus eigenen Erfahrungen die Art des Lernens im Elementarbereich und die Bildungsprozesse von jungen Kindern und können so gemeinsam mit den Fachkräften im Kindergarten den Übergang passgerecht gestalten.

## 4 Perspektiven

Von Ausnahmen abgesehen hält heute wohl niemand mehr „geistige Mütterlichkeit" für eine ausreichende Qualifikation des pädagogischen Personals im Elementarbereich, deren Professionalität sich dadurch auszeichnet, dass sie auf der Grundlage des Bildungs- und Förderauftrags des SGB VIII ihr professionelles Wissen und Können systematisch zur Entwicklungsbegleitung der Kinder und in der Zusammenarbeit mit Eltern einbringen sowie im Team und mit den Institutionen des Umfelds zusammenarbeiten.

Die Frage nach der „Doppelqualifikation – der Abschluss der Zukunft?" (Carle & Daiber 2008, S. 58) wird in den letzten Jahren seltener gestellt. Die Bemühungen auch an

---

[11] NUBBEK – Nationale Studie zur Bildung, Betreuung und Erziehung in der frühen Kindheit 2012, http://www.nubbek.de/media/pdf/NUBBEK%20Broschuere.pdf (Zugriff: 09.02.2016).

anderen Universitäten einen gemeinsamen Studiengang für Kindheitspädagoginnen und Grundschullehrkräfte einzurichten sind bisher nicht erfolgreich. Wie gezeigt wurde, scheinen die Besonderheiten der beiden Arbeitsfelder, ihre institutionell unterschiedlichen Strukturen und u. a. auch die immer wieder ins Feld geführte „Eigenständigkeit" des Bildungsauftrags des Kindergartens (Reyer & Franke-Meyer 2008) eine gemeinsame akademische Ausbildung zu erschweren. Die Erfahrungen in Bremen zeigen jedoch, dass der Wille zu einer „gemeinsame[n] Veränderung der Ausbildung für Elementar- und Primarbereich des Bildungswesens" unter Berücksichtigung der „Veränderungen am Schulanfang und den Stand der internationalen Erfahrungen" (Carle & Daiber 2008, S. 3) erfolgreich umgesetzt werden kann.

Neben Carle (2014) nehmen auch Thole & Cloos (2006) die Gesamtheit der Arbeitsfelder der Pädagogik der Kindheit in den Blick. Es geht ihnen nicht nur um eine akademische Qualifizierung für die pädagogische Arbeit im Elementarbereich, sondern auch „um die qualifizierte Neurahmung des Übergangs zwischen dem Elementar- und dem Primarbereich, um das Nachdenken über eine moderate Neumodulation des Primarbereichs und die akademische Qualifizierung für diesen Bereich, also auch um das konzeptionelle Neudenken von Studiengängen für den Primar- und Elementarbereich" (Thole & Cloos 2006, S. 72). Sie halten ebenso „die Professionalisierung des gesamten Qualifizierungsportfolios für berufliche Tätigkeiten in den institutionalisierten Handlungsfeldern der Pädagogik der Kindheit" für notwendig (ebd., S. 73).

Es kann also nicht genügen beim Status quo des bisher Erreichten stehen zu bleiben, sondern es müssen mit allen beteiligten Akteuren im Feld für das gesamte System alternative Konzepte diskutiert und umgesetzt werden, die die Zielperspektive einer Annäherung, einer möglichen Zusammenführung und einer gemeinsamen Weiterentwicklung der Institutionen Kindergarten und Grundschule einschließen.

*Literatur*

Bundesministerium für Bildung und Forschung (BMBF) (2007): Auf den Anfang kommt es an: Perspektiven für eine Neuorientierung frühkindlicher Bildung. Bildungsforschung Band 16. https://www.bmbf.de/pub/bildungsreform_band_16.pdf (Zugriff: 28.04. 2016).

Carle, U. (2014): Anschlussfähigkeit zwischen Kindergarten und Schule. In: M. Stamm (Hrsg.): Handbuch Talententwicklung. Theorien, Methoden und Praxis in Psychologie und Pädagogik. Bern: Huber, S. 161-171.

Carle, U. (2000): „Was bewegt die Schule?" Internationale Bilanz – praktische Erfahrungen – neue systemische Möglichkeiten für Schulreform, Lehrerbildung, Schulentwicklung und Qualitätssteigerung. Baltmannsweiler: Schneider Verlag Hohengehren.

Carle, U. & Koeppel, G. (2014): Die Integration von Elementar- und Grundschulpädagogik in der universitären Ausbildung am Beispiel der Universität Bremen. In: P. Cloos; K. Hauenschild; I. Pieper & M. Baader (Hrsg.): Elementar- und Primarpädagogik. Internationale Diskurse im Spannungsfeld von Institutionen und Ausbildungskonzepten. Wiesbaden: Springer VS, S. 113-125.

Carle, U.; Koeppel, G.; Leineweber, S. & Metzen, H. (2013): "Die brauchen wir!" Evidenzbasierte Einschätzung der Akzeptanz von AbsolventInnen des Bachelor-Studiengangs "Elementar- und Kindheitspädagogikpädagogik" der Universität Bremen im Berufsfeld. Unveröffentlichter Entwurf für eine gleich-lautende WiFF-Expertise, erstellt im Auftrag des Deutschen Jungendinstituts München.

Carle, U. & Wehrmann, I. (2006): Gemeinsame Aus- und Weiterbildung von Grundschullehre-rinnen und Erzieherinnen. In: A. Diller & T. Rauschenbach (Hrsg.): Reform oder Ende der Erzieherinnenausbildung? Beiträge zu einer kontroversen Fachdebatte. München: DJI-Verlag, S. 197-207.

Cloos, P. (2001): Ausbildung und beruflicher Habitus von ErzieherInnen. In: H. Hoffmann (Hrsg.): Studien zur Qualitätsentwicklung von Kindertagesstätten. Neuwied, Berlin: Luchterhand Verlag, S. 51-96.

Colberg-Schrader, H. & Oberhuemer, P. (Hrsg.) (2000): Qualifizieren für Europa. Praxiskultu-ren, Ausbildungskonzepte, Initiativen. PFV Jahrbuch 5. Baltmannsweiler: Schneider Verlag Hohengehren.

Daiber, B. & Carle, U. (2008): Der Bachelor of Arts „Fachbezogene Bildungswissenschaften der Universität Bremen. In: U. Carle & B. Daiber (Hrsg.): Das Kind im Blick. Eine ge-meinsame Ausbildung für den Elementarbereich und die Grundschule. Baltmannswei-ler: Schneider Verlag Hohengehren, S. 56-83.

Dippelhofer-Stiem, B. (2006): Berufliche Situation von Erzieherinnen. In: L. Fried & S. Roux (Hrsg.): Pädagogik der frühen Kindheit. Handbuch und Nachschlagewerk. Weinheim und Basel, S. 358-367.

Faust, G. (2010): Kindergarten oder Schule? Der Blick der Grundschule. In: A. Diller; H. R. Leu & T. Rauschenbach (Hrsg.): Wie viel Schule verträgt der Kindergarten? Annäherung zweier Lernwelten. München: Verlag Deutsches Jugendinstitut, S. 43-62.

Faust, G. (2008): Übergänge gestalten - Übergänge bewältigen. In: W. Thole; H.-G. Roßbach; M. Fölling-Albers & R. Tippelt (Hrsg.): Bildung und Kindheit. Pädagogik der Frühen Kindheit in Wissenschaft und Lehre. Opladen: Barbara Budrich, S. 225-240.

Fleßner, H. (1994): Mütterlichkeit als Beruf – historischer Befund oder aktuelles Strukturmerk-mal sozialer Arbeit? Vortrag zur Habilitation am 14.10.1994. http://www-a.ibit.uni-oldenburg.de/bisdoc_redirect/publikationen/bisverlag/unireden/ur68/urede68.pdf (Zu-griff: 10.03.2016).

Förster, C. (2014): Professionalisierung in der Frühpädagogik: Potenziale, Probleme, Perspekti-ven. In: C. Förster & E. Hammes-Di Bernardo (Hrsg.): Qualifikation in der Frühpäda-gogik. Vor welchen Anforderungen stehen Aus-, Fort- und Weiterbildung? Freiburg: Herder, S. 12-18.

Friese, M. (2013): Von der privaten Sorge zum professionellen Dienst am Menschen. In: F. Berth; A. Diller; C. Nürnberg & T. Rauschenbach (Hrsg.): Gleich und doch nicht gleich. Der Deutsche Qualifikationsrahmen und seine Folgen für frühpädagogische Ausbildungen. München: DJI-Verlag, S. 131-152.

Fuchs-Rechlin, K.; Züchner, I.; Theisen, C.; Göddeke, L. & Bröring, M. (2015): Der Übergang von Kindheitspädagoginnen und Kindheitspädagogen in den Arbeitsmarkt. In: A. Kö-nig; H. R. Leu & S. Viernickel (Hrsg.): Forschungsperspektiven auf Professionalisie-rung in der Frühpädagogik. Empirische Befunde der AWiFF-Förderlinie. Weinheim, Basel: Beltz Juventa, S.105-122.

Graumann, O. (2014): Aspekte der Geschichte westeuropäischer Lehrerbildung. In: International Dialogues on Education: Past and Present. DIE – Online Journal. 2014. URL: http://www.ide-journal.org/article/graumann-geschichte-westeuropaischer-lehrer-bildung/ (Zugriff: 08.03.2016).

Helm, J. (2015): Die Kindheitspädagogik an deutschen Hochschulen. Eine empirische Studie zur Akademisierung einer pädagogischen Profession. Opladen, Berlin, Toronto: Barbara Budrich.

König, A. & Pasternack, P. (2008): Elementar + professionell. Die Akademisierung der elementar pädagogischen Ausbildung in Deutschland. Wittenberg: Institut für Hochschulfor-schung Universität Halle-Wittenberg.

Konrad, F.-M. (2004): Der Kindergarten. Seine Geschichte von den Anfängen bis in die Gegenwart. Freiburg: Lambertus.

Leineweber, S. (2012): Vom Studium in die Kita – wie gelingt der Übergang in den neuen Beruf. In: U. Carle & G. Koeppel: Handreichungen zum Berufseinstieg von Elementar- und KindheitspädagogInnen – Heft A01. http://www.fruehpaedagogik.uni-bremen.de /handreichungen/. (Zugriff 07.03.2016).

Leschinsky, A. (2005): Vom Bildungsrat (nach) zu PISA. Eine zeitgeschichtliche Studie zur deutschen Bildungspolitik. In: Zeitschrift für Pädagogik 51 (6), S. 818-839. URL: http://www.pedocs.de/volltexte/2011/4784/pdf/ZfPaed_2005_6_Leschinsky_Vom_Bildungsrat_PISA_D_A.pdf (Zugriff 12.01.2016).

Oberhuemer, P. (2008): Eine gemeinsame Ausbildung für den Elementar- und Primarbereich? Konzepte im europäischen Vergleich. In: U. Carle & B. Daiber (Hrsg.): Das Kind im Blick. Eine gemeinsame Ausbildung für den Elementarbereich und die Grundschule. Baltmannsweiler: Schneider Verlag Hohengehren, S. 16-27.

Pasternack, P. (2015): Die Teilakademisierung der Frühpädagogik. Eine Zehnjahresbeobachtung. Leipzig: AVA – Akademische Verlagsanstalt GmbH.

Rabe-Kleberg, U. (2006): Mütterlichkeit und Profession – oder: Mütterlichkeit, eine Achillesferse der Fachlichkeit?. In: A. Diller & T. Rauschenbach (Hrsg.): Reform oder Ende der Erzieherinnenausbildung? Beiträge zu einer kontroversen Fachdebatte. München: DJI Verlag, S. 95-109.

Rabe-Kleberg, U. (2010a): Vom Programm zum Prozess. Über notwendige Reformschritte in der frühkindlichen Bildung. In: H. Hoffmann; U. Rabe-Kleberg; I. Wehrmann & R. Zimmer (Hrsg.): Starke Kitas - starke Kinder. Wie die Umsetzung der Bildungspläne gelingt. Freiburg: Herder, S. 41-50.

Rabe-Kleberg, U. (2010b): Bildungsgemeinschaft? Überlegungen zu einem ungeklärten Verhältnis von Erzieherinnen und Eltern. In: K. Meiners; R. Staege & G. Schäfer (Hrsg.): Kinderwelten – Bildungswelten. Unterwegs zur Frühpädagogik. Berlin: Cornelsen, S. 65-82.

Reyer, J. (2006): Einführung in die Geschichte des Kindergartens und der Grundschule. Bad Heilbrunn: Klinkhardt.

Reyer, J. & Franke-Meyer, D. (2008): Muss der Bildungsauftrag des Kindergartens „eigenständig" sein? In: Zeitschrift für Pädagogik 54 (6), S. 888-905. Online verfügbar unter: http://www.pedocs.de/volltexte/2011/4383/pdf/ZfPaed_2008_6_Reyer_FrankeMeyer_ Muss_der_Bildungsauftrag_D_A.pdf (Zugriff 08.02.2016).

Roth, H. (1969): Begabung und Lernen. Ergebnisse und Folgerungen neuer Forschungen. Stuttgart: Klett.

Sell, S. (2005): Akademisierung der Erzieher/innenausbildung? Chancen und Grenzen einer Anhebung der Ausbildung auf Hochschulniveau. In: KiTa spezial. Fachzeitschrift für Leiter/Leiterinnen der Tageseinrichtungen für Kinder. Nr. 3, S. 19-23.

Sylva, K.; Taggart, B.; Melhuish, E.; Simmons, P. & Siraj-Blatchford, I. (2010): Frühe Bildung zählt. Das Effective Pre-school and Primary Education Projekt (EPPE) und das Sure Start Programm. Berlin: Dohrmann Verlag.

Thole, W. (2014): Pädagogik der Kindheit studieren – Professionalität und Professionalisierung der Pädagogik in Kindertageseinrichtungen. In: C. Förster & E. Hammes-Di Bernardo (Hrsg.): Qualifikation in der Frühpädagogik. Vor welchen Anforderungen stehen Aus-, Fort- und Weiterbildung. Freiburg: Herder.

Thole, W. & Cloos, P. (2006): Akademisierung des Personals für das Handlungsfeld Pädagogik der Kindheit. In: A. Diller & T. Rauschenbach (Hrsg.): Reform oder Ende der Erzieherinnenausbildung? Beiträge zu einer kontroversen Fachdebatte. München: DJI-Verlag, S. 47-77.

Tietze, W. (Hrsg.) (1998): Wie gut sind unsere Kindergärten? Eine Untersuchung zur pädagogischen Qualität in deutschen Kindergärten. Neuwied, Berlin: Luchterhand.

von Balluseck, H. (2009): Erzieher/in – Geschichte des Berufs und seiner Ausbildung – Der Kontext der akademischen Erzieher/innenausbildung. URL: http://www.campus-berlin.de/fileadmin/_downloads/IHK-Berichte___Branchentrends/Erzieher_-_Geschichte_des_Berufs_und_seiner_Ausbildung.pdf (Zugriff: 07.03.2016).

von Derschau, D. (1974): Die Erzieherausbildung. Bestandsaufnahme und Vorschläge zur Reform. München: Juventa.

von Derschau, D. (1987): Personal: Entwicklung der Ausbildung und der Personalstruktur im Kindergarten. In: G. Erning; K. Neumann & J. Reyer (Hrsg.): Geschichte des Kindergartens. Institutionelle Aspekte, systematische Perspektiven, Entwicklungsverläufe. Bd. 2. Freiburg: Lambertus, S. 67-81.

Wehrmann, I. (2004): In Zukunft nur mit Kindern. In: I. Wehrmann (Hrsg.): Kindergärten und ihre Zukunft. Weinheim: Beltz Verlag, S. 27-34.

# Inklusion als umfassende Herausforderung:

# Von einer Schule für das einzelne Kind zu einer gemeinsamen Schule für alle

*Kerstin Ziemen*

# Schulische Integration und Inklusion

## Zusammenfassung

Die im Kontext von Integration von Kindern und Jugendlichen mit Behinderung gewonnenen Erfahrungen und Erkenntnisse können für Inklusion und deren Anforderungen bedeutsam sein. Dabei sind die Entwicklungen in der Didaktik und der pädagogischen Diagnostik ebenso fruchtbar wie die Fragen des Menschenbildes, der Haltung und Begegnung zwischen Pädagoginnen und Pädagogen sowie Kind bzw. Jugendlichen.

## 1 Einleitung

Inklusion (lat. inclusio) gilt als gesamtgesellschaftliche Herausforderung und bezieht sich auf alle Lebensbereiche, Lebensphasen und gesellschaftlichen Felder. Als ein Prozess der Veränderung von Verhältnissen in der Gesellschaft, in Systemen, Organisationen, Institutionen und Gemeinschaften ist Inklusion ein Orientierungsrahmen mit dem Ziel humanen und demokratischen Zusammenlebens, -lernens- und -arbeitens. Dabei geht es um die Schaffung einer Kultur des Gemeinsamen und einander Wertschätzenden, was auch bedeutet, die Differenz, respektive das Verschiedensein als Ressource anzuerkennen. Inklusion zielt auf die Überwindung von Marginalisierung, Diskriminierung und Stigmatisierung. Inklusion ist eine gesamtgesellschaftliche, politische und pädagogische Aufgabe.

In der deutschsprachigen Diskussion wird Integration zumeist strikt von Inklusion getrennt. Die Entwicklungen im Kontext von Integration, so z.B. von Kindern und Jugendlichen mit Behinderung in Regeleinrichtungen sind für die gegenwärtige Debatte um Inklusion bedeutsam, stellen diese doch wichtige historische Befunde, theoretische Grundlagen und Erfahrungen zur Verfügung, so z. B. zur Gestaltung gemeinsamer Bildungssituationen, zur Analyse des Bildungssystems und zu den Anforderungen an Schule generell (vgl. Feuser 1995). Georg Feuser kritisiert, dass sich die Integrationspädagogik „relativ ahistorisch gebärdet" (Feuser 1998, S. 24).

Integration war in ihrer 40-jährigen Geschichte zumeist mit der Differenzlinie „Behinderung" verbunden. Die aktuellen Debatten um Inklusion orientieren zwar auf verschiedene Differenzlinien. Der Fokus auf Behinderung im Sinne „sonderpädagogischen Förderbedarfs" bleibt bislang im schulischen Kontext zumeist bestehen. In den aktuellen Debatten um Migrantinnen und Migranten bzw. „Flüchtlinge" wird zumeist der Begriff der Integration bemüht. Von Inklusion im Sinne einer sich öffnenden und verändernden Gesellschaft *für Alle* ist dabei nicht die Rede.

Inklusion in Bildungskontexten wurde als Leitprämisse international auf der Weltkonferenz in Salamanca (Spanien 1994) formuliert (Salamanca-Erklärung – UNESCO 1994). Die Zielgröße der inklusiven Beschulung blieb in Folge der Konferenz jedoch weitgehend wirkungslos. Vom Rat der Europäischen Union wurde das Jahr 2003 zum „Europäischen Jahr der Menschen mit Behinderungen" erklärt. Auf europäischer Ebene sollten Ziele verfolgt werden wie: die Sensibilisierung für den Schutz vor Diskriminierung und für die Rechte von behinderten Menschen; die Förderung ihrer Chancengleichheit in Europa; die Sensibilisierung für die Heterogenität und Vielfalt von Behinderungen (vgl. Frehe 2003, S. 1; vgl. Ziemen 2003, S. 5). „Dabei soll ein besonderes Augenmerk auf das Recht auf Gleichbehandlung im Bildungsbereich von Kindern und Jugendlichen mit Behinderungen gelegt werden" (Frehe 2003, S. 1).

Auch der aktuelle Diskurs um Inklusion orientiert sich an den Leitprämissen: Anti-Diskriminierung, Gleichstellung, Gleichbehandlung, uneingeschränkte Teilhabe vor allem in und an Bildungsprozessen.

Soziale Ungleichheit zeigt sich im Kontext von Schule deutlich. Mit Pierre Bourdieu hat Bildung „die Vorsprünge nicht vorauszusetzen, die die Kinder des Bildungsbürgertums mitbringen, sondern sie zu reflektieren und die Differenz systematisch in die Curricula einzubeziehen" (Bourdieu 2001, S. 12). Damit wäre der Schwerpunkt der Forschung auf die soziale Ungleichheit als Ausgangspunkt einer Pädagogik zu legen, die „vom Kindergarten bis zur Hochschule selbstverständlich nach den sozialen Voraussetzungen ihrer Schülerinnen und Schüler [fragt] und den Schein der Chancengleichheit nicht gerade dadurch zementiert, dass die unterschiedlichen Voraussetzungen...ignoriert werden" (ebd.).

Das Pädagogische bzw. Erziehungs- und Bildungswissenschaftliche zielt auf der Basis des Wissens um das Wahrscheinliche darauf ab, das Mögliche herbeizuführen bzw. anzuregen. Das Mögliche ergibt sich aus dem Wissen um das Allgemeinmenschliche.

> „Das Ziel, Ungleichheit abzuschaffen, erfordert über Generationen hinweg, von frühester Kindheit an, Solidarität aufzubauen. Dies durch gelebte Erfahrung von Gleichheit bei allen Unterschiedlichkeiten in einer Lerngemeinschaft." (Feuser 2015, S. 263).

In Deutschland hat mit der UN-Konvention über die Rechte behinderter Menschen (Beauftragte der Bundesregierung 2014) und deren Ratifizierung der Begriff der Inklusion Verbreitung gefunden. Die UN-BRK fordert: „...states parties shall ensure an inclusive education system at all levels" (United Nations 2009, Art. 24). Betrifft die UN-Konvention alle gesellschaftlich relevanten Bereiche, wird die Diskussion gegenwärtig insbesondere im Kontext von Schule und Bildung geführt. Kaum berücksichtigt werden dabei die seit den 1970er-Jahren gesammelten umfangreichen Erfahrungen und Forschungsergebnisse aus Modellversuchen.

Bildungspolitisch ist in der gegenwärtigen Debatte von einer grundsätzlichen Veränderung der Schulstruktur bzw. des gesamten Schulsystems nicht die Rede.

## 2  Integration und Inklusion

Gegenwärtig kann in den deutschsprachigen Ländern auf eine 40-jährige Geschichte der Integration bzw. Inklusion in der Pädagogik (vgl. Feuser 2015, S. 265) zurückgeblickt werden.

Die Integration im Kindergarten- bzw. Kindertagesstättenbereich begann in den 1960-, 1970er-Jahren in Deutschland mit einzelnen Initiativen. Dichans (1993, S. 6ff.) fasst die Entwicklung im Elementarbereich in drei Phasen zusammen:

1. „Phasen der Einzelinitiativen (1968-1978)" – Erste Initiativen, wie die von Prof. Dr. Hellbrügge Ende der 1960er-Jahre gegründete Aktion Sonnenschein (vgl. Dichans 1993, S. 6); in der zweiten Hälfte der 1970er-Jahre entstanden, vor allem auch durch die Empfehlungen der Bildungskommission des Deutschen Bildungsrates erste integrative Einrichtungen (Kindergärten) (vgl. ebd.).
2. Phase der Modellversuche (1978-1987) vor allem in Hessen, Rheinland-Pfalz, Bayern, Bremen, Berlin, Saarland, Nordrhein-Westfalen (vgl. ebd. S. 7). In der Bundesrepublik Deutschland gab es nach Angaben des deutschen Jugendinstitutes (1987, S. 160) integrative Einrichtungen, fünf Jahre davor waren es 60 Kindergärten (vgl. ebd. S. 7).
3. Phase des Ausbaus gemeinsamer Bildung und Erziehung (1985-1993) (vgl. ebd.).

> *„Sieht man von vereinzelten Widerständen ab, wird allgemein,..., nicht mehr die Frage gestellt, ob gemeinsame Erziehung sinnvoll ist, sondern wie sie zu gestalten ist. Zugleich zeichnet sich eine neue Tendenz ab, nämlich eine stärkere Verlagerung gemeinsamer Erziehung von zentralen Kindergärten hin zu Kindergärten im Wohnbereich der Kinder" (Dichans 1993, 10).*

Didaktisch hatte sich in Abgrenzung zu den eher kognitiv orientierten Konzepten der 1960er-Jahre vor allem das situationsorientierte Arbeiten im Kindergarten durchgesetzt (vgl. ebd. S. 11). Das Ziel besteht darin, an den Lebenssituationen der Kinder anzuknüpfen. Die Zahlen der Kinder und Jugendlichen mit sogenanntem „sonderpädagogischem Förderbedarf" an Regelschulen stieg in der Bundesrepublik Deutschland von 12,4 % aller Schülerinnen und Schüler mit „sonderpädagogischem Förderbedarf" im Jahr 2001 auf 28,2% im Jahr 2012 (vgl. KMK 2014, XVIII). Zugleich sind die Zahlen an den Förderschulen nicht gesunken. Vermutlich ist die „massive Ausweitung der sonderpädagogischen Förderung" (vgl. Textor 2015, S. 54) dafür grundlegend.

Die ersten Schulversuche im Primarbereich entstanden in Folge der Empfehlungen des Deutschen Bildungsrates (1973) und auf Basis der Elterninitiativen. Boban und Hinz fassen in einem Artikel „Eltern als Motor der Integrationsbewegung" (2003) die Entwicklung zusammen und arbeiten drei Phasen heraus:

Die erste Phase (1971-1986) wird als Pionier- und Durchsetzungsphase bezeichnet. Es entsteht die erste Vorklasse an der Fläming-Grundschule in Berlin (1975). Die Eltern sind ermutigt, da die Integration in die Kindertagesstätten gelungen ist. Sie fordern mehr und mehr den Übergang in eine integrative Grundschule in ihrem unmittelbaren Wohnumfeld und unter Beibehaltung der Kontakte und Freundschaften. Eltern bewirken Modellversuche an Schulen.

Seit 1985 engagierten sich Eltern in der Bundesarbeitsgemeinschaft „Eltern gegen Aussonderung" unter dem Motto „Gemeinsam lernen – gemeinsam leben" für die Integration ihrer Kinder in die Schule.

1985 gab Jacob Muth ein Verzeichnis der Projekte zur Integration behinderter Kinder und Jugendlicher in Schulen in die Bundesrepublik Deutschland heraus. Es existierten 185 Schulen aller Schulstufen, die Projekte durchführten und dabei fast alle Behinderungen umfassten (vgl. Breitenbach 1998, S. 14). Mit den Modellversuchen wurde zwar der Nachweis erbracht, dass gemeinsame Bildung und Erziehung möglich ist, dennoch wurde ein erbitterter Streit darüber geführt, ob dies die geeignete Form der Unterrichtung sei.

Die zweite Phase (ca. 1987-1997) ist geprägt vom weiteren Entstehen von Integrationsklassen. In einzelnen Bundesländern bekommt die Integration regulären Status, in anderen Bundesländern werden nicht einmal individuelle Lösungen bewilligt. Nach wie vor fehlt der politische Wille, die Rahmenbedingungen waren zumeist nicht angemessen oder es musste von Schuljahr zu Schuljahr wiederum erneut verhandelt werden (vgl. Feuser 2010).

> *„Mit dem Etikett der Integration versehen, wurde auf der Vorderbühne mit sich umarmenden behinderten und nichtbehinderten Kindern...vermeintlich inklusiv gearbeitet, auf der Hinterbühne aber das Geschäft einer neuen Form der Segregation im Feld der Schule praktiziert" (Feuser 2010, S. 2).*

In der dritten Phase, von Boban & Hinz als „Normalisierungs- und Diversifizierungsphase" (ab ca. 1997/1998) gekennzeichnet, existierten reguläre Integrationsschulen und -klassen. Dennoch ist Integration immer noch „vom persönlichen Wohlwollen der zuständigen Entscheidungsträgerinnen bzw. –träger in Schulamt und Ministerium abhängig" (Boban & Hinz 2003, S. 197). Das Engagement der Eltern für die schulische Integration ist ungebrochen. Zugleich wird das Augenmerk aber auf den Arbeitsmarkt bzw. die berufliche Integration und auf Fragen der Qualität von Schule bzw. Integration gelegt.

Aus meiner Sicht ist die Entwicklung um eine vierte Phase zu erweitern, die mit der Ratifizierung der UN-Konvention über die Rechte behinderter Menschen 2009 in Deutschland beginnt. Mit Inklusion und deren Debatte im schulischen Kontext sind die Eltern bzw. Familien und Bezugspersonen weiterhin aktiv und engagiert. Trotz völkerrechtlicher Verbindlichkeit schulischer Inklusion setzen sich Eltern und Bezugspersonen für die Um- und Durchsetzung des Rechts für ihre Kinder ein.

Integration und Inklusion haben Konsequenzen für die Didaktik generell. Wegweisend ist die von Georg Feuser in den späten 1980er Jahren ausgearbeitete „entwicklungslogische Didaktik" (vgl. Feuser 1995, 2011, 2013), die im Kontext von Allgemeiner Pädagogik konzipiert ist und die der heute favorisierten Idee der Inklusion entspricht. Auch aus diesem Grund ist es notwendig, die strikte Abkehr der Begriffe Integration und Inklusion zu hinterfragen. Eine differenzierte Diskussion, die das Kontinuum bestimmt, wäre zielführend. Die „entwicklungslogische Didaktik" bezieht das Verhältnis von Sache bzw. Gegenstand und Schülerin bzw. Schüler bzw. die Kooperation am Gemeinsamen Gegenstand explizit ein.

> *„Der `Gemeinsame Gegenstand` bezeichnet das übergeordnet zu Erkennende, das auf alle Entwicklungsniveaus abbildbar ist und nicht, wie immer wieder falsch rezipiert, die konkreten Gegenstände und die Vielfalt der Materialien und thematischen Ausrichtungen, anhand derer die Erkenntnisse in gemeinsamer Kooperation gewonnen werden können. Damit wird ermöglicht, dass jede/r Lernende mit jedem anderen arbeiten und die Selektion der Lernenden nach Entwicklungsstufen, Leistungsstand und –vermögen und Jahrgangsbindungen, um nur einige zu nennen, überwunden werden kann. Diese `Allgemeine Pädagogik` leistet ein Doppeltes in einem, nämlich: durch das Moment der Kooperationen, die eine Vielfalt von Kommunikationen erfordern, ein auf ein gemeinsames Ziel oder Produkt hin orientiertes Miteinander, in dem die Heterogenität der vielen zur Wirkung kommenden Momente ein hohes synergetisches Potenzial erzeugen, das zu emergenten Lösungen führt, zu solchen Lernergebnissen also, die kein einzelner Lernender für sich hätte erreichen können oder mit ihm schon vorhanden gewesen wären." (Feuser 2015, S. 264).*

Im Anschluss an die von Georg Feuser ausgearbeitete „entwicklungslogische Didaktik" hebt die „Mehrdimensionale reflexive Didaktik" (Ziemen 2008, 2013) die Kompetenzen der Lehrperson bzw. der Teammitarbeiterinnen und -mitarbeiter hervor. Es werden verschiedene Reflexionsebenen bedeutsam, wie die der Institution und Organisation von Schule und deren Bedingungen für Lernen und Entwicklung der Schülerinnen und Schüler; die der Bedingungen, die sich aus normativen Vorgaben aus Kultur, Gesellschaft und Recht ergeben; die nach dem Verhältnis von Schülerinnen und Schülern und Sache bzw. Gegenstand; die der Lehrperson und der Teammitarbeiterinnen und -mitarbeiter und deren Haltung bzw. Menschenbild, deren Erwartungen, Voraussetzungen und deren Bedarf nach Kompetenzerweiterung.

Die soziale Situation der Eltern bzw. Familien und die Kompetenzen dieser hat im schulischen Kontext Bedeutung. Die Eltern, Familien und Bezugspersonen von Kindern mit Behinderung erfahren spätestens mit der Diagnosestellung Veränderungen im sozialen Kontext. Zumeist sind es soziale Regelverletzungen, die die Eltern bzw. Familien und Bezugspersonen irritieren oder verletzen. So werden z.B. Kontakte abgebrochen; Diagnosen verkürzt und ohne Beratung gestellt; die Unterstützung verweigert. Das ändert die soziale Situation der Familien mit Kindern mit Behinderung grundlegend. Eltern und Bezugspersonen geraten in widersprüchliche Situationen, das Bild vom eigenen Kind verändert sich (vgl. Ziemen 2002), eine unvoreingenommene Beziehung mit dem Kind scheint erschwert bzw. gänzlich unmöglich. Die Widersprüche können zur Formation von Behinderung werden, die Prognose (zumeist negativ konnotiert) beherrscht schließlich die Sozialisation (vgl. Niedecken 1998, S. 37). Das führt zu Einschränkungen des Dialoges und der Interaktion, zum Vorenthalten oder Einschränken von Angeboten der Bildung und der Teilhabe am kulturellen und gesellschaftlichen Leben. Diese Bedingungen stehen der Entwicklung des Kindes im Wege.

Zugleich entwickeln die Eltern, Familien und Bezugspersonen Kompetenzen auf unterschiedlichen Ebenen, so der emotionalen, der kognitiven und sozialen Ebene. Sie formulieren Wünsche und Perspektiven für das Kind; sie beobachten die Entwicklung des Kindes genau; sie entwickeln Angebote für die Kommunikation mit dem Kind; sie kennen die Bedürfnisse des Kindes und erproben Materialien, sie unterstützen die verschiedenen Entwicklungsbereiche und recherchieren in der Literatur nach Unterstützungsangeboten. Viele Eltern und Bezugspersonen sind in soziale Netze (z.B. Selbsthilfegruppen) eingebunden; sie holen sich Unterstützung oder unterstützen selbst andere Eltern und Bezugspersonen (vgl. Ziemen 2002).

Die soziale Situation der Eltern und Familien muss zum Ausgangspunkt für die Beratung und Kooperation zwischen Fachleuten und Eltern bzw. Familien werden:

> *„Die bedingungslose Anerkennung der Eltern, welche die Voraussetzung für eine Kooperation darstellt, realisiert sich im sozialen Tausch. Über den Austausch im Sinne eines Dialogs mit den Eltern entstehen gemeinsame Bedeutungsräume zwischen Eltern und Fachleuten" (Ziemen 2004, S. 56).*

Eltern übernehmen zum Großteil selbst die Verantwortung für die Beratung und Information anderer Eltern. Eine umfassende Studie (vgl. Langner 2012) verweist darauf, dass sich Eltern nach wie vor für die schulische Integration bzw. Inklusion engagieren müssen und dies keineswegs selbstverständlich erwartet werden kann (vgl. ebd. 53ff.). Eltern wünschen sich eine möglichst unabhängige Beratung über Angebote schulischer Art, Entlastungsmöglichkeiten, Hilfen und Unterstützungsangebote für Eltern bzw.

Familien. Beratungsangebote sollten besser vernetzt sein, so ein zentrales Ergebnis der Studie (vgl. Langner 2012, S. 49).

## 3 Der Blick auf Behinderung

In Abkehr eines auf Defizit und Abweichung ausgerichteten Menschenbildes, wird Behinderung heute als relational bzw. gesellschaftlich konstruiert und produziert betrachtet. „Behinderung" entsteht erst auf der Basis vermeintlicher Normvorstellungen. Behinderung gilt als Produkt der kollektiven, unaufhörlich in den Individualgeschichten reproduzierten Geschichte, die in den Denk-, Wahrnehmungs- und Handlungsschemata einer Vielzahl von Menschen eingeschrieben ist und aus diesem Grund den Anschein einer natürlichen Selbstverständlichkeit hat (vgl. Ziemen 2003, S. 6). Mit Behinderung erscheinen bis heute zumeist negativ konnotierte Bilder, Vorstellungen und Konstruktionen (vgl. Ziemen 2013). Diese Bilder, Vorstellungen und Konstruktionen werden durch verschiedene Praxen immer wieder hervorgebracht.

Behinderung wird nicht als Eigenschaft, sondern als Relation bzw. Konstruktion verstanden. Menschliches Verhalten jeglicher Art und Weise gilt als sinnhaft und aus seiner Lebensgeschichte bzw. der Lebenswelt des Menschen heraus zu erklären. Dabei sind die konkreten Ausgangs- und Umfeldbedingungen zu berücksichtigen.

Der Begriff „Kinder und Jugendliche mit sonderpädagogischem Förderbedarf" hat sich etabliert und wird nicht hinterfragt. In der Sonder- und Heilpädagogik wird an dem Begriff der „Förderung", des „sonderpädagogischen Förderbedarfs" kein Anstoß genommen. Es gibt Förderplanungen, definierte Förderbereiche und Förderschwerpunkte. Der Begriff der „Förderung" ist unkritisch in Verwaltungsdokumente, Gesetzestexte, Schul- und Unterrichtsplanungen eingeflossen. Eine wissenschaftlich fundierte Debatte zum Begriff der „Förderung" ist bis heute ausgeblieben. Das Verhältnis von Förderung und Bildung, Erziehung bzw. Therapie müsste ausgelotet werden.

> *„Nach Feststellung eines `sonderpädagogischen Förderbedarfs` eines Schülers wird er auch in als integrativ oder inklusiv bezeichneten Unterrichtsform `gefördert`. Von `Bildung` im Sinne der `Bildungstheorie der geisteswissenschaftlichen Pädagogik` ist nicht die Rede. Dahinter verdeutlicht sich nicht nur eine mehr oder weniger verdeckte Beibehaltung einer defizitorientierten, am medizinisch-psychiatrischen Modell ausgerichteten Auffassung von Behinderung, sondern auch der Verlust allgemeindidaktischen Denkens" (Feuser 2011, S. 87).*

Wird Bildung und Erziehung individuell am Sein und Werden jedes Kindes und jedes Jugendlichen betrachtet, so wird der Begriff der „Förderung", vor allem der Begriff des „sonderpädagogischen Förderbedarfs", überflüssig. Bildung und Erziehung sind stets auch Förderung (im Sinne von Unterstützung), zugleich aber auch Forderung. Dabei ist Makarenkos Grundprinzip maßgeblich: „...möglichst hohe Forderungen an einen Menschen, gleichzeitig aber auch höchste Achtung vor ihm" (Makarenko V, 1974, 238). Anerkennung und Wertschätzung gelten als grundlegende Prämissen einer Allgemeinen Pädagogik.

Behinderung führt uns vor Augen, wie Anerkennung außer Kraft gesetzt wird (werden kann), insbesondere dann, wenn der Zugang zu gesellschaftlich anerkannten Feldern erschwert oder verhindert wird. Inklusion zielt darauf ab, diesen Zugang zu ermöglichen und über diesen in Kooperation und Kommunikation mit anderen zu treten und darüber hinaus die Reichhaltigkeit und Mannigfaltigkeit menschlichen Lebens zu erfahren.

## 4 Der Blick aufs Ganze

In der pädagogischen Fachliteratur werden immer wieder Versuche unternommen, „Inklusion" genauer bestimmen zu wollen. Es sind Leitprämissen der Inklusion entstanden, die je nach Autor bzw. Autorin unterschiedliche Akzentuierung erfahren. Zumeist wird der Bezug zur Umsetzung der UN-BRK hergestellt und im Kontext von Pädagogik der Artikel 24 „Bildung" herangezogen.

Gesellschaftliche Mechanismen der Ausgrenzung, Marginalisierung, Stigmatisierung und Diskriminierung werden in der Diskussion, wenn überhaupt, dann nur am Rande erwähnt. Wie kann Inklusion gelingen, wenn Behinderung vordergründig negativ konnotiert und die Kinder und Jugendlichen in der Schule mit dem Etikett „sonderpädagogischer Förderbedarf" versehen werden? Wie können sich Bilder und Vorstellungen verändern? Kann mit Inklusion gesellschaftliche Veränderung angestoßen werden oder ist Inklusion die Folge von dieser? Diese oder ähnliche Fragen stellen sich zwangsläufig und zielen darauf ab, Exklusionsrisiken und -praktiken zu analysieren sowie Möglichkeitsräume für nicht ausgrenzendes gemeinsames Leben, Lernen, Spielen und Arbeiten zu suchen bzw. zu schaffen.

Schule zielt nach wie vor auf normierte Abschlüsse, die als „institutionalisiertes Kapital" (vgl. Bourdieu) notwendig für eine berufliche Ausbildung und den Eintritt in das Feld der (Erwerbs-)Arbeit sind. Ein Großteil der Schülerinnen und Schüler, vor allem diese mit „Förderbedarf", erwerben die Abschlüsse nicht, was per se ein Exklusionsrisiko darstellt. Ob es im Zuge der Entwicklung mit Blick auf Inklusion dazu kommt, nicht mehr an „formalen Bildungsabschlüssen" festzuhalten, sondern an individuellen Potenzialen, kann derzeit nicht beantwortet werden (vgl. auch Wansing 2012, S. 391). Der Abschluss dient der „Vermarktung" und ist im Grunde ein Merkmal der Ökonomisierung der Bildung, ebenso wie das Normieren über Bildungsstandards oder ausgefeilte Qualitätskontrollen. Diese Prüfungen zielen darauf ab, Lernen und Entwicklung „mit ingenieursmathematischen Mitteln verobjektivieren, vermessen und optimieren" (Zimpel 2010, S. 11) zu wollen. Inklusion ist eine Gesellschaftsaufgabe:

> „Inklusion, kritisch gedacht und radikal gestaltet, würde dieser Gesellschaft in der Tat ein neues, ein verändertes Gesicht geben. Empathie, Entschleunigung, Solidarität, Konkurrenzreduktion, Toleranz und eine Lebensführung ohne primär ökonomische Rationalität, das sind nur einige Aspekte einer inklusiveren Gesellschaft, die auch die Normen des gesellschaftlichen Lebens nicht ungeschoren lassen" (Becker 2015, S. 17f.).

Nicht nur eine Analyse gesellschaftlicher, sozialer, politischer, pädagogischer Bedingungen führt im Orientierungsrahmen Inklusion dazu, uns dazu verständigen zu müssen, wie wir in Gemeinschaften bzw. in der Gesellschaft gemeinsam leben wollen und welche Lebensbedingungen wir anderen und uns zumuten (wollen). Vielmehr geht es um die Frage der anthropologischen Grundlage unseres Denkens und Handelns, welche schließlich für *alle* gelten muss. Peter Rödler setzt die „Unbestimmtheit ...als das entscheidende Merkmal der Gattung Mensch" (Rödler 2002, S. 231), welche „unschwer auf alle Menschen zu übertragen" (ebd.) ist. Dabei ist die Unbestimmtheit des Menschen nicht mit Beliebigkeit zu verwechseln. Unbestimmt heißt, prinzipiell entwicklungsoffen zu denken. Dabei ist der Mensch auf andere angewiesen. „Der Mensch wird am Du zum Ich" (Buber 1965, S. 32). So ist die Basis für eine nicht ausgrenzende Pädagogik gelegt. Die Verantwortung der Lehrperson oder anderer Teammitarbeiterinnen ist es, ein geeignetes Gegenüber *(Du)* anzubieten, an dem das jeweilige *Ich* des Anderen wachsen und sich entwickeln kann. Dieses ist eine Herausforderung. Keine normierten Forderungen bestimmen den pädagogischen Prozess, sondern auf Seiten der Lehrpersonen und im Team Mitarbeitenden das Konzipieren eines Möglichkeitsraumes für Lernen und Entwicklung sowie auf Seiten der Schülerinnen und Schülern die Gelegenheit, diesen als solchen zu nutzen oder aber diesen nach ihren Bedürfnissen und Interessen zu verändern. Das, was zumeist als „Unterrichtsstörung" von Lehrpersonen wahrgenommen wird, ist ein deutliches Zeichen für notwendige Veränderungen des Möglichkeitsraumes für Lernen und Entwicklung.

Bei Behinderungen, Lernschwierigkeiten oder Syndromen sind zumeist kreative pädagogische Ideen zu entwickeln. Auf der Basis hier skizzierter anthropologischer Grundlagen, geht es in der Diagnostik und Pädagogik immer darum, Verständnis für etwas (z.B. Verhalten oder Handeln) zu erlangen bzw. Erklärung(en) dafür zu finden. Das ist ohne den betreffenden Menschen zumeist nicht möglich. Beispiele dafür liegen vor im Kontext der „Rehistorisierenden Diagnostik" (vgl. Jantzen & Lanwer-Koppelin; Ziemen 2003; 2013); der Systemischen Syndromanalyse Andrè Frank Zimpels (vgl. Zimpel 2010) oder der Romantischen Wissenschaft des Neuropsychologen Alexander R. Lurias und des Neurologen Oliver Sacks (1998). Diese grundlegende Art und Weise, sich der Diagnose und dem Menschen zu nähern, ist für die pädagogische Arbeit fruchtbar bzw. in Zukunft weiterzuentwickeln.

*Literatur*

Beauftragte der Bundesregierung für die Belange behinderter Menschen (2014): Inklusion bewegt. Die UN-Behindertenrechtskonvention. Übereinkommen über die Rechte von Menschen mit Behinderungen. Berlin.

Becker, U. (2015): Die Inklusionslüge. Behinderung im flexiblen Kapitalismus. Bielefeld: Transcript.

Bourdieu, P. (2001): Wie die Kultur zum Bauern kommt. Hamburg: VSA-Verlag.

Breitenbach, D. (1998): Gefährten auf dem Weg zur gemeinsamen Schule. In: A. Hildeschmidt & I. Schnell (Hrsg.): Integrationspädagogik. Auf dem Weg zu einer Schule für alle. Weinheim und München: Juventa, S. 11-18.

Degener, T. & Siehl, E. (2015): Handbuch Behindertenrechtskonvention. Teilhabe als Menschenrecht – Inklusion als gesellschaftliche Aufgabe. Bundeszentrale für politische Bildung, Bonn.

Deutscher Bildungsrat (1974): Zur pädagogischen Förderung behinderter und von Behinderung bedrohter Kinder und Jugendlicher. Empfehlungen der Bildungskommission. Stuttgart.

Dichans, W. (1993): Der Kindergarten als Lebensraum für behinderte und nichtbehinderte Kinder. Kohlhammer, Köln.

Frehe, H. (2003): Europäisches Jahr der Menschen mit Behinderung. In: Geistige Behinderung, H. 1, S. 1-3.

Feuser, G. (1995): Kinder und Jugendliche zwischen Integration und Ausgrenzung. Darmstadt: Wissenschaftliche Buchgesellschaft.

Feuser, G. (1998): Gemeinsames Lernen am gemeinsamen Gegenstand. Didaktisches Fundamentum einer Allgemeinen (integrativen) Pädagogik. In: A. Hildeschmidt & I. Schnell (Hrsg.): Integrationspädagogik. Auf dem Weg zu einer Schule für alle. Weinheim und München: Juventa, S. 19-36.

Feuser, G. (2011): Entwicklungslogische Didaktik. In: A. Kaiser et.al. (Hrsg.): Didaktik und Unterricht. Band 4. Des Enzyklopädischen Handbuches der Behindertenpädagogik: Behinderung, Bildung, Partizipation. Stuttgart: Kohlhammer, S. 86-100.

Feuser, G. (2013). Die `Kooperation am Gemeinsamen Gegenstand` - ein Entwicklung induzierendes Lernen. In: G. Feuser & J. Kutscher (Hrsg.): Entwicklung und Lernen. Band 7 des Enzyklopädischen Handbuches der Behindertenpädagogik: Behinderung, Bildung, Partizipation. Stuttgart: Kohlhammer, S. 282-293.

Feuser, G. (2015): Inklusion. Eine Forderung nach Gleichheit, Solidarität und Bildungsgerechtigkeit. In: Behindertenpädagogik, 54 Jg., H. 3, S. 257-270.

Langner, A. (2012): Inklusion eine „enorme Kraftanstrengung" für Eltern. Bestandsaufnahme. Neu-Ulm: SPAK-Verlag.

Haeberlin, U. (1998): Das Scheitern der schulischen Integrationsbewegung verhindern! In: A. Hildeschmidt & I. Schnell (Hrsg.): Integrationspädagogik. Auf dem Weg zu einer Schule für alle. Weinheim/München: Juventa, 161-178.

Jantzen, W. & Lanwer-Koppelin, W. (1996): Diagnostik als Rehistorisierung. Berlin: Marhold

Konferenz der Kultusminister der Länder in der Bundesrepublik Deutschland (KMK) (1972): Empfehlung zur Ordnung des Sonderschulwesens.

Konferenz der Kultusminister der Länder in der Bundesrepublik Deutschland (KMK) (1994): Empfehlungen zur sonderpädagogischen Förderung in den Schulen der Bundesrepublik Deutschland. http://www.kmk.org/fileadmin/

Konferenz der Kultusminister der Länder in der Bundesrepublik Deutschland (KMK) (1980): Empfehlungen für den Unterricht in der Schule für Geistigbehinderte. Luchterhand, Neuied.

Konferenz der Kultusminister der Länder (2014): Sonderpädagogische Förderung in Schulen 2003-2012. Dokumentation Nr. 202. http://www.kmk.org/fileadmin/pdf/statistik /Dokumentationen

Makarenko, A. S. (1974): Makarenko-Werke, Bd. Berlin (DDR): V. Volk und Wissen.

Niedecken, D. (1998): Namenlos. Geistig Behinderte verstehen. Berlin: Luchterhand, Neuwied, Kriftel.

Rödler, P. (2002): Rehistorisierung als Konstruktion. In: G. Feuser & E. Berger (Hrsg.): Erkennen und Handeln – Momente einer kulturhistorischen (Behinderten-)Pädagogik und Therapie. Berlin: Pro Business, S. 221-245.

Sacks, O. (1998): Der Mann, der seine Frau mit einem Hut verwechselte. Hamburg: Rowohlt, Reinbek.

Textor, A. (2015): Einführung in die Inklusionspädagogik. Bad Heilbrunn: Klinkhardt.

United Nations (2009): Übereinkommen über die Rechte von Menschen mit Behinderungen. http://institut-fuer-menschenrechte.de.

UNESCO (1994): The Salamanca-Statement und Framework for Action on Special Needs Education. World Conference on Special Needs Education: Access and Quality. http://unesdoc.unesco.org

Wansing, G. (2012): Inklusion in einer exklusiven Gesellschaft. Oder: Wie der Arbeitsmerkt Teilhabe behindert. In: BHP, H. 4, S. 381-396.

Ziemen, K. (2002): Kompetenz und Behinderung. In: G. Feuser & E. Berger (Hrsg.) Erkennen und Handeln – Momente einer kulturhistorischen (Behinderten-)Pädagogik und Therapie. Berlin: Pro Business, 192-207.

Ziemen, K. (2003): Integrative Pädagogik und Didaktik. Aachen: Shaker.

Ziemen, K. (2004): Familien mit behinderten Kindern und Jugendlichen. In: Behinderte, H. 6, S. 48-59.

Ziemen, K. (2008): Reflexive Didaktik. Annäherungen an eine Schule für alle. Oberhausen: Athena.

Ziemen, K. (2013): Kompetenz für Inklusion. Göttingen: Vandenhoeck & Ruprecht.

Zimpel, A. F. (2010): Zwischen Neurobiologie und Bildung. Göttingen: Vandenhoeck & Ruprecht.

*Heinz Metzen*

# Vom Evidenz- zum Lernparadigma empirisch-pädagogischer Forschung

## Entwurf einer integrativen Forschungsmethodik

### Zusammenfassung

Fortschritte bei der sozialen und pädagogischen Inklusion bedürfen auch der Unterstützung durch die empirisch-pädagogische Forschung (EPF). Dass die EPF diese Unterstützung nur unzureichend leistet, hat viele Gründe. Diese Abhandlung möchte einen forschungsinternen Grund behandeln. Ich nenne ihn die in der EPF vorherrschende „*Methodologische Segregation*". Diese findet ihren Ausdruck vor allem in der sachfremden Trennung von Forschenden und Beforschten, von verfügbarem und genutztem Wissen, von Forschungsziel und Erkenntnisbedarf, von Forschungsfrage und Forschungsmethodik, von Forschungsprozess und Forschungsbericht, von methodologisch-dokumentarischer Konvention und methodischer Objektangemessenheit, von Komplexität des Forschungsfeldes und Begrenztheit der Forschungskapazitäten und vor allem von konkurrierender Trennung der unterschiedlichen Forschungsansätze. Epistemisch ist die szientistische Segregation ebenso wie die schulisch-unterrichtliche Segregation eng verbunden mit einer eingeschränkten Lernqualität.

Dieser Artikel belegt diese problematische Situation der EPF anhand ausgewählter methodenkritischer Reviews. Eine Lösung wird im Entwurf einer integrativen, systemisch angelegten Skizze von realistischer Wissenschaftstheorie, verschiedenen pragmatistisch-systemischen Methodologien und einigen praktisch-methodischen Verfahren der Forschungsprozessorganisation versucht. So ergibt sich eine Forschungsmethodik, die die konventionellen Vorgehensweisen nicht ersetzt, aber wirkungsvoll ergänzt. Deshalb könnte sie als *Forschungsmethodik 2. Ordnung* charakterisiert werden. Alle ihre Ingredienzien sind nicht neu, wenn auch vielleicht nicht überall üblich. Sie sind alle praxiserprobt und ohne großen Mehraufwand selbst in kleineren Forschungsvorhaben anwendbar. Neu ist der Versuch der Überwindung konventioneller methodologischer Barrieren und, dass der Kreativität und dem Lernen im Forschungsprozess ein methodisch gestützter, größerer Spielraum gewährt wird.

## 1    Einleitung und Kontext

Seit der Arbeit an meiner Dissertation zur forschungsmethodischen Qualität von Evaluationsstudien in der Auswärtigen Kulturpolitik der Bundesrepublik Deutschland (Metzen 1977) bewegt mich das Problem einer validen und belastbaren Forschungsmethodik im pädagogischen Bereich. Inzwischen hat sich meine Sicht auf dieses Problem erheblich erweitert. Zur Forschungslogik im engeren methodischen Sinne haben sich Fragen nach der Wissenschaftspolitik, der Praxisrelevanz, der Wissenschaftstheorie, der Professionalisierung und der Forschungsorganisation gesellt. Das gesamte Problemfeld ist so weit gespannt und so komplex, dass die Frage nach den Ursachen des mangelnden Beitrags der EPF zur Lösung der anstehenden Integrationsaufgaben in der Pädagogik im Rahmen eines kurzen Essays unmöglich zu beantworten ist.

Die Auswahl des hier darstellbaren Schwerpunktes hat keinen systematischen Hintergrund, sondern orientiert sich – der Thematik des Bandes entsprechend – an der dokumentierten und z. T. vom Autor miterlebten Forschungspraxis von Ursula Carle: lebensnah, entwickelnd, persönlich, systemisch und pragmatistisch, Forschung als *Begleitforschung*, dem praktischen Problem und potenziellen Lösungen beim Entwicklungsprozess der Schulen mit den Akteuren der verschiedenen Ebenen mehrperspektivisch auf die Spur kommend.

## 2 Exemplarische Belege für die unbefriedigende Situation der EPF

Ihren Niederschlag findet die „vorherrschende methodologische Segregation" der empirisch-pädagogischen Forschung vor allem in der dokumentarisch, theoretisch und methodisch kaum nachvollziehbaren Struktur nahezu aller publizierten empirisch-pädagogischen Forschungsberichte, Essays und Artikel. Dadurch bleibt die *Rolle der Forschenden sowie der Beforschten* in diesen Dokumenten im Verborgenen. Das behindert die Forschungs- und Anwendungsgemeinschaften bei der Nutzung dieser Forschungsbefunde und bei ihrer Professionalisierung. Und es beeinträchtigt die Forschenden bei ihrem Lernen und bei ihrem Erkenntnisgewinn im Forschungsprozess sowie bei ihrer professionellen Entwicklung. Ob tatsächlich oder nur den dokumentarischen Schwächen geschuldet, – es finden sich bei EPF-Dokumenten in der Regel eine unterkomplexe und deshalb gegenstandsunangemessene methodische Anlage der Forschungsvorhaben. Hierzu als Beleg einige ausgewählte, methodenkritische Reviews.

Noch eine Vorbemerkung: Das Urteil „vorherrschende methodologische Segregation" schließt das bunte Neben- und Gegeneinander der verschiedenen forschungsmethodischen „Schulen" nachdrücklich aus. Mit Paul Feyerabend bin ich sogar der Meinung, dass ein *theoretischer und methodischer Pluralismus* dem Wissensfortschritt mehr dient als ein diesbezüglicher rigider Monismus (Feyerabend 2002, S. 15). Diese Forderung ist pragmatischer Natur und folgt der Logik, dass kluge Vielfalt besser ist als beschränkte Standardisierung. Und sie folgt einem vernichtenden Urteil, zu dem Paul Feyerabend Mitte der 1960er-Jahre gelangte, nachdem er die Kohärenz von Empiristischer Wissenschaftstheorie und der diese für sich reklamierenden, praktischen Laborforschung in der Physik untersucht hatte. Weder Kopernikus, Galilei, Newton oder die modernen Quantenphysikerinnen und -physiker haben sich je in ihrer praktischen Forschung an das gehalten, was wir wissenschaftstheoretisch als Empirismus bezeichnen: Das Primat des Empirischen und die Trennung von Theorie und Beobachtung. Hätten sie sich daran gehalten, was Physikerinnen und Physiker spätestens seit Newton als forschungsbestimmend predigen, sähen wir die Erde wahrscheinlich noch als Scheibe, um die sich die Sonne wärmend dreht. Auch fünfzig Jahre später kann Feyerabends Urteil ohne Abstriche auf das Verhältnis von Wissenschaftstheorie und Forschungspraxis in der empirisch-pädagogischen Forschung übertragen werden. Den Nachweis dazu werde ich an dieser Stelle schuldig bleiben. Was ich aber im Folgenden etwas weiter auszuführen und zu begründen versuche, sind die erheblichen theoretischen und methodischen Schwächen, die die EPF kennzeichnen und für die auch das Wissenschaftsverständnis eine wichtige Rolle spielt.

Die empirisch-pädagogische Forschung hat noch keine eigene Forschungsidentität aufgebaut, folgt vielmehr weitgehend dem über die Psychologie vermittelten *For-*

*schungsmodell der Medizin*[1]. Dabei reproduziert sie auch deren Probleme, steckt das medizinische Forschungsmodell doch aktuell in einer tiefgreifenden Krise. Das jedenfalls deuten zwei Ereignisse der jüngeren Zeit an. Prof. Dr. Richard Horton FMedSci, Chefredakteur und Herausgeber der angesehensten medizinischen Zeitschrift der Welt, The Lancet, veröffentlichte im Frühjahr 2015 ein erschütterndes Eingeständnis: Eine erschreckende Zahl wissenschaftlicher pharmazeutisch-medizinischer Publikationen sei bestenfalls unzuverlässig, wenn nicht völlig falsch oder sogar betrügerisch. Erst vor kurzem unterstrich er noch einmal den Ernst der Publikationsmisere in der medizinischen Forschungsliteratur, indem er die Herausgeberinnen und Herausgeber medizinischer Forschungsorgane beschuldigte, für die „Krankheit des heutigen Verlagswesens", für die „Verwüstungen des wissenschaftlichen Publizierens" und für die „Verödung der Herausgeberidentität" verantwortlich zu sein (Horton 2015; 2016; freie Übersetzung des Verfassers). Ein weiteres Problem bildet die vorherrschende testexperimentelle Effektmaß-Methodologie sowie die metaanalytische Forschungssynthese der „Evidenzbasierten Medizin". Bereits 2003 forderte die WHO Reproductive Health Library zur Gewinnung verlässlicher Daten „große und einfache Wirkungsstudien/ Large simple trials" (vgl. Villar & Duley 2003). Zehn Jahre später pocht das US-amerikanische Institute of Medicine der National Academy of Sciences auf dasselbe methodologische Vorgehen für die gesamte biomedizinische Forschung der USA (vgl. Grossmann, Sanders & English 2013). Damit ist der naturalistisch-medizinische Positivismus kein Vorbild mehr für die empirisch-pädagogische Forschung. Weder die anwendungsnahen test-experimentellen Effektmaßstudien noch ihre statistisch-metaanalytische Synthesen erbringen in der Medizin und noch viel weniger in der Pädagogik anwendbare und zuverlässige Erkenntnisse.

Doch selbst wenn man die Konsequenzen aus diesen metawissenschaftlichen Ertragsanalysen außer Acht ließe, folgen auch heute noch viele empirisch-pädagogische Studien nicht einmal dem methodologisch angestrebten Vorgehensmuster. Im Gegenteil, die allermeisten Studien entsprechen methodisch ausnahmslos der unzureichenden Qualität, wie sie Anthony Onwuegbuzie und Larry Daniel bereits 2003 in einer Literaturübersicht zu *Analyse- und Interpretationsfehlern* in qualitativen und quantitativen Forschungsstudien aus der Pädagogik belegen. Dazu untersuchten sie rund 200 Studien zur Qualität von wissenschaftlichen Forschungsberichten. Ihr beinahe erschütternder Befund (ebd., S. 23 f):

> *„Eine Vielzahl von analytischen und interpretatorischen Fehlern findet sich sowohl in der quantitativen wie auch in der qualitativen Forschung. Auf der Grundlage der Häufigkeit der identifizierten Fehler muss man sich fragen, wie viel Prozent der veröffentlichten pädagogischen Forschungsergebnisse ungültig sind. Auf jeden Fall wird deutlich, dass man Studien mit äußerster Vorsicht begegnen sollte, bei deren Durchführung quantitativer wie qualitativer Analysen der Komplexitätsgrad des Gegenstandes unberücksichtigt blieb. Dabei bildet der Einsatz von anspruchsvollen analytischen Techniken und aufwendiger Computer-*

---

[1] Zum Beleg für die bis in die siebziger Jahre wirksame Hegemonie des medizinischen Forschungsparadigmas: Bildung und Soziales gehörten in den USA bis 1979 zum Gesundheits-Ministerium. Das Head Start Programm der Johnson-Regierung und seine Evaluation durch die Westinghouse Learning Corporation liefern ein ebenso konkretes wie krasses Beispiel für die Dominanz der Medizinerinnen und Mediziner in den Bildungs- und Sozialprogrammen. In Deutschland war die medizinische Schuleingangsuntersuchung lange Pflicht und hatte bis vor wenigen Jahren noch erheblichen Einfluss auf die pädagogischen Fragen der Zurückstellung bzw. der Förderschulüberweisung.

*Software keinen Ersatz für die genaue Kenntnis der zugrunde liegenden Daten und die sorgfältige Prüfung aller Vorannahmen" (freie Übersetzung d. A.).*

Für einen Beitrag im „Handbuch frühkindliche Bildungsforschung" (Stamm & Edelmann 2013) untersuchten Ursula Carle und der Autor die *Entwicklung der Evaluationsforschung* in den rund 50 Jahren ihrer öffentlichen Anwendung auf große frühpädagogische Förderprogramme. Das Positive: Die Evaluation hat sich zu einer weltweit beachtlichen Profession entwickelt. Das Negative: Heute streiten über hundert unterschiedliche Ansätze an methodischen Zugängen bzw. inhaltlichen Nutzenargumenten. Diese Evaluationsparzellen werden von großen und kleinen Lehnsherrinnen und -herren (Scriven 2004: „Fiefdom Problem") eifersüchtig verteidigt. Im frühkindlichen Bereich produzierten deren Evaluationen jedoch überwiegend Befunde, die den untersuchten Entwicklungsvorhaben mehr oder weniger Wirkungslosigkeit attestieren (Carle & Metzen 2012, S. 857 ff).

Nach unserer Analyse haben die Evaluations- und die frühpädagogischen Förder- bzw. Entwicklungsprogramme noch nicht die *institutionelle und professionelle Autonomie* erreicht, die zur gegenseitigen Befruchtung notwendig wäre. Der Evaluation mangelt es überwiegend noch an der Fähigkeit, sich als Teilfunktion eines Unterstützungssystems für diese Förderprogramme zu sehen, ohne dabei ihre wissenschaftlichen Standards und Forschungsinteressen aufzugeben. Auch die Frühpädagogik sieht sich bis dato noch kaum imstande, der Evaluation auf Augenhöhe zu begegnen und sie als notwendige Entwicklungsbedingung zu verstehen und zu nutzen.

> *„Beide Disziplinen stehen also vor diesem letzten Schritt hin zu einem beginnenden koevolutiven Verhältnis. Dieser letzte Schritt verlangt von der wissenschaftlichen Evaluation die Überwindung überkommener naturwissenschaftlich-medizinischer Forschungsstrategien. Das Verhältnis des Förderprogramm-Evaluations-Soziotops zum gesellschaftlichen Umfeld verdiente ebenfalls eine vertiefte Betrachtung. Schliesslich bestimmt das gesellschaftliche Interesse an beiden Disziplinen, ob ihnen weitere Entwicklungsressourcen zur Verfügung gestellt werden. Allerdings ist dieses Äußere auch aus der historischen Perspektive durchaus zwiespältig zu sehen. So kam insbesondere der Evaluation bislang in Bezug auf den Prozess der demokratischen und prosozialen Verantwortungsübernahme eine nicht selten äußerst ambivalente Rolle zu. Sie wurde sowohl als Hilfsmittel eingesetzt, um aus Erfolgen wie aus Misserfolgen der Förderprogrammentwicklung zu lernen. Sie wurde aber auch missbraucht, um das „Gelernte" als Argument in entwicklungsfeindliche politische Entscheidungsprozesse einfliessen zu lassen. Auch hiergegen würde eine vertiefte Kooperation wappnen" (Carle & Metzen 2013, S. 869 f).*

Abgesehen von diesen lähmenden institutionellen und bildungs- bzw. sozialpolitischen Problemen der Evaluationsdisziplin, litten die meisten Studien – besser: Publikationen der Studien – unter methodischen Schwächen und unzureichender Gegenstandsangemessenheit ihrer Erhebungen. Dieser Befund lässt sich unserer Meinung nach auf viele Bereiche der empirisch-pädagogischen Forschung übertragen, wie eine Expertise derselben Autoren zum Wirksamkeitsnachweis des „Jahrgangsübergreifenden Lernens (JüL)" ergab (Carle & Metzen 2014). Das für den Grundschulverband erstellte Gutachten gelangt zu einem, den methodologischen Mainstream in der Pädagogik düpierenden Befund. Die umsetzungsnahen Praxisberichte ergeben insgesamt ein umfassenderes und pädagogisch tragfähigeres Bild von den Gestaltungsbedingungen und Wirkungspotenzialen des JüL als die insgesamt siebzig Jahre umfassenden, mehr als hundert

„quantitativen" (testexperimentellen Effektmaß-) Studien – einschließlich des mangelhaften Effektmaßmittelungskalküls von John Hattie (ders. 2013; zur Kritik s. Carle & Metzen 2014, S. 7, 90, 93, 105, 109).

> *„Obwohl die schulische Praxis von der Bewährung des JüL überzeugt ist, hört die Bildungspolitik heutzutage eher auf die Stimme der testexperimentell orientierten Wirkungsforschung. Im Kapitel 5 zeigt das Studium von rund 40 Reviews (mit über 600 angegebenen, sich z.t. überschneidenden Primärquellen) sowie etwa einem Dutzend Primärstudien zum jahrgangsgemischten Unterricht zwischen 1938 und 2013, dass das testexperimentelle Forschungsparadigma seinen Ruf als »Goldstandard« der empirischen Wirkungsforschung im Bereich des Jahrgangsübergreifenden Lernens nicht gerecht wird. Die unbefriedigenden Wirkungsaussagen zum JüL aus testexperimentellen Studien lassen sich empirisch kaum nachvollziehen und entstammen wohl überwiegend dem Wunschdenken der Forschenden und ihrer Auftraggeber" (Carle & Metzen 2014, S. 126).*

Viele dieser Studien beruhen auf einfachen Testleistungsvergleichen. Dazu resümierte erst jüngst ein Review mittelamerikanischer, pädagogischer Psychologinnen und Psychologen zur *Validitätsproblematik von Schulleistungstests*, dass hinreichende Beweise für die Gültigkeit der pädagogischen Test-Leistungsmaße entweder nicht vorliegen, nicht berichtet werden oder für eine unabhängige Überprüfung nicht zugänglich sind (s. Della-Piana, Kubo Della-Piana & Gardner 2015). So kann abschließend das Sample der hier in Betracht gezogenen fremden und eigenen methodologischen Reviews wohl als eine quantitativ wie international repräsentativ erscheinende Zahl empirisch-pädagogischer Forschungsstudien angesehen werden. Die Evidenz der methodologischen Kritikpunkte an der empirisch-pädagogischen Forschung kann also als ausreichend belegt gelten.

Und damit sind wir wieder bei meinem unguten Gefühl, das mich während meiner Arbeit an meiner Dissertation vor gut vierzig Jahren beschlich: „Wissenschaftstheorien" gehören zwar zur Pflichtrhetorik jeder empirisch arbeitenden Pädagogin bzw. jedes Pädagogen, aber in keiner der so nobilisierten Arbeiten schlug sich der hohe Anspruch auch nur andeutungsweise methodologisch nieder. Oder besser gesagt: In den so verzierten Berichten über die empirische Forschung fand sich keine Vorgehensweise, die wissenschaftstheoretisch nachvollziehbar begründet gewesen wäre. Im Gegenteil, die meisten Berichte empirischer Untersuchungen, die mir seit diesen Tagen begegneten, entsprachen noch nicht einmal den grundlegenden methodischen Ansprüchen der Sozialforschung (als ein Exempel für diese Standards s. Friedrichs 1999).

Der folgende methodologische Entwurf versucht eine positive Wendung der wichtigsten Kritikpunkte mit einem integrativen Impetus auf mehreren Strukturebenen. Ein kritisches Moment bleibt davon ausgenommen: die große Lücke zwischen den allerorten hoch gehaltenen Methodologien bzw. Wissenschaftstheorien und der beobachteten wie der dokumentierten Forschungspraxis.

## 3 Die Logik der neuen Forschungsmethodik

Zur hinreichenden Charakterisierung eines neuen methodologischen Paradigmas sind in mindestens vier Kernbereichen Klärungen notwendig: (1) Die wissenschaftsphilosophischen Annahmen und Haltungen, (2) die neue Untersuchungslogik (Methodologie), (3) die zusätzlichen Methoden, Techniken und Leitlinien für die Forschungspraxis sowie (4) die sozialen und politischen Verpflichtungen der Forschenden (nach Green

2006; Onwuegbuzie, Johnson & Collins 2009). Dass im Folgenden der vierte, der sozialpolitische Bereich außer Acht gelassen wird, ist der Ökonomie dieses Beitrags geschuldet. Der einleitende Bezug zur Integrationspädagogik mag als Andeutung der Ausrichtung dieses fehlenden Aspektes erst einmal genügen.

Die hier unterstellte *Ertragsarmut*[2] *der empirisch-pädagogischen Forschung* für die Integrationspädagogik und für viele andere pädagogische Arbeitsfelder hat – wie schon angedeutet – neben anderen vor allem methodologische und methodisch-technische Ursachen. Darüber hinaus stehen die „Soft Sciences", zu denen die Pädagogik gehört, hinsichtlich ihres Forschungsgegenstandes vor zusätzlichen „Hard Problems" – wie Heinz von Foerster immer wieder sprachspielerisch betonte. Ihr Gegenstand konstituiert sich nicht nur aus naturwissenschaftlichen Faktoren, sondern zudem aus medizinischen, sozialen und kognitiven Gegebenheiten plus deren Wechselwirkungen. Dass zur Erforschung dieses meta-disziplinären Komplexes die einfachen Werkzeuge der „harten" Natur- und Technikwissenschaften zu wenig griffig sind, liegt auf der Hand. Dieser leicht nachvollziehbare Konflikt wird bis dato vom test-experimentellen Effektmaß-Mainstream weitgehend ignoriert. Was also bietet eine Lösung des „harten" methodologischen Problems der „weichen" Pädagogikforschung? Wie angekündigt soll eine „*integrative Forschungsmethodik*" diese Lösung bieten. Deren Kernmoment bildet die Integration verschiedener Ebenen und Phasen der wissenschaftlichen Kooperation und Kommunikation. Und diese sind ihre Hauptingredienzen (bereits angedeutet, skizziert und z. T. ausgearbeitet in Carle 2000):

- eine „realistische Wissenschaftsauffassung" mit den methodischen Konsequenzen
- die Explikation des Forscherinnen- bzw. Forschererlebens und Handelns (Protokollreflexion, Wirkungsmodell, Hypothesenentwicklung, Entscheidungsmatrizen)
- die Integration der Beforschten in den Forschungsprozess
- die Notwendigkeit von Feldkompetenz auf Seiten der Forschenden und von Forschungskompetenz auf Seiten der „Beforschten"
- die Verbesserung der Forschungsprozessorganisation
- die Anwendung von „Komplexmethoden" als Erhebungsinstrumente
- die intensivere und detailliertere, der Reflexion und Überprüfung zugängliche Forschungsprozessdokumentation und
- die Trennung dieser Forschungsdokumentation von der Berichtspublikation[3].

## 3.1. *Forschungsmethodik und Forscher- bzw. Forscherinnenerleben*

„Forschungsmethodik 2.0" lehnt sich an die Bezeichnungsform des sozialen Konstruktivismus an (Foester 1993, S. 60 ff). Danach beobachten die Forscherinnen und For-

---

[2] Ertragsarmut weniger die Forschenden, denn Ertrag gibt es für sie genug. Denn die Scientific Community goutiert die Forschung wesentlich über die nachgewiesene Zugehörigkeit zu der jeweiligen Methodenrichtung. Da sich die „Schulen" immer mehr aufsplitten, darf man sich nur dort verorten und entsprechend eng binden. Wissenschaft schafft nicht *mehr* Wissen, sondern eine immer bessere Abgrenzung von methodisch illegitimen Schulen. Das forschende Handeln ist somit defensiv, nicht expansiv orientiert. Der Ertrag wird über die Abwehr von Rufschäden und Ausschlüssen ausgezahlt.

[3] Der sich hier anbietende Vorwurf der erneuten „Segregation" stimmt insofern nicht, als Ideen zur Publikation sehr wohl forschungsprozessbegleitend gesammelt werden sollten. Die Separation der Berichtspublikation ergibt sich als eine Reaktion auf die vorherrschende Vermischung von Publikation und Forschungsprozessdokumentation, worunter beide leiden; zudem folgt diese Trennung der Forschungsschritte-Logik.

scher nicht nur den Forschungsgegenstand im Forschungsfeld, sondern auch sich, d. h. ihr Beobachten, Reflektieren und Handeln im Forschungsprozess. Dieser Sicht liegt die Annahme zugrunde, dass die Trennung zwischen den Beobachtenden bzw. Forschenden und den Beforschten bzw. dem Forschungsgegenstand im sozialen Feld praktisch unmöglich ist. Im Gegensatz zu rein stofflich-energetischen Naturwissenschaften „äußert" der Gegenstand der Pädagogik seine Reaktionen nicht als unpersönliche, „objektive" Evidenzen, die er zwischen sich und den Forschenden auf einen imaginären Labortisch legt. Vielmehr manifestiert sich die pädagogische Evidenz seiner Interaktionen mit uns und die unseres Handelns mit dem Gegenstand vor allem in Form unseres Erlebens (bewusst und unbewusst). Diese inter- und intrapersonale Manifestation der sozialen Reaktionen auf die Intervention im Forschungsfeld ist uns nur über die Explikation unseres Erlebens und unseres Handelns inklusive der ihm zugrunde liegenden Kenntnisse und Überzeugungen sowie über die Explikation zugänglich. Die Daten der Verhaltensprotokolle dienen dabei primär als Erinnerungsstützen und sekundär als kategorial-mengenmäßige Reflexionshilfe. Die integrative Forschungsmethodik geht diese *Explikation des Erlebens der Forschendengemeinschaft*[4] methodisch an. Sie sucht nach Werkzeugen zur Unterstützung dieser Selbstreflexion und nach Möglichkeiten, an dieser Selbstreflexion auch externe Fachkundige und die Forschungs-Stakeholder teilnehmen zu lassen.

Dahingegen betrachtet die empiristisch-experimentelle Forschungsmethodik 1.0 diese Selbstreflexion in der offiziellen Kommunikation wenn nicht als störend, dann allenfalls als zierendes Beiwerk. Im internen Forschungsdiskurs spielt die prozessbegleitende Selbstreflexion auch in der empiristischen (naturalistischen, positivistischen) Forschungspraxis nach meiner Erfahrung durchaus eine nicht unbedeutende Rolle. Sie ist der Quell von kreativen Eingebungen und schöpferischen Hypothesen, die den Erkenntnisprozess oft entscheidend weiterbringen. In der offiziellen Publikationspraxis werden diese Einfälle aber hinter ähnlichen Ideen von Fachautoritäten versteckt oder in die, den Interpretationen folgenden Schlussfolgerungen eingebettet. Die „Forschungsmethodik 1.0" folgt dem *szientistischen Paradigma des Trennens, Teilens, Spaltens.* Immerhin führte in den angewandten medizinischen und technischen Wissenschaften die analytische Suche nach den „konstitutiven Merkmalen und Beziehungen ... [einer] unbestimmten Situation" (Dewey 2002-1938, S. 131) zu den ersten großen Fortschritten. In den Sozialwissenschaften blieb ein vergleichbarer Erfolg dieses Vorgehens von Anfang an aus. In der empiristisch orientierten pädagogischen Forschung findet die „Methodologische Segregation" ihren Ausdruck vor allem in der sachfremden Trennung von Forschenden und Beforschten, von verfügbarem und genutztem Wissen, von Forschungsziel und Erkenntnisbedarf, von Forschungsfrage und Forschungsmethodik, von Forschungsprozess und Forschungsbericht, von methodologisch-dokumentarischer Konvention und methodischer Objektangemessenheit, von Komplexität des Forschungsfeldes und Begrenztheit der Forschungskapazitäten.

Die lernorientierte, integrative Forschungsmethodik beendet dieses Versteckspiel, bekennt sich offen zur forscherischen Intuition und schafft zu ihrer Förderung qua Ex-

---

[4] Nicht zu verwechseln mit dem Ansatz der „Rekonstruktiven Forschung", denn die Rekonstruktion bringt nicht automatisch Ergebnisse, die zu einer Lösung des Problems, zur Weiterentwicklung z. B. einer Schule beitragen. Dazu muss eine gemeinsame Zielrichtung zwischen Forschenden und den die Schule Entwickelnden vorhanden sein und gemeinsam um die Interpretation der Ergebnisse mit Blick auf die bessere Zielerreichung gerungen werden.

plikation ein solides Methodengerüst. Durch diese „*Systemische Forschungsprozessintegration*" bildet sie das logische Gegenteil zur „Methodologischen Segregation". Eine pädagogische Forschungsmethodik sollte sich allerdings nicht der analytischen Vorteile der „Methodologischen Segregation" entledigen, sondern diese mit dem integrativen Potenzial des systemischen Ansatzes verbinden. Dieser Spagat wird im Entwurf einer integrativen, systemisch angelegten Skizze von realistischer Wissenschaftstheorie, verschiedenen pragmatistisch-systemischen Methodologien und einigen praktisch-methodischen Verfahren der Forschungsprozessorganisation versucht. So ergibt sich eine Forschungsmethodik, die die konventionellen Vorgehensweisen nicht ersetzt, sondern gegenstandsangemessen ergänzt. Die Forschungsmethodik 1.0 ist damit also nicht überholt, sondern liegt der selbstreflexiven Erweiterung der Forschungsmethodik 2.0 zugrunde.

## 3.2 Realistische Wissenschaftstheorie und Methodologie

Eine den realen Gestaltungs- und Entwicklungsprozessen der Pädagogik gerecht werdende Forschung ergibt sich allerdings nicht bloß aus der additiven Ergänzung des naturalistischen und positivistischen Kategorisierens und Quantifizierens um die methodologische und empirische Selbstreflexion. Entscheidender ist die Aufhebung des Widerspruchs zwischen Gegenstandskomplexität des pädagogischen Forschungsfeldes und *selbst gewählter Begrenzung der eingesetzten Forschungskapazitäten*. Einen wesentlichen Punkt dieser Selbstbeschränkung bildet die Reduzierung des Forschungsfeldes auf pädagogikferne Laborsituationen bzw. auf prozessferne, punktuelle Beobachtung, Befragung und Testung. Dahinter steht u. a. der Irrglaube an die wahrheitsfördernde Trennung von Forschenden und Beforschten. Ursula Carle steigt dagegen in ihrer Schulbegleitforschung als ganze Person(engruppe) in das pädagogische Entwicklungsgeschehen ein[5]. Im Vordergrund steht das konkrete Entwicklungspotenzial der Beteiligten, die Förderung der Qualität des eigenen Umgangs mit Entwicklungsaufgaben der Individuen, der Kollektive bzw. der Schulen und Schulsysteme. Daran vor allem bemessen sich ihre Unterstützungsangebote und ihre Publikationen.

Damit übernimmt *Schulbegleitforschung* immer auch Verantwortung für das Gelingen des Entwicklungsprozesses (vgl. z. B. Carle & Berthold 2004, S. 16f; Carle & Metzen 2006; Carle & Samuel 2007; Carle & Metzen 2009). Ohne dies hier näher ausführen zu können, bildet die Übernahme dieser „kooperativen Verantwortung" (z. Begriff s. Nida-Rümelin 2011, Kap. VIII Kooperative Verantwortung, § 48, S. 123 ff) das Gegenstück zu den sozialen Aspekten der szientistischen Segregation. Nida-Rümelin definiert die kooperative Praxis als Verantwortungserweiterung:

> „*Kooperative Praxis kann nur dann gelingen, wenn die beteiligten Individuen ihren egozentrischen Standpunkt überwinden. Sie müssen ihr eigenes Handeln als konstitutiven Teil einer kollektiven, kooperativen Praxis ansehen. Die leitenden Intentionen sind dann auf das Gelingen dieser kooperativen Praxis und nicht auf die Folgen des eigenen Handelns gerichtet... Kooperative Praxis lässt sich begrifflich nicht adäquat erfassen, wenn man einem radikalen Individualismus verhaftet bleibt. Dies erklärt das Unvermögen der rationalen Entscheidungstheorie einschließlich ihres spieltheoretischen Zweiges, kooperative Praxis angemessen zu beschreiben und überzeugende Kriterien für sie zu entwickeln*" (ebd., S. 123).

---

[5] Einen Überblick einschließlich der Forschungsberichte bietet die Forschungs-Seite auf ihrer Webseite der Universität Bremen (Carle o. J.).

Diese Haltung und das Prozedere ihrer gelingenden Forschungspraxis bilden die Grundlage für die Entwicklung des hier diskutierten Methodikkonzeptes. Es gibt einige methodologische Ansätze in der Sozialforschung, die diese Vorgehensweise prinzipiell teilen und wissenschaftstheoretisch begründen (Aktionsforschung, Entwickelnde Evaluation/ Developmental Evaluation, Soziale Wirkungsforschung/ Social Impact Assessment, Design experiments/ Design research/ Design-study research/ Design-based research, Realistische Evaluation)[6]. Der Sozialforschungs-Methodologe Ray Pawson und der Sozialforscher Nick Tilley entwarfen erstmals 1997 die Grundzüge einer „Realistischen Evaluationsmethodik" und setzten sich dabei naturgemäß intensiv mit den vorherrschenden, test-experimentellen Effektmaß-Methodologien auseinander (Pawson & Tilley 2011-1997, insbes. Kap. 3, S. 55 ff). 2013 publizierte Ray Pawson darauf aufbauend den Entwurf einer Evaluations-Wissenschaft, „The science of evaluation. A realist manifesto" (Pawson 2013), in der er im Kapitel 1 die wissenschaftstheoretischen Grundlagen der „Realistischen Evaluation" ausführt (ebd., S. 3 ff). Gemeinsamer Nenner und Quintessenz dieser „realistischen" Ansätze: Wenn Sozialforschung die konstitutiven Merkmale und Beziehungen komplexer sozialer Entwicklungsprozesse ergründen will, muss sie sich den generativen, produktiven gestalterischen Momenten dieser Prozesse im statu nascendi zuwenden und eine explizierende Darstellung der persönlich zugänglichen Merkmale und Beziehungen versuchen. Dazu gehören sowohl die unterstützende und dokumentierende Beteiligung der Forschenden am Entwicklungsprozess wie auch die informierende und dokumentierende Beteiligung der Entwicklerinnen und Entwickler am Forschungsprozess.

Aus Sicht der Realistischen Wissenschaftstheorie á la Pawson besteht aber nicht nur die Notwendigkeit des Dabeiseins und Mitgestaltens pädagogischer Entwicklungsprozesse zur Gewinnung grundlegender und gestaltungssensitiver Merkmale und Beziehungen über diese Entwicklungsprozesse. Ein erkenntnisreiches Dabeisein und ein fruchtbares Mitgestalten der Forschenden setzen voraus, dass diese die zu entwickelnde Praxis nicht nur aus Büchern, sondern aus eigener Gestaltungserfahrung hinreichend „beherrschen". Einer der Stichwortgeber der modernen, realistischen Wissenschaftstheorie, Donald T. Campbell (1916-1996) äußerte zu dieser Notwendigkeit dieses „qualitativen" Wissens über das Untersuchungsfeld in einem Essay zur Frage, „Can We Be Scientific in Applied Social Science?" (Campbell 1988, S. 323; freie Übers. des Verfassers):

> *„Der dritte Punkt ist der Irrglaube, dass quantitative Daten qualitative ersetzen können. Stattdessen bildet qualitatives Wissen eine unbedingt notwendige Voraussetzung für die Quantifizierung in jeder Wissenschaft. Ohne Kompetenz auf qualitativer Ebene bleibt ein Computer-Ausdruck irreführend oder bedeutungslos. Es gelang uns nicht in unseren Überlegungen zu den Programmevaluationsmethoden, die Notwendigkeit eines ausreichenden qualitativen Kontextwissens zu betonen. Ein Beispiel dafür bildet die häufige Trennung von Datensammlung, Datenanalyse und Programmdurchführung... Diese führte zu einer Leichtgläubigkeit gegenüber den Zahlen aus dem Computer zusammen mit einer totalen*

---

[6] Literaturverweise: Aktionsforschung (Fricke 2014, S. 2013 ff); Entwickelnde Evaluation/ Developmental Evaluation (Patton 2010); Soziale Wirkungsforschung/ Social Impact Assessment (Arce-Gomez, Donovan & Bedggood 2015, S. 85 ff); Design experiments (Collins, Joseph & Bielaczyc 2004); Realistische Evaluation (Pawson 2013, S. 3 ff; Pawson & Tilley 2011, S. 55 ff). Hinsichtlich aller Forschungsansätze, die hier noch fehlen, bitte ich um einen entsprechenden Hinweis des Lesers bzw. der Leserin dieses Beitrags.

*Ahnungslosigkeit der Analytiker davon, was tatsächlich bei der Umsetzung des Programms und in der Testsituationen vor sich ging. Um rivalisierende Hypothesen begründet verwerfen zu können, benötigen wir eine situationsspezifische Felderfahrung [orig.: Wisdom]. Das Fehlen dieses Wissens (ob wir es Ethnographie oder Programmgeschichte oder Gerüchte nennen) macht uns unfähig, Programmwirkungen kompetent einzuschätzen und führt uns zu Schlussfolgerungen, die nicht nur schlicht falsch sind, sondern sich oft sogar als falsch in einer sozial destruktiven Weise herausstellen."*

Allerdings wächst mit der Größe der Vorhaben die Zahl und Unterschiedlichkeit der Praxisfelder so sehr, dass unterschiedlich qualifizierte und praxiserfahrene Forschende notwendig sind, um die gesamte Bandbreite der Unterstützungs-, Dokumentations- und Erhebungsbereiche hinreichend abdecken zu können. Eines der gelungenen Beispiele hierfür – wenn auch nicht für ein Entwicklungsprojekt, dafür aber für eine grundlegende und umfassende Längsschnittstudie – bildet das „Effective pre-school, primary and secondary education (EPPSE 3-16) project" (vgl. Sylva et al. 2014). Darin zeigt sich, dass die *Ressourcenfrage* keine nachrangige Rolle für relevante Forschung in der Pädagogik spielt. Insgesamt macht also die Segregation von „Forschung" und „Praxis", von Untersuchungs- und Entwicklungslogik in der Pädagogik wie in allen anderen entwicklungsdynamischen Forschungsfeldern weder für die Wissenschaft noch für die praktischen Forschungsfelder einen Sinn. Im Gegenteil, ihre Überwindung verspricht einen deutlichen Mehrwert sowohl hinsichtlich der Entwicklungsdynamik als auch hinsichtlich des Forschungsertrags (Peter 2016, S. i ff).

Viel tiefer als die Feldkompetenz der Forschenden geht in jedem Fall das „*Wissen und Können der Beforschten*". Sie müssen in den Forschungsprozess eingebunden werden, als Feldexpertinnen und -experten ebenso wie als Ko-Forschende. Das gilt nicht nur für erziehungswissenschaftliche Forschung. So erwies es sich bei einer Arbeitsbelastungsuntersuchung als notwendig, ausgewiesene Arbeitsplatzkenner für die Mitwirkung bei der Arbeitsplatzbewertung zu qualifizieren und mit ihnen in einem dialogischen Verfahren gemeinsame Skalenwerte herauszuarbeiten (Hoyos & Metzen 1982, S. 57 ff)[7]. Ansätze, die Praxisexpertinnen und -experten in die Forschung einbeziehen, gehen in Richtung eines Sozialforschungsverständnisses, das den Forschungsprozess als wissensintensiven, d.h. wissensorganisierenden und wissenserweiternden gegenseitigen Dienstleistungsprozess in einem Entwicklungsvorhaben sieht. Beide Seiten profitieren: Wissenschaftlerinnen und Wissenschaftler sowie die kooperierenden Akteure aus dem Praxisfeld erlangen einen sehr viel tieferen und angemesseneren Einblick und damit die Basis, um erziehungswissenschaftliche Theorien und die Arbeit im Praxisfeld weiterzuentwickeln.

*3.3 Praktisch-methodische Verfahren der Forschungsprozessorganisation*

Pädagogische Forschung als wissensorganisierender und wissenserweiternder kooperativer *Dienstleistungsprozess in pädagogischen Entwicklungsvorhaben* bedarf einer intensiven Vorbereitung, Planung, Organisation, Erhebungstechnik, Auswertung, Dokumentation und Publikation. Der notwendige Mehraufwand ist nicht nur eine methodologische Konsequenz, sondern ergibt sich auch aus der Verantwortung der Wissenschaft gegenüber den Beteiligten des Forschungsfeldes und dessen mittelbaren Stake-

---

[7] Die Entwicklung dieses Verfahrens erfolgte unter Leitung des Autors Ende der 1970er-Jahre.

holdern (zur „realistischen" Definition wissenschaftlicher Verantwortung siehe das Kapitel XI in Nida-Rümelin 2011, S. 157 ff).

Dieser *planerische und organisatorische Mehraufwand* kann nicht alleine von den einzelnen Mitarbeiterinnen und Mitarbeitern aus den beiden beteiligten Bereichen – Wissenschaft und Praxisfeld – erbracht werden. Dreierlei ist zu seiner Deckung notwendig. Erstens bedarf es der Unterstützung durch die projektbezogene und projektinteressierte Forschendengemeinschaft, denn ohne Anerkennung des beschriebenen Ansatzes und ohne Austausch über diese Forschung, kann sie sich kaum weiterentwickeln und erhält mangels Einfluss nicht die nötigen Forschungsgelder. Zweitens muss bei einem Entwicklungsvorhaben die organisationale, instrumentelle und finanzielle Durchführungskapazität auf Seiten des Projektträgers hinreichen (das Fachwort dazu: „Evaluability Assessment" – vgl. Thurston & Potvin 2003, S. 453 ff). Aus der Kalkulation beider Kapazitäten folgt drittens die Eingrenzung bzw. Ausweitung des Forschungsvorhabens, sodass die gegebenen Forschungskapazitäten dafür ausreichen, die interne Kohärenz, methodische Fundierung und praktische Relevanz der wissenschaftlichen Arbeit zu garantieren.

Die wissenschaftliche Verantwortung hat noch eine dritte, wenig diskutierte Seite: Die *Verantwortung der Wissenschaftlerinnen und Wissenschaftler für sich selbst* und für das sie tragende Forschungskollektiv. In englischsprachigen Publikationen finden sich dazu seit wenigen Jahren Versicherungen zum Interessenkonflikt in den Forschungsabstracts („Conflict of interest statement/ Conflict of interest disclosure"). Hierzu ist zu sagen, dass in einer konkurrenten Forschungslandschaft die Explikation der Forschungsmotive und Forschungsverläufe nicht automatisch publiziert werden müssen. Für das persönliche und kollektive Lernen und Erkennen bildet die umfassende Explikation und Dokumentation aber eine notwendige Voraussetzung. Für das Überleben und Vorwärtskommen in der Forschungsgemeinschaft sollte ihre Veröffentlichung dennoch vorsichtig gehandhabt werden und die Explikationen und Dokumentationen wohldosiert einfließen.

Die im Folgenden aufgeführten Techniken und Methoden dienen vor allem zwei Aufgaben: der *Fehlerminimierung* (hinsichtlich der Häufigkeit und der Folgen) und dem *Lernen aus Fehlern*. Mit der Komplexität des Gegenstandes wachsen die Fehlermöglichkeiten. Der Mehraufwand für die Vorbereitung, Planung, Organisation, Erhebungstechnik, Auswertung, Dokumentation und Publikation pädagogischer Untersuchungen kann das Fehlerpotential zwar erheblich mindern, verursacht aber auch seinerseits zusätzliche Sekundärfehler. Also gilt es, mit Forschungsfehlern leben zu lernen, besser noch: aus ihnen Lerngelegenheiten zu schaffen. Dabei helfen zwei Techniken: Die eine besteht in der vorbereitenden und begleitenden *Explikation und Dokumentation, d. h. in* der Vorbereitung, Planung, Organisation, Erhebungstechnik, Auswertung und Publikation. Die zweite besteht in der *Aufteilung der Arbeiten in kleine, beherrschbare Schritte*. Metaphorisch gesprochen bleiben dadurch „Fehltritte" ohne große Folgen und bieten die Gelegenheit „aus Fehlern zu lernen" - „Work-based learning" für Forschende.

Komplexere Problemstellungen und Untersuchungsvorhaben erhöhen aber nicht nur die Zahl möglicher Fehler, sondern auch die Gefahr, keine Ergebnisse zu erhalten. Denn immer noch gilt, „Poor methods get results", einfache Untersuchungen und Fragestellungen lassen sich einfach beantworten, gleichgültig ob richtig oder falsch, egal ob gegenstandsangemessen oder nicht. Und leider gilt auch immer noch, keine Ergebnisse sind schlechte Ergebnisse und werden den Forscherinnen und Forschern als Versagen angekreidet. Kurz: Wer sich auf das Abenteuer realistischer Forschungsmethodologie und -methodik einlässt, gewinnt zwar ein Vielfaches an Einsichten, geht aber auch ein erhebliches Risiko des karriereschädlichen Konventionsbruchs ein.

### 3.3.1 Zur Integration von verfügbarem und genutztem Wissen, von Forschungsziel und Erkenntnisbedarf

Zurück zum „Abenteuer realistischer Forschungsmethodologie". Welcher praktischen Logik folgen empirisch-pädagogische Untersuchungen? Neben der wissenschaftstheoretischen Strukturlogik besitzt der Forschungsprozess auch eine chronologische systemische Entwicklungslogik aus schlüssig aufeinander folgenden Arbeitsschritten bzw. Aufgabenpaketen. Diese sind in der folgenden Grafik (Abb. 1) als Glieder einer Kette dargestellt.

*Abbildung 1: Chronologische Gliederung des Forschungsprozesses in Arbeitsschritte*

Jeder Arbeitsschritt folgt einem vorausgehenden und bildet seinerseits wieder die Voraussetzung für den nachfolgenden. Nach dieser *Kettenlogik* ist die Gesamtqualität des Forschungsprozesses abhängig von der Qualität des „schwächsten" Gliedes bzw. Arbeitsschrittes. Jeder Einzelschritt kann nur das Qualitätsniveau des vorausgegangenen Schrittes erreichen. Das heißt nicht, dass die vielen Einzelarbeiten eines Einzelschrittes qualitativ durchaus stark differieren können. So kann die Qualität der Literaturrecherche und -dokumentation durchaus sehr gut sein, obwohl die Gesamtqualität der „Wissensaufbereitung" (umgangssprachlich der „*Theorieteil*"), entweder in Abhängigkeit von der Qualität der vorausgegangenen Problemklärung, Felderkundung und Forschungsfragestellung oder aber durch unzureichende Erschließung etwa des vorhandenen Praxiswissens ungenügend ausfällt. Der Nachteil der Kettenmetapher liegt in der

Unterschlagung der Rekursivität von Arbeitsschritten im Forschungsprozess. Natürlich geht man vor und zurück und erreicht dabei auf jedem Teilschritt ein insgesamt höheres Niveau.

„Es gibt nichts Praktischeres als eine gute Theorie" wird Kurt Lewin und zahlreichen anderen Geistesgrößen in den Mund gelegt[8]. Wie auch immer, der Satz wendet sich gegen die in der empirisch-pädagogischen Forschung vorherrschende Trennung von „Theorie" und „Praxis". Der diesbezügliche Vorteil des Kettenbildes besteht darin, dass es die Unsinnigkeit dieser Trennung veranschaulicht. Das *Praktische der Theorie* – hier als Wissen über das Feld, die Problemstruktur, die Forschungsmethodik – äußert sich unmittelbar in der Qualität der Untersuchungsfragen, der Erhebungsinstrumente, schließlich der Befunde und ihres Beitrags zur Problemlösung. Kehrt man den Satz um, „Es gibt nichts Theoretischeres als eine gute Praxis", wird allerdings deutlich, wie pejorativ „theoretisch" im Alltag gebraucht wird. Da lebensweltlicher und wissenschaftlicher Alltag kaum zu trennen sind, würde der Pejorativ erklären, warum das Niveau der „Theorieteile" empirisch-pädagogischer Arbeiten häufig so niedrig ist, warum sie die Problemstellung verfehlen und stattdessen dem eklektizistischem Namedropping und einer übersteigerten Fremdsprachlichkeit frönen. Auch wenn es bei Forschungs-Qualifikanten eine Tendenz zum „Praktischen", zum Positivistischen gibt, so erklärt sich das allgemeine Theoriedefizit der EPF eher aus der Trennung von „Theorie" und „Praxis". Einen deutlichen Beleg dafür liefern die beiden Reviews von Carle und Metzen zur Evaluation in der frühkindlichen Bildung und zur Wirksamkeit jahrgangsübergreifenden Lernens (dies., 2013; 2014).

Erfolgsbedingung gelingender „Theorieteile" in der EPF sind zum einen die hinreichende Vorklärung der Problemstellung und Aufklärung des Forschungsfeldes sowie die *Integration von verfügbarem und genutztem Wissen aus Praxis und Literatur.* Im Vordergrund der Wissensaufbereitung für das Forschungsvorhaben muss der von der Problemstellung und von den Forschungskapazitäten sich ableitende Erkenntnisbedarf sein. Im Vordergrund der Theorieaufgabe steht die Frage: Was muss ich wissen? Nicht: Wen muss ich zitieren?

Ein untrügliches Zeichen für Theoriedefizite in empirischen Untersuchungen ist das Fehlen bzw. die unklare Ableitung der *Untersuchungshypothesen.* Hierbei stoßen wir auf ein weiteres grundlegendes Problem der EPF, diesmal das Fehlen einer Trennung von Forschungsdokumentation und Berichtspublikation. Der schrittweise, rekursive und spiralförmige Prozess wissenschaftlichen Forschens lässt sich dokumentarisch nicht in das konventionalistische Korsett von Abstracts, Artikeln und Forschungsberichten pressen. Hier hilft nur die *Trennung von Forschungsdokumentation und Berichtspublikation.* In den Technik- und Naturwissenschaften sind „Labortagebücher" üblich und werden von der interessierten Fachleserschaft z. T. den Ergebnispublikationen in renommierten, englischsprachigen Journals vorgezogen. Diese Tradition des Forschungstagebuches sollte von der EPF aufgegriffen und mit den Mitteln der digitalen Medien nutzerfreundlich aufbereitet werden. Nur auf der Basis eines kontinuierlichen Forschungstagebuches können spontane Eingebungen, offene Fragen, beeindruckende Erlebnisse und vertiefte Reflexionen ohne abschließende Gültigkeitsbehauptung aufgehoben sowie der tatsächliche Verlauf der Erkenntnisgewinnung festgehalten und der späteren Reflexion zur Verfügung gestellt werden.

---

[8] Eine aktuelle Deutung bietet Ray Pawson (ders. 2003, "Nothing as Practical as a Good Theory")

### 3.3.2 Formen reflexionsfördernder Dokumentation und Explikation des Forschungsprozesses

Je nach Forschungsumfang ist zusätzlich zum Forschungstagebuch auch die Anlage eines Organisationsdokuments notwendig, in das die Projektorganisation samt Mitwirkenden plus positiven wie negativen Verlaufsabweichungen notiert werden. Wie aber kommen die Forschenden von der bunten Fülle des Tagebuches, des Organisationsdokuments zur distinkten Form des Ergebnisberichtes? Die Lösung liegt im Anlegen von separaten Themen-, Begriffs- und Literaturdateien, die letztlich auf die Verwendung im Abschlussbericht zielen, aber je nach Forschungsverlauf aktualisierbar sind, ohne an die Berichtslogik eines Artikels oder Buches gebunden zu sein.

Zurück zur chronologischen Gliederung des Forschungsprozesses in Arbeitsschritte. Die lineare Chronologie entspricht nicht der Epistemologie, dem Lernen im Forschungsprozess. Trotzdem bleiben beide Prozesse verbunden und zwar in unserer *prozessbegleitenden Reflexion*. Diese stützt sich neben dem Nachdenken beim Protokollieren (Tagebuch) auf drei weitere Instrumente/ Techniken: Der Hypothesenentwicklung per Entscheidungsmatrix, der Schnittstellenentwicklung zwischen den Forschungsschritten und der Wirkungsmodellexplikation.

Alles Handeln hat Gründe und diese sind von Überzeugungen geleitet. Forschen heißt, die für den einzelnen Erkenntnisschritt relevanten Überzeugungen herauszuarbeiten, zu explizieren. Forschungsbezogene Überzeugungen nennen wir „Hypothesen". Sie finden sich prinzipiell an allen Schnittstellen zwischen den Forschungsschritten, also zwischen Problemstellung und Formulierung der Forschungsfragen, zwischen diesen und der Entwicklung von z. B. Beobachtungskategorien für das Erhebungsinstrument. In der Literatur werden in der Regel nur die Arbeitshypothesen an der Schnittstelle von Problemstellung und Forschungsfragen sowie die Ergebnis- bzw. Auswertungs-Hypothesen an der Schnittstelle von Untersuchungsfragen und Erhebungsinstrumenten angesprochen. Warum brauchen wir „Auswertungshypothesen" als Explikation der Beziehung zwischen Forschungsfragen und Beobachtungsmerkmalen? Der Grund liegt im Versuch, ein logisches Dilemma pragmatisch zu lösen. Das Dilemma: Die Beobachtungssituation liefert keine direkten Antworten auf unsere Forschungsfragen, sondern nur Deskriptoren bzw. Indikatoren eines mehr oder weniger erklärbaren Geschehens (Verhaltensverläufe, Ereignisse, Kontexte...). Wie lassen sich dennoch Antworten auf unsere Fragen durch die Beobachtung des typischen Geschehens gewinnen? Als Bindeglied zwischen dem beobachtbaren Geschehen und unseren Forschungsfragen nutzen wir unser theoretisches und praktisches Wissen. Darauf bauen wir Ergebniserwartungen bzw. Hypothesen, also begründete Annahmen über Auftretens- und Intensitätswahrscheinlichkeiten der beobachtbaren Geschehensdetails auf. Dies ist ein kreativer Akt.

Hier entsteht also neues Wissen, jedenfalls für uns, das wir dann empirisch überprüfen. Die „Auswertungshypothesen" spiegeln unsere Annahmen, unser Wissen hinsichtlich des erwartbaren Verlaufs der Beobachtungssituation. Je besser, professioneller, wissenschaftlicher die Qualität dieses, den Hypothesen zugrunde liegenden Wissens ist, umso ergiebiger kann die Beobachtung gelingen. Wie gewinnen wir die Auswertungshypothesen? Dazu müssen wir aus der nahezu unzähligen Vielzahl von Geschehensparametern die zur Beantwortung unserer Forschungsfragen wichtigsten und gleichzeitig real beobachtbaren Geschehensmerkmale auswählen. Hierfür benutzen wir eine *Entschei-*

*dungsmatrix*, die die Beziehung zwischen diesen wichtigen Forschungsfragen und den realistisch beobachtbaren Geschehensmerkmalen untersucht.

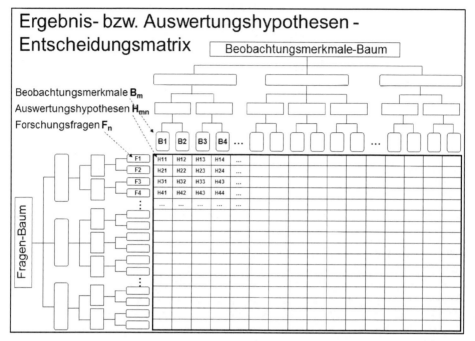

*Abbildung 2: Entwicklung der Ergebnishypothesen mit Hilfe einer Entscheidungsmatrix*

In der Entscheidungsmatrix (Abb. 2) wird die Gegenüberstellung von Untersuchungsfragen mit Beobachtungsmerkmalen zur Auswahl der für die Gestaltung des Erhebungsinstrumentes relevanten Fragen-Merkmal-Paare sowie zur Einschätzung der für die zu erhebungsrelevanten Merkmale erwartbaren Ausprägungen genutzt. Die gleiche Technik der paarweisen Gegenüberstellung in einer übersichtlichen Matrize wird verwendet, um die Beziehungen zwischen den zentralen Kategorien der einzelnen Forschungsschritte explizit begründet einzuschätzen – siehe die folgende Abb. 3, „Verbindung der Forschungsschritte mit Hilfe von Entscheidungsmatrizen".

Die Matrizentechnik erleichtert die Kalkulation der Beziehungen zwischen den einzelnen Forschungsschritten explizit – auch theoriegestützt und bzw. oder in Expertenzirkeln. Dadurch lassen sich erwartungswidrige Ergebnisse rückwirkend zur Auffindung der logischen Fehlannahmen nutzen – und daraus lernen. Die Popper'sche Gegenüberstellung von „kühnen Hypothesen" und „schärfster Kritik" (Popper 2004, S. 118) von einfallsreichem Wirkungsmodell und empirischem Befund löst sich damit in eine *nachvollziehbare Kette begründeter Wirkungsannahmen* auf. Das erweiterte Kalkül ergänzt die direkte Ursache-Wirkungs-Beziehung um zwei Ursache-Wirkungs-Überlegungen. Vom Ergebnis her gedacht wird zuerst die zusätzliche Frage beantwortet: Was sind die notwendigen Bedingungen um das Ergebnis zu erzielen? Nun wird ein Bindeglied zwischen diesen Bedingungen und den vorhandenen Handlungsmöglichkeiten geknüpft: Welchen Einfluss[9] haben die Maßnahmen auf diese Bedingungsmomente?

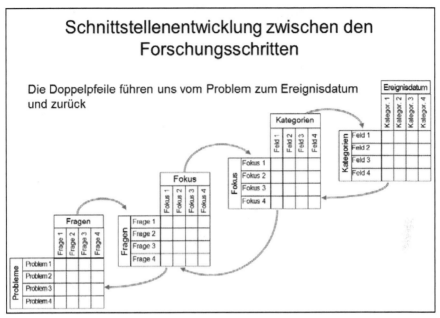

*Abbildung 3: Verbindung der Forschungsschritte mit Hilfe von Entscheidungsmatrizen*

Wirkungsannahmen kommen im Forschungsprozess eine herausgehobene Bedeutung zu. Zur Explizierung der Wirkungsannahmen empfiehlt sich die Nutzung des *Wirkungsmodell-Schemas* (vgl. Abb. 4). In einem Forschungsprozess begegnen sich zumindest zwei Wirkungslogiken: die Eigenlogik des Feldes (Forschungsgegenstand) und die Eigenlogik der Forschungsprozedur (Forschungskette). Um hierzu einen Überblick zu gewinnen, muss zuerst eine explizite Vorstellung von den *Wirkungsmomenten des zu untersuchenden Feldes* entwickelt werden. Dies kann beispielsweise mit dem *Ziel* der Akteure in der zu untersuchenden Situation beginnen – siehe beispielhaft die folgende Abbildung. Etwa: Welches Ziel verfolgt eine Weiterbildungsmaßnahme zur Vertiefung der pädagogischen Beobachtungskompetenz? Welche *Gelingensbedingungen* müssen zur Erreichung dieser Ziele gegeben sein? Dann werden die *Einflussmöglichkeiten* der beteiligten Akteure der ausgewählten Situation ermittelt. Zuletzt beginnt die Frage nach den von den Forscherenden beobachtbaren *Handlungen oder Maßnahmen*, die die unterstellten Einflussmöglichkeiten auf die Gelingensbedingungen realisieren. Zur Erhöhung der logischen Stringenz sollte nun rückwärts von den Maßnahmen aus die Wirkungskette in Richtung Ziel untersucht werden: Wenn diese Maßnahme durchgeführt wird, realisiert sich dann notwendig der gewünschte Einfluss? Und, wenn dieser Einfluss ausgeübt wird, bilden sich dann notwendig die notwendigen Ge-

---

[9] Niklas Luhmann ist einer der wenigen Systemtheoretiker, die sich ausdrücklich mit der Kategorie „Einfluss" in Organisationen beschäftigten. Systemisch gesehen wirkt Einfluss weniger im Sinne der linearen Handlungslogik als einseitige Einwirkung des Beeinflussenden auf das Beeinflusste (Luhmann 1995).

lingensbedingungen? Wenn diese Gelingensbedingungen gegeben sind, wird dann notwendig die gewünschte Wirkung erreicht?

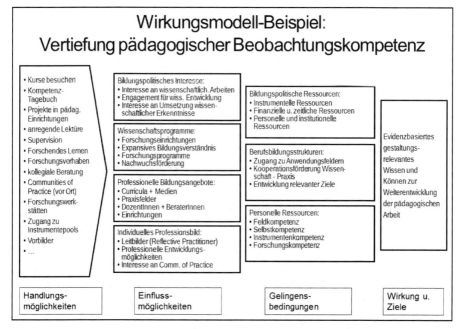

## Wirkungsmodell-Beispiel:
## Vertiefung pädagogischer Beobachtungskompetenz

| Kurse besuchen<br>• Kompetenz-Tagebuch<br>• Projekte in päd. Einrichtungen<br>• anregende Lektüre<br>• Supervision<br>• Forschendes Lernen<br>• Forschungsvorhaben<br>• kollegiale Beratung<br>• Communities of Practice (vor Ort)<br>• Forschungswerkstätten<br>• Zugang zu Instrumentepools<br>• Vorbilder<br>• ... | Bildungspolitisches Interesse:<br>• Interesse an wissenschaftlich. Arbeiten<br>• Engagement für wiss. Entwicklung<br>• Interesse an Umsetzung wissenschaftlicher Erkenntnisse<br><br>Wissenschaftsprogramme:<br>• Forschungseinrichtungen<br>• Expansives Bildungsverständnis<br>• Forschungsprogramme<br>• Nachwuchsförderung<br><br>Professionelle Bildungsangebote:<br>• Curricula + Medien<br>• Praxisfelder<br>• DozentInnen + BeraterInnen<br>• Einrichtungen<br><br>Individuelles Professionsbild:<br>• Leitbilder (Reflective Practitioner)<br>• Professionelle Entwicklungsmöglichkeiten<br>• Interesse an Comm. of Practice | Bildungspolitische Ressourcen:<br>• Instrumentelle Ressourcen<br>• Finanzielle u. zeitliche Ressourcen<br>• Personelle und institutionelle Ressourcen<br><br>Berufsbildungsstrukturen:<br>• Zugang zu Anwendungsfeldern<br>• Kooperationsförderung Wissenschaft - Praxis<br>• Entwicklung relevanter Ziele<br><br>Personelle Ressourcen:<br>• Feldkompetenz<br>• Selbstkompetenz<br>• Instrumentenkompetenz<br>• Forschungskompetenz | Evidenzbasiertes gestaltungsrelevantes Wissen und Können zur Weiterentwicklung der pädagogischen Arbeit |
| Handlungsmöglichkeiten | Einflussmöglichkeiten | Gelingensbedingungen | Wirkung u. Ziele |

*Abbildung 4: Beispiel für die Verwendung des Wirkungsmodell-Schemas*

Die Entwicklung eines solchen Wirkungsmodells offenbart nicht nur die eigenen Überzeugungen, sondern hilft auch Wissenslücken festzustellen, die in der Wissensaufbereitung bzw. dem „Theorieteil" noch nicht ausreichend recherchiert wurden. Das Wirkungsmodell entwickelt sich immer weiter und steht in der empirischen Erhebung vor seiner letzten Prüfung. Ähnlich verfährt man mit dem parallel dazu ausgearbeiteten *Wirkungsmodell für die Eigenlogik der Forschungskette*: Welches Problem, um im Weiterbildungsbeispiel zu bleiben, will das Forschungsvorhaben durch seine Erhebungen mit welchem Vorgehen lösen? Welchen Sinn machen diese Untersuchungen für die Feldakteure? Auf diesen Wirkungsannahmen bauend, folgt schließlich die konkrete Eingrenzung des Problembündels auf durch die mögliche Untersuchung realistisch lösbare Aspekte.

In einem durch die Hypothesenentwicklung per Entscheidungsmatrix, durch die Schnittstellenentwicklung zwischen den Forschungsschritten und durch die Wirkungsmodellierung theoretisch geklärten und sachlogisch verknüpften Forschungsprozess erübrigt sich auch die Frage nach qualitativen oder quantitativen, nach gemischten oder triangulierten Erhebungs- und Auswertungsverfahren, nach Feld- oder Laborerhebungen, der Fremd- oder Selbsterhebung usw. Die *Beantwortung der Methodenfrage* folgt der Gegenstandsangemessenheit und der Forschungsprozesslogik. Allenfalls stellt sich die Frage, ob die traditionellen Erhebungsverfahren überhaupt ausreichen oder ob nicht neue, komplexere Verfahren adaptiert oder entwickelt werden müssen, – so wie Ursula Carle vor 17-18 Jahren bei ihrer Untersuchung der Schulentwicklungsmöglichkeiten verfuhr (dies., 2000, Kapitel 10, Projektperspektive: Methodeninnovation zur Sicherung schulischer Entwicklungsprojekte, S. 381 ff).

## 4 Schluss

Ausgangspunkt dieses methodologischen Entwurfs bildet das Problem, dass Fortschritte bei der sozialen und pädagogischen Inklusion auch der Unterstützung durch die empirisch-pädagogische Forschung bedürfen und diese Unterstützung aus unterschiedlichen Gründen nur unzureichend geleistet wird. Das wirkungskritische Hauptmotiv findet sich überraschenderweise in beiden Bereichen wieder, in der Integrationspädagogik wie in der empirisch-pädagogische Forschung: Die „Vorteile" der Segregation überwiegen immer noch. Die Kosten für die Umsetzung der Integration werden zu hoch eingeschätzt, obwohl die Zusammenarbeit von Wissenschaftlerinnen und Wissenschaftlern sowie Expertinnen und Experten aus dem Praxisfeld zur Erreichung abgestimmter Entwicklungsziele Gewinn verspricht. Die Überwindung der „Methodologischen Segregation" ist in der pädagogischen Forschung wohl immer noch „zu teuer", zu aufwendig, zu fremd. Dass und wie sie dennoch methodologisch prinzipiell möglich ist, versuchte dieser Artikel entsprechend den vier Kernbereichen eines methodologischen Paradigmas zu beschreiben: (1) die notwendigen wissenschaftsphilosophischen Annahmen und Haltungen, (2) die neue Untersuchungslogik (Methodologie), (3) einige Methoden, Techniken und Leitlinien für die Forschungspraxis. Der Artikelökonomie geschuldet, fehlt noch der vierte Bereich, (4) die sozialen und politischen Verpflichtungen zu Forschung in sozialer und gesellschaftlicher Verantwortung. So bleibt einiges offen, was anregend ist für die Diskussion und motivierend für detaillierte und tiefer gehende Ausführungen. Etwa die Frage danach, wer die eingeschränkte Lernqualität der szientistische wie der schulisch-unterrichtliche Segregation eigentlich noch will und wer nicht mehr.

*Literatur*

Arce-Gomez, A.; Donovan, J.D.; Bedggood, R.E. (2015): Social impact assessments. Developing a consolidated conceptual framework. In: Environmental Impact Assessment Review, 50, S. 85–94. http://www.sciencedirect.com/science/article/pii/S0195925514000742, zuletzt geprüft am 07.09.2016.

Campbell, D.T. (1988): Methodology and epistemology for social science. Selected papers. Edited by E. Samuel Overman. Chicago: University of Chicago Press.

Carle, U. (o. J.): Arbeitsgebiet Elementar- und Grundschulpädagogik. Webseite der Universität Bremen. Themenseite "Forschung" Bremen: Universität Bremen. http://www.grundschulpaedagogik.uni-bremen.de/forschung/, zuletzt geprüft am 07.09.2016.

Carle, U. & Berthold, B. (2004): Schuleingangsphase entwickeln – Leistung fördern. Wie 15 Staatliche Grundschulen in Thüringen die flexible, jahrgangsgemischte und integrative Schuleingangsphase einrichten. Baltmannsweiler: Schneider Hohengehren.

Carle, U. & Samuel, A. (2007): Frühes Lernen - Kindergarten und Grundschule kooperieren. Baltmannsweiler: Schneider Hohengehren.

Carle, U. & Metzen, H. (2014): Wie wirkt Jahrgangsübergreifendes Lernen? Internationale Literaturübersicht zum Stand der Forschung, der praktischen Expertise und der pädagogischen Theorie. Eine wissenschaftliche Expertise des Grundschulverbandes. Frankfurt am Main: Grundschulverband (GSV). http://www.grundschulverband.de/veroeffentlichungen/wissenschaftliche-expertisen/, zuletzt geprüft am 16.07.2016.

Carle, U. & Metzen, H. (2013): Evaluation und Frühpädagogik: Entwicklung der Evaluationsmethodik für frühkindliche Bildungsprogramme. In: M. Stamm & D. Edelmann (Hrsg.): Handbuch frühkindliche Bildungsforschung (S. 857-873). Wiesbaden: Springer VS.

Carle, U. & Metzen, H. (2009): Die Schuleingangsphase lohnt sich! Erfolgsmomente für die bestmögliche Entwicklung des landesweiten Schulentwicklungsvorhabens 'Begleitete

Schuleingangsphase' in Thüringen. Bericht der wissenschaftlichen Begleitung nach zweieinhalb Jahren 'BeSTe' (2005-2008). Bremen: Universität Bremen (Internetpublikation) http://www.grundschulpaedagogik.uni-bremen.de/schuleingangsphase/2009_02beste_endbericht(gesamt).pdf. Download 12.09.2016

Carle, U. & Metzen, H. (2006): So lassen sich Netzwerke (nicht) evaluieren. Von der Netzwerkrhetorik zur systemischen Organisationsgestaltung und Forschungsmethodik - erste Gehversuche bei Vernetzungsversuchen in der Familienbildung. Manuskript zum Vortrag, gehalten im Workshop des AK Soziale Dienstleistungen der DeGEval, "Evaluation von Netzwerken in der sozialen Arbeit: Probleme, methodische Herausforderungen und konzeptionelle Antworten (A2)", Lüneburg. http://shopfloor.de/evaluation/ lueneburg_artikel.html, zuletzt geprüft am 16.07.2016.

Collins, A.; Joseph, D. & Bielaczyc, K. (2004): Design Research. Theoretical and Methodological Issues. In: Journal of the Learning Sciences 13 (1), S. 15-42.

Della-Piana, G.; Kubo Della-Piana, C. & Gardner, M.K. (2015): Sources of Influence on the Problem of a Validity Evidence Gap for Education Achievement Tests. In: Teachers College Record (TCR) (ID Number: 18064).

Dewey, J. (2002, 1938): Logik. Die Theorie der Forschung. Aus dem Englischen von Martin Stuhr. Englisches Original, zuerst 1938: Logic. The Theory of Inquiry. Carbondale: Southern Illinois University Press). Frankfurt am Main: Suhrkamp.

Feyerabend, P.K. (2002, 1965): Probleme des Empirismus. Teil 1. Aus dem Englischen übersetzt und mit einem Nachwort von V. Böhnigk & R. Noske. Stuttgart: Reclam (Universal-Bibliothek, 18139). Englisches Original, zuerst 1965, zweite Auflage 1983: Problems of Empiricism. In: R.G. Colodny (Ed.): Beyond the edge of certainty. Essays in contemporary science and philosophy. Lanham, MD, USA: University Press of America (CPS publications in philosophy of science), S. 145-260.

Foerster, H. von (1993): KybernEthik. Autorisierte Übersetzung aus dem Amerikanischen von Birger Ollrogge. Berlin: Merve-Verlag (Internationaler Merve-Diskurs & Perspektiven der Technokultur, 180).

Friedrichs, J. (1999): Methoden empirischer Sozialforschung. 15. Aufl. Opladen: Westdeutscher Verlag (WV-Studium Sozialwissenschaft, 28).

Green, J.C. (2006): Toward a methodology of mixed methods social inquiry. In: Research in the Schools (RITS) 13 (1), S. 93–98. http://citeseerx.ist.psu.edu/viewdoc/download?doi=10.1.1.462.9391&rep=rep1&type=pdf, zuletzt geprüft am 11.09.2016.

Grossmann, C.; Sanders, J. & English, R.A. (2013): Large Simple Trials and Knowledge Generation in a Learning Health System. Workshop Summary. Washington, DC, USA: National Academies Press. http://www.nap.edu/catalog.php?record_id=18400, zuletzt geprüft am 10.09.2016.

Hattie, J. (2013): Lernen sichtbar machen. Überarbeitete deutschsprachige Ausgabe von Visible Learning besorgt von W. Beywl und K. Zierer. Baltmannsweiler: Schneider Verlag Hohengehren.

Hoyos, C.G. & Metzen, H. (1982): Belastung und Beanspruchung bei Steuerungs- und Überwachungstätigkeiten. Untersuchungen in Fahrdienstleitungen der Deutschen Bundesbahn. Unter Mitarbeit von H. Dvorak, E. Hausmann & R. Leitmeier. München: Institut für Psychologie und Erziehungswissenschaft der Technischen Universität München.

Luhmann, N. (1995, 1964): Funktion und Folgen formaler Organisation. Mit einem Epilog 1994 (4. Aufl.). Berlin: Duncker & Humblot.

Metzen, H. (1977): Empirische Sozialforschung in der kulturellen Außenpolitik der Bundesrepublik Deutschland. Möglichkeiten und Maßstäbe. Dissertation, Universität München. München: Selbstverlag.

Nida-Rümelin, J. (2011): Verantwortung. Stuttgart: Reclam (Universal-Bibliothek, 18829).

Onwuegbuzie, A.J.; Johnson, R.B. & Collins, K.M.T. (2009): Assessing legitimation in mixed research. A new framework. In: Quality & Quantity (Q&Q) 45 (6), S. 1253-1271.

Patton, M.Q. (2010): Developmental evaluation: Applying complexity concepts to enhance innovation and use. New York: Guilford Press.

Pawson, R. (2013): The science of evaluation. A realist manifesto. Los Angeles, CA: Sage.

Pawson, R. & Tilley, N. (2011, 1997): Realistic evaluation. Reprinted. London: Sage.

Pawson, R. (2003): Nothing as Practical as a Good Theory. This contribution is based on the second plenary address given at the 5th biennial meeting of the European Evaluation Society, 12 October 2002 in Seville, Spain. In: Evaluation 9 (4), S. 471-490. http://citeseerx.ist.psu.edu/viewdoc/download?doi=10.1.1.116.7540&rep=rep1&type=pdf, zuletzt geprüft am 16.09.2016.

Peter, S. (2016): Understanding and assessing the societal impact of sustainability research: From state of the art to a process-oriented assessment plan. With the c Case study of the Wuppertal Institute in Germany. Thesis for the fulfilment of the Master of Science in Environmental Sciences, Policy & Management (MESPOM), Lund University. Lund, SWE: Lund University Libraries (IIIEE Masters Thesis, IMEN56 20161). http://lup.lub.lu.se/student-papers/record/8890692, zuletzt geprüft am 07.09.2016.

Popper, K.R. (2004): Ausgangspunkte. Meine intellektuelle Entwicklung. Unter Mitarbeit von F. Griese. Ungekürzte Taschenbuchausgabe. München u.a.: Piper (Serie Piper, 4188).

Scriven, M. (2004). The Fiefdom Problem: Editorial. Journal of MultiDisciplinary Evaluation (JMDE), 1(1), 11–18. http://journals.sfu.ca/jmde/index.php/jmde_1/issue/view/19, zuletzt geprüft am 11.09.2016.

Stamm, M. & Edelmann, D. (Hrsg.) (2013): Handbuch frühkindliche Bildungsforschung. Wiesbaden: Springer VS.

Sylva, K.; Melhuish, E.; Sammons, P.; Siraj, I. & Taggart, B. (2014): Students' educational and developmental outcomes at age 16. Effective pre-school, primary and secondary education (EPPSE 3-16) project. Unter Mitarbeit von R. Smees, K. Toth, W. Welcomme und K. Hollingworth. London: Institute of Education, University of London, GBR (Research Report, 354). http://www.ucl.ac.uk/ioe/research/pdf/16-educational-Developmental-Outcomes-RR.pdf, zuletzt geprüft am 07.09.2016.

Thurston, W.E. & Potvin, L. (2003): Evaluability Assessment. A Tool for Incorporating Evaluation in Social Change Programmes. Evaluation, 9 (4), S. 453-469. http://evi.sagepub.com/content/9/4/453, zuletzt geprüft am 09.09.2016.

Villar, J. & Duley, L. (2003): The need for large and simple randomized trials in reproductive health. UNDP/ UNFPA/ WHO/ World Bank Special Programme of Research, Development and Research Training in Human Reproduction, WHO, Geneva, Switzerland and Resource Centre for Randomised Trials, Institute of Health Sciences Headington, Oxford, United Kingdom. In: The WHO Reproductive Health Library, No 6, http://apps.who.int/rhl/The_need_for_large_and_simple_randomized_trials.pdf, zuletzt geprüft am 10.09.2016.

*Liselotte Denner*

# Übergänge in das schulpraxisbezogene Lernen – inklusiv?

**Wahrnehmungen und Strategien von Studierenden mit Deutsch als Zweit- oder Fremdsprache und ihren Betreuenden**

## Zusammenfassung

In Widerspruch zum Diskurs um Heterogenität in Schule und Gesellschaft und dem Anspruch individueller Förderung stehen die bundesdeutschen Lehrerzimmer, die trotz einer multilingualen und in vielerlei Hinsicht heterogenen Schülerschaft und Gesamtgesellschaft weitgehend monolingual geblieben sind. Unklar ist, welche Mechanismen, Ressourcen und Strategien den Zugang zum Lehramtsstudium eröffnen, Prozesse von Exklusion und Inklusion befördern sowie Kompetenzerwerb im Qualifikationsprozess behindern oder ermöglichen. In der hypothesengenerierenden ÜschSL-Studie wird Wissen darüber generiert, wie Studierende mit Deutsch als Zweit- oder Fremdsprache Ressourcen nutzen und Strategien einsetzen, um einen spezifischen Übergang in das schulpraktische Lernen und Studieren angesichts der Normalitätserwartungen zu bewältigen. Die aus Sicht der Studierenden und Betreuenden wirksam werdenden Mechanismen von Inklusions- und Exklusionsprozessen signalisieren institutionellen und individuellen Veränderungsbedarf im Hinblick auf eine adressatenspezifische Didaktik.

## 1    Theorie- und Forschungsstand

In den Lehr-Lernsettings von Hochschule und Praktikum finden die spezifischen Lernausgangslagen von Studierenden gegenwärtig noch kaum Berücksichtigung. Ausgegangen wird vielmehr von „imaginären Norm(al)studierenden" (Autorengruppe Bildungsberichterstattung 2014, S. 139), die sich einem zielgleichen und modularisierten Studium stellen. Die Hochschulen haben zwar den Auftrag aufgenommen, Studierende der Lehramtsstudiengänge für Inklusion zu qualifizieren. Dem gegenüber bleibt die Aufgabe weitgehend ausgeblendet, Hochschule und Lehrpraxis selbst inklusiv zu gestalten. „Inklusive Professionalität an Hochschulen erscheint (…) als ein weitgehend unerforschtes Terrain" (Tippelt & Schmidt-Herta 2013, S. 223).

### 1.1    Wer wählt das Lehramtsstudium? Wer bleibt und wer geht?

Wie die Bildungsstatistiken belegen, ist das Lehramtsstudium keinesfalls ein Studium für alle. Deutlich unterpräsentiert sind in diesen Studiengängen Studierende mit Deutsch als Zweitsprache (so genannte Bildungsinländer) und mit Deutsch als Fremdsprache (so genannte Bildungsausländer) sowie Studierende mit chronischer Krankheit oder Behinderung (Autorengruppe Bildungsberichterstattung 2014). Ein Lehramtsstudium scheint bei Personen mit Hochschulzulassung und Migrationshintergrund (und ihren Familien) deutlich weniger attraktiv zu sein, als ein Studium der Medizin, der Rechts-, Wirtschafts- oder Ingenieurwissenschaften (DAAD 2011). Möglicherweise halten eigene oder berichtete Exklusionserfahrungen zusammen mit den antizipierten Anforderungen im Lehrerberuf zusätzlich davon ab. „Mechanismen der Selbstselektion" (Watermann, Daniel & Maaz 2014) werden ebenfalls bei Studierenden mit chronischer Krankheit oder Behinderung angesichts der Fähigkeits- bzw. Normalitätserwartungen angenommen (Hirschberg 2016).

Bereits beim Übergang in das Lehramtsstudium finden somit Exklusionsprozesse individueller und institutioneller Art statt, welche Chancengleichheit beim Zugang behindern. International variieren die Anteile von Lehramtsstudierenden und Lehrkräften, welche die jeweilige Landessprache als Zweit- oder Fremdsprache gelernt haben. Eine durchgängige und deutlich ausgeprägte Unterrepräsentation von „minority teachers" und „teachers of color" ist deshalb in deutsch- und englischsprachigen Ländern zu konstatieren (Tyler 2011; Rui & Boe 2012; Georgi 2013).

Die Zusammensetzung für das Grundschullehramt (Lehrkräfte, Referendare, Studierende) wird am Ende der 1990er Jahre auf der Basis einer repräsentativen Studie in milieutheoretischer Hinsicht als weitgehend homogen und in deutlicher Differenz zur Bevölkerung und Schülerschaft beschrieben (Schumacher 2000). Rund 10% der Gesamtbevölkerung und etwa 25% der Akademiker anderer Fachrichtungen gehören dem sogenannten „Liberal-intellektuellen Milieu" an. Dem gegenüber liegt dieser Milieuanteil bei Studierenden des Grundschullehramts, bei den Referendar/innen und Lehrkräften in der Grundschule bei nahezu 70% (S. 118f). Bezüglich der Zugehörigkeit zum „Konservativ-technokratischen Milieu" verhält es sich umgekehrt. Mit diesem Milieu können sich nur sehr wenige grundschulaffine Personen identifizieren (unter 10%). Damit Grundschullehrkräfte Bildungschancen für alle Kinder einer Grundschulklasse eröffnen können, deutet sich eine Notwendigkeit an, dass diese ihre sozialisationsbedingten Perspektiven, Wahrnehmungen und Deutungsmuster während der ersten und zweiten Phase der Lehrerbildung erweitern.

Bei den in die Bundesrepublik Deutschland zugewanderten Menschen finden sich, wie auch bei Menschen ohne familiäre Migrationserfahrung, vielfältige Milieuzugehörigkeiten (Barz et al. 2015). Milieuwechsel stehen bei ihnen, wie bei allen anderen so genannten Bildungsaufsteigern an, will man sein Leben nicht in zwei Welten gestalten oder zwischen beiden zu switchen. Dabei wird versucht, „sich die Welt der Bildung und der Intellektuellen zu Eigen zu machen (...). Auf Dauer gesehen, entfremden sich die Studierenden vom Herkunftsmilieu (...)" (Lange-Vester 2006, S. 278).

Welche Faktoren – individueller, interaktionistischer und struktureller Art – sind es, die die wenigen Protagonisten mit eigener oder familiärer Migrationserfahrung trotz eines gewissen Imageproblems in der eigenen Community ermutigen, ein Lehramtsstudium zu wählen? Und welches Bedingungsgefüge ermöglicht es ihnen, die ersten Hürden im Lehramtsstudium zu überwinden? Nach der Studienerfolgs- bzw. Studienabbruchsforschung ist erfolgreiches Studieren an eine *vierfache Integrationsleistung* gebunden, zu der die studentischen Individuen gleichermaßen wie die Institution Hochschule beitragen (Tinto 1975, 2006; Gesk 2001; Rech 2012; Denner 2014):

- *Fachlich-akademische Integration*: Bewältigung von Vorlesungen, Seminaren und ersten Modulprüfungen
- *Institutionelle Integration*: Zurechtfinden im Kontext der Hochschule, die Übernahme der Studierendenrolle, die Fähigkeit zur Interaktion mit Lehrenden und Mitgliedern der Verwaltung
- *Soziale Integration*: sich eingebunden fühlen in die Gruppe der Mitstudierenden gemeinsamer Studienfächer und in das studentische Leben an einer Universität

- *Berufspraktische Integration*: Bewältigung der Anforderungen in den ersten Praktika, Prüfung von Studienwahl und Berufsziel.

Studien zum Studienabbruch belegen, dass Studierende aus bildungsungewohnten und ökonomisch schwächeren Familien sowie Studierende mit Deutsch als Fremd- oder Zweitsprache überrepräsentiert sind (DAAD 2011; Gesk 2001; Heublein & Wolter 2011; Rech 2012). Sie sind mit den Gepflogenheiten von Wissenschaft und Studium (in Deutschland) wenig vertraut und fühlen sich möglicherweise für ihr Scheitern verantwortlich. „Insgesamt fehlt den Bildungsaußenseitern das Rüstzeug, um den Erwartungen des Feldes zu entsprechen" (Lange-Vester 2006, S. 277).

Neben den skizzierten Desiderata fehlen in den empirischen Studien zu den Schulpraktischen Studien (z.B. Bach 2013; Cramer 2012; Dieck, Dörr & Kucharz 2009) ebenso wie in einem Grundlagenwerk (Arnold, Gröschner & Hascher 2014) Hinweise auf die Heterogenitätsdimensionen „Migration" und „Mehrsprachigkeit", „Familienarbeit" und „Erwerbsarbeit". Schulpraxisbezogene Lehrerbildung mit Zuwanderungserfahrung sind deshalb als blinder Fleck der Professionalisierungsforschung zu markieren. Weitgehend unerforscht ist ebenfalls, in welcher Weise es bei Studierenden, Lehrenden und Betreuenden im Kontext Schulpraktischer Studien zur Einblendung oder Ausblendung der hier fokussierten Lebenssituation „Migration", und „Mehrsprachigkeit" kommt. Von Interesse ist deshalb, welche Fähigkeits- und Normalitätserwartungen bei diesen Prozessen leitend sind und welche Problem- und Kompetenzzuschreibungen von den Beteiligten in der Selbst- und Fremdsicht vorgenommen werden.

## 1.2 Mehrfach verschränkte Übergänge

Um die skizzierten Prozesse untersuchen zu können, wird ein heuristisches Modell zur Verbindung von Professionalisierungs- und Übergängeforschung gewählt. Damit gelingt es, neben den allgemeinen und spezifischen studentischen Entwicklungsaufgaben auch die Gestaltungsaufgaben der Verantwortlichen und ihrer Institutionen in Lehre und Praktikum mit in den Blick zu nehmen. Übergänge können als komplexe, ineinander übergehende und sich überblendende Wandlungsprozesse definiert werden, welche Individuen aktiv zu vollziehen haben. Sie stellen sozial prozessierte, verdichtete und beschleunigte Phasen eines Lebenslaufes dar (Welzer 1993, S. 37). Die Konzeption „Mehrfach verschränkter Übergänge" (Denner & Schumacher 2014, S. 38ff.) bezieht neben den *institutionellen Übergängen* drei weitere *Übergangsvarianten* ein.

Die unterrichtsbezogenen Aufgaben im Kontext der Schulpraktischen Studien, welche eine Verbindung von theoretischem, handlungsbezogenem und biografischem Lernen erfordern, sind an *Bildungsübergänge* gebunden. Für Studierende mit Deutsch als Zweitsprache (DaZ) oder Deutsch als Fremdsprache (DaF) kommen neben den für alle Studierenden zu bewältigenden Anforderungen möglicherweise noch weitere hinzu. Diese liegen im sprachlichen, schulkulturellen und milieuspezifischen Bereich. Die an die jeweiligen Lernausgangslagen gebundenen *spezifischen Übergänge* sind in Abhängigkeit vom familiären Milieu, der eigenen oder familiären Migrationserfahrung, der schulischen Sozialisation im Herkunfts- oder Aufenthaltsland und der aktuellen Lebenssituation (mit oder ohne Familien- und Erwerbsarbeit) zu gestalten. Über die Berücksichtigung einzelner Differenzlinien hinaus sind nach dem Intersektionalitätenansatz Mehrfachzugehörigkeiten bzw. Überschneidungen von Bildungsungleichheitsachsen einzubeziehen (Hadjar & Hupka-Brunner 2013).

*Kontextuell-alltägliche Übergänge* zwischen den normativ unterschiedlich geprägten Lernorten (Universität, Schule) und Lebenswelten (Universität, Peergroup, Familie) verlangen den Studierenden weitere Leistungen ab. Die kulturellen Codes unterscheiden sich mehr oder weniger stark, können als Irritationen, Diskriminierung oder Herausforderung wahrgenommen werden. Auf alle Fälle wird Überbrückungs- und Vermittlungsarbeit erforderlich. Die skizzierten Übergänge und die damit verbundenen Wandlungsprozesse können zeitgleich oder in einem zeitlichen Nacheinander anstehen und sind dann mit den *institutionellen Übergängen* verschränkt. Eingebunden sind sie in ein Transitionsgeschehen, das auf mehreren Ebenen zu vollziehen ist.

### 1.3 Ein Mehrebenenmodell der Übergangsbewältigung

Der Transitionsansatz nach Wilfried Griebel und Renate Niesel (2013) fokussiert drei Ebenen, auf denen die Akteure einen Übergang zu vollziehen und die Moderatoren (Lehrende und Betreuende) diesen auf der individuellen, interaktionalen und kontextuellen Ebene zu unterstützen haben. Im Mehrebenenmodell wird eine curriculare, auf die Felder schulpraxispraktischer Kompetenzentwicklung bezogene Ebene zusätzlich eingefügt (Abb. 1). Als zentral können dafür „Beobachten", „Planen", „Unterrichten bzw. Lehr-Lernprozesse gestalten", „Erziehen und Beziehung gestalten" und „Reflektieren" gelten (Denner 2013, 42ff.).

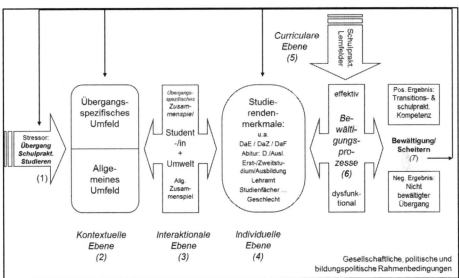

*Abbildung 1: Mehrebenenmodell in Anlehnung an den Transitions- und Resilienzansatz (Kumpfer 1999; Wustmann 2005; Griebel & Niesel 2013; Denner & Schumacher 2014) mit migrations- und praxisstudienspezifischen Erweiterungen (Denner 2014, S. 102)*

Der Übergang in das schulpraxisbezogene Lernen und Studieren wird als stressauslösend (1) angenommen. Die fokussierten Bewältigungsprozesse sind auf dem Hintergrund der jeweiligen gesellschaftlichen, politischen und bildungspolitischen Rahmenbedingungen zu deuten. Sie beziehen sich auf die kontextuelle (2), interaktionale (3) und individuelle Ebene (4) mit ihren jeweiligen Bedingungen und berücksichtigen darüber hinaus die schulpraxisbezogenen Lern- und Entwicklungsfelder (5) (siehe Denner 2014, S. 99-106). Diese Bewältigungsprozesse (6) können auf allen vier Ebenen sowohl funktional als auch dysfunktional verlaufen (7). Beim letzteren Fall wird mit der Wiederholung des Praktikums, verbunden mit der Änderung der bisherigen Strategien der Akteure und gegebenenfalls auch mit der ihrer Moderatoren, eine Neuorientierung vorgenommen. Andernfalls wird mit dem Abbruch des Studiums die Möglichkeit einer Umorientierung eingeleitet. Werden die Übergangsprozesse auf allen vier Ebenen erfolgreich bewältigt, so führen diese zur erwünschten Erweiterung schulpraktischer Kompetenzen, zum Kompetenzerleben und zur Bestätigung im anvisierten Beruf. Diese an die Bewältigung von Übergangsprozessen gebundene Professionalisierungsprozesse bedürfen der Unterstützung, um eine Vermittlung anzubahnen zwischen Praxis, Theoriebildung und studentischer Person (Denner 2016, S. 16ff.).

## 2 Das ÜschSL-Projekt

Die explorative Studie „Übergänge in das schulpraktische Studieren und Lernen von Studierenden mit Deutsch als Zweit- und Fremdsprache" (ÜschSL, 2011-2015) nimmt mit einem Mixed-Methods-Design die ersten Schulpraktika in den Blick. Angenommen wird, dass es sich um eine kritische Schnittstelle für das Lehrerwerden handelt, da hier die Anforderungen theoretischer, handelnder und biografischer Art kumulieren.

### 2.1 Fragestellung und Sampling

Das ÜSchSL-Projekt fokussiert drei Fragestellungen bzw. Suchrichtungen, welche die Auswertung der Leitfadeninterview- und Fragebogendaten aus Studierendensicht leiten. Diese werden teilweise durch die Sicht der Betreuenden ergänzt:

- Mit welchen Motiven, Zielen und Lernausgangslagen wählen DaZ- und DaF-Studierende das Lehramtsstudium (Fächer, Studiengänge, ressourcenorientierte Entscheidungen)? (Denner 2013, S. 214f.; 2014, S. 113ff.)
- Mit welchen Erwartungen und Emotionen beginnen und gestalten die Studierenden den Übergang in das schulpraktische Studieren und Lernen im Kontext eines gruppen- und tandembezogenen Lehr-Lernsettings? (Denner 2014, S. 121ff.)
- Welche Strategien finden in der Studierenden- und Betreuendensicht Anwendung, um erfolgreich zu sein bzw. Misserfolg zu vermeiden? Welche förderlichen und hinderlichen Bedingungen lassen sich rekonstruieren?

Die Selbsteinschätzungen werden bei sieben Studierenden durch Fremdeinschätzungen auf der Basis von Interviewdaten und Praktikumsbegutachtungen ergänzt. Für die Erarbeitung der Porträts sind die folgenden Fragen leitend:

- Wie werden retrospektiv die Lehr-Lernsettings mit ihren Lernmöglichkeiten und die individuellen Lernprozesse unter Berücksichtigung von Kontext (Hochschule, Schule, Familie, Peers) und beteiligten Personen (Betreuende, Studierendengruppe, Klasse) in der Studierenden- und Betreuendensicht bewertet?
- Wie nehmen Studierende und Betreuende den Umfang des Lernzuwachses in den fünf Kompetenzfeldern im jeweiligen Praktikum wahr und wie schätzen sie das erreichte Kompetenzniveau ein?

Das studentische Sampling (N=18, 36 Praktika) wird so gewählt, dass die Zusammensetzung möglichst vielfältig ist, sodass unterschiedliche Bedingungen des Aufwachsens und Wege schulischer Sozialisationen in den Blick kommen (Tab. 1). Berücksichtigung finden acht Erstsprachen (Arabisch, Englisch, Französisch, Griechisch, Italienisch, Kirgisisch, Russisch, Türkisch) und alle Lehrämter der Hochschule (GHS: Grund- und Hauptschule, RS: Realschule, Eula: Europalehramt Grund- und Realschule).

Zwei Drittel der befragten Studierenden haben in Deutschland ihre Hochschulberechtigung erworben, teilweise auch über verschlungene Wege an einem beruflichen Gymnasium oder Abendgymnasium nach dem Besuch der Haupt- oder Realschule bzw. nach einer Ausbildung und Berufstätigkeit. Ein Drittel der Befragten studiert mit einer im Ausland erworbenen Hochschulzulassungsberechtigung. Über ein Erststudium, eine Berufsausbildung und Berufstätigkeit oder über Erfahrungen im Kontext eines Freiwilligen- oder Wehrdienstes verfügen zwei Drittel der Befragten. Nur ein Drittel der Befragten studiert unmittelbar nach Abschluss der Schulzeit. Die Befragten sind deutlich älter (25 Jahre versus 21 Jahre) und der Anteil der Männer ist deutlich höher (39% versus 13%) als die Probanden einer früheren Studie, die ebenfalls im Anschluss an das Einführungs- und Blockpraktikum befragt wurden (Denner 2010). Die für die Studie kontaktierten Studierenden entsprechen hinsichtlich der Erstsprachen und des Geschlechts der Grundgesamtheit aller Studierenden mit Deutsch als Zweit- oder Fremdsprache soweit diese aufgrund von Staatsangehörigkeit und Namen identifizierbar sind. Ein weiteres Kennzeichen der Befragten ist, dass 40% von ihnen ihr Studium mit Familien- und Berufsaufgaben in Einklang zu bringen haben.

| Perspektive | Sprache | Geschlecht | Geburtsland | Lehramt |
|---|---|---|---|---|
| Studierende (n₁=18) | DaZ: 12<br>DaF: 4<br>BiL: 2 | Weiblich: 11<br>Männlich 7 | Deutschland: 10<br>Ausland: 8 | GHS: 6<br>RS: 7<br>Eula: 5 |
| Praxislehrpersonen (n₂=12) | DaE: 10<br>DaZ: 1<br>DaF: 1 | Weiblich: 11<br>Männlich 1 | Deutschland: 10<br>Ausland: 2 | GHS: 7<br>RS: 5 |
| Dozent/innen (n₃=4) | DaE: 3<br>DaF: 1 | Weiblich: 3<br>Männlich: 1 | Deutschland: 3<br>Ausland: 1 | |
| Vertreter/in Institution (n₄=4) | DaE: 2<br>DaF: 2 | Weiblich: 2<br>Männlich: 2 | Deutschland: 2<br>Ausland: 2 | |
| *Sampling: 38 Interviews* | *DaE: 15<br>DaZ: 13<br>DaF: 8; BiL: 2* | *Weiblich: 27<br>Männlich: 11* | *Deutschland: 25<br>Ausland: 13* | |

*Tabelle 1: Sampling der Studierenden, Betreuenden und institutionellen Vertreterinnen und Vertreter unter Berücksichtigung der Heterogenitätsdimensionen Sprache (Deutsch als Erst-, Zweit-, Fremdsprache, Bilingualität im Ausland), Geschlecht, Geburtsort und Lehramt*

Die Beschreibung des Samplings anhand der gewählten Differenzlinien darf nicht darüber hinwegtäuschen, dass Mehrfachzugehörigkeiten die einzelnen Biografien prägen (Hadjar & Hupka-Brunner 2013). Angenommen kann werden, dass die befragte Studierendengruppe hinsichtlich der Bewährung ihrer beruflichen Eignung nicht nur möglicherweise schwierigere Hürden vor sich hat, als die Studierendengruppe mit deutscher Erstsprache, sondern „zugleich bislang oft übersehene zusätzliche Aspekte von Eignung in die Waagschale werfen kann" (Bolle 2014, S. 3). Die folgenden, biografisch erworbenen Ressourcen werden mehrheitlich beim Übergang ins Studium genutzt: Studienfächer Englisch oder Französisch (Erst- oder Landessprache), fachliche Kompetenzen aus Berufsausbildung und Erststudium (Biologie, Chemie, Physik, Alltagskultur und Gesundheit, Mathematik) und Milieuspezifik (akademisch geprägtes Elternhaus). Fünf von 18 Studierenden verfügen über keine der genannten Ressourcen.

Zur Ergänzung der studentischen Selbstsicht wird die Datenbasis um Außensichten erweitert. Für die anvisierte Erarbeitung von sieben Porträts werden aus dem Sampling diejenigen Studierenden ausgewählt, die auf unterschiedliche Weise die Faktoren wie Erstsprache, DaZ bzw. DaF, Geschlecht, Alter, Elternhaus, Hochschulzulassung, Erststudium bzw. Berufsausbildung und Lehramt zu repräsentieren vermögen. Dies führt zur Kontaktaufnahme mit ihren Betreuenden im ersten und zweiten Praktikum.

Das Sampling der interviewten Betreuenden (N=14, Praxislehrpersonen und Dozent/innen) ist überraschender Weise ebenfalls vielfältig. Eine gewisse Nähe zur untersuchten Studierendengruppe wird von den Betreuenden begründet mit Auslands- oder eigenen Migrationserfahrungen sowie internationalen Begegnungen und den Studienfächern Englisch und Französisch. Darüber hinaus trage der Unterricht in multilingualen Klassen zur Öffnung und zur kritischen Reflexion der eigenen Idealisierungs- und Normalisierungstendenzen bei. Distanz zur fokussierten Gruppe wird mit „sprachlichen Abweichungen", „geringer Lernbereitschaft und Reflexionsfähigkeit", „distanziertem oder irritierendem Verhalten" oder dem „Kopftuch" markiert. Die im Modus der Sorge geäußerte Haltung möchte den Praktikant/innen möglichst Ausgrenzung und Stolpersteine im Referendariat ersparen. Hier deuten sich Aspekte institutioneller Diskriminierung an (Gomolla & Radtke 2002, siehe Kapitel 3.4 und 3.5).

Zusätzlich in den Datenkorpus einbezogen wird eine allgemeine und stärker institutionell geprägte Sicht durch die Befragung der langjährigen Leitungen der Schulpraxis- und Auslandsämter zweier Pädagogischer Hochschulen in Baden-Württemberg (N=4). Angenommen wird aufgrund der Biografien (Tab. 1), dass von den institutionellen Akteuren gleichermaßen wie von den Betreuenden nicht nur eine autochthone Perspektive (DaE), sondern auch eine allochthone Perspektive (DaZ/DaF) eingenommen wird.

*2.2 Erhebung, Aufbereitung und Auswertung der Daten*

Die 38 transkribierten Interviews werden mittels Qualitativer Inhaltsanalyse nach Mayring (2010) ausgewertet. [1] Dabei kommen verschiedene Strategien zur Anwendung, wie die der induktiven Kategorienentwicklung mittels Zusammenfassung sowie die einer zusammenfassenden und typisierenden Strukturierung. Die Kategorienbildung führt über die an der konkreten Aussage vorgenommene Kodierung zu den ersten Kategorien. Diese werden auf einer mittleren Abstraktionsebene gebündelt und in einem weiteren Abstraktionsprozess zu Hauptkategorien oberer Abstraktionsebene zusammengeführt. Diese bilden zusammen ein Kategoriensystem, welches beispielsweise die von Studierenden eingesetzten bzw. im Interview zur Sprache gebrachten Strategien abzubilden vermag (z. B. Abb. 2).

Ergänzend werden deskriptive Auswertungen der Fragebogendaten sowie die mittels quantifizierender Inhaltsanalyse gewonnenen Daten vorgenommen. Für die Erarbeitung von Porträts werden die Ergebnisse aus den unterschiedlichen Datenquellen trianguliert.

## 3 Zentrale Ergebnisse

Für diesen Beitrag werden Ergebnisse ausgewählt, die Hinweise auf begünstigende Faktoren für die Übergänge in das schulpraktische Studieren und Lernen geben kön-

---

[1] Näheres zu den Instrumenten, der Gewinnung des theoretischen Samplings, der methodischen Gestaltung der Erhebungssituation, der Daten und ihrer Qualität findet sich in Denner 2014, S. 108-111.

nen. Als relevant zu erachten ist, welche Vorstellungen die Studierenden und Betreuenden bei der Zusammenarbeit leiten und welche Strategien diese einsetzen, damit
schulpraxisbezogenes Lernen, soziale Einbindung und Kompetenzerleben möglich
werden. Berücksichtigung finden darüber hinaus Aspekte von Vielfalt, Exklusion und
Inklusion in Schule, Hochschule und Praktikum sowie die Einschätzung des Kompetenzniveaus in der Selbst- und Fremdsicht anhand eines Porträts.[2]

### 3.1 Bedeutsame Faktoren – Didaktisierung von Übergängen

Das gruppenbezogene Lehr-Lernsetting (Tagespraktikum: Studierende, Betreuende aus
Schule und Hochschule) und das tandembezogene Lehr-Lernsetting (Blockpraktiki-
kum: Tandem mit Mentor/in) können situationsspezifisch als günstig oder weniger
günstig für die schulpraxisbezogene Kompetenzentwicklung wahrgenommen und bewertet werden. Als günstig erweist es sich, wenn Studierende mit DaZ oder DaF nicht
nur mit deutschen Muttersprachlern in einer Praxisgruppe oder Schulklasse zusammenarbeiten, sondern wenn Mehrsprachigkeit auch die Praxissituation prägt.

Das Studier- und Handlungsfeld Schule schätzen die Studierenden mit DaZ und DaF
(wie auch alle anderen) einerseits, um ihre Berufsentscheidung zu überprüfen und sich
in ihren interaktiven Fähigkeiten zu erfahren. Andererseits fürchten sie, angesichts der
neuen Situation mit ihren nur wenig kalkulierbaren Anforderungen zu scheitern. Sie
setzen deshalb Strategien ein, um möglichst wenig aufzufallen und insbesondere auch
den sprachlichen Anforderungen gerecht zu werden. Gewisse Vorteile (oder zumindest
keine Nachteile) gegenüber Studierenden mit DaE nehmen sie dann wahr, wenn sie
eine Fremdsprache als Studienfach gewählt haben oder wenn Kompetenzen aus beruflicher Bildung oder aus anderen Studiengängen im Praktikum zum Tragen kommen.

Die Interviewanalyse kommt zum Ergebnis, dass die Didaktisierung von Übergängen
in das schulpraxisbezogene Studieren nicht nur von den Betreuenden erfolgt. Vielmehr
erfahren sich die Studierenden ebenfalls als Didaktiker, wenn sie zum einen in ihren
ersten Unterrichtsversuchen Lernprozesse der Schülerinnen und Schüler anzuregen
lernen. Zum anderen steuern sie ihre eigenen Lern- und Übergangsprozesse durch be-
währte und neue Formen des Umgangs mit Anforderungen und die Aneignung erster
schulpraxisbezogener Kompetenzen. Für die Betreuenden bedeutet es, über geeignete
Aufgaben zur Passung von Voraussetzungen, Potenzialen und Ressourcen individueller
und kontextualer Art beizutragen. Diese Mikrodidaktik ist eingebettet in ein bezie-
hungsorientiertes Mentoring, das auf systematische Kompetenzerweiterung setzt. Wer
sich auf Erfahrungen in der Zusammenarbeit mit Studierenden spezifischer Voraussetzungen stützen kann, könnte bei der Didaktisierung von Übergängen im Vorteil sein.
Erfahrungen werden, wie es scheint, nur unter Berücksichtigung einer kritischen Reflexion derselben, gepaart mit einer grundsätzlichen Offenheit für Vielfalt und der Fähigkeit zur Perspektivenübernahme und zum Abgleich zwischen Selbst- und Fremdwahr-
nehmung zu einer hinreichenden Bedingung für eine adressatenspezifische Didaktik.

### 3.2 Studentische Strategien zum Umgang mit Anforderungen

Die induktive Kategorienbildung zu den eingesetzten Strategien, die den befragten
Studierenden als geeignet erscheinen, um in das schulpraxisbezogene Lernen zu kom-

---

[2] Ergebnisse zu ressourcen- und zukunftsorientierten Entscheidungen und zu identifizierten Hürden,
Unterstützungs- und Integrationsleistungen von Studierenden und Betreuenden angesichts einer vierfa-
chen Integrationsanforderung liegen vor (Denner 2014, S. 118-137).

men und ein Scheitern zu vermeiden, führt zu 132 Kodierungen. Diese Aussagen können in 16 Kategorien mittlerer Abstraktionsebene gebündelt und in fünf Hauptkategorien im *Kategoriensystem* „Studentische Strategien zum Umgang mit Anforderungen" zusammengeführt werden (Abb. 2). Die identifizierten Strategien geben Hinweise, auf welche Art und Weise sich die Befragten den Anforderungen stellen.

Die Hauptkategorie „*Sich kundig machen*" nimmt Interviewpassagen auf, die zum Ausdruck bringen, was die Befragten unternehmen, um für die spezifischen Anforderungen im Praktikum das dafür erforderliche Wissen aufzubauen. Hier schwingt mit, dass es den Befragten wichtig ist, die allgemeinen und spezifischen Erwartungen der Praktikumssituation zu erfüllen. Das Hauptaugenmerk liegt auf dem Lernfeld „Planen" und der Prüfung der Eignung für den anvisierten Beruf. Die Betreuenden aus Schule und Hochschule sowie die Mitpraktikant/innen kommen bei der Hauptkategorie „*Personenbezogene Hilfe suchen und annehmen*" in den Blick. Darüber hinaus werden Ressourcen der Unterstützung im familiären und studentischen Umfeld (Studierende des eigenen Semesters vs. Studierende mit Migrationshintergrund) identifiziert. Dabei kommt der eigene kulturelle, sprachliche und herkunftsbezogene Hintergrund zum Tragen. Lernen und Erfolg im Praktikum werden zur gemeinschaftlichen Aufgabe.

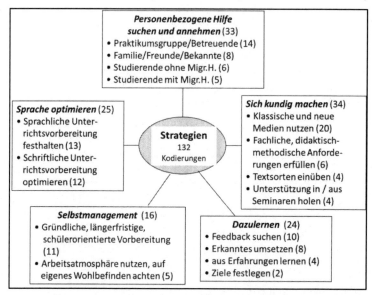

*Abbildung 2: Studentische Strategien im Umgang mit Anforderungen (Denner 2013, S. 216)*

Bei den Aussagen, die sich auf das „*Optimieren der Sprache*" beziehen, lässt sich unterscheiden zwischen der schriftlichen Vorbereitung von mündlichen Beiträgen durch die Befragten und ihrer Bereitschaft zum Optimieren schriftlicher Entwürfe (Verlaufsplanung, ausführlicher Unterrichtsentwurf, Portfolioarbeit). Für die Überarbeitung wird auf die Rückmeldung von fachlich und sprachlich kompetenten Personen aus dem sozialen Netzwerk zurückgegriffen.

Die in der Hauptkategorie „*Bereitschaft zum Dazulernen signalisieren*" gebündelten Aussagen signalisieren, dass die Befragten sich als Lernende und nicht als fertige Lehrpersonen verstehen. Sie lassen sich, im Gegensatz zu anderen (z. B. Person 1 und Person 11), auf einen Lernprozess ein, wenn sie ein konstruktives Feedback suchen,

Erkanntes umsetzen sowie aus Erfahrungen lernen wollen. Zwei der Interviewten heben die in Absprache mit ihren Betreuenden getroffenen Entwicklungsziele hervor.

Bei der Hauptkategorie „*Übernahme von Selbstmanagementaufgaben*" lassen sich zwei Elemente als bedeutsam für erfolgreiches Lernen und Leisten im Praktikum identifizieren. Dazu gehört zum einen die Investition in eine gründliche und längerfristig angelegte Vorbereitung eines schülerorientierten Unterrichts (im Blockpraktikum). Hiermit markieren die Befragten möglicherweise ein neues oder typisches Element, wie Schule und Unterricht in der Primar- und Sekundarstufe I (in Deutschland) zu denken sind. Zum anderen kommt mit „Arbeitsatmosphäre nutzen, auf eigenes Wohlbefinden achten" eine emotionale Kategorie in den Blick. Diese erscheint relevant zu sein, damit man in sprachlicher und kultureller, teilweise auch in schichtspezifischer Hinsicht in der fremden Schulwelt heimisch wird oder sich ihr wenigstens mit angenehmen Gefühlen zu nähern vermag.

### 3.3 Betreuendensicht zu den Bedingungen für ein gelingendes Lernen und Mentoring

Das Lernen und der schulpraktische Kompetenzerwerb erfolgt in den Praktika im Kontext eines spezifischen Lehr-Lernverhältnisses. Zentral für dieses als Mentoring zu bezeichnende Lehr-Lernverhältnis ist die Gestaltung einer Arbeitsbeziehung zwischen einer erfahrenen Lehrperson, im günstigsten Falle einer Expertin bzw. einem Experten für schulisches Lernen und einer Novizin bzw. einem Novizen. Die Gestaltungsaufgaben beziehen sich in methodischer Hinsicht auf „Anleiten", „Rückmeldung geben", „Beraten", „Leistung sehen und begutachten" (Denner 2013, S. 144ff.). Die Betreuenden agieren im Tandem- oder Gruppensetting und berücksichtigen die grundlegenden studentischen Lern- und Entwicklungsfelder („Erziehen und Beziehung gestalten", „Beobachten", „Reflektieren", „Planen" und „Unterrichten"). Die Akteure „Praktikant/in" und „Betreuer/in" prägen im Kontext eines Gruppenpraktikums oder einer Einzelbetreuung im Blockpraktikum mit ihren Strategien und Aufgaben das *Kategoriensystem* „Bedingungen eines gelingenden Mentorings" (Abb. 3). Mit der Hautkategorie „*Grundlage für Mentoring*" werden die notwendigen Bedingungen (personale Voraussetzungen, Kenntnis der Sprache in Wort und Schrift sowie der kulturellen Bedingungen von Schule) auf studentischer Seite formuliert.

In den als *notwendig geltenden studentischen Strategien* werden die Praktikant/innen als Persönlichkeiten, Akteure und Lernende adressiert, die es verstehen, eigene und fremde Potenziale und Ressourcen bei erkennbarem Arbeitseinsatz zu nutzen. Unter „Haltung/Auftreten" (71 Kodierungen) werden erstens „günstige personelle Bedingungen für den Lehrerberuf" (sich interessiert zeigen, sicheres Auftreten, zuverlässig sein, freundlich sein, Reflektieren können) subsummiert. Zweitens wird das „Aktiv sein" und drittens das „Zurückhaltend sein" als wesentlich beschrieben. Hier kommen individuelle Vorlieben der Befragten zum Tragen, teilweise drückt sich in diesem Ergebnis die Fähigkeit zum situativen Balancieren zwischen beiden Polen aus. Diese um Vermittlung bemühende Haltung prägt günstiger Weise auch die vierte Komponente, die sich auf das Gestalten einer förderlichen Arbeitsbeziehung bezieht.

Bei der ebenfalls umfangreichen Hauptkategorie „*Systematische Kompetenzerweiterung*" wird an den zentralen Entwicklungsaufgaben (für Studierende) und den Gestaltungsaufgaben (für Betreuende) angeknüpft, welche sich am Modell schulpraxisbezogener Kompetenzentwicklung orientieren (Denner 2013, S. 42ff., 71ff.). Die Betreuenden wählen emotionale, handlungsbezogene und kognitive *Strategien*, die geeignet erscheinen, Lernen im Praktikum zu ermöglichen. Das beziehungsorientierte Lehr-Lernsetting darf nach den Ergebnissen der qualitativen Inhaltsanalyse keinesfalls dabei stehen bleiben, dass man sich gegenseitig bestätigt und in einer „Lobhudelei" aufgeht. Vielmehr muss es möglich sein, den Lernbedarf zu markieren und nächste *Lernschritte gemeinsam zu identifizieren und zu vereinbaren*. Dabei kann es um die Gewinnung von Sicherheit, die Erweiterung der Fach- oder Organisationskompetenz oder um das Erahnen und Verstehen dessen gehen, was die unausgesprochenen Bedingungen schulischen Lernens sind. Bedeutsam ist, dass die skizzierten Gestaltungsaufgaben der Betreuenden auch darin gesehen werden, erforderliche und möglicherweise auch (schmerzhafte) Umlernprozesse zu ermöglichen und gegebenenfalls diese der bzw. dem Studierenden auch zuzumuten (Denner & Hoffmann 2013, S. 128f, S. 172).

*Abbildung 3: Bedingungen für ein gelingendes Mentoring aus Betreuendensicht*

## 3.4 Studentische Erfahrungen mit Unterstützung und Diskriminierung

Bei 10 von 18 Studierenden finden sich in den Ausführungen zu markanten Stellen in ihren Bildungsbiografien entsprechende Hinweise. In der Kategorie der *erfahrenen oder vermissten Unterstützung* wird zwischen der Schulzeit und der Zeit des Studiums unterschieden. Fünf Studierende zeigen anhand von Beispielen auf, wie sie in Haupt- und Realschule oder Gymnasium von Lehrkräften unterstützt wurden. Eine befragte Person berichtet sowohl von Unterstützung als auch von Missachtung, ausgehend von unterschiedlichen Lehrpersonen an derselben Schule. Vier Personen nehmen in der Hochschule für sie bedeutungsvolle Formen der Unterstützung wahr. Fehlende Unterstützung während der Schulzeit bzw. der Zeit des Studiums markieren jeweils zwei der Befragten.

Über massive Formen von *Platzverweisen* berichten drei Studierende, wenn sie von Lehrpersonen oder Mitschüler/innen hören: „Ausländer gehören nicht auf das Gymnasium". Das *„Auf-Abstand-gehen"* wird darüber hinaus mit migrationsbedingter Nichtakzeptanz (3 Personen) und der in Lehr-Lernsettings durchaus üblichen Konkurrenz (2

Personen) beschrieben. *Nichtakzeptanz* prägt die studentischen Biografien auf unterschiedliche Weise, als Kind durch Mitschüler, als Student durch nicht gelingende Arbeitssuche oder als studentische Kopftuchträgerin durch die Mentorin.

Konkurrenzerfahrungen gehören zu schulischen Biografien. Diese werden von Studierenden mit ausgeprägten, durch ein Erststudium und Berufserfahrung erworbenen Fachkompetenzen erfahren, wenn ihre Praxisbetreuer nicht über die erforderlichen Fach- und Anleitungskompetenzen verfügen.

*Ja, die haben alle gemeint, ich kenne mich super gut aus mit den Fächern und was weiß ich, besser als sie sogar und deswegen und deswegen fand ich es da ein bisschen problematisch. [...] Und die haben mich eher als Konkurrentin gesehen als Praktikantin. (P9, Z264-266)*[3]

Die Hälfte der Studierenden berichtet über Vorurteile und ein gewisses „Schubladendenken", verbunden mit der Markierung von Differenz im Sinne eines Defizits und der Erfahrung einer Ungleichbehandlung. Eine Person lässt sich nicht in eine Opferrolle drängen, sondern setzt sich aktiv mit den Vorurteilen der Majorität auseinander:

*Solche Geschichten könnten aufhören, aufhören in dem Sinne, dass die türkischen Studenten sich keine derartigen Vorurteile mehr anhören sollen müssen. Viele von ihnen sind in Deutschland geboren und beherrschen die Sprache zu 100%. [...] Das kann Studenten, die es satt haben in eine Schublade gesteckt zu werden, demotivieren. Sie haben Angst vor der Prüfung oder dem Prüfer, weil dieser eben Vorurteile hat. Oder was passiert, wenn man im Examen mit dem zu tun hat etc. Mich beispielsweise würde das eher motivieren, so zu lernen, um ihm zu zeigen, dass seine Vorurteile falsch sind. Dass sehr wohl auch Leute mit Migrationshintergrund es drauf haben, sogar besser als andere Studenten ohne Migrationshintergrund. Ich fühle mich da auch unter positivem Druck, besser sein zu müssen als direkte Mitstreiter mit vermeidlich besseren Voraussetzungen als ich. (P13, Z117-133)*

Eine wahrgenommene Geringschätzung der eigenen Leistung oder des eigenen Potenzials durch eine Praxislehrkraft kann berechtigterweise Anlass zur Kritik am realisierten Mentoring geben. Sie kann jedoch auch darauf hinweisen, dass die studentische Person bestätigende Rückmeldungen wünscht. Möglicherweise sieht sie das Praktikum noch nicht als Lerngelegenheit oder kann sich der Herausforderung in der markierten Weise noch nicht stellen (Esslinger-Hinz 2014).

### 3.5 Überzeugungen der Betreuenden zu Vielfalt und Differenz

Ein weiteres Kategoriensystem erfasst die Betreuendensicht zu den in Schule und Hochschule leitenden Überzeugungen zum Umgang mit Vielfalt und den Vorstellungen, wie Lehrerzimmer sich gegenüber Mehrsprachigkeit und Migration öffnen könnten (Abb. 4). In einer Hauptkategorie werden *„Lehrerinnen und Lehrer mit (familiärem) Migrationshintergrund als Mehrwert und Ressource"* für die Schule identifiziert. Zum einen leistet die Öffnung für diesen Personenkreis einen deutlichen Beitrag zur sprachlichen und kulturellen Verständigung mit Schüler/innen aus zugewanderten Familien und ihren Eltern. Zum anderen wird angenommen, allochthone Lehrkräfte hätten eine höhere Akzeptanz als autochthone Lehrkräfte. Zudem signalisieren diese der Schüler- und Elternschaft, dass „Lehrersein eine angesehene berufliche Aufgabe" auch in Milieus mit Zuwanderungserfahrung ist.

---

[3] Auszüge aus den Transkriptionen der mit Studierenden (P1-18) oder Betreuenden (z.B. Praxislehrkraft von P2) geführten Interviews werden unter Nennung der jeweiligen Person (z.B. P5) und der zitierten Zeilen (z.B. Z544-553) präsentiert.

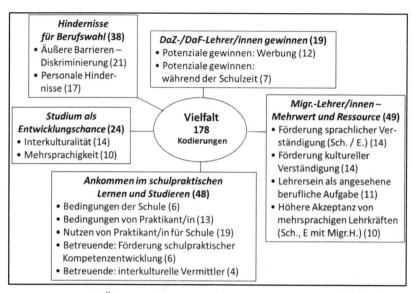

*Abbildung 4: Überzeugungen der Betreuenden zum Umgang mit Vielfalt*

Das „*Studium als Entwicklungschance*" gelte es von *allen Studierenden* zur Erweiterung der Kompetenzen in Interkulturalität und Mehrsprachigkeit zu nutzen. *Interkulturalität* als Lernziel für Lehrende und Studierende setzt gleichermaßen voraus, dass Voreingenommenheit auf beiden Seiten überwunden wird und dass die Lehrenden ihre Umgangsformen anzupassen verstehen. Die Vorschläge, wie Interkulturalität ein Leitprinzip der Lehrerbildung werden könnte, beziehen sich zum einen auf Lehrveranstaltungen für alle Studierenden (kulturelle Vielfalt berücksichtigen; Thematik im situativen Diskurs mit Lehrenden aufgreifen; verbindliches Seminar zur Interkulturalität). Die spezifische Thematik zur „Schul- und Lernkultur in Deutschland" wäre für Studierende mit einer im Ausland erworbenen Hochschulzulassung bedeutsam und könnte eine unterstützende Vorbereitung auf das erste Praktikum sein.

Bei den „*Hindernissen*", die angehende Studierende von der Wahl des Lehrerberufs abhalten, werden von den Expert/innen aus Schule und Hochschule einerseits *äußere Barrieren und erlebte oder angenommene Diskriminierungen* als höchst zentral erachtet, wie die folgenden Kategorien unterer Abstraktionsebene zeigen:

- Konfrontation mit Platzverweisen und Ausgrenzung
- Begrenzung auf das eigene Elternhaus und die jeweilige Community
- Furcht vor der Kontrollinstanz „Eltern", da diese unzureichende Sprachkompetenz anmahnen könnten in Verbindung mit der Elternhörigkeit von Schulen
- Traditionelle, geschlechtsspezifische Rollenvorstellung, die mit dem Lehrerberuf nicht vereinbar scheint
- Fremdenfeindliche Ansichten in Schule und Gesellschaft.

Andererseits werden *personale Hindernisse* in folgenden Bereichen gesehen:

- Deutschkenntnisse sind (noch) nicht auf sehr gutem oder ausgezeichnetem Niveau
- Sich nicht auf schulkulturelle Spezifika einlassen können
- Sich nicht der Konkurrenz der Einheimischen stellen wollen

- Man glaubt, beamtete Lehrkräfte sind „Deutsche"
- Sich selbst (als Gruppe) ausgrenzen.

„*Potenziale von (künftigen) Lehrer/innen mit DaZ oder DaF*" zu sehen und diese für den Lehrerberuf zu gewinnen, wird als Strategie benannt, die sich Mitteln einer systematischen Werbung bedient:

- „Lehrerberuf als realistisches Ziel vorstellen": im Unterricht, bei Info-Veranstaltungen und auch in der Moschee
- „Fächerwahl ressourcenorientiert treffen": Ermutigung durch die Betonung der Stärken der Schülerinnen und Schüler.

Die Befragten formulieren im Interview, es sei sehr wichtig, Schülerinnen und Schüler bereits ab der Sekundarstufe I für diese Berufsperspektive zu gewinnen, ihnen gewissermaßen eine „Vision einzupflanzen" (Praxislehrkraft, P5). Die Wirksamkeit dieser Maßnahme ist daran gebunden, dass Folgendes gelingt:

- Elternhaus integrieren – Willkommenspolitik
- Systematische Förderung der deutschen Sprache
- Anstrengungsbereitschaft als Potenzial benennen.

Eine Hauptkategorie befasst sich mit der Frage: Wie kann das „*Ankommen im schulpraktischen Lernen und Studieren*" (48 Kodierungen) unter Berücksichtigung der spezifischen Lernausgangslagen gelingen? Neben den Bedingungen der Praktikant/innen (z.B. „gute Deutschkenntnisse", „stabile Erstsprache", „Bewusstsein für Schulsystem", „Bereitschaft sich an das deutsche Schulsystem anzupassen") sind die Betreuenden als interkulturelle Vermittler und als Förderer schulpraktischer Kompetenzentwicklung gefragt („Übergänge moderieren", „Anleitungsbeziehung herstellen"). Darüber hinaus bedarf es schulischer Bedingungen („Offenheit im Kollegium", „Voreingenommenheit ablegen") die geeignet sind, dass DaZ- und DaF-Studierende ihre Potenziale und Ressourcen in folgenden Bereichen zum Gewinn für die Schule einbringen können:

- Kulturelles Wissen, über das Mehrsprachige verfügen, wird zu einem für die schulische Praxis wichtigen Erklärungspotenzial
- Lernbedarf von DaZ-Schülern wird markiert und leichter nachvollziehbar
- Mehrsprachige Praktikant/innen leisten eine temporäre Bereicherung (monolinguale versus multilinguale Lehrerschaft)
- Förderung kulturellen Bewusstseins im Kollegium.

Die befragten vier Expert/innen, die als institutionelle Akteure in den Hochschulen Verantwortung tragen, kommen auf dem Hintergrund ihrer Leitungserfahrung zu deutlich kritischeren Einschätzungen als die Betreuenden aus Schule und Hochschule. Den Interviewten ist dabei bewusst, dass sie immer dann kontaktiert werden, wenn Probleme im Raum stehen, und in Folge dessen, diese auch deutlich fokussieren können:

- Die Hochschule erweist sich gegenüber der Schule als ein Ort mit einer stärkeren Heterogenitätswahrnehmung und -toleranz. Allerdings müsse diese jedoch die Differenzen weit weniger bearbeiten als die Schulen, die in ihren alltäglichen Handlungen gefordert sind. Die Hochschulpraxis geht jedoch weitgehend – im Gegensatz von Schulen – noch von muttersprachlich geprägten Gegebenheiten aus.

- Lehrpersonen in Schulen und Hochschulen seien eher bereit als Lehramtsstudie-rende, die künftigen Lehrerzimmer für Lehrpersonen mit Deutsch als Zweit- oder Fremdsprache (und für männliche Lehrpersonen) zu öffnen. Als Begründung wird angeführt, dass der eigene Platz ja sicher sei, während Studierende oder Lehramts-anwärter/innen spüren, dass ihnen der Platz streitig gemacht werden könnte.
- Das Markieren einer sprachlichen Abweichung berührt gewissermaßen die „Achil-lessehne" der DaZ-/DaF-Studierenden. Sie haben das Studium mehrheitlich im Bewusstsein aufgenommen, über gute oder ausgezeichnete Deutschkenntnisse zu verfügen. Es kommt einer Kränkung gleich, wenn man diese oder eine andere An-nahmen aufgeben muss, dass sich alles Weitere von alleine einstellen werde. Viel-mehr gilt es einzuwilligen, dass das Sprachniveau in Wort und Schrift auf akade-mischem Niveau zu perfektionieren ist, und dieses nur in mühevoller Kleinarbeit gelingt.

## 4 Porträts – Typologie schulpraxisbezogener Übergangsprozesse

Bei der Triangulierung der zu sieben Studierenden vorliegenden Ergebnisse, basierend auf den Interview- und Fragebogendaten aus der Selbst- und Fremdsicht sowie den Gutachten zu den beiden Praktika, kristallisieren sich drei Typen schulpraxisbezogener Übergangsprozesse und Bildungsbiografien heraus: „Chancenreich", „Anstrengung" und „Risiko". Wie sich zeigt, sind biografische Aspekte gleichermaßen bedeutsam, wie die Erfahrung von Erfolg und Versagen, von Zugehörigkeit und Ausgrenzung in Schule und Hochschule. Diese Aspekte können ebenso wie die schulpraxisbezogene Kompe-tenzentwicklung von den Befragten in vergleichbarer oder auch höchst unterschiedli-cher Weise wahrgenommen und kommuniziert werden. Das gewählte Porträt *Teresa* gewährt Einblicke, wie sich das schulpraxisbezogene Lernen gestaltet und in der Selbst- und Fremdsicht wahrgenommen und gesteuert wird.

*Teresa – mit Anstrengung und Einsatz zum Sieg und Erfolg*

Teresa ist in Deutschland geboren und wächst mit südeuropäischen familiären Wurzeln auf. Mit dem Erwerb der deutschen Sprache beginnt sie im Kindergarten, was sie als „Gewinn" bezeichnet. Auf ihre Grundschulzeit blickt sie mit „Stolz" zurück, dass sie diese „als Kind mit Migrationshintergrund" geschafft hat.

*Und des ist eben für mich so ein Gewinn und zeigt mir, dass ich des, was ich gemacht hab', dass ich des gut gemacht hab', dass ich's gut gemeistert hab'. Und mir auch viel Mühe gegeben habe. Und obwohl mir eben meine Eltern anfangs nur sehr wenig helfen konnten und ich mir sehr viel selber beibringen musste, hab' ich es eben sehr gut gemeistert. Ähm ja, und sonst find' ich es eben auch toll, dass ich studier', dass ich selbst Kinder was beibringe, vor allem auch Kindern, die eben auch in meiner Lage sind. (Z379-385)*

Einen Platzverweis erlebt sie, als sie von ihrer Lehrerin hört, dass ein Ausländerkind nicht aufs Gymnasium gehöre. Sie hat sich das Gymnasium zum Ziel gesetzt, wird dort Teil der Klasse „*trotz Migrationshintergrund, trotz Ausländerdasein oder wie man's auch immer nennen möchte*" (Z491f.). Der Übergang von der Grundschule auf das Gymnasium gelingt trotz anfänglicher Fremdheitserfahrung. Diese ist für sie aus emo-tionalen und sozialen, nicht aus kognitiven Gründen massiv. Sie muss nämlich feststel-len, dass die beiden Jungen gleicher Erstsprache nicht wie erwartet in ihrer Gymnasial-klasse lernen, sondern durch elterliche Intervention der Parallelklasse zugeteilt sind.

Sie kämpft sich durch und siegt, wie sie sagt: *„Hab' dann nur Einser und Zweier fast geschrieben, war eine der Besten in der Klasse und des hab' ich selbst als Sieg dann empfunden"* (Z444f.). Damit kann der Grundschullehrerin und anderen bewiesen werden, dass sie auf diese Schule gehört. Von ihren Lehrkräften wird sie in der 9-jährigen Gymnasialzeit nicht anders als andere Schülerinnen und Schüler behandelt. Als Indiz führt sie an, dass sie *„eigentlich die mit den besten mündlichen Noten"* (Z495f.) war. Mit ihrer Offenheit und Spontanität, verbunden mit einem ausgeprägten Verantwortungsbewusstsein kann sie punkten (z.B. als Klassensprecherin).

Unmittelbar nach dem Abitur setzt sie ihre Bildungsbiografie mit dem Lehramtsstudiums (Grund-, Haupt- und Werkrealschule) in ihrer Heimatstadt fort. Ihr gelingt es über gemeinsame Studienfächer ein soziales Netzwerk zu installieren, in dem sie eine bedeutende, auch fürsorglich-kontrollierende Rolle innehat. Als „Misserfolg oder Riesenhürde" erlebt sie das Scheitern an der ersten Modulprüfung im Fach Mathematik und die Notwendigkeit einer Widerholungsprüfung. Als besonders krisenhaft wird diese Erfahrung auch deshalb, weil parallel dazu der Vater seine Arbeitsstelle verliert und auch die berufliche Zukunft der Mutter ungewiss ist.

Beim Umgang mit Hindernissen kann sie sowohl auf eigene als auch auf fremde Ressourcen zurückgreifen. Die Eltern bieten ihr den erforderlichen emotionalen Rückhalt. Der Vater unterstützt sie zusätzlich im Mathematikstudium und die Mutter bei der Herstellung von Unterrichtsmaterialien. Als weitere Ressource beschreibt sie ihre Dozentin, die sie bei der Unterrichtsplanung und beim akademischen Schreiben fordert und fördert. Darüber hinaus hat sie Freunde, die ihr Halt geben, *„wenn's mal nicht gut klappt oder wenn's mal eben gut klappt"* (Z625f). Als höchst bedeutsam kann der Bezug auf die eigenen Ressourcen mit der folgenden Selbstinstruktion gelten:

*„Also ich denk', erfolgreich bin ich vor allem durch meine offene Art, durch, dadurch, dass wenn sich Hürden auftun, dass ich dann sag', okay, die pack ich. Weil, wenn ich jetzt als Migrationskind, das 21 Jahre jetzt geschafft hab' und jetzt Studieren bin, ich glaub', da kann nicht mehr viel passieren."* (Z574-577)

Zur Freude der Schule bringt sich Teresa nach dem zweiten Praktikum dort noch als Begleitperson bei außerunterrichtlichen Veranstaltungen ein. Dafür nimmt sie eine Busfahrt in Kauf, obwohl sie weiß, dass sie an körperliche Grenzen kommen wird, ohne diese jedoch vorher zu thematisieren. Die starke Erfolgsorientierung führt dazu, dass sie ihre eigenen Schwächen oder Bedürfnisse ausblendet. Auf dem Hintergrund ihres Lebensmottos wird es verständlich, weshalb die markierte Fremdheit durch die Frage nach ihrer Erstsprache, ausgelöst durch die Aussprache eines rollenden „R", sie irritieren muss. Keiner am Gymnasium oder sonst irgendwo habe sie jemals darauf angesprochen. Gelernt hatte sie, nicht aufzufallen, sondern stattdessen vielmehr so zu sein, wie alle anderen oder sich eher durch soziales Engagement erkenntlich zu zeigen.

Eine andere Markierung ist vielmehr typisch für den Übergang in das schulpraxisbezogene Studieren und Lernen. Wer sich im Modus „Ich unterrichte – also kann ich" befindet, ist nicht darauf eingestellt, dass die Betreuenden kritische Rückmeldungen geben oder Lernbedarf signalisieren könnten. Man möchte vielmehr als „Fast-Lehrerin" bestätigt werden – im unterrichtlichen Handeln gleichermaßen wie bei den Vor- und Nachbesprechungen in der Praxisgruppe. Die Kooperationslehrerin beschreibt den mühevollen Entwicklungsprozess von Teresa, da sie in den ersten Unterrichtsversuchen „ihr Ding durchzieht" und die Schüler/innen dabei nur wenig zu Wort kommen lässt.

Gegenüber Optimierungsvorschlägen oder Kritik, was ihre Aktivitäten und die ihrer Freundinnen betrifft, zeigt sie sich zunächst wenig zugänglich. Erst „Kontrasterfahrungen" (Was macht einen gut lesbaren Text für Schüler/innen aus? Anwendung der Kriterien auf den eigenen Text und Partnerarbeit zur Optimierung desselben) lassen sie einwilligen, mit Unterstützung entsprechende Schritte zu gehen. Wandlungsprozesse werden in den Entwicklungsfeldern „Beobachten" und „Reflektieren" ebenfalls durch Aufgaben mit einem gewissen Irritationspotenzial ausgelöst.

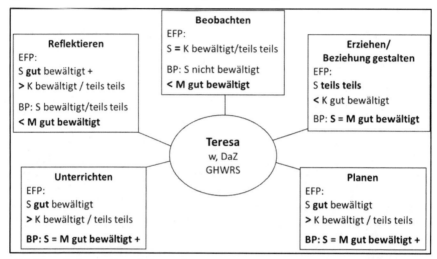

*Abbildung 5: Bewertung schulpraxisbezogener Entwicklungsaufgaben durch Studierende (S) und Betreuende (K: Kooperationslehrerin im EFP: Einführungspraktikum; M: Mentor/in im BP: Blockpraktikum); vier Kategorien: gut bewältigt mit Begründung (+); gut bewältigt; bewältigt/teils-teils bewältigt; eher nicht bewältigt/nicht bewältigt.*

Die Einschätzung der Kompetenzentwicklung im Einführungspraktikum (Abb. 5) fällt zwischen der Studentin (S) und der Kooperationslehrerin (K) im Beobachten auf vergleichbarem Niveau aus (bewältigt/teils-teils bewältigt). Deutlich besser wird das Erreichen des erforderlichen Kompetenzniveaus im „Erziehen und Beziehung gestalten" von der Lehrerin als von der Studentin eingeschätzt, da sie in der Selbstsicht der Herausforderung der Gleichbehandlung nur unzureichend gerecht geworden ist. In den Entwicklungsfeldern „Planen", „Unterrichten" und „Reflektieren" liegt die Selbsteinschätzung über der der Fremdeinschätzung.

Die im Interview berichteten und im Gutachten formulierten Einschätzungen sind am Ende eines vierwöchigen Blockpraktikums ganz andere. Sowohl in der Selbst- als auch in der Fremdsicht werden die Kompetenzanforderungen als „gut bewältigt" im „Planen", „Unterrichten" und „Erziehen und Beziehung gestalten" eingeschätzt. Teresa bedauert allerdings, dass sie im Blockpraktikum nicht zu einer systematischen Beobachtung von Klassensituationen oder eines Grundschulkindes gekommen sei, da sie kontinuierlich mit Schülerinnen und Schülern gearbeitet habe. Ihr Urteil lautet deshalb „nicht bewältigt". Auch das Niveau der eigenen Reflexion schätzt sie kritisch ein – möglicherweise auch im Vergleich zum angeleiteten Reflexionsprozess im einführenden und gruppenbezogenen Praktikum mit Hochschulbetreuung.

Teresa berichtet, dass sie auf den erworbenen schulpraxisbezogenen Kompetenzen im Blockpraktikum aufbaut und die verschiedenen Anforderungen ihr deshalb viel leichter gefallen sind als im Einführungspraktikum. Vier Wochen an einer Schule sind geeignet, um längerfristig zu planen und geeignete Unterrichtsmaterialien herzustellen. Die Unterrichtsskizzen liegen nach Einschätzung der Mentorin weit über dem im ersten Blockpraktikum erwartbaren Niveau. Zudem sei die Studentin fähig, die Kinder in den Blick zu nehmen und im Laufe der Zeit bereits „spontan zu switchen", wenn die geplanten und eingesetzten Methoden nicht zum Lernen der Grundschulkinder passen.

Die im 1. Praktikum begonnene Portfolioarbeit wird von Teresa fortgesetzt. Die Reflexionsfähigkeit im Modus der Mündlichkeit wird von der Mentorin als gut ausgeprägt beschrieben, denn Teresa benennt die Punkte, die die Mentorin „auch benannt hätte". Zudem zeige sie sich kritikfähig und nehme Anregungen auf. Wahrgenommene (Lern-) Probleme von Grundschulkindern spricht Teresa an. Gemeinsam machen sie sich auf die Suche nach Ursachen und Lösungen. Die Zusammenarbeit wird als interessantes Bündnis beschrieben mit einem gemeinsamen Lernen von Studentin und Mentorin.

Nicht nur das Mentoring, sondern auch Teresas Auseinandersetzung mit den Gestaltungsaufgaben der Betreuenden, unterscheidet sich in der Gesamtsicht der vorliegenden Daten. Deutliche Differenzen ergeben sich in der Art und Weise, wie die geleistete Anleitung, die erfolgte Rückmeldung und Beratung aufgenommen und erprobt wird. In der Selbstperspektive werden die am Ende des zweiten Praktikums erreichten Kompetenzen mit den Lernmöglichkeiten im Einführungspraktikum in Verbindung gebracht, während die Mentorin das vergleichsweise hohe Niveau mit der (naturgegebenen) Persönlichkeit der Praktikantin erklärt.

*Ja. Also des find' ich generell, gewisse Dinge kann man nicht lernen, auch in unserem Beruf vor allem nicht. Ja, und dazu gehört, finde ich, auch das Beobachten. Also das liegt einem so im Blut, ja, also der Umgang mit den Kindern und diese Feinfühligkeit. Klar, natürlich kann man sich an gewissen Punkten das Beobachten erarbeiten, aber ich denke, manche Dinge hat man einfach so. Die liegen einem oder liegen einem nicht. Und bei ihr ist des so. Sie kann auf die Kinder eingehen, vielleicht hat sie auch schon Arbeit mit Kindern gemacht. (M, Z148-154)*

Auf Nachfrage der Interviewerin, wie das an anderer Stelle beschriebene Niveau (entspricht dem zweiten Blockpraktikum oder dem einer Referendarin) zu erklären sei und ob es ggf. als Ergebnis von Lernprozessen im Studium, im ersten Praktikum oder in ihrer Nachhilfetätigkeit zu deuten wäre, ergibt sich folgender Dialog:

*Also die Beziehung hat einfach gestimmt und auch das liegt einem im Blut. [...]. Da hat sie wirklich versucht jeden Schüler, jedem seinen Platz zu geben, und des auch, also wenn ich jetzt noch mal an die vierte Klasse denk', da hat sie Mathematik unterrichtet, da waren ein paar schwierige Kinder dabei. Sie wusste auch immer, zu dem Kind muss ich gehen und ich bleib stehen. [...] und bei anderen Kindern, des hat sie irgendwie gespürt, da hat sie sich hingekniet und ist auf Augenebene gegangen. Also sie hat des intuitiv schon richtig gemacht. [...] Also insofern hat sie auch da im Erzieherischen schon so intuitiv viel richtig gemacht. [Interviewerin: Mhm, ja oder sie hat's gelernt?] Wobei in dem Alter? (M, Z174-177, 182-192)*

Das Porträt von Teresa hebt die Bedeutung unterschiedlicher Formate schulpraxisbezogener Lehr-Lernkonzepte hervor. Bedeutsam wird für das Dazulernen und das Umlernen, dass Lerngelegenheiten entstehen und genutzt werden. Der fehlende Gruppenkontext im Blockpraktikum erlaubt Teresa die Konzentration auf ihre Aufgabe und die Bewältigung derselben. Das unterschiedlich fundierte Professions- und Professionalisierungsverständnis der Praxislehrkräfte (entwicklungs- oder eigenschaftstheoretisch) versteht sie zu nutzen. Die eigenschaftstheoretische Argumentation der Mentorin bewegt sich entlang der Differenzlinie „geeignet – ungeeignet". Wer die Zuschreibung „hat's im Blut" erhält, ist auf der sicheren Seite, wer dagegen mangelnde Eignung bescheinigt bekommt, weil er oder sie es eben „nicht im Blut hat", erhält möglicherweise auch keine günstigen Lerngelegenheiten, um im Praktikum dazuzulernen.

## 5  Theorie- und Hypothesenbildung

Entsprechend hypothesengenerierender Studien werden im Folgenden einige der präsentierten Ergebnisse diskutiert und anschließend begründete Hypothesen für quantitativ ausgerichtete Studien abgeleitet.

### 5.1  Diskussion der Ergebnisse – Beitrag zur Theoriebildung

Die Durchsicht von schriftlichen Arbeiten innerhalb der Familie ist eine durchaus übliche Strategie, die aufzeigt, wie sich Unterstützung in bildungsorientierten Schichten manifestiert. Hier taucht dieses Phänomen als notwendige Maßnahme auf, damit der eigene schriftliche Beitrag nicht außerhalb der sprachlichen Norm liegt und zum Scheitern beiträgt. Keineswegs benötigen alle der Befragten schriftsprachliche Unterstützung. Person 13 setzt vielmehr ihre ausgezeichneten Deutschkenntnisse zum Nutzen anderer, auch deutscher Muttersprachler ein.

Eine Aussage darüber, welche Kombination der Strategien günstiger Weise aus Studierenden- oder Betreuendensicht zu wählen ist, um den Übergang in das schulpraktische Studieren zu bewältigen bzw. zu moderieren, kann nicht getroffen werden. Allerdings wird in der Selbst- und Fremdperspektive von einer gewissen Lern- und Anstrengungsbereitschaft ausgegangen, die erforderlich ist, um die Hürden in Studium und Praktikum zu überwinden. Auch wäre zu prüfen, welche Strategien genereller Natur sind, also für alle Novizen schulpraxisbezogener Kompetenzentwicklung gelten, und welche in besonderer Weise für DaZ- und/oder DaF-Studierende zielführend sind.

Eine adressatenspezifische Didaktik orientiert sich einerseits an den Voraussetzungen der einzelnen studentischen Person und andererseits an den durch Standards mit Niveaukonkretisierung vorgegebenen Zielperspektiven. Zudem ist auf einen Entwicklungsbedarf der Fremdsprachdidaktik für Muttersprachler aufmerksam zu machen:

- Studierende, die Englisch oder Französisch als Erst- oder Landessprache gelernt haben, verfügen möglicherweise über eine Alltagssprache, die sich vom Englischen oder Französischen als Hochsprache unterscheidet. Dieser Entwicklungsbedarf wäre insbesondere bei Sekundarstufenstudierenden zu thematisieren.
- Die schulischen Betreuenden (von P5 und P18) markieren, dass die übliche Fremdsprachdidaktik (Englisch, Französisch) bei Studierenden, die mit englischer oder französischer Erstsprache aufgewachsen sind, ungeeignet oder nicht ausreichend sei. Vielmehr benötigen diese eine spezifische „Muttersprachler-Didaktik", die auf spezifische „Stolpersteine" des Englischen oder Französischen aufmerksam macht. Viele der sprachlichen Hürden im Erwerb der eigenen Sprache haben diese nicht bewusst erfahren. Sie könnten deshalb die spezifischen Schwierigkeiten ihrer deutschsprachigen Schüler/innen nur schwer antizipieren. Vergleichbar sei die geforderte Didaktik mit einer DaZ-Didaktik für deutsche Muttersprachler.

Die interaktionale Ebene (mit Betreuenden und Studierenden) scheint höchst zentral für das Initiieren und Vollziehen von Lernprozessen zu sein. Außerdem kommt in den

Blick, dass Professionalisierungsprozesse in einer zeitlichen Perspektive zu sehen sind. Impulse können beim nächsten Praktikum deutlicher in Erscheinung treten – möglicherweise auch unter veränderten Kontextbedingungen. Darüber hinaus werden unterschiedliche, auch widersprüchliche Leitideen der Betreuenden offensichtlich. Diese reichen von einem naturwüchsigen und eigenschaftsbezogenen Verständnis bis zu einem entwicklungstheoretisch fundierten und durch geeignete Aufgaben anzuregenden Professionalisierungsverständnis.

Als höchst zentral ist dabei, dass die Didaktisierung des Anfangs schulpraxisbezogener Kompetenzentwicklung auf dem Hintergrund der Bildungsbiografien der Studierenden erfolgt – meist ohne Einblick der Betreuenden – und auch auf unterschiedlichem Erfahrungshintergrund. Acht von 18 der Studierenden äußern sich bei ihren biografischen Skizzen nicht zur erfahrenen oder vermissten Unterstützung in Schule oder Hochschule. Möglich ist, dass das Interview einen anderen Verlauf genommen hat. Möglich ist aber auch, dass das Annehmen von Hilfe oder Unterstützung außerhalb des eigenen kulturellen Codes liegt. Entsprechend formulieren einige Studierenden: *„Ja, ich hätte anrufen können. Das hat sie gesagt."* Ein Nichtannehmen des Mentorings kann aus Betreuendensicht jedoch als Nachlässigkeit, Nichtvorbereitung oder mangelnder Lernbereitschaft gedeutet werden.

Hier zeigt sich, dass es auch im Kontext Schulpraktischer Studien möglicherweise zu Fehldeutungen gegenüber Lernenden aus weiter entfernt liegenden Milieus oder in spezifischer Weise geprägten kulturellen Milieus kommen kann. Verstärkt kann diese Distanz bei einer schulischen Sozialisation im Ausland werden, wenn nicht ein dezidiertes studentisches Interesse am Verstehen von Schule mit den üblichen Gepflogenheiten dem entgegen wirkt. „Der Gedanke, dass Unsicherheiten gegenüber institutionalisierter, legitimer Bildung für diese Milieus ausschlaggebend dafür sein könnten, sich abzuwenden, gerät dabei so wenig in den Blick wie die Vorstellung, dass es die Bildungskonzepte sein könnten, die, weil sie nicht für so genannte bildungsferne Milieus gemacht sind, diesen Gruppen auch deutlich signalisieren, dass sie in bestimmten Bildungsinstitutionen nicht willkommen sind" (Lange-Vester 2006, S. 275).

## 5.2 Hypothesengenerierung

Im Folgenden werden die im Anschluss an ÜschSL-Studie generierten Hypothesen gebündelt. Die Prüfung dieser Annahmen ist mit repräsentativen Stichproben unter Berücksichtigung von Studierenden, die die Schulpraktischen Studien mit Deutsch als Erst-, Zweit- oder Fremdsprache gestalten, zu leisten. Dabei sind verschiedene Standorte zu berücksichtigen: a) innerhalb eines Bundeslandes, b) im Ländervergleich und c) im internationalen Vergleich. Zu berücksichtigen sind darüber hinaus die jeweiligen Rahmungen Schulpraktischer Studien (kumulative Praktikumskonzeption versus Langzeit- bzw. Semesterpraktikum) sowie die vorhandene oder fehlende Orientierung an Standards und Niveaukonkretisierungen.

*(1) Hypothesengenerierung – Gemeinsamkeiten und Unterschiede*

*Gemeinsamkeiten* von DaZ-/DaF-/DaE-Studierenden können in folgenden Bereichen angenommen werden:

- Vergleichbare Hürden bei der sozialen Integration
- Planung und gelingende Realisierung von Unterrichtsversuchen: Redebeiträge und Arbeitsanweisungen werden schriftlich festgehalten

- Vergleichbare Hürden, um vom Modus des „Leistens und Beweisenwollens" in den Modus des „Lernens" zu kommen
- Studierende mit Familien- und Berufsaufgaben benötigen angepasste Rahmenbedingungen
- Orientierung (durch Studierende und Betreuende) an Standards mit Niveaukonkretisierung fördert den schrittweisen schulpraxisbezogenen Kompetenzerwerb; ein Fehlen verhindert systematisches, schulpraxisbezogenes Lernen.

*Unterschiede* zwischen DaZ-/DaF- und DaE-Studierenden werden angenommen:

- Motive und Erwartungen (über 80% der Befragten fühlen sich der Gruppe der Schüler/innen mit DaZ oder DaF in besonderer Weise verpflichtet, möchten diesbezüglich einen Beitrag zur Chancengleichheit leisten, während knapp 20% sich dezidiert davon distanzieren, denn sie wollen eine Lehrperson für alle werden)
- Alter, Geschlecht, Berufs- und Familienerfahrung differieren, denn DaZ-/DaF-Studierende sind älter, zeichnen sich durch umfangreichere Erfahrungen und einen höheren Männeranteil als Studierende mit DaE aus
- Studienspezifische Ressourcen und Fächerwahl (umfangreichere Kompetenzen aus Erststudium, Berufsausbildung)
- Höhere Hürden im Übergang bei fachlich-akademischer, institutioneller und berufspraktischer Integration
- Unterstützung beim schulpraxisbezogenen, akademischen Schreiben (Notwendigkeit nutzbarer institutioneller Netzwerke, da familiale Netzwerke dafür weniger geeignet sind, als dies bei DaE-Studierenden der Fall ist; was ist entscheidend: die migrationsbedingte Mehrsprachigkeit oder die Milieuzugehörigkeit?)

*(2) Hypothesengenerierung – zielführende Strategien*

Die unter den jeweiligen Bedingungen eingesetzten Strategien von Studierenden und Betreuenden werden als geeignet identifiziert, um erfolgreich zu sein und den Übergang zu bewältigen bzw. Misserfolg zu vermeiden. Für Studierende mit DaZ und DaF bedeutet das in der Regel einen höheren Einsatz als von DaE-Studierenden.

Studierendensicht: Zielführende individuelle Strategien

- Personenbezogene Hilfe suchen und annehmen
- Sich kundig machen
- Sprache optimieren
- Lernbereitschaft zeigen und markierten Lernbedarf aufnehmen; neben dem Dazulernen wird unter Umständen ein anstrengendes Umlernen erforderlich.

Betreuendensicht: Zielführende Strategien von Studierenden und Betreuenden

- Kenntnis der notwendigen Bedingungen für Erfolg im Praktikum und der Fähigkeit, eigene und fremde Ressourcen zu nutzen
- Mit Haltung und Auftreten überzeugen
- Lernbereitschaft signalisieren und Arbeitseinsatz zeigen
- Konkreten Lern- und Entwicklungsbedarf markieren und kommunizieren.

Zu prüfen wäre *erstens*, ob sich die studentischen Strategien zwischen Personen mit DaE, DaZ und DaF unterscheiden oder ob diese in vergleichbarer Weise ausgeprägt sind. Die Orientierung an der Strategie „Sprache optimieren" könnte für eine Person mit starker dialektal geprägter Ausdrucksweise oder mit weniger ausgeprägten sprachlichen Kompetenzen ebenfalls zielführend sein. *Zweitens* wäre zu untersuchen, ob sich Studierenden- und Betreuendeneinschätzung zu den zielführenden Strategien unterscheiden oder ob man eher von einer gemeinsamen Basis ausgehen müsste. *Drittens* wäre zu prüfen, ob die für „Mehrsprachigkeit" und „Migration" bedeutsamen Aspekte aus Betreuendensicht nicht genereller Natur und zudem Kennzeichen einer adressatenspezifischen Didaktik sind.

*(3) Hypothesengenerierung: adressatenspezifische Didaktik – Lernen in Vielfalt*
Eine Annäherung an eine heterogenitätssensible Lehrerbildung lässt sich durch eine individuumsbezogene Didaktisierung der Übergänge ins Lehramtsstudium im Allgemeinen und in die Schulpraktischen Studien im Speziellen leisten. Gleichwohl zeigt sich hier, wie generell im Heterogenitätsdiskurs, dass durch die Beschäftigung mit Differenzlinien die Gefahr von kulturalisierenden und ethnisierenden oder auch anderen Zuschreibungen einhergeht.

Der in diesem Beitrag vorgenommene *Perspektivenwechsel* von Muttersprachlern hin zu Studierenden, deren Lernausgangslagen durch (familiäre) Migration und Mehrsprachigkeit geprägt sind, führt zu einer *Perspektivenerweiterung*. Mit in den Blick kommen zum einen die involvierten Betreuenden aus Schule und Hochschule, die sich neben den institutionellen Vorgaben insbesondere an individuellen Überzeugungen orientieren. Zum anderen ist es die Sicht der Studierenden mit spezifischen Voraussetzungen. Die Selbstsicht der studentischen Akteure kann sich dabei mit der Sicht der weiteren am Übergangsprozess beteiligten Personen decken, unterscheiden oder widersprechen. Die Normalitätserwartungen, wie sie in den institutionellen Vorgaben (Standards, Niveaukonkretisierungen), den Organisationsformen (mit nicht vorgesehener Variation bei Familien- und Berufsaufgaben) und Erwartungen der Betreuenden eingelagert sind, machen einen *Paradigmenwechsel* notwendig. Dieser vollzieht sich weg von den für alle Studierenden gewordenen oder neu installierten Form Schulpraktischer Studien und den eigenschaftsspezifischen Sichtweisen von Eignung. Eine adressatenspezifische Didaktik orientiert sich *notwendiger Weise* an den Voraussetzungen und Lebenslagen der künftigen Lehrer/innen, entwickelt lernförderliche Formate Schulpraktischer Studien und leistet somit eine Öffnung für das Lernen in Vielfalt – für Studierende, Betreuende und Grundschulklassen gleichermaßen. Inklusive Lehrerbildung wird zu einem übergangsspezifischen und herausfordernden Langzeitprojekt.

*Literatur*

Arnold, K.-H., Gröschner, A. & Hascher, T. (2014) (Hrsg.): Schulpraktika in der Lehrerbildung / Pedagogical field experiences in teacher education. Theoretische Grundlagen, Konzeptionen, Prozesse und Effekte / Theoretical foundations, programmes, processes, and effects. Münster, New York: Waxmann.

Autorengruppe Bildungsberichterstattung (Hrsg.) (2014): Bildung in Deutschland 2014. Ein indikatorengestützter Bericht mit einer Analyse zur Bildung von Menschen mit Behinderungen. Bielefeld: W. Bertelsmann Verlag.

Bach, A. (2013): Kompetenzentwicklung im Schulpraktikum. Ausmaß und zeitliche Stabilität von Lerneffekten hochschulischer Praxisphasen. Münster u.a.: Waxmann.

Barz, H. u.a. (2015): Große Vielfalt, weniger Chancen. Eine Studie über die Bildungserfahrungen und Bildungsziele von Menschen mit Migrationshintergrund in Deutschland. Zugänglich: www.stiftung-mercator.de/media/downloads/3_Publikationen/Barz_Heiner_ et_al_Grosse_Vielfalt_weniger_Chancen_Abschlussbericht.pdf – Abruf: 05.08.2016.

Bolle, R. (2014): Vorwort. In: Bolle, R. (Hrsg.): Eignung für den Lehrerberuf? Leipzig: Leipziger Universitätsverlag, S. 1-3.

Cramer, C. (2012): Entwicklung von Professionalität in der Lehrerbildung. Empirische Befunde zu Eingangsbedingungen, Prozessmerkmalen und Ausbildungserfahrungen Lehramtsstudierender. Bad Heilbrunn: Klinkhardt.

DAAD – Deutscher Akademischer Austausch Dienst (2011): Bildungsinländer 2011. Daten und Fakten zur Situation von ausländischen Studierenden mit deutscher Hochschulzugangsberechtigung. Konzeption und Redaktion: S. Burkhart, U. Heublein & J. Wank. Bonn. www.dzhw.eu/pdf/21/daad_bildungsinlaender_2011.pdf – Abruf: 05.08.2016.

Denner, L. & Hoffmann, K. (2013): Lernsituationen im Praktikum – Theoretische und empirische Perspektiven. In: Bolle, R. (Hrsg.): Professionalisierung im Lehramtsstudium: Schulpraktische Kompetenzentwicklung und theoriegeleitete Reflexion. Leipzig: Leipziger Universitätsverlag, S. 121-189.

Denner, L. & Schumacher, E. (2014): Übergänge in Schule und Lehrerbildung: Theorie – Übergangsdidaktik – Praxis. Stuttgart: Kohlhammer.

Denner, L. (2010): Schulpraktische Kompetenzentwicklung im Einführungspraktikum – eine theoretische und empirische Annäherung. In: Krueger, A.-K., Nakamura, Y. & Rotermund, M. (Hrsg.): Schulentwicklung und Schulpraktische Studien – Wie können Schulen und Lehrerbildung voneinander profitieren? Leipzig: Leipziger Universitätsverlag, S. 125-159.

Denner, L. (2013): Professionalisierung im Kontext Schulpraktischer Studien – aber wie? Grundlagen – Lehr-Lernsettings – empirische Befunde. Baltmannsweiler: Schneider.

Denner, L. (2014): Schulpraktische Studien unter den Bedingungen von Mehrsprachigkeit und Migration – ausgewählte Ergebnisse der ÜschSL-Studie. In: Bolle, R. (Hrsg.): Eignung für den Lehrerberuf? Leipzig: Leipziger Universitätsverlag, S. 85-154.

Denner, L. (2016): Professionalisierung im Kontext Schulpraktischer Studien: Konzepte – empirische Befunde – Perspektiven. In: Bolle, R. (Hrsg.): Schulpraktische Studien 2016 – Professionalisierung des Lehrerberufs. Empirische Befunde und kritisch-konstruktive Kommentare Leipzig: Leipziger Universitätsverlag, S. 5-64.

Dieck, M., Dörr, G. & Kucharz, D. (2009): Kompetenzentwicklung von Lehramtsstudierenden während des Praktikums: Erkenntnisse aus dem Modellversuch Praxisjahr Biberach. Baltmannsweiler: Schneider.

Esslinger-Hinz, I. (2014): Die Unterrichtsnachbesprechung. Wie kann das Gespräch zwischen Betreuungslehrperson und Praktikant(in) zu einer Lernsituation werden? In: Pädagogik (66), H. 9, S. 20-25.

Georgi, V.B. (2013): Empirische Forschung zu Lehrenden mit Migrationshintergrund, minority teachers und teachers of color. In: Bräu, K., Georgi, V, Karakaşoğlu, Y. & Rotter, C. (Hrsg.): LehrerInnen mit Migrationshintergrund. Zur Relevanz eines Merkmals in Theorie, Empirie und Praxis. Münster u.a.: Waxmann, S. 85-103.

Gesk, I. (2001): Studienabbruch an Pädagogischen Hochschulen: dargestellt am Studiengang für das Lehramt an Grund- und Hauptschulen. Frankfurt am Main u.a.: Lang.

Gomolla, M. & Radtke, F.-O. (2002): Institutionelle Diskriminierung: die Herstellung ethnischer Differenz in der Schule. Opladen: Leske + Budrich.

Griebel, W. & Niesel, R. (2013): Übergänge verstehen und begleiten. Transitionen in der Bildungslaufbahn von Kindern. 2. Aufl., Berlin: Cornelsen Verlag Scriptor.

Hadjar, A. & Hupka-Brunner, S. (2013): Überschneidungen von Bildungsungleichheiten nach Geschlecht und Migrationshintergrund. In: Hadjar, A. & Hupka-Brunner, S. (Hrsg.): Geschlecht, Migrationshintergrund und Bildungserfolg. Weinheim, Basel: Beltz Juventa, S. 7-35.

Heublein, U. & Wolter, A. (2011): Studienabbruch in Deutschland. Definition, Häufigkeit, Ursachen und Maßnahmen. In: Zeitschrift für Pädagogik (57), H. 2, S. 214-236.

Hirschberg, M. (2016): Überaus fähig und noch mehr?! Zur Wirkungsweise von Ableism bei der Subjektivierung von Lehrkräften. In: Blömeke, S., Caruso, M., Reh, S., Salschek, U. & Stiller, J. (Hrsg.): Traditionen und Zukünfte. Beiträge zum 24. Kongress der Deutschen Gesellschaft für Erziehungswissenschaft. Opladen, Berlin, Toronto: Verlag Barbara Budrich, S. 171-184.

Kumpfer, K.L. (1999): Factors and processes contributing to resilience: The resilience framework. In: Glantz, M.D. & Johnson, J.L. (Eds.): Resilience and development: Positive life adaptions. New York: Kluwer Academic / Plenum Publisher, S. 179-224.

Lange-Vester, A. (2006): Bildungsaußenseiter. Sozialdiagnosen in der „Gesellschaft mit begrenzter Haftung. In: Friebertshäuser, B., Rieger-Ladich, M. & Wigger, L. (Hrsg.): Reflexive Erziehungswissenschaft. Forschungsperspektiven im Anschluss an Pierre Bourdieu. Wiesbaden: VS Verlag für Sozialwissenschaften, S. 269-287.

Mayring, P. (2010): Qualitative Inhaltsanalyse: Grundlage und Techniken. 11., aktual. und überarb. Aufl., Weinheim, Basel: Beltz.

Rech, J. (2012): Studienerfolg ausländischer Studierender. Eine empirische Analyse im Kontext der Internationalisierung. Münster, New York, München, Berlin: Waxmann.

Rui, N. & Boe, E.E. (2012): Who Teaches in American Charter Schools? Findings from Secondary Analysis of the 1999-2000 Schools and Staffing Survey. International Journal of Research & Method in Education 35 (1), pp. 41-54.

Schumacher, E. (2000): Soziale Milieus von Grundschulpädagoginnen und -pädagogen. In: Jaumann-Graumann, O. & Köhnlein, W. (Hrsg.): Lehrerprofessionalität – Lehrerprofessionalisierung. Bad Heilbrunn/Obb.: Klinkhardt, S. 110-121.

Tinto, V. (1975): Dropout from Higher Education: A Theoretical Synthesis of Recent Research. Review of Educational Research 45 (1), pp. 89-125.

Tinto, V. (2006): Research and Practice of Student Retention: What next? Journal for College Student Retention 2006-2007, 8 (1), pp. 1-19.

Tippelt, R. & Schmidt-Hertha, B. (2013): Inklusion im Hochschulbereich. In: Döbert, H. & Weishaupt, H. (Hrsg.): Inklusive Bildung professionell gestalten. Münster, New York: Waxmann, S. 203-229.

Tyler, L. (2011): Toward Increasing Teacher Diversity: Targeting Support and Intervention for Teacher Licensure Candidates. National Center for Educational Testing Service. http://www.nea.org/assets/docs/ETS_NEAteacherdiversity11.pdf - Abruf: 05.08.2016.

Watermann, R., Daniel, A. & Maaz, K. (2014): Primäre und sekundäre Disparitäten des Hochschulzugangs: Erklärungsmodelle, Datengrundlagen und Entwicklungen. In: Zeitschrift für Erziehungswissenschaft (17), S. 233-261.

Welzer, H. (1993): Transitionen: zur Sozialpsychologie biographischer Wandlungsprozesse. Tübingen: edition diskord.

Wustmann, C. (2005): Die Blickrichtung der neueren Resilienzforschung. Wie Kinder Lebensbelastungen bewältigen. In: Zeitschrift für Pädagogik (51), H. 2, S. 192-206.

*Friederike Heinzel & Annedore Prengel*

# Lehrerbildung mit Fallgeschichten – ein Beitrag zur inklusiven Pädagogik

## Zusammenfassung

Im folgenden Beitrag behandelt die Frage, wie Fallarbeit einen Beitrag zur inklusiven Pädagogik im Sinne der Wahrnehmung und Anerkennung von heterogenen Lebenslagen, subjektiven Bedürfnissen und individuellen Lernweisen der Lernenden in Bildung und Erziehung leisten kann (vgl. Kosinar u.a. 2012). Im ersten Teil stellt Friederike Heinzel Fallarbeit im Kontext der Übernahme von „Patenschaften" in der ersten Phase der Lehrerbildung vor. Im zweiten Teil widmet sich Annedore Prengel einer Form der Fallarbeit in der dritten Phase der Lehrerbildung, in der es um die Annäherung an Schülerperspektiven anhand narrativer Miniaturen geht. Abschließend werden beide Arbeitsformen kritisch im Hinblick auf ihre möglichen Beiträge zur inklusiven Pädagogik reflektiert.

## 1 Pädagogische Erfahrungen im Lehramtsstudium: Übernahme von „Patenschaften" für Kinder

An der Universität Kassel werden seit vielen Jahren zweisemestrige Projektseminare angeboten, in denen Lehramtsstudierende für den Zeitraum von einem Jahr die Patenschaft für ein Kind im Grundschulalter übernehmen. Die Tandems (Studentin bzw. Student und Kind/ Mentorin bzw. Mentor und Mentee) treffen sich einmal wöchentlich für mindestens drei Stunden, um gemeinsam kulturelle Aktivitäten zu unternehmen. Die Kinder, die im Rahmen des „Projekt K" („K" für **K**inder in **K**assel, entstanden als Kasseler Schülerhilfeprojekt, vgl. Garlichs 2000) begleitet werden, wachsen unter erschwerten Bedingungen auf; im „Projekt KKN" (**K**ultur **K**ids **N**ordstadt) werden Patenschaften für Kinder mit Migrationshintergrund übernommen, die in der Kasseler Nordstadt, einem sozial benachteiligten Stadtteil, leben. Den Zugang zu den Kindern erhalten die Projekte über verschiedenen Kooperationspartner (Carl-Anton Henschel Schule, Kassler Familienberatungszentrum, Beratungs- und Förderzentrum (BFZ) Astrid-Lindgren-Schule, Caritas). Die Erfahrungen der Studierenden mit den Kindern und mit der Diversität von Kindheiten werden im Seminar mit theoretischen Erkenntnisständen und empirischen Forschungsergebnissen verknüpft sowie durch eine regelmäßig stattfindende systemische Supervision begleitet.

Die beiden Patenschaftsprojekte werden im Rahmen des vom Bundesministerium für Bildung und Forschung (BMBF) in der Qualitätsoffensive Lehrerbildung an der Universität Kassel geförderten Projektes Professionalisierung durch Vernetzung (PRO-NET) hochschuldidaktisch weiter ausdifferenziert und evaluiert. Dabei wird das Ziel verfolgt eine inklusive Haltung von Lehramtsstudierenden zu fördern und die Bedeutung multiprofessioneller Kooperation als Strategie zur Inklusion von Kindern zu erkennen.

## 1.1  Kontexte und theoretische Bezüge

Die Patenschaftsprojekte möchten Lernen durch Fallarbeit in der Lehrerbildung ermöglichen; zudem können sie im Bereich des Lernens durch Engagement (Service Learning) verortet werden.

Im Zentrum der kasuistischen Arbeit in den Patenschaftsprojekten steht der Fall des einzelnen Kindes mit Ausschnitten aus seiner Lebensgeschichte (vgl. Fatke 2013). Es handelt sich bei dieser Form der Fallarbeit in der Lehrerbildung also um die handelnde und reflektierende Auseinandersetzung mit einer konkreten Person und nicht um Fallarbeit als Analyse von Texten- oder Videoausschnitten, die Handlungssituationen aus Schule und Unterricht dokumentieren (vgl. Alexi, Heinzel & Marini 2014).
In den beschriebenen Projekten wird Fallarbeit als pädagogische Praxis ermöglicht und mit der wissenschaftlichen Reflexion im Seminar verbunden. Dies entspricht wichtigen Positionen in der aktuellen Diskussion um Lehrerbildung, in denen - trotz bestehender Unterschiede in biographischen, strukturtheoretischen, praxeologischen oder kompetenzorientierten Ansätzen der Lehrerbildung - eine reflexive Haltung dem eigenen pädagogischen Handeln gegenüber als Charakteristikum von Professionalität gilt (vgl. Reh, Geiling & Heinzel 2013).

Mit Service Learning wird eine Lehr-Lernform bezeichnet, in der eine Verknüpfung von Theorie und Praxis mit zivilgesellschaftlichem Engagement erfolgt. Die Praxistätigkeit in der Community (in unserem Fall in der Stadt Kassel, insbesondere in der Kasseler Nordstadt, einem Stadtteil mit besonderem Entwicklungsbedarf, in dem deshalb auch die Universität angesiedelt wurde) ist ebenso Bestandteil wie das Lernen in der Hochschule. Reinders (2016, S. 32ff) stellt drei theoretische Säulen für Service Learning heraus: John Deweys Einsichten in die Bedeutung der eigenen Erfahrung für das Lernen, David A. Kolbs Konzept des Erfahrungslernens als Wechselspiel von Theorie und Praxis sowie Ansätze konstruktivistischen Unterrichts, in denen die Authentizität der Problemstellung, die notwendige Komplexität des Problems, die Schaffung realer Lerngelegenheiten (Situiertheit) und Möglichkeiten zur Selbständigkeit für das Gelingen von Lernprozessen betont werden.

## 1.2  Lernen durch Engagement verbunden mit fallbezogener Reflexion

Das soziale Engagement der Studierenden bezieht sich auf die praktische Arbeit mit den Kindern, die auch in der vorlesungsfreien Zeit fortgesetzt wird. In den wöchentlichen Treffen werden Aktivitäten wie den Kasseler Bergpark entdecken, ins Theater, Kino oder Museum gehen, ein Stadion besuchen, die Feuerwehr besichtigen, Brettspiele oder Minigolf spielen, Kinderbücher vorlesen, die Universität und deren Grundschulwerkstatt erkunden, zusammen etwas kochen oder backen, bauen oder basteln u.v.a. unternommen.

Die Reflexion des Verhältnisses von erlebten praktischen Erfahrungen in der Community und akademischer Theorie bzw. kognitiven Inhalten gilt als Kernelement von Service Learning (Reinders 2016, S. 40). Reflexion wird von Korthagen (2002) als ein mentaler Prozess verstanden, bei dem eine Situation oder bestehendes Wissen (re)strukturiert und neue Wissensstrukturen aufgebaut werden. Schön (1987) betont, dass professionelles Handeln durch das Zusammenspiel von drei Handlungsmodi entsteht: Reflexion für die Handlung, Reflexion in der Handlung und Reflexion nach der Handlung. In den Patenschaften kommen alle diese Handlungsmodi zum Tragen.

Lernen durch soziales Engagement (Service Learning) wird in den Patenschaftsprojekten zudem verbunden mit Reflexion im Sinne des Bewusstmachens von Erfahrungen und damit verbundenen Kognitionen und Emotionen sowie mit wissenschaftlicher Analyse und dem Erörtern von Handlungsmöglichkeiten.

Um Bezüge zwischen persönlichen Erfahrungen, pädagogischer Tätigkeit und Theorien zu reflektieren, müssen die Studierenden während ihrer Projektteilnahme zwei universitäre Begleitveranstaltungen absolvieren, welche im wöchentlichen Wechsel stattfinden. Sie nehmen an einer Supervision teil, in der die Selbstreflexion im Mittelpunkt steht. Im erziehungswissenschaftlichen Begleitseminar werden darüber hinaus verschiedene Aspekte von gesellschaftlicher Inklusion thematisiert. Zudem werden zu Fragen, die sich fallspezifisch ergeben, wissenschaftliche Literaturhinweise gegeben und ausgewählte Texte im Seminar erörtert. So können die Studierenden fallbezogenes, wissenschaftliches Wissen zur spezifischen Lebenslage ihres Patenkindes erwerben. Durch die Besprechung und Dokumentation von Erfahrungen in den Patenschaften und die Rezeption von passender wissenschaftlicher Literatur sollen im universitären Rahmen die Beobachtungen während der Patenschaft, das Handeln des Kindes und das eigene Handeln kommuniziert, analysiert und theoretisiert werden. Im Begleitseminar spielen also wissenschaftliches Reflektieren und das Reflektieren als Transformation von Erfahrungen die zentrale Rolle. Hier geht es um Aktivierung und Erwerb von kognitivem Wissen, um die Bewusstmachung der Bedeutung epistemologischer Überzeugungen (und subjektiver Theorien) für das eigene Handeln und um die Analyse eigener kognitiver und emotionaler Deutungs- und Handlungsmuster.

*1.3   Ergebnisse oder Dokumente: Fallberichte und auditiv aufgezeichnete Erinnerungen*

Als Leistungsnachweis fertigen die Studierenden einen wissenschaftlichen Fallbericht an, in dem sie empirische Beobachtungen mit wissenschaftlichen Theorien verknüpfen (vgl. Heinzel 2007). In diesem Fallbericht setzen sie sich erneut und vertiefend mit dem Fall des betreuten Kindes auseinander. Auf der Grundlage von Beobachtungsprotokollen, die während der Patenschaft angefertigt wurden, zeichnen die Studierenden den Verlauf der Patenschaft nach und interpretieren ihre Beobachtungen vor dem Hintergrund eines von ihnen gewählten Schwerpunktthemas. Im Fallbericht werden also Beobachtungen dokumentiert, systematisiert und durch Hinzuziehen von wissenschaftlicher Literatur analysiert. Den Studierenden eröffnet sich hierbei auch die Chance, die durch Eltern, pädagogische oder therapeutische Fachkräfte ihnen berichteten „Geschichten der Kinder neu zu erzählen" (Heinzel 2007, S. 153). Durch den im Zuge der Verschriftlichung gewonnenen Abstand zu den beobachteten Szenen soll der Blick frei werden für neue Erkenntnisse, die sich aus den Analysen ergeben. Dabei sind die Studierenden aufgefordert theoretische Anschlüsse zu vollziehen, um angesichts der in dieser Art der Patenschaft entstehenden persönlich bedeutsamen Beziehungen auch eine professionelle Distanz herzustellen.

Es folgen einige Auszüge aus dem Fallbericht einer Studentin, die 2011/2012 eine Patenschaft übernommen hatte.

Auszug aus der Einleitung:
*„Der Diagnosebogen teilte mir darüber hinaus mit, dass O. eine allgemeine Entwicklungsstörung und expressive Sprachentwicklungsstörung besitzt. Daher bestand die bisherige Förderung darin, O. Anreize zur Sprachmotivation zu vermitteln, seinen*

*aktiven Wortschatz zu erweitern und ihm Bewegungsangebote für die Grob- und Fein-motorik zu geben. (S. 4)*
*Vor diesem Hintergrund setzte ich mich relativ zeitnah mit dem Thema Sprachentwick-lungsstörung bzw. -verzögerung auseinander und kam schließlich zu den folgenden zwei zentralen Forschungsfragen: Wie handelt O. sprachlich bzw. nicht-sprachlich und welche Ursachen sind für die Verzögerung seiner Sprachentwicklung zu beobachten?"*
*(S. 4f)*

Die Studentin geht von der vorliegenden Diagnose aus, um den wissenschaftlichen Hintergrund ihres Fallberichts auszuarbeiten. In diesem setzt sie sich dann mit wissen-schaftlicher Literatur zu Merkmalen, Symptomen, Ursachen, Therapien und Hand-lungsmöglichkeiten bei Sprachentwicklungsproblemen auseinander. Anschließend stellt sie in ihrem Fallbericht die Methoden der Fallanalyse vor. Dann wird ein „Porträt des Kindes" erstellt und der Verlauf der Patenschaft geschildert. Es folgt eine Fallana-lyse mit konkreten Beobachtungen und deren Analyse sowie ein Fazit. Im Porträt des Kindes werden Gewalterfahrungen in der Familie aus der Zeit, als die Mutter und der Vater noch zusammenlebten, beschrieben. Zudem wird auf die aktuelle Lebenssituation der Familie eingegangen.

Auszug aus dem Porträt des Kindes:
*„O. ist mittlerweile 7 Jahre alt und wurde am (...) geboren. Er hat einen ein Jahr jün-geren Bruder, der bislang den Kindergarten besucht und dieses Jahr eingeschult wer-den soll. Die Eltern von O. sind getrennt und die Kinder leben gemeinsam bei der Mut-ter. Zu dem Vater besteht seit ein paar Jahren kein Kontakt mehr."* (S. 11)
*„Neben einer Tafel besitzen die Kinder ein paar Autos, die sie von der Schule erhalten haben. Daneben findet sich in einem großen Pappkarton allerlei Plastikspielzeug, das zum größten Teil kaputt ist. Spiele und Bücher standen den Kindern bislang nicht zur Verfügung. Grundsätzlich scheint die Familie am Existenzminimum zu leben. Außer-dem ist die Mutter während des Projekts arbeitslos geworden, während sie zuvor eine Putzstelle angetreten hat."* (S. 12)
*John besucht die erste Klasse der X-Förderschule (...) (...). Der Großteil der Kinder in (...) ist geistig und/ oder körperlich behindert oder zeigt Entwicklungsstörungen sowie Verhaltensauffälligkeiten, die einer besonderen Betreuung bedürfen."* (S. 14)

Auszug aus dem Prozessverlauf:
*„Immer wieder fragt er, wann ich denn wiederkommen werde. Unsere gemeinsamen Unternehmungen gefallen O. besonders gut und er scheint gerade diese Zweisamkeit zu genießen. Mit der Zeit besteht der erste Satz von A. bei meiner Ankunft in folgenden Worten: „Gehen wir fort?" Besonders mag er Besuche auf dem Spielplatz, aber auch ein Picknick im Garten und Fangen oder Fußballspielen machen ihm großen Spaß."* (S. 19)

Auszug aus der Fallanalyse:
*„In der Patenschaft fällt mir auf, dass O. besonders in emotionalen Bereichen über wenig sprachliche Ausdrucksmöglichkeiten verfügt. Wenn er traurig ist, zieht er sich zurück oder beginnt zu weinen und wenn er sich auf etwas freut bzw. glücklich ist, zeigt er das durch Ausrufe wie „Jupiie" oder „Juhuu". Generell scheint in der Fami-lie kaum über Gefühle gesprochen zu werden. Streitigkeiten enden im gegenseitigen Anschreien und Ignorieren. Auch im Nachhinein werden die Situationen nicht reflek-tiert bzw. besprochen. Häufig lässt sich beobachten, wie O. von der Mutter mit den*

*Worten: „Hau ab! Ich rede nicht mehr mit dir.", in sein Zimmer geschickt wird. Des Weiteren scheinen Gefühle bei den Jungs seitens der Mutter negativ belegt zu sein. Folgende Sätze höre ich viele Male in der Patenschaft „O., sei doch kein Mädchen.", „O., du bist so eine Memme." oder „O., du Weichei.". Den Gefühlen Ausdruck zu verleihen bzw. diese nach außen hin zu zeigen, scheint in der Familie vermieden zu werden. In der Patenschaft versuche ich O. daher ein Vorbild zu sein, indem ich bewusst eigene Emotionen bzw. Gefühle ausspreche wie zum Beispiel: „Der Tag auf dem Spielplatz hat mir gut gefallen." oder „Ich habe mich etwas geärgert, dass du die Karten zerknickt hast". O. begrüßt mich schließlich bei einem Treffen mit den Worten: „Mir geht es gut heute.", was ein Zeichen dafür ist, dass er das Verbalisieren von Gefühlen bzw. diese mit Wörtern zu belegen lernt.*

*Außerdem lässt sich in der Familie ein restringierter Wortschatz beobachten, was damit zusammenhängen kann, dass die Familie einer eher bildungsfernen Schicht zuzuordnen ist. Johns sprachliche Äußerungen bestehen häufig nur aus einzelnen Worten bzw. unvollständigen Sätzen und auch bei dem Bruder oder der Mutter zeigt sich eine häufige Verwendung von ein- oder zwei-Wort-Sätzen." (S. 21f)*

Auszug aus dem Fazit:

*„Der Fallbericht zeigt unterschiedliche Ursachenzusammenhänge für seine Schwierigkeiten im Bereich der Sprachentwicklung auf, die unter anderem in Zusammenhang mit seiner Lebensgeschichte stehen. Den erlebten Gewalterfahrungen und anderen traumatischen Erlebnissen, der fehlenden sensorischen Integration und der sozialen und finanziellen Situation der Mutter kommen, meiner Ansicht nach, entscheidende Bedeutung zu." (S. 31)*

*„O. ist zu wünschen, dass er seine Lebensfreude und Begeisterungsfähigkeit behält und sich seine empathischen und sozialen Fähigkeiten bewahrt. Diese Potenziale werden O. in seinem zukünftigen Leben hilfreich sein und auch das Leben seiner Mitmenschen bereichern. Einen bedeutenden Beitrag kann dazu sicherlich seine Schule leisten, die bislang sehr positive Effekte für Johns Leben bewirkt. (...) (...) Auch mich persönlich und meine zukünftige Tätigkeit als Lehrperson wird die Patenschaft positiv geprägt haben. Besonders nehme ich aus der Patenschaft die professionelle Distanz mit, welche ich dort erlernen konnte. Wichtig für mich ist zudem der Wechselbezug von Handeln und Reflektieren geworden. Mir wurde durch die Patenschaft die Möglichkeit gegeben, viele neue, interessante und lehrreiche Erfahrungen sammeln zu können und ich durfte viele schöne, glückliche und lustige Momente erleben." (S. 32)*

Die Auszüge aus dem Fallbericht sollten dessen Aufbau und einen Einblick in die schriftliche Reflexion der Studierenden ermöglichen. Eine detaillierte Inhaltsanalyse vorliegender Fallberichte steht bislang aus.

Die Textpassagen verweisen immerhin darauf, dass die Studentin Erfahrungen durch theoretisches Wissen zu erklären bemüht ist und außerdem die Bedeutung der Theorie-Praxis-Reflexion benennt. Sie beschreibt erfahrene Situationen, erinnert damit verbundene Gedanken und Gefühle, bemüht sich um theoretische Anschlüsse und denkt über Handlungsoptionen nach. Ferner fällt auf, dass sie ihre Beobachtungen diagnostisch einzuordnen versucht. Außerdem werden Aspekte sozialer Exklusion thematisiert und durch den direkten Kontakt und die Interaktion mit dem Kind lebensgeschichtliche und strukturelle Begründungen für dessen Situation angeführt.

Während der Patenschaft werden seit dem Projektdurchgang 2015/16 auch mündliche Audiostatements von den Studierenden zu drei Zeitpunkten (Beginn, in der Mitte und zum Abschluss der Patenschaft) zu vorgegebenen Fragen abgegeben, die einen fokussierten Zugang zu den Handlungs- und Denkprozessen der Lehramtsstudierenden ermöglichen sollen und von denen erwartet wird, habituelle Orientierungen von Lehramtsstudierenden im Feld der Patenschaftsprojekte prozesshaft rekonstruieren zu können. Audiostatements sind den Studierenden vertraut (Praxis der Sprachnachrichten). Sie sind weniger überformt als die Fallberichte, in denen Grammatik und Interpunktion sowie Vorgaben zum Aufbau und zur wissenschaftlichen Auseinandersetzung zu bestimmten Formen und zum wiederholten Lesen zwingen. Zugzwänge des Sprechens können zur Geltung kommen und Selbstläufigkeit wird erzeugt. Zudem werden auf die Audiostatements (anders als auf den Fallbericht) keine Noten gegeben. Auch hochschuldidaktisch können sie ein interessantes Reflexionsinstrument darstellen.

Anbei als Beispiel ein Auszug aus dem ersten Statement einer Studentin zu Beginn ihrer Patenschaft nach zwei Treffen. Sie soll ihren ersten Eindruck von ihrem Patenkind beschreiben und beantworten, wo Schwierigkeiten, Chancen und Herausforderungen liegen.

*Und was mir aufgefallen ist, A. ist jetzt nicht, ja, weiß nicht (.) ja (.) ähm, wie soll ich das ausdrücken? Er ist (.) ich würd sagen, normal entwickelt, er ist ein bisschen schüchtern vielleicht in manchen Situationen, ähm (.) ja, seine Familie kann ihm jetzt nicht so viel mitgeben, ich würde das jetzt so ausdrücken, dass sie nicht am Hungertuch nagen, aber vielleicht auch nicht (.) ähm (.) ja, so viel Anregungen haben, er hat also er macht keine Sachen außer Schule und Hort und ähm, dieses Freizeitheim, also er hat keine, ähm, richtigen Hobbies, konnte er mir auch nicht nennen (.), ähm (.), also ein sehr anregungsarmes Umfeld würde ich mal sagen, aber (.) ja allzu viel konnte ich jetzt nicht herausfinden, ich hab jetzt noch nichts festgestellt wo ich denken würde (.) was (.) also was für Schwierigkeiten haben wir, was für Herausforderungen wird es geben, also, äm, was für Probleme er hat ne, also ja (..) soweit zur ersten Frage."*

Diese Passage wurde sequenziell interpretiert mit dem Ziel habituelle Orientierungen (Bohnsack 2013, 2014) zu rekonstruieren.[1] Ausgewählte Ergebnisse der Analyse können hier nur zusammenfassend dargestellt werden.

Die Studentin äußert hier, dass ihr etwas „aufgefallen" ist. Dies deutet auf eine Beobachtung hin, die klassifiziert werden soll. Gleichzeitig wird eine Unsicherheit artikuliert, die darin zu bestehen scheint, dass A. „normal entwickelt" ist. Diese Diagnose des Entwicklungsstandes von A. scheint allerdings heikel, zumindest aber nicht einfach zu kommunizieren zu sein. Einerseits entspricht die Normalität von A. quasi nicht den Erwartungen, gleichzeitig wird versucht eine Kategorisierung zu vermeiden. Die thematisierte Schüchternheit von A., die zudem auch noch stark eingeschränkt wird (*ein bisschen schüchtern vielleicht in manchen Situationen),* stellt wohl keine dramatische Abweichung dar, wird aber dennoch als Einschränkung in Bezug auf Normalität thematisiert. Inklusives Denken würde beinhalten, auf die polarisierende Gegenüberstellung Normalität versus Abweichung zu verzichten. Andererseits fordert das Handlungsfeld der Patenschaftsprojekte die Beschäftigung mit Kindern in schwierigen Le-

---

[1] Wir danken Christina Heise, die die Patenschaftsprojekte seit dem Wintersemester 2015/16 als wissenschaftliche Mitarbeiterin durchführt, für das transkribierte Dokument.

benslagen und beruht damit auf der Wahrnehmung gesellschaftlicher Spaltungen und Ungleichheiten, die in der Regel mit Differenzkonstruktionen einhergehen.

Nachdem A. als etwas schüchtern eingeordnet wurde, wandert der Fokus vom Kind zum Milieukontext. Es werden Gegenhorizonte aufgespannt: Im positiven Gegenhorizont erscheint, dass Familien den Kindern etwas mitgeben können. Keine Anregungen zu haben oder an Hunger zu leiden, wird in einen negativen Gegenhorizont gestellt.

Die Studentin konkretisiert dann, dass A. keine „richtigen Hobbies" habe und scheint der Ansicht, dass die Angebote im Freizeitheim für eine gelingende Entwicklung nicht zu genügen vermögen. Eine Bildungsorientierung wird erkennbar, die nicht von Institutionen geleistet werden kann, sondern von der Familie ermöglicht werden muss. Möglicherweise versucht sich die Studentin an die Feldlogik im Projekt anzulehnen, gleichzeitig bleibt sie unsicher, ob A. überhaupt in das Projekt passt.

Es entsteht der Eindruck, dass der Fall beim diagnostizierenden Sprechen passend gemacht und die anfängliche Irritation bearbeitet wird. Schließlich wird nach dem Versuch einer empirisch basierten Problemdarstellung in einer Konklusion und Steigerung ein recht umfassendes Urteil abgegeben, in dem das soziale Milieu - unter Verwendung von bildungswissenschaftlichen Versatzstücken - umfassend defizitär diagnostiziert wird *(also ein sehr anregungsarmes Umfeld würde ich mal sagen)*. Am Ende der Passage wird das Urteil dann aber wieder revidiert *(aber (.) ja allzu viel konnte ich jetzt nicht herausfinden)*. Unter Herausforderungen versteht die Studentin Probleme von A. und es scheint so, als hätte sie erwartet solche Probleme eindeutiger benennen zu können.

Insgesamt wird in der Textpassage eine Defizitperspektive entwickelt, die aber zurückgedrängt wird. Was an Handlungsorientierung von der Studentin mitgebracht oder vom Feld des pädagogischen Projektes nahegelegt wird, bricht sich am Fall. Es ist möglich, dass die Abweichung des Kindes stark gemacht wird vor dem Hintergrund der Differenzkonstruktion des Projektfeldes oder dass der Studentin Normalität zum Problem wird vor dem Hintergrund ihrer Vorstellung von Abweichung.

Beide Dokumente, der Fallbericht und die Audiostatements sind als Implementierungen von Reflexion und hochschuldidaktischen Bestandteilen der Patenschaftsprojekte zu verstehen. Während die Fallberichte stärker die Entwicklung des akademischen Wissens und der Überlegungen zum Handeln dokumentieren, erlauben die mündlichen Audiostatements die Rekonstruktion von Wertvorstellungen und habituellen Orientierungen sowie von deren Entwicklung im Feld der Patenschaftsprojekte.

*1.4   Chancen und Grenzen*

Der Frage nach der Wirksamkeit von Patenschafts- bzw. Mentoringprojekten ist in Deutschland bislang selten nachgegangen worden, während im englischsprachigen Raum einige Studien vorliegen, was auf die längere Tradition von Mentoring-Programmen im amerikanischen Raum zurückgeführt wird (vgl. Schüler 2011, S. 289). Auch für die Forschung im Bereich des Service-Learning wird festgestellt, dass für Deutschland systematische Nachweise zur Wirkung fehlen (Reinders 2016, S. 63).

Einige Forschungsergebnisse zur Untersuchung von hochschuldidaktischen Angeboten der Übernahme von Patenschaften für Kinder durch Lehramtsstudierende liegen vor. Zu nennen ist die Evaluation von Szczesny, Goloborodko und Müller-Kohlenberg

(2009), die auf Basis eines Kontrollgruppendesigns auf die Analyse derjenigen Kompetenzen zielte, die im Rahmen des Projekts „Balu und Du" erworben werden können. Hier zeigte sich, dass die beteiligten Lehramtsstudierenden in den Bereichen Arbeitshaltung, Selbstdisziplin sowie Krisenmanagement einen Lernertrag verzeichnen konnten. Eine Befragung von Maas (2007) zur Evaluation des Essener Schülerhilfeprojekt ergab, dass das Projekt aus studentischer Sicht sehr gut geeignet ist, um einen Einblick in fremde Kinderwelten zu erhalten. Die direkten Erfahrungen mit dem Patenkind und die begleitende Reflexion werden als wichtige Vorbereitung auf die spätere Berufstätigkeit bewertet (Maas 2007, S. 60). Das Kasseler „Projekt K" wurde von Pietsch (2010) untersucht, die auf der Basis von narrativen Interviews drei Konzepte der Begleitung von Kindern durch studentische Paten rekonstruiert hat. Beim erfahrungsorientierten Konzept „bewegt sich pädagogische Begleitung im Spannungsfeld zwischen fürsorgender Beratung einerseits und Selbstbestätigung andererseits" (Pietsch 2010, S. 208). Das erlebnisorientierte Konzept stellt die Grundhaltung der Mitwirkung in den Vordergrund und zeichnet sich durch Eigenschaften wie Offenheit oder Bereitschaft, sich auf neue Spielräume einzulassen sowie durch Interesse am Fremden aus (Pietsch 2010, S. 214). Das ergebnisorientierte Konzept „verortet pädagogische Begleitung im Spannungsfeld zwischen intervenierender Förderung einerseits und eigener Profilierung und Qualifizierung andererseits" (Pietsch 2010, S. 212). Eine weitere Evaluation des Kasseler „Projekt K" wurde auf Basis eines Onlinefragebogens realisiert, mit dem ehemalige Teilnehmende rückblickend zu ihren Einschätzungen befragt wurden. Der allgemeinen Aussage, in dem Projekt insgesamt viel gelernt zu haben, stimmten fast alle befragten Lehramtsstudierenden zu und fast alle bilanzierten den Lernertrag im Projekt K höher als in anderen universitären Veranstaltungen. Auch die Kompetenz „Heterogenität erfassen, erkennen, anerkennen und reflektieren" wurde durch einen hohen Lernertrag bewertet (Alexi, Romba & Heinzel 2016).

Die hier dokumentierten Ausschnitte aus einem Fallbericht und aus einem Audiostatement verweisen aber auch auf Herausforderungen und Probleme. Es sollte deutlich geworden sein, dass Fallarbeit, die auf die Person und Lebensgeschichte des Kindes gerichtet ist, den Studierenden umfassende Einsichten in die heterogenen Lebenslagen benachteiligter Kinder zu vermitteln vermag und einen ökosystemisch-diagnostischen Blick fördert. Allerdings ist die Feldlogik der Patenschaftsprojekte, indem sie sich sozial benachteiligten Kindern widmen, eher exkludierend angelegt, obgleich die Absicht der Teilhabe von Kindern und das Ziel der Förderung inklusiver Einstellungen von Lehramtsstudierenden verfolgt wird. In diesem Kontext ist zu fragen, wie in Patenschaftsprojekten sowohl Einsichten in die reale Benachteiligung von Kindern und ihren kinderrechtlich verbrieften Anspruch auf Schutz, Förderung und Partizipation als auch Einsichten in das Problem der Normativität einer an der Mittelschicht orientierten Lebensweise von Kindern vermittelt werden können.

## 2 Erinnerte Erfahrungen in der Fortbildung: Annäherung an Schülerperspektiven mit narrativen Miniaturen

In der psychoanalytisch fundierten integrativen und inklusiven Pädagogik wurde früh die Einsicht, dass *jedes kindliche Verhalten subjektiv sinnvoll ist,* formuliert (Reiser 1996). Für Workshops in der Lehreraus- und Fortbildung wurden Methodenbausteine entwickelt, die es (angehenden) Lehrkräften und pädagogischen Fachkräften ermöglichen, anhand von narrativen Erinnerungstexten zu Vermutungen über das subjektive Empfinden und Denken der Kinder und Jugendlichen, mit denen sie arbeiten, zu kommen (Prengel 2014). In diesem Kapitel wird unter der Bezeichnung *„erahntes Schüler-tagebuch"* eine für verschiedene Fortbildungsveranstaltungen taugliche alltagsnahe Methode der Annäherung von Lehrerinnen und Lehrern an die Schülerperspektive vorgestellt.

## 2.1 Kontexte und theoretische Bezüge

Die Methode *erahntes Schülertagebuch* wird in Fortbildungsveranstaltungen mit Leh-rerinnen und Lehrern sowie Angehörigen anderer pädagogischer Berufe eingesetzt. Vermittelt wird die Methode in punktuellen Veranstaltungen, z.b. in Workshops im Kontext von SCHILF-Tagungen sowie in Fachtagen und Fortbildungsveranstaltungen. Sie ist ebenso einsetzbar in Inter- und Supervisionsgruppen sowie als individuelles Reflexionsverfahren. Zielgruppen sind teilnehmende Lehrkräfte und pädagogische Fachkräfte sowie in Fortbildung und Hochschuldidaktik Tätige aus allen pädagogi-schen Bereichen. Sie werden dazu angeregt, die vermittelte Methode im Einklang mit ihren persönlichen Profilen und Arbeitsfeldern zu variieren, weiterzuentwickeln und zu untersuchen.

Die Arbeitsform der Perspektivenübernahme mit Hilfe narrativer Miniaturen ist vielsei-tig theoretisch fundiert. Zu ihrem Theoriefundament gehören Theorien, die sich auf unterschiedliche Weise der Relationalität im Bildungsprozess widmen, u.a. Einsichten der Psychoanalyse und der psychoanalytischen Pädagogik in die Relevanz unbewusster Prozesse, Einsichten der Bindungstheorie in die Rolle interaktiver Feinfühligkeit und Perspektivenübernahme sowie Einsichten in die Funktionen von Emotionalität, Empa-thie und Takt im Erziehungsprozess (Neckel 2006; Müller-Using 2015; Liekam 2014; zusammenfassend Prengel 2013). Inspiriert wurde die methodische Anlage durch krea-tive Arbeitsformen zum Perspektivenwechsel in der Gestaltpädagogik (Prengel 2014). Festzuhalten ist, dass Methoden der Fallarbeit umfassend begründet sind (vgl. Kap. 1). Begründungen für die Arbeit mit fallbezogenen narrativen Miniaturen, mit „Geschich-ten" (Baake & Schulze 1993), bietet darüber hinaus die internationale Professionsfor-schung. So zeigt Lee S. Shulman, dass kompetentes Handeln aus einer Kombination aus Prinzipien- und Fallverstehen hervorgeht: *„ ... the essential feature of teaching is its uncertainty and unpredictability. ... Knowledge of teaching is comprised of combina-tions of cases and principles. We intend for our students to develop a repertoire of cases which can help to guide their thinking and reflections on their own teaching. They can then use their experience with cases, their own and those of others, as lenses for thinking about their work in the future. The cases then serve as building blocks for professional reasoning, professional discourse and professional memory. Cases may have many advantages over arrangements of expository rules, standards or maxims. For example they take advantage of the natural power of narrative ways of knowing ..."* (Shulman 2004, S. 464).[2] Shulman regt aufgrund seiner umfassenden professions-theoretischen Studien dazu an, die Geschichten, die konkrete Ereignisse erzählen, als „Linsen" zur Reflexion zu nutzen, die aufgeschichtete Wissensgebäude ermöglichen.

Auf diesem Hintergrund geht es bei dem hier zu erläuternden Verfahren um zwei Ziele: Zum einen sollen Lehrkräfte sich ihres verborgenen intuitiven Wissens über einen Schüler oder eine Schülerin bewusst werden und das zunächst nur unbewusst-implizit Geahnte zum bewusst-explizit Erinnerten werden lassen und es verbalisieren. Daraus

---

[2] Auch in Disziplinen wie Medizin, Jura, Betriebswirtschaft gehört Fallarbeit international zu Studien-gängen an renommierten Universitäten (vgl. Garvin 2003).

sollen zum anderen neue Arbeitshypothesen über den subjektiven Sinn des Schüler-handelns und neue Ideen für pädagogisches Handeln hervorgehen. In schwierigen Situationen soll diese Arbeitsform zur pädagogischen Perspektivenerweiterung beitragen. Sie soll den subjektiven Sinn von zunächst unverständlich oder störend erscheinendem Schülerhandeln erschließen und Kreativität für ein persönlich passendes pädagogisches Angebot ermöglichen.

### 2.2 Lernen durch Perspektivenerweiterung mit „Ich-Geschichten"

Zur Methode „Erahntes Schülertagebuch" gehören drei unverzichtbare und sorgfältig realisierte Arbeitsphasen, eine Einführungsphase, eine kreativ-interaktive Phase und eine Auswertungsphase.

I. Für die Einführungsphase - möglichst im Stuhlkreis - sind folgende Arbeitsschritte zentral:

- Die Relevanz des Themas Perspektivenübernahme für professionelles pädagogisches Handeln wird kurz vorgestellt.

- Über den Ablauf des Workshops mit seinen drei Phasen wird informiert.

- Wegen der Selbsterfahrungsanteile der Arbeit mit dem „Erahnten Schülertagebuch" ist für die Einführungsphase ein Arbeitsbündnis aus drei Grundregeln zwischen allen beteiligten zentral. Vereinbart werden die *Regel der Freiwilligkeit* der Teilnahme an einzelnen Arbeitsschritten, die Regel der *Nichtbewertung* und grundlegende Anerkennung der Selbsterfahrungsanteile während der zweiten kreativ-interaktiven Phase sowie die *Regel der Vertraulichkeit* durch Schweigepflicht. Mit der Regel der Freiwilligkeit ist explizit verbunden, dass Teilnehmende, die eine vorgeschlagene Aktivität für sich nicht passend finden, diese so abwandeln können, dass sie individuell passend wird.

II. Die Kreativ-interaktive Phase wird aus folgenden Elementen oder Variationen dieser Elemente zusammengesetzt:

- Die Phase beginnt mit einer angeleiteten, introspektiv-meditativ gestimmten *Erinnerungsreise* in das pädagogische Arbeitsfeld der Teilnehmenden. Vorgeschlagen wird dabei, dass sie eine einzelne, relevante Szene erinnern, auf diese fokussieren und sich in die Welt der persönlichen Empfindungen des in der Szene im Zentrum stehenden Kindes oder Jugendlichen hineinversetzen. Dabei kann eine thematische Vorgabe zur Szene gemacht werden, z.B. dass es sich um ein Ereignis handeln soll, in dem im Kontext einer Lehrer-Schüler-Interaktion ein Kind Anerkennung oder Verletzung erfährt oder in dem „etwas Inklusives" geschieht (für thematische Varianten s. Prengel 2014).

- In schweigender *Einzelarbeit* wird die erinnerte Szene schriftlich festgehalten, und zwar in der ersten Person Singular und im Präsens, so dass eine narrative Miniatur, eine Kurzgeschichte im Sinne eines erahnten Schülertagebuchs entsteht.

- In einem *Leseritual im Kreis* werden die Kurzgeschichten vorgelesen. Sie werden durch konzentriertes aktives Zuhören gewürdigt.

III. In der Auswertungsphase werden die Erfahrungen der kreativ-interaktiven Phase reflektiert und Schlussfolgerungen werden daraus abgeleitet. Für die Auswertungsphase sind verschiedene Arbeitsformen, je nach Gruppensituation, geeignet.

- In Einzelarbeit können Notizen zu den persönlichen Erfahrungen des Erinnerns, Schreibens, Lesens, Zuhörens aufgezeichnet werden.

- In Partnerarbeit können persönliche Eindrücke und Erfahrungen einander wechselseitig erzählt werden.

- Im Plenumsgespräch ist Gelegenheit unterschiedlichste Aspekte der Arbeit mit den Ich-Geschichten zu thematisierten. Dazu gehören u.a. persönliche erfahrungsbezogene Mitteilungen, Kommentare zu den Inhalten der narrativen Texte sowie Fragen zur Methode der Perspektivenübernahme und -dezentrierung. Variationsmöglichkeiten der Methode können erörtert werden (vgl. z.B. Dlogusch 2006).

- Für eine Gruppenarbeit und anschließende Ergebnispräsentation im Plenum eignet sich die Frage, welche pädagogisch-konzeptionellen Konsequenzen aus den im Leseritual präsentierten Schulerfahrungen zu ziehen sind.

- Falls eine kontinuierlich arbeitende Gruppe eine biografische Vertiefung wünscht, kann in Einzel-, Partner- oder Gruppenarbeit der Frage nachgegangen werden, welche Bezüge zwischen den erinnerten Aufzeichnungen und bildungsbiografischen Erfahrungen der Teilnehmenden nachgezeichnet werden können.

- Eine Workshopbilanz, eine kritische Reflexion zum Arbeitsbündnis und zu methodischen Schritten, ein Ausblick auf die Weiterarbeit oder ein persönliches Fazit in der Plenumsrunde können den Workshop abschließen.

*2.3 Ergebnisse: Erinnerte Ereignisse - ein Textbeispiel*

Welche Ereignisse von Teilnehmenden erinnert, aufgeschrieben und vorgelesen werden, hängt in der Regel von den während der meditativen Anleitung umrissenen thematischen Vorgaben ab. Die während der meditativen Anleitung zur Erinnerungsreise formulierten Themenvorgaben regen zu vielfältigen Erinnerungen an, von denen eine ausgewählt wird. Diese wird in einer anhand der Anleitung entstehenden Ich-Geschichte aufgegriffen - zum Beispiel einen Fall von *anerkennendem* Lehrerhandeln einem Kind gegenüber, von *verletzendem* Lehrerhandeln einem Kind gegenüber oder Situationen, in denen *etwas Inklusives* in einer Lehrer-Schüler-Interaktion geschieht. Die Themenvorgabe, eine Szene zu erinnern, in der *sich etwas Inklusives durch eine Lehrer-Schüler-Interaktion ereignet*, hat erfahrungsgemäß den Vorteil, dass spannungsreiche Szenen erinnert werden, zu denen oft eine konflikthafte Vorgeschichte gehört. Zugleich werden mit dieser Vorgabe Erinnerungen aktualisiert, in denen schwierige Situationen durch pädagogisches Handeln gelingende Wendungen nehmen konnten. Dafür bietet der folgende Text, der im Sommer 2014 von einer Pädagogin in perspektivischer Annäherung an ihre impliziten Annahmen, die sie zum Erleben des Kindes aktualisiert und explizit werden lässt. In Identifikation mit dem Kind formuliert sie:

*„Ich gehöre dazu*
*Ich will weg! Ich will zurück zu meiner Großmutter[3], zurück in mein Land. Warum haben die mich bloß hergeholt... ?! Hier verstehe ich nichts. Nichts gefällt mir. Ich versteh nicht, was die von mir wollen. Hier habe ich keine Freunde. Alle sind gemein und lachen mich aus. Die Lehrerin nimmt mir den Schulsack weg. Ich schreie. Ich will nicht hierbleiben. Ich hasse euch. Ich hasse alles. Ich habe Angst, aber das zeige*

---

[3] Hier wird die Rechtschreibung wie im Original verfasst beibehalten.

*ich doch nicht. Lasst mich in Ruhe. Ich werfe große Steine.*
*Nun darf ich nicht mehr in die Schule.*
*Die Betreuerin hat mich gefragt, in meiner Sprache, was ich mir wünschen würde,*
*wenn ich einen Wunsch erfüllt haben könnte. Ich habe gesagt, zurück zu meiner Groß-*
*mutter. Sie hat gefragt, was wir dort so gemacht haben. Ich habe gesagt, im Garten*
*gearbeitet, und mit den Tieren. Sie hat mich gefragt, ob ich mit ihr hier einen kleinen*
*Garten haben will. Ich habe gesagt, das geht ja gar nicht, in der Schule. Sie hat gesagt*
*doch, das geht, schau mal. Wir haben eine Kiste aus Holz geholt und Erde auf Plastik*
*reingelegt. Dann haben wir überlegt, was wir pflanzen könnten. Ich habe Blumen ge-*
*wünscht, für Mami. Die Betreuerin hat gemeint, wir pflanzen auch noch etwas zu es-*
*sen, etwas Gesundes mit Vitaminen. Wir werden Radieschen säen und Salat pflanzen.*
*Einen Salat.*
*Heute machen wir die Erde fein und nass, und ich lerne, wie das alles heißt. Und mor-*
*gen pflanzen wir. Ich freue mich"*

Der Text bringt explizit zum Ausdruck, welche impliziten Annahmen über das subjektive Erleben des Kindes das Handeln der Pädagogin beeinflussen. Dabei schildert der
Text problematische Lebensbedingungen des Kindes einschließlich problematischer
Handlungsweisen einer Teamkollegin. Es gelingt der Autorin sich bewusst zu machen,
dass die gefährliche Aggression (*„ich werfe große Steine"*) sich aus Erfahrungen des
Ausgeliefertseins (*„warum haben die mich bloss hergeholt"*), der Fremdheit (*„ich will
zurück"*) und aus Ängsten (*„ich habe Angst, aber das zeige ich doch nicht"*) speist.
Indem sie anerkennend die Annäherung an die Perspektive des Kindes sucht, gelingt es
ihr, Zugänge zu den persönlich bedeutsamen Wünschen des Kindes, zum subjektiven
Sinn seines Agierens, zu erschließen und handelnd ein produktives pädagogisches
Angebot zu ermöglichen.

### 2.4 Chancen und Grenzen

Die alltagsnah *„erahntes Schülertagebuch"* genannte Methode der Arbeit mit Ich-
Geschichten wurde von der Autorin in den letzten drei Jahrzehnten entwickelt, immer
wieder erneuert, regelmäßig eingesetzt und analysiert. Sie konnte variantenreich in
zahlreichen sehr verschiedenen Fortbildungsveranstaltungen, deren Dauer zwischen 60
Minuten und 7 Stunden lag, mit Lehrkräften und pädagogischen Fachkräften aus schulischen und außerschulischen Arbeitsfeldern genutzt werden. Die Analyse der jahr-
zehntelangen Erfahrungen ergibt folgende Resultate: Zu den Workshops wurden mündliche Rückmeldungen eingeholt, die außerordentlich positiv ausfielen. Einzelne Teilnehmende reagieren auch im Abstand von einigen Tagen oder Wochen, indem sie
schriftlich positive Rückmeldungen mailen, ihre Texte zur Verfügung stellen und In-
formationsmaterialien anfordern. In seltenen Fällen machen die Teilnehmenden von
der im Arbeitsbündnis enthaltenen Möglichkeit Gebrauch, das vorgegebene Thema
abzuwandeln. In drei Jahrzehnten mit über 5000 Teilnehmenden ereigneten sich drei-
mal krisenhafte Entwicklungen, die dazu führten, dass der Workshop verlassen wurde;
dabei hielt ich als Seminarleiterin stets Kontakt zu den betroffenen Personen. Eine
Erklärung dafür ist, dass die Aktualisierung innerpsychischer Prozesse, auch am fremden Fall, in sehr seltenen Fällen nicht ausgehalten wird. Aus diesem Grund ist die Regel der Freiwilligkeit ein unverzichtbarer Bestandteil des Arbeitsbündnisses.

Die Fallarbeit mit Hilfe von Ich-Geschichten eröffnet eine Erkenntnisperspektive des
Nachempfindens und Nachdenkens, die die Annäherung an die Erlebnisse der Schüle-

rinnen und Schüler sucht. Wenn so die Ebene subjektiver emotionaler Erfahrungen und subjektiver kognitiver Denkweisen in den Focus der Aufmerksamkeit gerückt wird, können persönlich bedeutsame Aspekte des Lernens analysiert werden, um intuitiv mögliche Einsichten für professionelle Entscheidungen zugänglich zu machen.

Die Rückmeldungen, die Teilnehmende nach Workshops, die nach der hier beschriebenen Methode durchgeführt wurden, geben, sind, von den erwähnten äußerst seltenen Ausnahmen abgesehen, durchgängig sehr positiv. Lehrerinnen und Lehrer, Sozial- und Sonderpädagogen schätzen es sehr, dass sie in einem solchen Workshop dazu kommen, sich eine Zeitlang intensiv auf ein Kind zu konzentrieren und so den vielseitigen Eindrücken, die sie von dem Kind gewonnen haben, Raum zu geben. Da sie versuchen, sich für eine begrenzte Weile in das Kind hineinzuversetzen, sind sie dazu herausgefordert, ihre eingespielten Gegenübertragungen zu überschreiten und kreative Ansätze für die Arbeit mit dem Kind zu gewinnen.

Für das Gelingen der Workshops ist das Beachten von Grenzen unerlässlich. Dafür ist das Arbeitsbündnis mit den Regeln der Freiwilligkeit und der Nichtbewertung (s.o.) von grundlegender Bedeutung. Niemand darf dazu gebracht werden, sich an einer solchen selbsterfahrungsorientierten Aktivität zu beteiligen. Zwar steht bei der hier vorgestellten Methode das subjektive Erleben des Kindes und nicht der Lehrperson selbst im Vordergrund. Dennoch kann das Erschließen der innerpsychischen Ebene Personen, die von psychischen Problemen betroffen sind, in emotionale Schwierigkeiten bringen. Für Fortbildner, die mit selbsterfahrungsorientierten pädagogischen Ansätzen arbeiten, ist eine Zusatzausbildung, zum Beispiel in psychoanalytischer Pädagogik, Gestaltpädagogik, TZI, Gruppenpädagogik oder ähnlichen Verfahren hilfreich, denn so können sie lernen zwischen der pädagogisch-professionellen und der therapeutischen Handlungsebene, die nicht in den Bereich der Fortbildung gehört, zu unterscheiden.

Der Arbeitsmodus professioneller Selbsterfahrung unterscheidet sich von den Arbeitsmodi der Wissensaneignung auf der einen und persönlich-therapeutischer Selbstthematisierung auf der anderen Seite. Verschiedene Arbeitsweisen, vor allem emotional getönte Selbsterkundung und -reflexion sowie kognitiv bestimmte Wissensvermittlung sind nicht gegeneinander auszuspielen, sondern müssen in der Lehrerbildung je situativ zu ihrem Recht kommen. Im Zentrum der professionellen Selbsterfahrung, auch der Arbeit mit narrativen Miniaturen, kann jeder Ausschnitt der sozialen Wirklichkeit stehen, in dem es um die professionell relevanten Relationen zwischen Pädagogen, Kindern, Lerngegenstand und Peergruppe im Kontext pädagogischer Institutionen geht.

Die hier vorgestellten langjährigen Erfahrungen, Rückmeldungen und Analysen zur Arbeit mit „Ich-Geschichten" können auf Forschungen zur Lehrerfortbildung bezogen werden. Einige Studien geben Einblicke in die widersprüchliche Entwicklung der Supervisionsforschung (Haubl & Hausinger 2009), in Untersuchungen zur supervisorischen Fallarbeit (Denner 2000, Erbring 2014) sowie in die Bedeutung von professioneller Selbsterfahrung in pädagogischen Kontexten (Dauber & Zwiebel 2006). Übereinstimmend fordern sie den Einsatz von personenbezogenen Erfahrungs- und Reflexionsmethoden in pädagogischen Arbeitsfeldern, die dazu dienen, den Zusammenhang intersubjektiver, gruppenbezogener und sachbezogener Relationen zu verbessern.

Frank Lipowski (2014) fasst in einem Übersichtsartikel die auf Lehrerfortbildung bezogene Wirkungsforschung zusammen. Der Autor resümiert, „dass Fort- und Weiterbildungsangebote das berufliche Lernen von Lehrern [...] befördern können" (ebd. S.

533). Er weist auf Forschungsbedarf hin, weil noch nicht erklärt werden könne, wie Lernprozesse bei Lehrern ablaufen (ebd. S. 512) und weil es schwierig sei im Sinne der quantitativen Forschungsrichtung repräsentative Stichproben mit Interventions- und Kontrollgruppen zu bilden und auch die Wirkungen der Fortbildung auf die Schüler selten untersucht werden (ebd. S. 531 f). In folgenden Zitaten wird deutlich, dass seine Befunde mit den hier berichteten Ergebnissen übereinstimmen: Wenn die Teilnehmenden eigene Fälle zur Bearbeitung in der Fortbildung einbringen, wird der Anspruch erfüllt, „dass sich Lern- und Weiterbildungsangebote für Lehrer an deren alltäglichen Erfahrungen orientieren und möglichst komplex und authentisch sein, d.h. der alltäglichen Anwendungssituation entstammen sollten" (ebd. S. 511). „Der Fokus auf die Analyse und Interpretation der Lern- und Verstehensprozesse der Schüler erleichtert es auch, Beziehungen zwischen dem eigenen Lehrerhandeln und dem Lernen der Schüler zu erkennen" (ebd. S. 522). „Der Bewusstmachung und Reflexion expliziter und impliziter Wissens- und Könnensanteile kommt beim Lernen von Lehrpersonen eine Schlüsselrolle zu" (ebd. S. 522).

Die hier vorgestellte Methode der erfahrungsbezogenen professionellen Fortbildung wurde bisher den Teilnehmenden in punktuellen Veranstaltungen vermittelt, damit sie sie in ihren Teams weiterentwickeln und nutzen können. Ob das tatsächlich geschieht und was daraus folgt, muss weiteren systematischen Erhebungen vorbehalten bleiben.

## 3  Fazit und Ausblick

Unser Beitrag setzt sich mit der Frage auseinander, wie erfahrungsbezogene Fallarbeit einen Beitrag zur inklusiven Pädagogik im Sinne der Wahrnehmung und Anerkennung von heterogenen Lebenslagen, subjektiven Bedürfnissen und individuellen Lernweisen der Lernenden in Bildung und Erziehung leisten kann.

Wir konnten zeigen, dass die erinnerten Schulerfahrungen der Lehrkräfte und die pädagogischen Erfahrungen der Lehramtsstudierenden in den Patenschaftsprojekten inklusionsrelevante Aspekte thematisieren: Ausgrenzung, Zugehörigkeit, Anerkennung, Gerechtigkeit und Ungerechtigkeit. Außerdem ermöglicht der Austausch in den Seminaren den Einblick in die Heterogenität der Erfahrungen. Die Interaktionserfahrungen thematisieren (indiziert durch die Lernarrangements) Krisen, Ausgrenzung, Einbeziehung, Heterogenität.

Unsere abschließende These besteht darin, dass erfahrungsbasierte Fallarbeit in der Lehreraus- und -fortbildung geeignet ist, inklusionsrelevante Themen zum Gegenstand zu machen.

Wir gehen davon aus, dass sie einen Beitrag zur inklusiven Pädagogik im Sinne der Wahrnehmung und Anerkennung von heterogenen Lebenslagen, subjektiven Bedürfnissen und individuellen Lernweisen der Lernenden in Bildung und Erziehung zu leisten vermag.

Eine Herausforderung für eine inklusionsorientierte Lehrerbildung, die auf den Aufbau inklusiver Werte und Haltungen zielt, besteht aber darin, dass die Erfahrungen der Lehramtsstudierenden oder der Lehrkräfte überwiegend in segregierenden und normierenden Kontexten erworben wurden und in solchen auch praktiziert oder verhandelt werden. Außerdem können mit dem Ziel der Inklusion in der sozialen Praxis der Lehrerbildung oder der Schule auch Exklusionsprozesse verbunden sein, die einer Reflexion bedürfen.

Eine weitere Herausforderung besteht darin verschiedene, veränderliche und auch immer wieder neu sichtbar werdende Heterogenitätsdimensionen zu berücksichtigen. Beklagt werden immer wieder Vernachlässigungen einzelner Differenzlinien, z.B. die soziale Benachteiligung (Weiß 2010) oder die Vielfalt der Geschlechterdifferenzen sowie die Reduzierung auf einen dualistischen Gegensatz zwischen behinderten und nichtbehinderten Schülern. Es ist im pädagogischen Alltag und in wissenschaftlichen Diskursen unmöglich, der immensen Perspektivenvielfalt, die durch die facettenreichen Heterogenitätsdimensionen zustande kommen, umfassend gerecht zu werden (Prengel 2015). Grundlegend für Inklusion ist die Bezugnahme auf Menschenrechte, Menschenrechtsbildung und Kinderrechte (Carle & Kaiser 1998), weil sie ein universelles, für ausnahmslos alle relevantes Fundament bieten.

## *Literatur*

Alexi, S.; Heinzel, F. & Marini, U. (2014): Papierfall oder Realfall? Zwei Konzepte der Hochschulausbildung im Vergleich. In: Pieper, I.; Frei, P.; Hauenschild, K. & Schmidt-Thieme, B. (Hrsg.): Was der Fall ist. Fallarbeit in Bildungsforschung und Lehrerbildung. Wiesbaden: Springer Fachmedien, S. 227-241.

Alexi, S.; Romba, S. & Heinzel, F. (2016): Mentoring als Lern- und Handlungsfeld in der universitären Lehrerbildung. Ergebnisse der Evaluation des „Projekt K – Kasseler Schülerhilfeprojekt". In: journal für lehrerInnenbildung, H. 2, S. 60-68.

Baake, D. & Schulze, Th. (1993): Aus Geschichten lernen. Zu Einübung pädagogischen Verstehens. Weinheim und München: Juventa.

Bohnsack, R. (2013): Dokumentarische Methode und die Logik der Praxis. In: Lenger, A.; Schneickert, C. & Schumacher, F. (Hrsg.): Pierre Bourdieus Konzeption des Habitus. Grundlagen, Zugänge, Forschungsperspektiven. Wiesbaden, S. 175-200.

Bohnsack, R. (2014): Rekonstruktive Sozialforschung. Einführung in Methodologie und Praxis qualitativer Forschung. 9. Aufl. Opladen & Toronto: Verlag Barbara Budrich UTB.

Carle, U. & Kaiser, A. (Hrsg.) (1998): Rechte der Kinder. Baltmannsweiler: Schneider Verlag Hohengehren.

Dauber, H. & Zwiebel, R. (Hrsg.) (2006): Professionelle Selbstreflexion aus pädagogischer und psychoanalytischer Sicht: Bad Heilbrunn: Klinkhardt.

Denner, L. (2000): Gruppenberatung für Lehrer und Lehrerinnen: eine empirische Untersuchung zur Wirkung schulinterner Supervision und Fallbesprechung. Bad Heilbrunn/Obb.: Klinkhardt.

Dlugosch, A. (2006): „So hab' ich das noch nie gesehen…" Kollegiale Fallberatung auf der Grundlage der Themenzentrierten Interaktion. In: Friedrich Jahresheft von 2006: Diagnostizieren und Fördern. Seelze: Friedrich Verlag, S. 128-131.

Erbring, S. (2014): Systemische Beratung als Hilfe bei unprofessionellem Kommunikationsverhalten von Lehrkräften. In: Prengel, A. & Winklhofer, U. (Hrsg.): Kinderrechte in pädagogischen Beziehungen. Barbara Budrich Verlag, S. 235-242.

Fatke, R. (2013): Fallstudien in der Erziehungswissenschaft. In: Friebertshäuser, B.; Lange, A. & Prengel, A. (Hrsg.): Handbuch Qualitative Forschungsmethoden in der Erziehungswissenschaft. Weinheim und Basel: Belz Juventa, S. 159-172.

Garlichs, A. (Hrsg.) (2000): Schüler verstehen lernen. Das Kasseler Schülerhilfeprojekt im Rahmen einer reformorientierten Lehrerausbildung. Donauwört: Auer.

Gassner, B. (2006): Empathie in der Pädagogik. Theorien, Implikationen, Bedeutung, Umsetzung. Heidelberg: Ruprecht-Karls-Universität. http://archiv.ub.uni-heidelberg.de/ volltextserver/7224/ (1.4.2016)

Haubl, R. & Hausinger, B. (Hrsg.) (2009): Supervisionsforschung: Einblicke und Ausblicke. Göttingen: Vandenhoeck & Ruprecht.

Heinzel, F. (2007): Fallarbeit und Fallstudien in der Lehrerbildung. Zugang zum Denken und Handeln von Kindern. In: Heinzel, F.; Garlichs, A. & Pietsch, S. (Hrsg.): Lernbegleitung und Patenschaften. Reflexive Fallarbeit in der universitären Lehrerausbildung. Bad Heilbrunn: Klinkhardt, S. 146-156.

Korthagen, F. A. J. (2002): Eine Reflexion über Reflexion. In: Korthagen, F. A. J. et al: Schulwirklichkeit und Lehrerausbildung. Reflexion der Lehrertätigkeit. Hamburg: EB Verlag, S. 55-73.

Kosinar, J.; Leinerweber, S.; Hegemann-Fonger, H. & Carle, U. (Hrsg.) (2012): Vielfalt und Anerkennung. Internationale Perspektiven auf die Entwicklung von Grundschule und Kindergarten. Baltmannsweiler: Schneider Verlag Hohengehren.

Liekam, St. (2004): Empathie als Fundament pädagogischer Professionalität. Analysen zu einer Schlüsselvariable der Pädagogik. München: Ludwig-Maximilians-Universität.

Lipowsky, F. (2014): Theoretische Perspektiven und empirische Befunde zur Wirksamkeit von Lehrerfort- und -weiterbildung. In: Terhart, E.; Bennewitz, H. & Rothland, M. (Hrsg.): Handbuch der Forschung zum Lehrerberuf. 2. ü.a. Auflage. Münster, New York: Waxmann, S. 511-541.

Müller-Using, S. (2015): Empathie und pädagogisch-professionelles taktvolles Handeln. Ein integrativer pädagogischer Wissensbestand. In: Bildung und Erziehung, 68. Jg. H. 1, S. 41-59.

Neckel, S. (2006): Kultursoziologie der Gefühle. In: Schützeichel, R. (Hrsg.): Emotionen und Sozialtheorie. Disziplinäre Ansätze. Frankfurt am Main [u.a.]: Campus, S. 124–139.

Pietsch, S. (2010): Begleiten und Begleitet werden. Praxisnahe Fallarbeit. Ein Beitrag zur Professionalisierung in der universitären Lehrerbildung. Kassel: Kassel University Press.

Prengel, A.e (2013): Pädagogische Beziehungen zwischen Anerkennung, Verletzung und Ambivalenz. Opladen u.a.: Barbara Budrich.

Prengel, A. (2014a): Introspektion und Empathie in pädagogischer Ausbildung, Fortbildung und Forschung – Zur Arbeit mit szenischen Narrationen und Feldvignetten. In: Gerspach, M.; Eggert-Schmid Noerr, A.; Naumann, Th. & Niederreiter, L. (Hrsg.): Psychoanalyse lehren und lernen an der Hochschule. Theorie, Selbstreflexion, Praxis. Stuttgart: Kohlhammer, S. 219-246.

Prengel, A. (2014b): Fallarbeit mit „Ich-Geschichten" – Übungen zur Perspektivenübernahme in pädagogischen Beziehungen. In: Pithan, A. & Möller, R. (Hrsg.): Inklusive Religionslehrer_innenbildung. Inklusion, Religion, Bildung. Bd. 2, Münster: Comenius-Institut, Teil B3, S. 1-4.

Prengel, A. (2015): Pädagogik der Vielfalt: Inklusive Strömungen in der Sphäre spätmoderner Bildung (Hauptartikel). In: Erwägen Wissen Ethik. Forum für Erwägungskultur, herausgegeben von F. Benseler, B. Blanck, R. Keil, W. Loh, Jg. 26, H. 2, S. 157-168. Kritiken diverser Autoren am Hauptartikel, ebd. S. 168-273; Replik von A. Prengel: Segregierende und Inklusive Pädagogik als normative Ordnungen im Bildungswesen, ebd. S. 274-286.

Reh, S.; Geiling, U. & Heinzel, F. (2013). Fallarbeit in der Lehrerbildung. In Friebertshäuser, B., Langer, A. & Prengel, A. (Hrsg.). Handbuch Qualitative Forschungsmethoden in der Erziehungswissenschaft (4. Aufl.). Weinheim u. München: Beltz Juventa, S. 911-924.

Reinders, H. (2016): Service Learning – Theoretische Überlegungen und empirische Studien zu Lernen durch Engagement. Weinheim und Basel: Beltz Juventa.

Reiser, H. (1993): Entwicklung und Störung – Vom Sinn kindlichen Verhaltens. In: Behindertenpädagogik, 32. Jg. H. 3, S. 254-263.

Reiser, H. (2006): Psychoanalytisch-systemische Pädagogik: Erziehung auf der Grundlage der Themenzentrierten Interaktion. Stuttgart: Kohlhammer.

Schön, D. A. (1987): The Reflective Practizioner. How Professionals Think in Action. New York: Basic Books.

Shulman, Lee S. (2004): The Wisdom of Practice. Essays on Teaching, Learning and Learning to Teach. San Francisco: Jossey-Bass.

Singer, T. & Bolz, M. (Hrsg.) (2013): Mitgefühl in Alltag und Forschung. München: Max-Planck-Gesellschaft.

# Exkurs:

# Paradigmenwechsel aus persönlicher Perspektive

*Walter Hövel*

# „Und sie bewegt sich doch"
# Fließen - Veränderung - Stillstand - Erinnerung – Wesentliches

## Zusammenfassung

Die heutige wissenschaftliche Auffassung bestätigt sich und ihre Richtigkeit gerne mit Galileos Ausspruch, wer oder was sich um wen oder was dreht. Er verabschiedete uns vom Stillstandsglauben des christlichen Mittelalters hin zum technischen und gesellschaftlichen Fortschrittsglauben unserer Zeit.

Ich glaube, fünf Bewegungen „Fließen - Veränderung - Stillstand - Erinnerung - Wesentliches" in der Bildung und Erziehung der letzten Jahrzehnte auszumachen. Ich versuche mich aus der Sicht meiner eigenen 66 Jahre Leben an das Geschehene anzunähern.

Die fünf „Bewegungsbeobachtungen" sollen sehr autobiografisch und subjektiv bleiben. Nach meiner Auffassung schaffen aus der Praxis berichtende Menschen wissenschaftliches Wissen.

## 1    Die erste Bewegung: Fließen

„Alles fließt und nichts bleibt". So erlebte ich das Panta-Rhei der Veränderung der täglichen Bildung von meiner eigenen Schulzeit bis hin zur Leitung einer Schule und dem Verbleib in der Lehrerbildung. Du erlebst Schule und Hochschule wie die Wolken am Himmel. Es entstehen immer neue, egal wie sie aussehen, ob sie  hier sind oder dort. Alles, was du gerade geschaffen, getan, begriffen oder gedacht hast, ist spätestens am nächsten Tag Vergangenheit. Jeder neue Tag stellt dich vor erwartete oder unerwartete Situationen, die du - wie das sich wandelnde Wetter - kennst oder nicht. Du kannst dich nicht auf Sonnenschein, Tauwetter, Sturm, Hochwasser oder faustdicke Hagelkörner einstellen. Nur darauf, dass es immer schwarze Wolken, Regengüsse, das Blau des Himmels, sternklare Nächte und verglühende Kometen gibt.

Vor lauter Alltagsveränderungen bekommst du das Gefühl, dass sich nichts verändert.

Schule, Kindergarten, Hochschule, Bildung scheinen immer die Gleichen zu bleiben. Alles fließt, aber immer als gleicher Fluss, der nie das Wasser von gestern führt. Du kannst nichts halten oder behalten, nichts als deine Erinnerung.

Wie oft wusste ich schon mittags nicht mehr, was am Vormittag geschehen war. Der Alltag mit Kindern, Eltern, Kollegien, Ämtern, Presse, Vorschriften, Verwaltung, Klüngeleien, Dienstaufgaben und Innovieren schien einen aufzufressen! Ich versank gerne in das Gefühl des Alles-verschwindet im immer gleichen Fluss.

Doch wie das täuscht ...

## 2    Eine zweite Bewegung: Veränderungen

Eine Fiktion aus dem Jahr 2015: Eine Schulleiterin soll verabschiedet werden. Doch da gibt es eigentlich nicht viel zu berichten. Sie ist eine dieser kaum auffallenden Pädagoginnen und nicht so begabten Schulleiterinnen. Sie scheint Schule wenig gestaltet, geschweige denn neu gedacht oder gar verändert zu haben. Zu ihrer Verabschiedung muss eine Rede gehalten werden. Ihr muss für ihre Arbeit gedankt werden, ohne etwas zu erfinden, was es nicht gab. Aber es soll schon etwas aufgezeigt werden, was wirklich von Bedeutung war. So hätte die vielleicht nie gehaltene Rede lauten können:

*„Liebe Frau Kollegin!*
*Als Sie geboren wurden, war unser Staat gerade mal ein Jahr alt. Die meisten Ihrer Lehrerinnen und Lehrer kamen noch aus einer Schule, die den Nationalsozialismus aufgebaut und getragen hatten. Selbst die jüngeren Lehrkräfte der nächsten Jahre trugen noch den Schutt und die Trümmer der noch lebendigen Vergangenheit in ihren Köpfen und in ihrer Sprache. Sie fühlten noch den Schrecken und die Angst der eigenen und ihrer Eltern Verbrechen.*
*In dieser Zeit wuchsen Sie auf, bis sie selbst mit knapp über 20 Jahren vor einer Klasse standen. Sie hatten die „Reeducation" der Briten und Amerikaner erlebt, das Wirtschaftswunder und die ersten Antivietnamdemonstrationen. Sie waren zu einer aufrechten Bürgerin eines demokratischen Landes gereift. Sie schwörten nicht mehr einem Führer in Völkermord und Rassenwahn zu folgen, sondern verpflichteten sich der „Freiheitlich-Demokratischen-Grund-Ordnung", also den Menschenrechten!*
*Sie gingen selbst noch in ein Gymnasium nur für Mädchen, unterrichteten nun aber in geschlechtsgemischten Schulen. Sie haben schon nicht mehr an einem katholischen oder evangelischen Institut oder deren Akademie in Händen der Kirchen Ihre Lehrerinnenausbildung absolviert, sondern an einer staatlichen „Pädagogischen Hochschule". Später wurden diese sogar in „Erziehungswissenschaftliche Fakultäten" der Universtäten verwandelt (zumindest geschah dies in den meisten Bundesländern).*
*Sie erlebten, wie die „Heimatkunde" in ein Fach mit wissenschaftlichem Anspruch, in den „Sachunterricht" verwandelt wurde. Besser noch, Sie erlebten, wie unsere Schulen aus einer „volkstümlichen Bildung" hinausgeführt wurden in eine wissenschaftlich demokratische Zukunft. Die Fachdidaktiken entstanden und mit ihnen ein ganz neuer Anspruch an eine qualifiziertere Ausbildung für alle. Die „Junglehrerausbildung" verschwand und viele weitere Ausbildungsveränderungen auf dem Weg aus der Schule in die Schule würden folgen. Die Lehrkräfte wurden stetig besser auf ihre Tätigkeit vorbereitet.*
*Auch Sie durften nun von Chancengleichheit für alle reden. Die Volksschule wurde aufgelöst, die Grundschule entstand und die Hauptschule wurde neben der Realschule dem Gymnasium mit gleichen Abschlüssen nach der 9. und 10. Klasse zumindest „vertikal" gleichgestellt. Die Aufnahmeprüfung zum Gymnasium wurde abgeschafft, viel später sogar die für Eltern verbindliche Empfehlung zur „weiterführenden Schule". Erst kürzlich wurde klargemacht, dass die Eltern nicht nur das Recht haben zu entscheiden, auf welche weiterführende Schule ihr Kind geht, sondern sogar den Schulort schon bei der Einschulung selbst aussuchen dürfen.*
*Der Schuljahresbeginn wurde auf nach den Sommerferien verschoben. Der Samstagsunterricht verschwand. Die Prügelstrafe, die bis weit über die 60iger Jahre hinaus vielerorts noch Gang und Gebe war, verschwand. In den 70iger Jahren wurden die ersten Gesamtschulen und zeitweise sogar Gesamthochschulen eingeführt. Die Schulpflicht wurde von 8 Jahre auf volle 10 Jahre erweitert. Volkhochschulen, Berufskollegs, Fernuniversitäten und eine Unzahl neuer Unis und Fachhochschulen entstanden. Die „offene" oder andere Formen der Ganztagsschule wurden eingeführt! In den letzten Jahren begannen Haupt- und Realschulen zugunsten weiterer Gesamt- und Sekun-*

*darschulen zu verschwinden. Kindergärten beginnen heute sogar für einjährige Kinder.*

*Es entstanden Erlasse zu Verkehrs-, Medien-, Friedens-, Antidrogen- und Sonst-noch-was-Erziehung. Man traute der Schule nun sogar gesellschaftliche Veränderung zu. Nach vergeblichen Versuchen der „Ganzheitsmethode" im Lesen und Schreiben und der „Mengenlehre" im Rechenunterricht gelang es, den Gedanken an den Projektunterricht zu verankern. Das ganzheitliche Lernen, das heute noch scharf angegriffene „Lesen durch Schreiben", Freies Arbeiten, Lernbüros, Lernwerkstätten, Offene Pausen, Natur-Schulgelände, Klassenräte und Kinderparlamente, Freies Schreiben, Reformpädagogik und Offener Unterricht blieben nicht nur in Mode, sondern erhielten immerhin vielerorts ihre Anerkennung. „Hilfsschulen" wurden zu „Sonderschulen", dann „Förderschulen", um mit der Inklusion ganz in Frage gestellt zu werden.*

*Der Ruf einer Vielfalt in der Bildung entstand. Begriffe wie „Klippschule", „Puddingabitur", oder „Schmalspurstudium" verschwanden. Begriffe wie „Heterogenität", „Lebenslanges Lernen", „Kinderechte", „Jahrgangsgemischtes Lernen", „Begabungsförderung" oder eben „Inklusion" kamen nicht nur auf, sondern blieben sogar Grundbegriffe in der Lehrerbildung.*

*Und wie sich die Didaktiken der Fächer veränderten. Z.B. in der Mathematik ging es weg von den eintrainierten Rechenfertigkeiten über die „Rechenformate" und „mathe 2000" zum Be-greifen mit Materialien, zum eigenständigen Denken und zum eigenen Lernhandeln. Sogar das eigenständige Forschen, Fragen und Experimentieren wurde schon für Kindergärten und Grundschulen ernst genommen. Die Grundschule wurde pädagogisch selbstbewusster und immer weniger Lehrkräfte sahen ihre Aufgabe darin, dort „auf das Gymnasium vorzubereiten".*

*Und erst die Reformen der Oberstufen, die vielen neuen Lehrpläne und Richtlinien, die Standortpläne, die Schulprogramme, veränderte Lehrerausbildungserlasse, die Qualitätsüberprüfungen, zurecht geschmähte Vergleichsarbeiten und das Zentralabitur, ...*

*Und eine der größten Veränderungen war es, dass in den Sekundarstufen das Fach „Englisch" mehr und mehr das Fach „Latein" verdrängte. Und - die Grundschulen führten Englisch so ein, dass heute alle Kinder diese Sprache erfolgreich lernen!!!*

*Die Dreier- und Zweier-Holzbänke verschwanden, Tische und Stühle kamen. Das Tafelbild verschwand, die „interaktive Whiteboard" kam. Das Schulfernsehen und die „Filmdienste" veränderten scheinbar nicht viel, aber dann schafften dies die Computerräume und Schulnetzwerke. Es gibt sogar schon weniger Schulbücher, weil Tablets und Laptops mehr leisten. Der Fräulein-Begriff verschwand in der Grundschule. Lehrer wurden nicht mehr mit „Herr Lehrer", sondern als Frau oder Mann mit ihren Namen angesprochen.*

*Klassenfahrten gehen heute schon für Grundschulkinder zur englischen Partnerschule. Es wird für die Partnerschule in Indien oder Thailand gesammelt. Comenius führt Kinder und Kollegium nach Finnland oder Estland. Die jungen Kolleginnen lernten ihr Englisch in Neuseeland, arbeiteten in der amerikanischen Familie und studieren über das Erasmus-Auslandssemester hinaus in den Niederlanden oder in Israel.*

*Es gelang eine „Europäisierung" der Bildung in ganz Europa. Leider verlor die Universität, um auch einmal etwas Schlechtes zu erwähnen, ihren eigentlichen Auftrag als „universitas", als „Gemeinschaft der Lehrenden und Lernenden". Die Bildung degenerierte zur Ausbildung, das Studium läuft nun gegen den Widerstand der letzten Aufrechten überall gleich gebachelort und gemastert ab.*

*In der Schule aber, ob in Slowenien, Katalonien oder Bremen, scheinen überall die gleichen „Reformfragen" und die gleichen Veränderungen in der Fort- und Weiterbildung der Kolleginnen und Kollegen eine europäische Reform nach vorne zu treiben. Schulpreise, Wettbewerbe, Stiftungen, Kooperationen mit Verlagen, Banken, Industrie und anderen Geldgebern machen heute Bereicherungen des Lernens möglich, die früher nicht bezahlbar schienen.*

*Nicht nur 2015 wurden abertausende Kinder von Asylsuchenden in unsere Klassen integriert. Seit 1990 wurden mehr als fünf Millionen Menschen aus der ehemaligen DDR und den einstigen Ostblockstaaten mit ihren Kindern bei uns aufgenommen. Denken Sie an die Jahrzehnte der vielen Kinder der Flüchtlinge aus der DDR, der Tschechoslowakei, aus Ungarn, aus dem ehemaligen Jugoslawien. Wie viele Kinder der „Gastarbeiter" aus der Türkei, aus Italien, Griechenland, Portugal, Spanien lernten unsere Sprache, unsere Kultur und unsere Werte? Last but not least kamen über 12 Millionen Flüchtlinge in den 50iger und 60iger Jahren zu uns. Welch eine Integrationsarbeit unser Bildungssystem leistete und leistet!*

*Warum dieser lange Vortrag, in dem Sie nicht vorzukommen scheinen, Frau Kollegin? Weil das Ihr Verdienst ist!! Sie - und mit Ihnen tausende Pädagoginnen, Wissenschaftlerinnen, Führungskräfte und Erziehende - haben diese und viele andere Veränderungen von Schule und Bildung nicht nur mitgetragen! Nein, Sie haben diese Veränderungen durch Ihre unermüdliche tägliche persönliche Arbeit überhaupt erst möglich gemacht. Sie haben dieses Werk geschaffen! Und dafür danken Ihnen der Staat und die Gesellschaft. "*

Und was heißt das für einen selbst? Bilde ich als Teil des Machwerks und Machtwerks Gesellschaft und Staat Vergangenheit, Gegenwart und Zukunft - ob ich will oder nicht - mit?

Ich bin „im Dienst", ich gestalte meinen „Aufgabenbereich", erhaltend und verändernd. Jeder von uns trägt zum Erhalt des „Alten" und zur Schaffung des „Neuen" bei. Wir verändern Kindergärten, Schulen, Hochschulen und die gesellschaftliche Bildung.

Doch, wo fördert die oder der Einzelne die Entstehung weitergehender Reformen? Können Einzelne Zeichen setzen, die in die Zukunft zeigen? Können sie Demokratie und Menschenrechte stärken? Verändern Beispiele wie die Grundschule Harmonie oder die vielen anderen Leuchtturmbeispiele den Gesamtfluss von Bildung und Erziehung nachhaltig?

Trägt die Arbeit eines einzelnen Menschen auch umgekehrt zur Veränderung von Wirklichkeit bei? Beeinflusst *du* das tägliche und das große Fließen des Gesamtwerks?

## 3    Eine dritte Bewegung: Stillstand

Und natürlich stellt sich die Frage, welche wesentlichen Dinge sich nicht verändert haben.

Da steht an erster Stelle die herausragende Existenz eines deutschen selektiven Schulsystems, deren Hydrakopf das Gymnasium bildet. Die Sonderschulform Gymnasium scheint sogar die Abschaffung der Fördersonderschulen durch die Inklusion zu überstehen.

Ein feudal-bürgerlicher „Kompromiss" überlebte bis heute nur in Deutschland, Österreich und der Schweiz. Am 28. April 1920 beschloss der deutsche Reichstag mit dem

„Reichsgrundschulgesetz" die gemeinsame Schulpflicht auf 4 Jahre zu beschränken. Dies sollte die nächsten 100 Jahre der einzige und letzte demokratische Systemschritt zum gemeinsamen Lernen aller Kinder sein. Welch eine Errungenschaft die mögliche Verlängerung auf 6 Jahre in den wenigen Bundesländern bedeutet.

Ängstlich klammert sich eine Mehrheit des deutschen Bürgertums an die Aufrechterhaltung ihrer eigenen sozialen und individuellen Privilegien durch eine, andere Schichten und Menschen ausschließende, zu dem nicht einmal erfolgreiche „Aus"Bildung. Dabei haben die USA, Kanada, skandinavische Länder, asiatische und osteuropäische, andere Nachbarländer, die Länder der Welt schon lange vorgemacht, dass ein Gesamtschulwesen nicht die Existenz des Bürgertums gefährdet, sondern im Gegenteil um einiges (!) erfolgreicher sein kann.

Nicht geändert hat sich die Grundfrage nach dem Verhältnis von Lehrenden und Lernenden. Die Lehrenden haben die Macht. Sie bestimmen, was gelernt wird. Sie wissen, wie gelernt wird. Sie sagen, wo du lernst. Sie entscheiden, wie viel du zu lernen hast. Sie sind die Vorgeber der zeitlichen Lernintervalle. Sie dirigieren, mit wem du lernst. Sie entscheiden darüber, was warum sinnvoll ist. Sie sind die Herren über die Vergabe von Noten, Testaten und Abschlüssen. Sie sind die Konditionierer mit Verstärkerplänen und Tokensystemen, psychologisch basierten Anpassungsritualen und Lehrermacht erhaltendem Classroommanagement. Sie sind die Herren der Interpretationen von Ordnungen, Gängen und Gesetzen, ihre Umsetzer, oft genug ihre Macher.

Was viele nicht begreifen, oder es nicht können: Wenn sie von „vorgegebenen Normen" abweichen, wenn sie „demokratisieren" wollen, sind sie - unter Auslotung des Zwangs der Machtverhältnisse, unter denen sie selbst stehen - auch hier die Mächtigen, die es anders machen können. Zumindest können sie es immer gegenüber „ihren" Lernenden, den „Aus"zubildenden. Sie finden dafür sogar Verbündete eventuell im „eigenen Haus", aber immer bis in die Spitzen der Bildung in Staat und Wirtschaft hinein.

Wenn sich in Kindergärten und Grundschulen noch viele Erwachsene auf die Seite der Kinder stellen, um deren selbständiges Lernen herauszufordern und eine lernintensivierende Begegnung mit Wissen und Erkenntnis anzubahnen, sehen sich zu viele an den Sekundarstufen und Universitäten bestenfalls als Vermittler, in der Regel als Vertreter der Fächer, ihrer Didaktik und der vorgegebenen Themen.

Und bestimmt wird eine Frage viel zu selten gestellt:
Sind Schule und Hochschule überhaupt noch in der Lage ein Lernen zu organisieren, dass heute und erst recht morgen die Bedürfnisse der Individuen und des demokratischen Miteinanders, die friedliche Begegnung von Staaten, den Umgang mit Wissen, Lernen, Medien, Umwelt, Ernährung und den Fortbestand einer funktionierenden Wirtschaft garantiert?
Wer denkt heute darüber nach, wie ein besseres Lernen - wahrscheinlich ohne die uns bekannte Schule - möglich und in Zukunft für unser Überleben nötig ist?
Wie werden wir im Sinne einer Selbstinklusion die Behinderung durch unser falsches „Bildungs"system los?
Wie lernen wir barrierefrei das Lernen für Alle, bei dem „alle mitgenommen werden"?
Wie werden wir gegen die Mehrheit der eigenen Gesellschaft dieses Lehrsystem los, dass unsere Noten, unseren unbrauchbaren antiquierten Leistungsbegriff provoziert und pathologische Führungskräfte in Banken, Industrie, Armeen und Politik zum „Erfolg" fördert?

Können wir weltweit echtem Lernen zum Sieg verhelfen?

## 4 Die vierte Bewegung: Erinnerung

Lernen oder seine Weiterentwicklung, die Reform von Schule, scheinen heute immer mehr mit Begriffen als mit Namen verbunden. So geht es um lebenslanges, individuelles, ganzheitliches, selbständiges, kooperatives, europäisches oder offenes Lernen, Schüler- und Kompetenzorientierung, Schlüsselkompetenzen, Vernetzung, Regionalisierung, Professionalisierung, fachliche Qualifikation, Kommunikation, Heterogenität, Leistungsentwicklung, Inklusion, und, und, und.

Es scheint mir oft wie ein Lernen ohne Erinnerung. Immer wieder müssen neue, austauschbare Begriffe herhalten, um das zu benennen, was gerade von Bildung und ihrer notwendigen Weiterreformierung verlangt wird. Dieses Lernen ohne Erinnerung an bereits Erreichtes, an bereits zurückgelegte Strecken, dieses täglich neu zu Schaffende, ruhelose Vorankommen verlangt die tägliche Wiedererfindung des Rads. Die heutige Pädagogik lobt so das „Wiedererfinden" als Kraft des selbständigen individuellen Lernens, das Forschen, das eigen sinnige Handeln, das individuelle und kooperative Selbstherausfinden. Den Lernern eigene, möglichst ganzheitliche Erkenntnisse sind Triebkräfte, die bewusst gegen die Reproduktion und das Widerkäuen von Stoff, gegen das Lernen-für-den-Test gestellt werden.

Gerade das Bildungswesen bezieht seine Selbstveränderungskräfte gerne aus weit ausholenden Pendelbewegungen. So werden auch einmal „brauchbare" Einstellungen oder Methoden der Vergangenheit auf die zu vernachlässigende Seite gestellt. Sie stärken immer wieder den Widerstand von Reformgegnern. Da alte „Werte" nicht „runderneuert überarbeitet" werden, tauchen sie gerne wieder als alter Wein in neuen Schläuchen auf.

Ich meine damit z.B., dass ältere Generationen der Pädagogen ein scheinbar größeres historisches Selbstverständnis von der Bildung selbst hatten. Diese Tatsache als solche diente in der Regel der konservierenden Auffassung von Unterricht und Schule. Das Motto heißt heute noch: „Die Reformen kommen und gehen, unser Unterricht bleibt bestehen."

Lehrerinnen und Lehrer meiner Generation lernten andere Aspekte der pädagogischen Geschichte kennen, was ihnen eine große Chance gab, Schule und Lernen verändern zu wollen. Wir machten diese Geschichte gerne an Geschichten von Persönlichkeiten der Pädagogik fest. Wir lernten über die „Reformpädagogik", lernten Namen wie Maria Montessori, Elise und Celestin Freinet, Anton Makarenko oder John Dewey. Wir lernten Namen wie Peter Petersen oder Rudolph Steiner sehr differenziert zu betrachten. Wir lernten Projekte und Versuche kennen, ob von Alexander Neill, Paolo Freire, Rebecca und Mauricio Wild, Jürgen Reichen, bis hin zu eigenen Modellen. Auch lernten wir staatliche Innovierer schätzen, wie Eugen Roth, Wolfgang Klafki, Johannes Beck, Joachim Lompscher, Hilbert Meyer oder Hans Brügelmann. Wir erfuhren von regionalen Errungenschaften, der Einführung des Sachunterrichts durch Werner G. Mayer, den ersten integrierenden Inklusionsschritt Harry Brabecks, von Erika Altenburgs Ansichten vom Lesen, der Mathematik Christoph Selters oder Falko Peschels Öffnung zum Offenen Unterricht. Wir lernten „ausländische" Größen wie Lew Wygotsky, Jesper Juul, Augusto Boal, Paul le Bohec oder Fritz Perls kennen und in ihre Erkenntnisse in unsere Arbeit einzuflechten. Wie wichtig ist die Arbeit von Lotte Busch, Holger

Butt, Ulla Carle, Jochen Hering, Uschi Resch, Ulli Hecker, Jenny Wienecke, Eginhard Fuchs, Eva Schulz, Erwin Klinke, Beate Leßmann, Marianne Trompeter oder Walter Hövel?

Innovation, Veränderung, Entwicklung orientierte sich gerne an Namen von Vorbildern.

Kürzlich gab ich - mehr nebenbei - allen Teilnehmenden eines Seminars - Namen mir bekannter Pädagoginnen und Pädagogen, von Aristotles bis zu Nelson Mandela. Ich wollte eine Methode zur Verarbeitung mehrerer Texte durch eine ganze Gruppe etwas „rollenspieliger" gestalten. Die sehr jungen Teilnehmenden zeigten sich von diesem Nebenprodukt, der Namensgebung ausgesprochen angetan: „Wir kennen viele dieser pädagogischen Konzepte, die hinter den Namen stehen, gar nicht!". „Es war höchst spannend sich in Helen Parkhurst oder Ruth Cohn hineinzudenken!" „Ich will mehr für meine eigene Praxis über diese Leute wissen, die sich vorher schon mit Problemen beschäftigten, die mir wieder begegnen!"

Wie viel Erinnerung brauche ich, um zu begreifen, in welche Richtung ich heute denke, handle und gehe? Möchte ich mich an Namen von Menschen erinnern, um selbst lernen zu können?

## 5   Die fünfte Bewegung: Wesentliches

Als ich kürzlich das Buch „Dein Gehirn weiß mehr, als du denkst" von Prof. Niels Bierbaumer von der Universität Tübingen las, stolperte ich über folgenden Satz: *„Was nicht heißen soll, dass es an einer Universität moralisch integrer zugeht als in einer Jugendbande. Aber es würde mir nichts als Scherereien bringen, ja es gäbe einen Skandal und keiner würde bewundernd zu mir aufblicken, wenn ich einem meiner Kollegen in den Fuß stechen würde."* (Bierbaumer 2015, S. 26) Sicherlich eine auffällige Formulierung, aber vor allem ein deutlicher Hinweis darauf, dass es im Bildungsbereich wohl heftige Auseinandersetzungen im „täglichen Panta-Rhei", um die Richtung der sich eh im Bildungsbereich vollziehenden Veränderungen und die Überwindungsversuche von Stillständen geben muss.

Ich weiß von Kolleginnen und Kollegen an Schulen und Hochschulen, dass sie an diesen Streitereien zerbrechen, dass viele resignieren und oft genug „die Falschen" gewinnen. Nun gehöre ich selbst zu denen, die sich in ihrem Bereich auch mit demokratischen Zielsetzungen durchsetzen konnten, und kenne somit einige, denen Ähnliches gelang und gelingt…

Hierbei leiten konnte mich die Erfahrung meiner Kindheit, meiner Schulzeit und der ersten Jahre als Lehrer. Meine ersten Erfahrungen bestanden darin, dass meine eigenen Eltern Nazis waren. Meine großfamiliäre Umgebung stand ihnen in nichts nach. Sie waren dies nicht nur in der Nazizeit, sondern versuchten ihr Gedanken- und Erziehungsgut auch in den Alltag einer jungen Demokratie zu transferieren.

Die Mehrzahl meiner Lehrer in den 60iger Jahren am Gymnasium in Köln waren nachweislich gestandene Nazis, die keine Gelegenheit wegließen, uns die „Vorteile ihrer Ideologie" rüberzugeben.

Sie alle erzogen uns wie sie es zuvor gelernt hatten: deutsch, prügelnd, elitär. Sie lehrten uns nicht die Achtung der Menschenrechte, sondern forderten von uns Verantwortungsübernahme zur Pflichterfüllung gegenüber einer den anderen überlegenen Gesellschaft. Sie erzogen uns zur Selbstleugnung, zur Ablehnung der eigenen Schwächen, zur Wut auf das Andersseins der Anderen, bis hin zur Bereitschaft zu Mord und Selbstmord. Sie benutzten ihre Kontrollwut nicht zum Übertragen der eigenen individuellen Vorlieben. Sie wollten uns in eine Unterwürfigkeit gegenüber einem größeren mystischen Machtziel bringen. Sie predigten kein Mobbing, um andere lächerlich zu machen und sie auszuschließen. Sie wollten ihre Opfer zu unseren Opfern machen, um sie letztendlich zu eliminieren.

Zum Glück scheiterten sie mit ihrer „Werwolf"strategie an der Mehrzahl der Kinder und Jugendlichen und einer sich demokratisierenden Gesellschaft. Als ich an der Pädagogischen Hochschule einem dieser Lehrer als Professor begegnete, war dieser nur noch ein allmählich verschwindender Rest eines sich veraltenden Denkens.

Warum dieses Ausholen in die Vergangenheit?

Meine Kindheit und Jugend empfand ich als hilflos dieser Bildung und Erziehung der Vergangenheit ausgeliefert zu sein. Dieses Denken wurde 1939 noch von weit über 95% der Bevölkerung getragen. Diese gleichen Menschen bestimmten auch 20 Jahre später, als ich 10 war, noch große Teile meiner Familie, meiner Schule, des deutschen Fußballs und anderer Vereine, der Rechtsprechung, der Historiker, der deutschen Diplomatie, der Banken und Sparkassen, der Industrie, … Dagegen standen Teile der Gesellschaft, vorneweg Gewerkschaftler, Künstler und Schriftsteller, sogar Teile der Politik, der Presse und Medien, und mein Gymnasialschulleiter, jüngere Lehrer, Professoren und Mittelbaumenschen, meine Mitstudierenden und später die vielen Kolleginnen und Kollegen in der Schule und auf den Lehrerfortbildungen.

Als Kind und Jugendlicher sollte ich so sein wie meine Umwelt es zuließ. Widerworte, Widerwillen, die Ahnung des Etwas-stimmte-nicht, versuchten sie zu ersticken. Mit absoluter Sicherheit ließen mich alte Nazis immer wieder gegen ihre Betonwand laufen. Ich ging ihnen auch später hier und da noch ins Netz, um sie dann endlich erkennen zu lernen. Ich lernte gegen sie Bündnisse zu schließen, sie ins Leere laufen zu lassen, sie und ihre Absichten zu entlarven, und sie nicht mehr zu fragen, ob ich etwas durfte oder nicht.

Heute sind sie aus meinem Blickfeld, dem Umfeld der Bildungseinrichtungen verschwunden. Sie tauchen gesellschaftlich noch in erschreckend großer Zahl in der Anti-Asyl-Propaganda oder in anderen Menschenrechtsdiskussionen bis hinein in eigentlich demokratische Parteien auf.

Sie werden immer noch in der gesamtgesellschaftlichen bildungspolitischen Diskussion gehört, aber es gibt sie nicht mehr als Gegenpart in Teamsitzungen vom Kindergarten bis in die Bildungsministerien!

Ich habe „dem alten Nazi" nicht mehr gegenüber zu sitzen. Eher kann ich an manchen Tischen Karrieristen, Gebildete, Halbgebildete, Unterstützer, esoterisch Geleitete, Verwaltungsfachleute, schon mal einen religiösen Fanatiker, Freunde, IT-Spezialisten, Gründliche, Ängstliche, Wirtschafts- oder Parteienvertreter, ewig Unentschlossene, Kleinbürgerliche, die Pädagogischen, Genderbeauftragte, Gewerkschaftler, Interessensvertreter, immer Kritische, Systemvertreter, „Selbsternannte" oder andere ausfindig machen.

Und mit ihnen zu arbeiten ist nicht immer einfach, oft langwierig, zeitraubend, hoffnungslos, ermüdend, aber - es sind Demokraten! Es sitzen andere Demokraten mit mir und dir an einem Tisch. Wir lernten und lernen neue Wege der Verwirklichung von Demokratie.

Das ist die wesentliche Veränderung der letzten 65 Jahre!

Und sie bewegt sich doch: Unsere Gesellschaft dreht sich nicht von selbst in die richtige Richtung. Wir bestimmen die Richtung durch unsere Haltung und unser Handeln.

*Literatur*

Bierbaumer, N. (2015): Dein Gehirn weiß mehr, als du denkst: neueste Erkenntnisse aus der Hirnforschung. Berlin: Ullstein Buchverlage

Hövel, W. (2015): Gesammelte Zitate, Eitorf 2015. http://www81.jimdo.com/app/sfea7765bba5fbb81/p14d49ab148e07d8e?cmsEdit=1

Hövel, W. (2014): Kinder brauchen das ganze Dorf. Children Need the Whole Village. In: Rabensteiner, P. & Rabensteiner, G.: Internationalization in Teacher Education. Interculturality. Volume 2. Schneider Verlag, S.187-214. http://www81.jimdo.com/app/sfea7765bba5fbb81/pd187fdc847ed5582?safemode=0&cmsEdit=1

# Verzeichnis der Autorinnen und Autoren

**Binder, Kristina Anna**
Lektorin an der Universität Bremen, Arbeitsgebiet: Elementar- und Grundschulpädagogik
Arbeits- und Forschungsschwerpunkte: Allgemeine Grundschuldidaktik; Räumliches Wahrnehmungs- und Vorstellungsvermögen von Grundschulkindern

**Blanck, Bettina**
Professorin an der Pädagogischen Hochschule Ludwigsburg, Institut für Sozialwissenschaften, Abteilung Politikwissenschaft
Arbeits- und Forschungsschwerpunkte: Verantwortbare Entscheidungsfähigkeiten im Umgang mit Vielfalt; Geschlechtergerechte Bildung; Lernförderliche Nicht-Gelingens- und Fehlerkulturen in Schule und Unterricht; Erwägungsmethoden

**Bolland, Angela**
Lektorin an der Universität Bremen, Arbeitsgebiet: Pädagogische Diagnostik in den Erziehungs- und Bildungswissenschaften
Arbeits- und Forschungsschwerpunkte: Hochschuldidaktische Innovationskonzepte; Freinet-Pädagogik; Reisende Hochschule; Coyote Mentoring; Pädagogisches Atelier

**Brinkmann, Erika**
Professorin an der Pädagogischen Hochschule Schwäbisch Gmünd, Direktorin des Instituts für Sprache und Literatur
Arbeits- und Forschungsschwerpunkte: Schriftspracherwerb vor und in der Schule; Freies Schreiben; Rechtschreibentwicklung und Rechtschreibunterricht; Lese- und Schreibförderung

**Brügelmann, Hans**
Professor i.R. an der Universität Siegen, Department Erziehungswissenschaft und Psychologie
Arbeits- und Forschungsschwerpunkte: Allgemeine Didaktik und Schulpädagogik mit den Schwerpunkten Öffnung von Schule und Unterricht, selbstständiges Lernen und Geschlechterdifferenzen in Schulleistungen; Schriftspracherwerb und Lese- bzw. Rechtschreibschwierigkeiten

**Denner, Liselotte**
apl. Professorin an der Pädagogischen Hochschule Karlsruhe, Institut für Schul- und Unterrichtsentwicklung in der Primar- und Sekundarstufe
Arbeits- und Forschungsschwerpunkte: Grundschulpädagogik und frühe Bildung; Bildungsteilhabe von Schülerinnen und Schülern sowie Studierenden aus Zuwandererfamilien; Professions- und Lehrerbildungsforschung

**Esslinger-Hinz, Ilona**
Professorin an der Pädagogischen Hochschule Heidelberg, Institut für Erziehungswissenschaft
Arbeits- und Forschungsschwerpunkte: Professions- und Lehrerbildungsforschung sowie Schul- und Unterrichtsforschung; Schulkultur; Lernen in Praxiszusammenhängen

**Fthenakis, Wassilios E.**
Professor i.R. an der Freien Universität Bozen, Fakultät für Bildungswissenschaften
Arbeits- und Forschungsschwerpunkte: Pädagogik der frühen Kindheit; Familienforschung mit dem Schwerpunkt Vaterforschung; Curriculumforschung

*Gramberg, Nadine*
M.Ed.-Studentin an der Universität Bremen (Germanistik/ Inklusive Pädagogik/ Religionswissenschaft); GSW-Teammitglied

*Hahn, Heike*
apl. Professorin an der Universität Erfurt, Erziehungswissenschaftliche Fakultät, Fachbereich Mathematik und Mathematikdidaktik
Arbeits- und Forschungsschwerpunkte: Zugänge zur Grundschulgeometrie; Professionalisierung von Mathematiklehrkräften; Kompetenzentwicklung in der Schule sowie in der Lehreraus- und -fortbildung

*Langstädtler, Amrei*
Grundschullehrerin in Niedersachsen
Arbeits- und Forschungsschwerpunkte: Schüler-Schüler-Beziehungen; Forschungswerkstatt Lehrerbildung; Koordinatorin im senatorisch geförderten Modellprojekt "Halbjährliche Einschulung in Bremen"

*Heinzel, Friederike*
Professorin an der Universität Kassel, Fachgebiet Grundschulpädagogik
Arbeits- und Forschungsschwerpunkte: Interaktionen im Grundschulunterricht; Kinder als Akteure in der Grundschule; Qualitative Forschungsmethoden in der Kindheitsforschung; Fallarbeit in der Lehrerbildung

*Howe, Sonja*
Wissenschaftliche Mitarbeiterin an der Universität Bremen, Arbeitsgebiet: Elementar- und Grundschulpädagogik
Arbeits- und Forschungsschwerpunkte: Frühkindliche Bildung; Familie als Bildungsort; Zusammenarbeit mit Eltern im Elementarbereich

*Hövel, Walter*
Schulleiter i.R. der Grundschule Harmonie und Lehrbeauftragter an der Universität Bremen, Arbeitsgebiet: Elementar- und Grundschulpädagogik
Arbeits- und Forschungsschwerpunkte: Inklusion; Heterogenität; Schulentwicklung; Offenes Lernen

*Koeppel, Gisela*
Lehrbeauftragte an der Universität Bremen, Arbeitsgebiet: Elementar- und Grundschulpädagogik der Bildungswissenschaften des Primar- und Elementarbereichs
Arbeits- und Forschungsschwerpunkte: Bildungsprozesse im Elementarbereich; Aus- und Fortbildung von Fachkräften in Kindergarten und Grundschule; Kooperation der Lernorte Ausbildung und Praxis

*Levin, Anne*
Professorin an der Universität Bremen, Arbeitsgebiet: Erziehungs- und Bildungswissenschaften
Arbeits- und Forschungsschwerpunkte: Interventionsforschung und Kompetenzentwicklung: Strukturierte Situationsanalysen als Problemlösestrategie; Reflexionsprozesse anregen und steuern: Professionalisierung im Rahmen der Lehramtsausbildung

**Marschelke, Ekkehard**
Professor i.R. an der Pädagogischen Hochschule Ludwigsburg, Institut für Erziehungswissenschaft
Arbeits- und Forschungsschwerpunkte: Disziplinierung in Erziehungsprozessen; Offener Unterricht; Professionsforschung

**Metzen, Heinz**
Freier Berater und Lehrbeauftragter an der Universität Bremen, Arbeitsgebiet: Bildungs- und Erziehungswissenschaften
Arbeits- und Forschungsschwerpunkte: Schulentwicklungsforschung und -beratung; Organisationsentwicklung und Projektorganisation; Evaluation und Qualitätsentwicklung; Sozialwissenschaftliche Forschungsmethoden

**Meyer-Siever, Katja**
Wissenschaftliche Mitarbeiterin an der Universität Bremen, Arbeitsgebiet: Allgemeine Didaktik und Empirische Unterrichtsforschung
Arbeits- und Forschungsschwerpunkte: Transprofessionelle kooperative Zusammenarbeit; Kooperation im Übergang von der Kindertageseinrichtung in die Grundschule; pädagogische Reflexion im Rahmen der Professionalisierung angehender Lehrkräfte

**Peschel, Markus**
Professor an der Universität des Saarlandes, Naturwissenschaftlich-Technische Fakultät, Fachgebiet Didaktik des Sachunterrichtes
Arbeits- und Forschungsschwerpunkte: Fachdidaktische Konzepte zur Medienbildung; Lernwerkstattarbeit; Offenes Experimentieren

**Prengel, Annedore**
Professorin i.R. an der Universität Potsdam und Seniorprofessorin an der Goethe-Universität Frankfurt am Main, Arbeitsgebiet: Erziehungswissenschaften
Arbeits- und Forschungsschwerpunkte: Pädagogische Beziehungen und Kinderrechte; Inklusive Pädagogik; Theorie der Heterogenität, Diverstity-Studies; Interkulturelles Gedächtnis

**Schäfer, Erik**
M.Ed.-Student an der Universität Bremen (Elementarmathematik/ Inklusive Pädagogik/ Interdisziplinäre Sachbildung); GSW-Teammitglied

**Schuler, Stephanie**
Akademische Oberrätin an der Pädagogischen Hochschule Freiburg, Institut für Mathematische Bildung
Arbeits- und Forschungsschwerpunkte: Mathematische Bildung in Kindergarten und Anfangsunterricht; Anschlussfähigkeit mathematischen Lernens im Übergang Kindergarten und Grundschule; Professionelle Kompetenzen von (angehenden) Erzieherinnen und Erziehern sowie Grundschullehrerinnen und -lehrern

**Trostmann, Sven**
Lektor an der Universität Bremen, Arbeitsgebiet: Elementar- und Grundschulpädagogik
Arbeits- und Forschungsschwerpunkte: Allgemeine Grundschuldidaktik; Lernwerkstattarbeit; Professionalisierungsforschung

*Vrinioti, Kalliope*
Assistant Professorin an der Universität West Mazedonien, Erziehungswissenschaftliche Fakultät, Fachbereich für Vorschullehrerausbildung
Arbeits- und Forschungsschwerpunkte: Teacher Education; comparative analysis of social and early childhood policies; comparative analysis of lifelong learning; transition from preschool to primary school

*Wenzel-Langer, Diana*
Wissenschaftliche Mitarbeiterin an der Universität Bremen, Arbeitsgebiet: Elementar- und Grundschulpädagogik
Arbeits- und Forschungsschwerpunkte: Bildungsprozesse im Elementarbereich; Erziehungs- und Bildungspartnerschaften; Übergang Kindertageseinrichtung – Grundschule

*Wittkowski, Anika*
Wissenschaftliche Mitarbeiterin an der Universität Bremen, Arbeitsgebiet: Elementar- und Grundschulpädagogik
Arbeits- und Forschungsschwerpunkte: Frühe mathematische Bildung; Professionelle Handlungskompetenz von pädagogischen Fachkräften im Elementarbereich; Professionalisierung und Akademisierung von pädagogischen Fachkräften im Elementarbereich

*Wittmann, Gerald*
Professor an der Pädagogischen Hochschule Freiburg, Institut für Mathematische Bildung
Arbeits- und Forschungsschwerpunkte: Anschlussfähiges Mathematiklernen in Kindergarten und Grundschule; Didaktik der Mathematik im Primar- und Sekundarbereich; Rahmenbedingungen und Gestaltung von Multiplikatorenfortbildungen

*Zekaj, Dorantina*
B.A.-Studentin an der Universität Bremen (Elementarmathematik/ Interdisziplinäre Sachbildung/ Germanistik); GSW-Teammitglied und studentische Mitarbeiterin

*Ziemen, Kerstin*
Professorin an der Universität zu Köln, Humanwissenschaftliche Fakultät, Department Heilpädagogik und Rehabilitation
Arbeits- und Forschungsschwerpunkte: Tätigkeitstheorie und deren Bedeutung für die Pädagogik und Didaktik; Kategorisierung und Dekategorisierung von geistiger Behinderung und soziale Situation von Kindern und Jugendlichen mit geistiger Behinderung; Frühe Förderung und vorschulische Bildung; Inklusive Didaktik